MANFRED F. R. KETS DE VRIES

Reflexões sobre
GRUPOS
e
ORGANIZAÇÕES

DVS EDITORA

www.dvseditora.com.br
São Paulo, 2014

No Divã com
Manfred F. R. Kets de Vries

A série *No Divã com Manfred Kets de Vries (On the Couch with Manfred Kets de Vries)* nos oferece uma visão geral sobre o trabalho do autor ao longo de quatro décadas, um período durante o qual o autor se estabeleceu como uma **figura líder** no estudo clínico da liderança organizacional.

Os três livros da série contêm uma representativa seleção dos escritos de Kets de Vries sobre liderança, a partir de uma ampla variedade de fontes publicadas. Eles cobrem três temas fundamentais: personalidade e liderança em um contexto global; desenvolvimento de carreira; e liderança dentro das organizações. Os ensaios originais foram escritos e publicados entre os anos de 1976 e 2008. Atualizado e revisado pelo autor, esse material nos oferece um resumo do trabalho de um dos mais influentes pensadores no campo de gestão da atualidade.

Títulos publicados
Reflexões sobre Caráter e Liderança
Reflections on Leadership and Career Development (Reflexões sobre Liderança e Desenvolvimento Profissional)
Reflexões sobre Grupos e Organizações

MANFRED F. R. KETS DE VRIES

Reflexões sobre
GRUPOS
e
ORGANIZAÇÕES

DVS EDITORA

REFLEXÕES SOBRE GRUPOS E ORGANIZAÇÕES
No Divã com Manfred Kets de Vries
DVS Editora 2014 - Todos os direitos para a língua portuguesa reservados pela editora.

REFLECTIONS ON GROUPS AND ORGANIZATIONS
On the Couch with Manfred Kets de Vries
Copyright © 2011 John Wiley & Sons Ltd.

All Rights Reserved. Authorised translation from the English language edition published by John Wiley & Sons Limited. Responsibility for the accuracy of the translation rests solely with DVS Editora and is not the responsibility of John Wiley & Sons Limited. No part of this book may be reproduced in any form without the written permission of the original copyright holder, John Wiley & Sons Limited.

Nenhuma parte deste livro poderá ser reproduzida, armazenada em sistema de recuperação, ou transmitida por qualquer meio, seja na forma eletrônica, mecânica, fotocopiada, gravada ou qualquer outra, sem a autorização por escrito da editora.

Tradução: Sieben Gruppe
Capa: Spazio Publicidade e Propaganda - Grasiela Gonzaga
Diagramação: Konsept Design e Projetos

Dados Internacionais de Catalogação na Publicação (CIP)
(Câmara Brasileira do Livro, SP, Brasil)

Kets de Vries, Manfred F.R.
　Reflexões sobre grupos e organizações / Manfred F.R. Kets de Vries ; [traduzido por Sieben Gruppe]. -- São Paulo : DVS Editora, 2014.

　Título original: Reflections on groups and organizations : on thecouch with Manfred Kets de Vries.
　Bibliografia.
　ISBN 978-85-8289-021-9

　1. Mudança organizacional - Aspectos psicológicos 2. Psicologia industrial I. Título.

14-04222　　　　　　　　　　　　　　CDD-658.1019

Índices para catálogo sistemático:

1. Mudança organizacional : Aspectos
　　psicológicos : Administração　　658.1019

Para minha mãe, Henriette, de quem sinto saudades e em quem tento me espelhar todos os dias.

SUMÁRIO

Introdução   xi
Sobre este livro   xxiii
Agradecimentos   xxv

PARTE 1 PROCESSOS INTERPESSOAIS E GRUPAIS   1

    Introdução   3
Capítulo 1   *Folie à Deux*: Agindo de Acordo com as Fantasias do seu Superior   7
Capítulo 2   Dinâmicas de Grupo   31
Capítulo 3   Equipes de Alto Desempenho: Lições Aprendidas com os Pigmeus   51

PARTE 2 A DIMENSÃO DO SER HUMANO DENTRO DAS ORGANIZAÇÕES   77

    Introdução   78
Capítulo 4   A Questão da Cultura Organizacional   83
Capítulo 5   Personalidade, Cultura e Organizações   107
Capítulo 6   Os Aspectos Negativos do *Downsizing*   141
Capítulo 7   Indo Além de Soluções Temporárias: A Psicodinâmica da Transformação Organizacional e da Mudança   177
Capítulo 8   A Dinâmica de Empresas Familiares   203

X REFLEXÕES SOBRE GRUPOS E ORGANIZAÇÕES

PARTE 3 MUDANDO PESSOAS E ORGANIZAÇÕES   **225**

	Introdução	226
Capítulo 9	*Coaching* de Liderança para a Transformação Organizacional	231
Capítulo 10	Será Que os Líderes Conseguem Mudar? Sim, Mas Somente se Assim o Desejarem	265
Capítulo 11	As Várias Nuances do Sucesso: O Que os Executivos Realmente Desejam da Vida?	307
Capítulo 12	O *Coaching* Que Leva ao Estrelato: Como Identificar e Desenvolver Indivíduos de Alto Desempenho	335
Conclusão	Criando Organizações Autentizóticas	361
Referências Bibliográficas		373
Índice Remissivo		393

INTRODUÇÃO

"No indivíduo, a insanidade é rara; contudo, em grupos e partidos, em nações e ao longo das mais diferentes épocas, ela é uma regra."

Friedrich Nietzsche

"O verdadeiro líder deve encorajar sua empresa e seus funcionários a dançarem conforme músicas sequer ouvidas até então."

Warren G. Bennis

UMA ABORDAGEM CLÍNICA DA LIDERANÇA

Este é o último tomo de uma obra em três partes. Ele abriga uma seleção dos meus trabalhos sobre **liderança**, associados a alguns tópicos-chave, como **caráter**, **desenvolvimento de carreira**, **grupos** e **organizações**. Na presente coletânea, adoto uma abordagem clínica para tratar de questões de liderança em grupos e organizações, passando gradualmente do estudo do disfuncional à descrição do ideal. Inicio pelo conceito de *folie à deux*,[1] investigando como as pessoas transmitem e difundem diversas formas de loucura organizacional. Finalizo esta obra com uma análise da **organização autentizótica**,[2] na qual as pessoas se sentem revigoradas pelo trabalho que realizam e experimentam uma

---

[1] Do francês, **"loucura a dois"**. Este termo descreve um transtorno psiquiátrico no qual sintomas psicóticos são compartilhados por duas pessoas de intensa convivência, em geral de uma mesma família. Tal condição é classificada pelo Manual de Diagnóstico Estatístico de Transtornos Mentais como **"transtorno psicótico compartilhado"**. (N.T.)

[2] Conceito idealizado por Kets de Vries como uma resposta para o de "insalubridade psicótica", utilizado em muitas organizações. A palavra é, na verdade, um neologismo resultante da união de duas palavras gregas: *authenteekos* (autêntica) e *zoteekos* (vital). (N.T.)

série de sensações positivas, como equilíbrio, completude, eficiência, competência, autonomia, iniciativa, criatividade e participação.

Pedem-me, com frequência, para não apenas definir a abordagem clínica, mas também para justificar sua aplicação. Em essência, ela se condensa em dois enfoques principais. O primeiro é **psicodinâmico**, e está relacionado à maneira como as pessoas pensam, sentem e agem. O mais recente colapso financeiro no Ocidente (crise financeira mundial iniciada em agosto 2008), por exemplo, é um forte indício de que os indivíduos responsáveis por algumas das maiores e aparentemente mais bem-sucedidas organizações do mundo, estão longe de se mostrarem os **decisores racionais** que poderíamos esperar – há inúmeros outros fatores que influenciam seus processos de tomada de decisão e que precisam ser considerados. Existe, também, uma enorme discrepância entre aquilo que as pessoas alegam fazer e o que, de fato, realizam.

O segundo enfoque é sistêmico. Isso significa que cada situação precisa ser observada e analisada dentro de seu próprio contexto. Por exemplo, para que se possa avaliar um indivíduo é necessário que se leve em conta sua família, sua cultura e até seu ambiente de trabalho. O mesmo se aplica às organizações. Uma visão sistêmica nos oferece uma perspectiva mais realista sobre situações complexas. A abordagem clínica se refere, portanto, a um olhar psicodinâmico-sistêmico tanto sobre indivíduos como organizações.

Tal abordagem lida com o fato de que a maior parte do nosso comportamento não é racional. Na verdade, embora muitos tenham dificuldades em admiti-lo, a maioria de nossas atitudes foge a uma percepção consciente. Para que se possa ter uma ideia do que realmente ocorre além de tal percepção, é preciso atentar para nossas próprias emoções. Isso provavelmente explica a razão pela qual muitas empresas resistem a esta abordagem. Nessas empresas o que se esconde sob a superfície – incluindo as emoções – recebe pouca atenção.

Todavia, nada é mais intrínseco ao ser humano do que o modo como ele controla e expressa suas emoções. Contamos com inúmeros mecanismos de defesa – alguns deles bem primitivos, outros bastante sofisticados –, porém, tais resistências deveriam ser encaradas como uma tentativa de se evitar a dor de enfrentar o que realmente ocorre na vida organizacional. Todos nós ostentamos um lado sombrio e a tendência de tentar evitar aspectos constrangedores de nossas experiências. Há muitos pensamentos e sentimentos angustiantes que relutamos em confrontar.

Também é preciso considerar que somos um produto de nosso próprio passado – muito do que o ser humano **aprende na infância** é determinante para seu comportamento na vida madura. Se quisermos de fato entender as pessoas precisaremos considerar cuidadosamente suas origens. Em contrapartida, basta arranharmos a superfície de um indivíduo adulto para encontrarmos uma criança. O passado é como uma lente através da qual somos capazes de compreender nosso presente e moldar nosso futuro. Tendo isso em mente, descobri algo bastante interessante: todo indivíduo é normal até que o conheçamos melhor.

A primeira organização que conhecemos é nossa própria família. A natureza do relacionamento familiar exercerá enorme influência sobre nós. Particularmente, venho de uma família de pais divorciados, o que determinou dinâmicas bastante complexas. Estas tornaram-se mais complicadas uma vez que o cenário incluía ainda meu irmão, uma meia-irmã e um meio-irmão oriundos do segundo casamento do meu pai. Este *dramatis personae*[3] forneceu-me bastante matéria-prima para uma melhor compreensão da condição humana. Para as crianças (e não excluo os pais desse quadro) é extremamente difícil lidar com o divórcio – e meu caso não foi uma exceção. Aquela separação deu à minha vida um colorido especial. A situação à qual meu irmão e eu fomos expostos exigiu de ambos uma boa dose de inteligência emocional; muitas das lições que aprendemos durante esse período nos deixaram um sabor agridoce. Embora eu provavelmente não tenha percebido isso na época, meus pais sempre tiveram as melhores intenções em tudo o que fizeram – mesmo que (em muitas ocasiões) de maneira atribulada; de modo consciente, ou não, eles me ajudaram a buscar eficiência no caminho que escolhi traçar. Graças a ambos, a natureza humana e suas vicissitudes se transformariam nos principais temas de minha vida e também de minha obra.

Como revelado na introdução à Parte 2 deste livro, passei a estudar o comportamento humano, de maneira mais específica, quando percebi a toxicidade prevalente nos disfuncionais ambientes organizacionais. Comecei então a me perguntar: Como os líderes empresariais conseguem criar culturas organizacionais tão "neuróticas"? Em um dos meus primeiros livros, *The Neurotic Organization* (*A Organização Neurótica*), procurei estabelecer uma inter-relação entre personalidade, estilo de liderança, cultura corporativa e padrões na tomada de decisões (Kets de Vries e Miller, 1984).

O mundo foi dominado por economistas. Devo dizer que também costumava fazer parte desse grupo, a despeito de sempre ter considerado que o **modelo econômico racional não funcionava**. Recentemente, demonstrou-se de **maneira bastante dramática** que tal sistema **não**

---

[3] Termo latino que denota os personagens de uma trama. (N.T.)

era realista. Na ocasião, a "ciência triste"[4] tornou-se ainda mais lúgubre. Agora, cada vez mais os profissionais da Economia deixam de lado a Econometria e se voltam para o campo comportamental. Eles parecem ter finalmente percebido a existência de inúmeros outros fatores que precisam ser incorporados em seus modelos econômicos. É provável que tais mudanças não sejam suficientes, mas certamente representam um passo importante na direção correta.

Em um dos livros anteriores desta série, descrevi os eventos que me permitiram navegar por vários setores – passando pela economia, formação de gestores e psicanálise – e finalmente alcançar a especialidade que me possibilitaria exercer todas as funções anteriores: a **gestão**, com foco particular em estratégia e comportamento organizacional; a economia – particularmente na área de negócios; e a psicanálise, em sua forma mais ampla (incluindo a psicologia evolutiva, a neuropsiquiatria e as teorias sistêmica familiar e cognitiva, entre outros campos) (Kets de Vries, 2009b). Todavia, independentemente do papel que esteja exercendo sou essencialmente pragmático e eclético, tanto em minhas perspectivas como nas intervenções que realizo. Minha maior motivação é fazer com que as coisas aconteçam – e que funcionem para o bem. Sobretudo, meu objetivo é colaborar para que as pessoas consigam criar ótimos ambientes de trabalho, principalmente considerando-se o fato de que um grande número de organizações funciona como verdadeiros campos de trabalhos forçados (*gulags*) – lugares bastante desagradáveis para se estar. Minha intenção é contribuir, mesmo que de maneira discreta, para mudar tal situação.

TRAZENDO O SER HUMANO DE VOLTA PARA A ORGANIZAÇÃO

Quando comecei a estudar o comportamento organizacional, os pontos focais eram as estruturas e os sistemas, e em como fazê-los funcionar. Entretanto, meu interesse particular sempre residiu no papel das pessoas dentro das organizações. Sempre tive curiosidade em entender o motivo pelo qual elas agiam de uma determinada maneira – compreendendo o comportamento individual. Com esse objetivo, criei e dirigi ao longo de vários anos dois grandes programas de desenvolvimento para execu-

---

[4] Tradução de *dismal science* (inglês), de caráter depreciativo, cunhado no século XIX pelo historiador vitoriano Thomas Carlyle. Trata-se de uma referência ao termo *gay science* (ciência alegre), usado em relação à poesia e à música. (N.T.)

tivos. Um deles era direcionado aos empresários do alto comando – CEOs (*chief executive officers* ou executivos principais) e aspirantes ao cargo – e foi elaborado com a premissa de que se eu fosse capaz de influenciar as mentes dos vinte participantes do seminário que ministrei (que, em conjunto, eram responsáveis por algumas centenas de milhares de funcionários), isso poderia afetar positivamente suas empresas. No segundo programa, **Consultoria e *coaching* para promover mudanças**, que ajudei a formatar, tento ajudar diretores de Recursos Humanos (RH), profissionais da área de consultoria, empresas que oferecem *coaching* (aconselhamento) e gerentes de linha a aprimorarem suas habilidades no gerenciamento de pessoas.[5]

Interesso-me por programas que ajudam as pessoas a **mudar para melhor**. A maioria dos programas de liderança funciona apenas como um paliativo; eles somente aliviam sintomas superficiais. Depois de aplicados, eles promovem uma sensação temporária de bem-estar: os participantes se sentem felizes, particularmente se tiveram bons treinadores e, então, infelizmente retornam aos velhos hábitos e comportamentos.

Prefiro ir além das soluções temporárias e criar programas que exerçam um impacto real sobre os seres humanos, fazendo com que eles mudem e deem passos importantes tanto no âmbito pessoal quanto profissional. Como resultado dessa abordagem, na INSEAD[6], eu e meus associados desenvolvemos o segundo maior centro de *coaching* do mundo, o Global Leadership Center. Em contrapartida, considerando que o treinamento de liderança de grupos é um meio bastante eficiente para ajudar as pessoas a mudarem, nos tornamos o maior centro de *coaching* grupal do planeta. Aprendi a tirar vantagens dos poderes de autorrevelação e catarse, de se perceber a universalidade dos problemas, do aprendizado interpessoal e indireto, da recapitulação corretiva do grupo familiar primário, do altruísmo e da orientação.

O TEATRO INTERNO

Neste livro, refiro-me constantemente ao conceito de **"teatro interno"**. Ele está relacionado a questões como: **o que o motiva?** O que é importante para você? O que lhe causa paixão? O quão bem

---

[5] No Capítulo 10 você encontrará mais informações sobre os programas mencionados.
[6] Acrônimo de Institut Européen d'Administration des Affaires, faculdade de negócios com *campus* na França, Singapura e nos Emirados Árabes.

você compreende o modo como afeta outras pessoas? O que o deixa enfurecido? Tudo isso tem a ver com o nosso teatro interno, no qual interpretamos o roteiro que define nosso caráter e nossa vida. Neste sentido, minha função é ajudar as pessoas a se conhecerem melhor. Se não sabemos o que estamos fazendo, é difícil sermos eficientes. Por outro lado, se desejamos nos tornar líderes eficientes é fundamental que compreendamos a nós mesmos; que saibamos definir o que fazemos bem e o que não sabemos realizar. Com relação às nossas inabilidades, é possível que haja soluções para o problema; talvez uma melhor estratégia seja encontrar alguém que possa nos completar, aprimorando nossas características positivas e compensando as negativas. É preciso que deixemos de lado o ideal messiânico: a **imagem do líder** como um **super-herói** que, compassivamente, se refugiou nos reinos da ficção. As verdadeiras mudanças são provocadas por indivíduos trabalhando em conjunto.

É óbvio que, quando nos tornamos ansiosos, sempre buscamos por alguém que possa nos ajudar. Era isso o que fazíamos quando éramos crianças e chamávamos nossos pais para nos tirar das encrencas em que nos metíamos. Porém, nas organizações modernas – cujas estruturas matriciais são bastante complexas e os grupos de trabalho são diversos e virtuais –, o truque está em descobrir como fazer com que essas partes tão distintas trabalhem em conjunto, em times; como construir boas relações laterais; e como confiar uns nos outros. Em meus programas de treinamento, costumo realizar um grande número de intervenções em equipes de executivos, trabalhando exatamente nesses aspectos, pois a maioria delas não funciona bem.

Para fazê-lo, desenvolvi vários instrumentos de pesquisa[7] que dão início ao processo de compreensão do teatro interno. Ajudado pelas informações fornecidas por tais ferramentas, os executivos participantes poderão manter diálogos corajosos com indivíduos com os quais trabalham, o que não ocorre com frequência. Os *insights* oferecidos por tais instrumentos ajudam as pessoas a ver o que, em geral, não conseguem – e a descobrir meios de solucionar o problema.

---

[7] A *Global Executive Leadership Inventory (Inventário de Liderança Executiva Global)*; o *Leadership Archetype Questionaire (Questionário do Arquétipo de Liderança)*; o *Personality Audit (Avaliação de Personalidade)*; o *Internal Theater Inventory (Inventário do Teatro Interno)*; e o *Organizational Culture Audit (Auditoria de Cultura Organizacional)*.

O LADO OBSCURO DA LIDERANÇA

No início tornei-me conhecido como um **patologista organizacional**, o que significa que as pessoas me procuravam quando a situação da empresa já estava **bem ruim**. Esta era uma posição que eu ocupava de maneira relutante. Hoje o setor de administração vê o surgimento da **psicologia positiva** e do **comportamento organizacional positivo**. Isso é maravilhoso, porém, temos de ser realistas – o **otimismo é bom**, porém, de maneira exagerada ele poderá nos levar a uma **situação desastrosa**. Convencido de que o *Titanic* jamais afundaria, **seu capitão ignorou três avisos**, um modo de pensar cujos resultados foram catastróficos. Todos nós temos um lado obscuro. Já testemunhamos o que o ser humano é capaz de fazer a seus pares não apenas em tempos de guerra, mas em outras ocasiões.

Com frequência, este lado obscuro é induzido por experiências passadas. Para citar o filósofo Kierkegaard: "A vida somente pode ser compreendida de trás para frente; mas precisa ser vivida sempre para frente." Precisamos aprender a lidar com o passado e a colocar as situações em perspectiva, pois, do contrário, jamais aprenderemos nada. O que era eficiente quando ainda éramos jovens, talvez já não o seja agora que somos adultos. Para que possamos mudar, é preciso que tenhamos tal *insight*.

Quando observo o que tem acontecido no setor financeiro desde a crise mais recente, tenho, ás vezes, a impressão de que nada foi aprendido e todos os percalços foram esquecidos. A força da negação – ou do **"preferir não ver"** – é **formidável**. A comunidade financeira aparentemente já voltou ao normal, preservando sua sensação de direito. Mais uma vez, eles estão garantindo para si mesmos bônus absurdos, mesmo sabendo que suas empresas foram salvas por dinheiro público. Obviamente, é bem fácil se adaptar ao lado obscuro.

Contudo, concentrar-se somente no lado obscuro não é bom para o **moral**. Depois de estudá-lo por muitos anos, não apenas em relação aos líderes como também às organizações, e de tornar-me um especialista neste setor, comecei a pensar sobre o que eu poderia fazer para melhorar a situação. Isso não quer dizer que eu tenha deixado meu lado obscuro para trás – temos de ser realistas sobre isso –, pois ele continua no mesmo lugar.

LÍDERES – ELES NASCEM PRONTOS OU PODEM SER CRIADOS

Nem todo mundo já nasce com o potencial para se tornar um líder, mas não há dúvida de que algumas pessoas possuem algumas características básicas nesse sentido. Particularmente, **não acredito** no conceito de **"líder nato"**. Considero que o potencial de liderança possa perfeitamente ser desenvolvido.

Tal potencial surge de uma delicada mistura entre o que é **natural** do ser humano e o é que **cultivado** ou **desenvolvido**. Em comparação às pessoas oriundas de famílias disfuncionais, indivíduos que crescem em ambientes nos quais os pais costumam encorajá-los e incentivá-los a se desenvolver, e que recebem de seus progenitores sólidos valores em relação à busca pelo bem comum, ostentam maior probabilidade de se tornarem líderes. Entretanto, nada é assim tão simples: alguns indivíduos, a despeito de terem enfrentado uma infância difícil, transformaram-se em líderes eficientes, demonstrando toda a complexidade dessas inter-relações.

Já tive a oportunidade de deparar com ambos os tipos. Por exemplo, no início dos anos 1990, escrevi uma série de estudos de caso sobre Richard Branson, o fundador e proprietário do conglomerado Virgin. A família de Branson era típica: pais que o amavam, o apoiavam e o encorajavam em todas as suas aventuras empreendedoras. Em contrapartida, já vi situações em que pessoas que enfrentaram na infância situações miseráveis e enormes dificuldades – mortes na família, separações, divórcios etc. – jamais perderam a esperança. Elas sentiam que poderiam fazer a diferença e diziam: "Não vou desistir. Mostrarei a todos que sou capaz de fazer o que quiser." Existem, portanto, inúmeras combinações e variações sobre os temas de **"potencial para liderança"** e **"sucesso"**.

Tornar-se bem-sucedido depende de um complexo entrelaçamento entre líderes, seguidores e o contexto em que ambos operam. Ser o diretor administrativo da McKinsey,[8] por exemplo, exige um estilo de liderança bem diferente daquele necessário para se comandar uma siderúrgica – inúmeros fatores precisam ser levados em consideração. No Capítulo 12, apresento meu próprio conceito de líder eficiente: alguém que seja um pouco como um enigma Zen, ou kõan[9] – um paradoxo absolutamente confortável em lidar com outros paradoxos. Afinal, um

---

[8] Famosa empresa de consultoria norte-americana. (N.T.)

[9] Paradoxo que leva à meditação no treinamento de monges budistas. (Fonte: Babylon) (N.T.)

líder precisa ser **ativo** e **refletivo**, **introvertido** e **extrovertido**, e estar engajado em pensamentos ao mesmo tempo convergentes e divergentes. Um verdadeiro líder não precisa somente de QI (**coeficiente de inteligência**), mas de QE (**coeficiente emocional**). Ele tem de pensar, ao mesmo tempo, de maneira **atomística** e **holística**, em **curto** e **longo** prazos. Qualquer um capaz de equilibrar tais contradições de modo eficaz se sairá bem!!!

Muitos já tentaram definir o conceito de liderança, mas, para mim, um verdadeiro líder é aquele que **consegue obter resultados extraordinários de indivíduos absolutamente comuns**. Como diz o ditado, as pessoas trabalham pelo dinheiro, mas morrem por uma causa. A questão crucial é como conseguir fazer com que as pessoas imprimam um esforço extra. Existem várias ações básicas que qualquer líder terá de implementar: oferecer um foco, compreender exatamente o que faz com que seus colaboradores se sintam mais empenhados, estabelecer bons exemplos e fazer com que as coisas aconteçam. Porém, o fator de distinção entre uma liderança medíocre e grandiosa é sempre o mesmo: a **criação de significado**. Os líderes mais eficientes com os quais já deparei são, na verdade, grandes contadores de história; eles sabem exatamente como compartilhar narrativas que darão significação à empresa que comandam. Isso não é tão fácil quando essas organizações estão no ramo de cigarros ou de armamentos. Mas, em última análise, todos procuram pelo significado. Ouço isso o tempo todo.

PRESCRIÇÕES PARA UMA LIDERANÇA EFICIENTE

Em meu livro ***The Leadership Mystique*** (*A Mística da Liderança*) (2001), sugiro quatro elementos como itens básicos para uma liderança eficiente: **esperança**, **humanidade**, **humildade** e **bom humor**. A vida real, entretanto, é bem mais complexa e precisamos constantemente refinar nossas ideias em resposta a ela – porém, se tivesse de resumir a essência da liderança nesse momento, ainda começaria pela esperança. Nos capítulos 6 e 7 deste livro, discorro sobre a importância de gerar esperança conforme os líderes comandam suas empresas em tempos de crise. Eles precisam agir como **"mercadores de esperança"**; têm de falar à **imaginação coletiva** de seus colaboradores para criar uma identidade de grupo, um ponto focal e uma visão do futuro.

Além dos elementos já mencionados, os líderes também precisam demonstrar **integridade**. Uma organização que não confia em sua liderança não conseguirá ser bem-sucedida em longo prazo. Se um líder diz "precisamos reduzir nosso quadro," mas aprova um aumento salarial para si mesmo e aguarda a entrega de seu novíssimo Jaguar na própria empresa, ele certamente perderá sua credibilidade. Se fala sobre a importância do desenvolvimento pessoal, mas não consegue promover o aprimoramento de seus próprios funcionários, ninguém acreditará nele. É preciso, portanto, estar de acordo com as diretrizes estabelecidas para toda a empresa.

Outro item fundamental para os líderes é a **coragem** – para tomar decisões difíceis em momentos de crise, em vez de permanecer estático. Há ainda outra característica básica: a **inteligência emocional**. Os responsáveis pelo comando da empresa precisam descobrir o que motiva seus colaboradores e saber como fazer sentido emocional. Eles devem ter a sensibilidade necessária para perceber as necessidades individuais de sua equipe: algumas pessoas são **empreendedoras** e precisarão de espaço para fazer o que desejam; outras são mais **dependentes** e necessitam que tudo lhes seja devidamente explicado; existem também indivíduos que são **contradependentes**, ou seja, se alguém lhes disser que não são capazes de fazer alguma coisa, eles farão o possível para provar o contrário.

Por último, o **autoconhecimento** é crucial em posições de liderança. Os que estão no comando precisam reconhecer suas próprias limitações e dificuldades, assim como suas habilidades e, se não tiverem todas as qualidades necessárias para o ambiente em que operam, terão de encontrar colaboradores que possam complementá-los. Já encontrei exemplos de líderes que são péssimos em determinadas áreas, sabem disso e contam com outras pessoas para ajudá-los.

O FUTURO DA LIDERANÇA

A Administração é uma disciplina e tem se constituído em um produto dos Estados Unidos da América (EUA). Contudo, muitos dos paradigmas norte-americanos estão sendo questionados e rejeitados por conta de novos conceitos desenvolvidos no Oriente, especialmente na China e na Índia. Entretanto, a **teoria da administração** continua a ser um campo dominado pelas universidades norte-americanas. Observe a lista de docentes de qualquer faculdade de administração do mundo e verá que a maioria dos professores fez doutorado nos EUA, independentemente de terem concluído o curso universitário em países como China, Índia, Rússia, Indonésia, Holanda e outros – recentemente tive acesso a uma lista dos "50 maiores pensadores na área de administração" e descobri que já existem ali alguns não norte-americanos (incluindo eu). Sendo assim, posso dizer alegremente que, talvez, exista alguma esperança para o pensamento administrativo não norte-americano.

É interessante especular sobre a influência que os métodos de administração do sudoeste asiático ou islâmico exercerão no futuro. Existem estilos de liderança típicos da China e do Japão, mas, quando o assunto é o **"estilo europeu"**, é preciso lembrar que o velho continente é uma entidade complexa, já que existem ali vários sistemas: anglo-saxão, escandinavo, alemão, russo e do sul da Europa, cada qual caracterizado por profundas diferenças.

Todavia, é possível que alguma **convergência** já esteja ocorrendo na Europa – e até mesmo no mundo –, mas o processo não será fácil. Com o aumento nas viagens e na troca de informações entre as pessoas, é possível que tal confluência aumente ainda mais. Acredito que o tempo nos mostrará que sozinhos somos incapazes de ir muito longe, mas, em conjunto, alcançaremos grandes realizações. Como disse Benjamim Franklin, um dos grandes patriarcas dos EUA: **"É preciso que todos nós trabalhemos unidos, pois, do contrário, cada um de nós perecerá de maneira isolada."**

SOBRE ESTE LIVRO

No livro final desta série – *No Divã com Manfred Kets de Vries* –, abordo questões de liderança dentro do contexto dos grupos e organizações. Inicio com a apresentação de exemplos sobre os efeitos das lideranças disfuncionais e termino de maneira otimista com uma descrição das organizações do futuro – os "melhores lugares para se trabalhar" –, às quais todos nós gostaríamos de pertencer.

A Parte 1 – Processos interpessoais e grupais – começa com uma explicação do conceito *folie à deux* e examina as várias maneiras pelas quais indivíduos neuróticos criam organizações também neuróticas. A partir de uma perspectiva clínica, e baseando-me no tempo em que passei ao lado dos pigmeus Baka, que habitam as florestas tropicais de Camarões, não apenas ofereço uma visão geral sobre o funcionamento das dinâmicas de grupo, mas descrevo também o modo como trabalham as equipes de alto desempenho.

A Parte 2 – A dimensão do ser humano dentro das organizações – discorre sobre a ideia de trazer o indivíduo de volta para as organizações, e tem como tema principal a cultura organizacional. Nos capítulos que compõem essa parte da obra, discuto a importância da criação de uma cultura corporativa e tento oferecer ao leitor uma definição para esse elemento amplamente intangível e, ao mesmo tempo, fundamental da vida empresarial. Examino também o modo como uma cultura forte é capaz de 1º) ajudar organizações a enfrentar o sofrimento inerente aos processos de *downsizing*, reestruturação, fusão e aquisição; 2º) criar o ambiente adequado para as mudanças; e 3º) sustentar uma visão voltada para o futuro. Essa parte termina com uma visão sobre a dimensão pessoal específica em empresas familiares.

A Parte 3 – Mudando pessoas e organizações – gira em torno das maneiras pelas quais as organizações, assim como as pessoas dentro delas, poderão se preparar melhor para enfrentar as mudanças que se apresentarem em seu caminho. Advogo pela construção de uma cultura de treinamento que envolva toda a organização e descrevo o modo como esse processo pode ser introduzido e implementado por meio de *coachings* de nível individual, grupal e organizacional. Nessa última parte, também abordo o modo pelo qual líderes empresariais poderão identificar em seus quadros indivíduos de alto desempenho (*star performance*), e desenvolvê-los.

Na conclusão deste livro, discuto a necessidade de construirmos lugares melhores para se trabalhar e introduzo o conceito de **organização autentizótica** – aquela em que a cultura organizacional é congruente com as necessidades motivacionais de cada indivíduo, fazendo como que ele ofereça sempre o melhor de si mesmo.

AGRADECIMENTOS

Este é o livro final da série *No Divã com Manfred Kets de Vries*, e reúne uma representativa seleção de meus escritos sobre liderança e comportamento organizacional. Vale ressaltar que muitos dos capítulos iniciais deste livro foram primeiramente publicados na forma de artigos em inúmeros jornais do setor. Este material foi então revisado e atualizado para compor esta obra. A última sessão, em contrapartida, oferece ao leitor material inédito.

Gostaria de aproveitar a oportunidade para agradecer a Danny Miller e a Katharina Balasz pela sua colaboração nas iterações de vários dos artigos originais. Também quero manifestar minha gratidão à minha editora, Sally Simmons, a primeira pessoa a sugerir essa "coletânea". Nosso breve diálogo se traduziu em uma quantidade desproporcional de trabalho, mas sinto-me bastante grato por todo o apoio que me foi oferecido ao longo do processo. Quero agradecer ainda a Elizabeth Florent, com quem compartilhei toda essa jornada rumo à descoberta.

E, como sempre, devo agradecer a Sheila Loxham, que não é apenas minha assistente, mas meu sistema pessoal e estratégico de defesa. Ela não apenas me protege em relação ao mundo exterior, mas é extremamente hábil **em desarmar situações potencialmente perigosas**.

PARTE 1

PROCESSOS INTERPESSOAIS E GRUPAIS

INTRODUÇÃO

Em seu livro *Albert Speer: Sua Luta com a Verdade* (Bertrand Brasil, 1998), a escritora e jornalista Gitta Sereny reconta a narrativa de Albert Speer sobre a visita de seu pai ao seu escritório para ver a maquete que o filho havia construído para a nova Berlim de Hitler – a capital mundial que abrigaria o governo do Reich de mil anos. O pai de Speer, que também era arquiteto e sempre desdenhara as habilidades do filho, estava agora orgulhoso com o fato de Albert ter se tornado o arquiteto do *fürher* (líder alemão). Porém, sua reação ao deparar com a maquete foi inesperada: "Ele ficou de pé olhando para ela por um longo tempo e então disse: 'Vocês todos ficaram completamente malucos.' Então saiu... Mas aquilo não terminaria ali. Na noite seguinte fomos juntos ao teatro. Hitler sentou-se no camarote de frente para o nosso e logo enviou um assistente para dizer-me que se o homem ao meu lado fosse meu pai, ele gostaria de conhecê-lo. No momento em que meu pai se viu diante de Hitler, ele se tornou pálido e trêmulo – era como se estivesse com muita febre... De maneira estúpida, imaginei que ele estivesse apenas emocionado." (Sereny, 1995, p. 158 do original) Depois de refletir sobre a situação, Speer concluiu que naquela noite seu pai havia "de algum modo percebido o outro id de Hitler..., e, a partir dali, passara a ver no próprio filho a mesma loucura." (Sereny, 1995, páginas 158-9 do original)

O pai estava certo, é claro, mas na época do encontro a situação já havia ido longe demais. Seu filho já era um escravo de Hitler; "Hitler tornou-se minha vida... apenas aceitei o fato... de que teria uma vida maravilhosa, além do que jamais havia sonhado" (Sereny, 1995, p. 106 do original). O homem que ao longo de nove meses trabalhara junto com sua equipe 24 h por dia para entregar o novo prédio da Chancelaria dois dias antes do prazo (um projeto que segundo um colega normalmente teria levado nove anos) aplicaria agora sua enorme capacidade para o trabalho e seu brilhantismo em termos logísticos ao esforço de guerra de Hitler – o resultado disso foi o aumento na produção de armamentos por parte dos alemães, a despeito do intenso bombardeio ocorrido no último ano da guerra.

Albert Speer, assim como outros que faziam parte do círculo mais próximo de Hitler, fora acometido por uma condição extrema de *folie à deux* – um termo cujo significado vai bem além de sua tradução literal, ou seja, "loucura compartilhada por duas pessoas" e pode abranger um grande número de crenças e ações ilusórias. Embora sua classificação clínica seja **desordem psicótica** ou transtorno delirante induzido, a expressão *folie à deux* ainda é usada de maneira bastante generalizada na literatura psiquiátrica.

A *folie à deux* também pode servir para gerar farsas e dramas. O filme Rebobine, por Favor, de 2008, nos conta a história de um jovem que trabalhava em uma vídeo locadora e inadvertidamente apagou todos os filmes da loja. Desesperado para impedir que seu empregador descobrisse o que havia acontecido, e com o objetivo de manter seus clientes felizes, ele reúne vários amigos para refazer os filmes. As novas versões passam a contar com seus próprios fãs e quando o proprietário retorna e descobre que as "cópias" estão fazendo mais sucesso que os originais, ele acaba colaborando com a farsa. A justiça finalmente os processa por causa da violação dos direitos autorais, mas não antes de os culpados demonstrarem que é perfeitamente possível enganar alguns por todo o tempo.

No primeiro capítulo deste livro, descrevo como a *folie à deux* pode ocorrer dentro do contexto organizacional, examinando o modo pelo qual a atividade e/ou passividade individuais, assim como a tendência ao conformismo, podem contribuir para tal processo. Nele, apresento não apenas os **freios** e **contrapesos**, ou seja, controles, que podem ser usados por empresas para se evitar e administrar relações disfuncionais entre líderes e seguidores, mas também o automonitoramento que pode ser implementado para que sejamos capazes de avaliar nossas suscetibilidades.

No Capítulo 2 ofereço ao leitor minhas próprias reflexões sobre um elemento-chave do meu trabalho. Trata-se de uma tentativa de explicar a razão pela qual defendo amplamente a compreensão do funcionamento da dinâmica humana dentro das organizações. Devo lamentar o fato de que, mesmo depois de construir uma carreira advogando a abordagem clínica psicodinâmica, ainda existe resistência quanto à sua implementação. Acredito que a recusa em atestar o valor da abordagem psicanalítica no comportamento organizacional seja um problema sério tanto para o aprendizado quanto para a prática da gestão moderna. Também no Capítulo 2, defendo princípios psicanalíticos e argumento que as dinâmicas inconscientes exercem um impacto significativo na vida das organizações, exigindo que seus líderes as reconheçam e se planejem em relação a elas.

Inicio o capítulo discorrendo sobre alguns tópicos fundamentais: **por que as empresas tentam operar partindo do pressuposto de que seus executivos são seres humanos lógicos, racionais e confiáveis?** Por que permanece viva a crença de que a administração é uma tarefa racional desempenhada por indivíduos racionais e de acordo com objetivos organizacionais racionais? Já não está na hora de confrontarmos e abandonarmos tais mitos de uma vez por todas? Nesse contexto, avalio cuidadosamente a psicologia dos grupos e aplico essa análise ao conjunto organizacional. Nas empresas as pessoas operam supostamente com base na racionalidade e na ideia de funcionamento normal, contudo, tais premissas não são absolutamente verdadeiras: todos nós carregamos para o ambiente de trabalho nossas próprias peculiaridades, idiossincrasias, disfunções e neuroses. Temos nossos próprios comportamentos conscientes e observamos e respondemos àqueles de nossos colegas – porém, nosso desempenho externo é governado por nossas respostas aos nossos processos internos inconscientes. Portanto, algo bem diferente pode estar acontecendo abaixo da superfície.

Há uma histórica sufista[1] sobre um homem que de repente reparou em uma estranha ondulação sob um tapete e tentou de tudo para aplaná-lo. Ele o alisou, o esfregou e até mesmo o achatou com as mãos, contudo, a despeito de seus esforços, o volume continuava a reaparecer. Finalmente, depois de sentir-se frustrado e furioso, o homem levantou o tapete e, para sua grande surpresa, deparou com uma cobra zangada. Dentro de um contexto organizacional, esta história pode ser vista como uma metáfora para as ocasiões em que intervenções humanas fracassam por tratarem exclusivamente dos sintomas, sem, entretanto, reconhecer o verdadeiro problema. É inevitável que quaisquer tentativas para aplainar o volume apenas manterão a cobra sob o tapete, deixando-a cada vez mais injuriada. Portanto, enquanto *coaches*, consultores e agentes de mudança, precisamos ter a coragem de retirar a cobra que está debaixo do tapete e lidar com ela. Se não o fizermos, ela tratará de prejudicar nossos melhores esforços no sentido de aprimorar a eficiência organizacional. Ilustro meus argumentos com histórias extraídas de minhas práticas pessoais, apresentando ao leitor situações que possam sofrer intervenções organizacionais, com base em dados fundamentados, por indivíduos treinados na aplicação de abordagens psicodinâmicas em situações de grupo.

---

[1] Referência ao sufismo, uma seita mística islâmica cujos membros buscam manter uma relação direta com Deus por meio de cânticos e danças. (N.T.)

Aqueles que já leram meu livro anterior desta série[2] certamente se lembram de que me sinto particularmente atraído por desafios físicos, em especial os relativos a explorações em ambientes extremos. Há alguns anos tive a oportunidade de passar algum tempo ao lado dos pigmeus Baka na floresta tropical de Camarões. Os povos pigmeus da África Central são basicamente **caçadores**, mas seu estilo de vida está cada vez mais ameaçado pela discriminação, pela destruição das florestas locais e também pela prática de miscigenação provocada por uniões de sangue com outros grupos étnicos africanos. Ao longo de vários dias acompanhei os pigmeus Baka durante suas caçadas, compartilhei suas acomodações e observei o modo como interagiam. A sobrevivência daquele povo depende de um sistema grupal bastante desenvolvido caracterizado pelos seguintes elementos: confiança, respeito, proteção, apoio, comunicação aberta, rápida solução de conflitos, objetivos comuns, compartilhamento de valores e crenças, colocação das necessidades do grupo acima das individuais e liderança distribuída. A partir dessa experiência adquiri fascinantes percepções sobre o funcionamento de grupos de alto desempenho, que, posteriormente se transformariam em lições-chave para equipes organizacionais. No Capítulo 3, apresento como esses valores são demonstrados entre os pigmeus e como podem ser aplicados na composição e no funcionamento de grupos de alto desempenho dentro das organizações.

Os capítulos dessa primeira parte se utilizam de vários exemplos para ilustrar dinâmicas de grupo, desde os mais disfuncionais àqueles que mostram funcionamento perfeito. Na próxima sessão, discutirei como as empresas acomodam seus funcionários e cuidam deles – ou não – durante os tempos mais difíceis, e como a vida das organizações pode se tornar melhor ou mais complicada em empresas familiares.

---

[2] *Reflections on Leadership and Career Development (Reflexões sobre Liderança e Desenvolvimento Profissional)*. Publicado originalmente em 2009. Chichester: John Wiley & Sons Ltd.

CAPÍTULO 1

FOLIE À DEUX: AGINDO DE ACORDO COM AS FANTASIAS DO SEU SUPERIOR[1]

"... Não deveríamos negligenciar o argumento de que a loucura caiu nas graças do paraíso, pois somente a ela é garantido o perdão dos pecados, enquanto os homens de bom senso não são perdoados. Portanto, quando os homens rezam para serem perdoados, mesmo quando conscientes de seus pecados, eles usam a loucura como desculpa e em defesa própria."
– Erasmo de Roterdã, **Elogio da Loucura** *(L&PM, 2003)*

"Experiência – a sabedoria que nos permite reconhecer como uma velha conhecida a loucura que já abraçamos."
– Ambrose Bierce

Somente recebemos uma fagulha de loucura. Não devemos desperdiçá-la.
– Robin Williams

A loucura amplia os desejos dos homens, enquanto diminui suas capacidades individuais.
– Robert South

---

[1] O material contido neste capítulo foi compilado a partir das seguintes fontes impressas:
Kets de Vries, M.F.R. (1978) *Folie à deux: acting out your superior's fantasies (Folie à Deux: Agindo de Acordo com as Fantasias do seu Superior)*, Relações Humanas, 31 (10), 1978, pg. 905-24.
Kets de Vries, M.F.R. (1979) *Managers Can Drive their Subordinates Mad (Gerentes Podem Deixar seus Subordinados Malucos)*, Harvard Business Review, julho-agosto, No. 79404, páginas 125-34.

O PODER NO RELACIONAMENTO ENTRE LÍDER E SUBORDINADO

Na literatura psiquiátrica, a ideia sobre a difusão de doenças mentais é um tema recorrente (Christakis e Fowler, 2009). Originalmente, a *folie à deux* era vista como uma relação bastante tumultuosa entre duas pessoas, envolvendo processos mentais que eram transmitidos de um indivíduo para o outro (uma condição considerada limitada ao comportamento de membros de uma mesma família). Porém, como veremos nos exemplos apresentados neste capítulo, este pode ser um fenômeno coletivo em que grupos de indivíduos são influenciados pelas ilusões de uma única pessoa afetada.

Executivos de nível sênior jamais deveriam subestimar o grau de influência que exercem em suas organizações. Considerando-se o fato de que a dependência – a necessidade por direcionamento – é uma das características mais universais do ser humano, é fundamental que os administradores tenham em mente que seus subordinados poderão, em determinadas circunstâncias, chegar ao ponto de sacrificar a própria realidade. Para preservar tal dependência, tanto os subordinados quanto superiores poderão criar comunidades fechadas, perdendo o contato com a realidade imediata do ambiente organizacional. Os subordinados poderão, ocasionalmente, participar de decisões irracionais sem sequer questionar o que está acontecendo.

Particularmente, acredito que a *folie á deux* seja um fenômeno frequente dentro das empresas, e que precise ser considerado como um dos grandes perigos na liderança. Receio, também, que tal situação não esteja recebendo a atenção merecida, uma vez que, em geral, existe dentro de ambientes organizacionais relativamente isolados um alto grau de tolerância em relação a comportamentos incomuns e/ou excêntricos. Todavia, creio que ao estudar relações carregadas de emoções entre líderes e subordinados, caracterizadas por algum tipo de incapacidade para se observar os fatos de maneira realística, seja possível ter um *insight* sobre aquilo que é frequentemente aceito como um **estilo de liderança "excêntrico"**.

De fato, exemplos notáveis de tal comportamento podem ser facilmente encontrados ao longo da história. Duas ilustrações claras nesse sentido são: 1º) o Federal Bureau of Investigation (FBI), sob a liderança de J. Edgar Hoover; e 2º) o ocorrido entre Hitler e seus seguidores mais próximos nos últimos dias da Segunda Guerra Mundial. Ambos os casos serão explorados de maneira mais aprofundada a seguir.

HOOVER E O FBI

Como um administrador, J. Edgard Hoover era visto por muitos como um autocrata volúvel. Por mero capricho, ele era capaz de punir seus próprios agentes enviando-os para postos na Sibéria e aterrorizando-os com um número tão excessivo de regras e regulamentações que se tornava praticamente impossível aderir a todas elas (Schott, 1975; Cox e Tehoharis, 1988). Hoover considerava seu estilo ditatorial infalível; seus subordinados, em contrapartida, logo aprendiam que quaisquer divergências seriam vistas como sinais de deslealdade, portanto, não desejavam correr o risco de ignorar seus menores caprichos. Por exemplo, a não participação em um programa antiobesidade poderia facilmente provocar sua ira; há inclusive rumores de que os motoristas do *bureau* tinham de evitar curvas à esquerda quando o estivessem transportando. Alguns dizem que isso se devia ao fato de seu próprio carro ter sido atingido em uma situação desse tipo, porém, existem boatos de que a **"esquerda"** o fazia pensar em **comunistas**.

Qualquer ordem advinda de Hoover, independentemente do quão trivial, irrelevante ou obscura, precisava ser respeitada ou haveria sérias consequências para os insubordinados. Em geral, tais diretivas assumiam vida própria. Para ele, a única coisa que realmente contava era a **total obediência às regras** e **estatísticas estabelecidas**, portanto, se o número de multas aplicadas, de condenações obtidas e de fugitivos apreendidos não aumentasse a cada ano, as consequências seriam graves para os agentes sob seu comando.

É óbvio que os colaboradores que acatavam a onipotência de seu diretor tinham mais chances de progredir. Para assegurar sua total lealdade, esses **"fiéis" subordinados** eram enviados aos escritórios comandados por agentes que não faziam parte do esquema de Hoover, em busca de possíveis violações (a quebra de regras ou o não cumprimento de instruções). Esses homens sempre acabavam encontrando algum tipo de irregularidade, porém, caso isso não acontecesse, seu próprio futuro na organização estaria em jogo. A participação nesse tipo de atividade era inevitável para qualquer um que quisesse sobreviver dentro do FBI. Na verdade, muitas dessas ações eram inclusive desempenhadas com grande convicção e as bizarras ocorrências encaradas como aspectos normais da vida organizacional.

HITLER E A QUEDA DE BERLIM

A *folie à deux* ostentada por Hitler e seus seguidores tornou-se particularmente óbvia nos últimos meses da Segunda Guerra. Isolado em seu ***bunker*** (refúgio) em Berlim, Hitler se perdeu em seus delírios. Encorajado por uma camarilha formada de velhos membros do partido (em especial por Bormann, Goebbels e Ley),[2] ele cada vez mais se negava a aceitar a realidade e o fim que se aproximava (Speer, 1971). Segundo Speer, apenas seis semanas antes da completa e incondicional rendição da Alemanha, Hitler teria participado de uma conferência armamentista. Na ocasião foram discutidos o emprego de cotas para armamentos antitanque e a produção de aço bruto, ambos inexistentes no país, e também o uso de novos superarmamentos completamente imaginários. Durante o encontro, os resultados ruins obtidos nos anos anteriores foram atribuídos a traições e sabotagens, porém, considerando-se que tais traidores já haviam sido descobertos (e punidos), a situação seria logo revertida. A vitória estava próxima.

Speer nos conta que naqueles dias do Reich de mil anos, inúmeras fantasias floresceram entre Hitler e seus companheiros mais próximos. A morte de Roosevelt, por exemplo, foi vista como um sinal da providência divina, assim como a improvável vitória alcançada por Frederico, o Grande,[3] que já estava praticamente derrotado. Outro sinal de suas ilusões era acreditar no surgimento do **"raio da morte"**, uma arma que, segundo ele, estava prestes a ser inventada e mudaria os rumos da guerra. Tudo isso teria ocorrido no último mês antes do ataque final contra Berlim, em um momento em que a Alemanha já estava em frangalhos.

Contudo, de acordo com as reminiscências de Speer, uma das características mais impressionantes nas ilusões de Hitler e de seus comparsas – para quem a realidade de um final próximo e sombrio era inaceitável, era o fato de que, embora a maioria das fantasias tivesse origem na mente do próprio Hitler, seus colegas mais próximos não apenas compartilhavam delas, mas contribuíam no sentido de acentuar as ideias irracionais do seu comandante. Naquela pequena e cada vez mais isolada comunidade, persistia a crença de que nada estava perdido, **uma vez que acontecimentos milagrosos estavam prestes a acontecer**. Os problemas enfrentados pelos alemães eram apenas obstáculos temporários. A deterioração no

---

[2] Na Alemanha de Hitler, Martin Bormann era *Reichsleiter* (líder do império alemão), secretário do *Führer*, e, finalmente, ministro do partido; Joseph Goebbels era o ministro da Propaganda, enquanto Robert Ley era *Reichsleiter* e chefe da Frente Alemã do Trabalho. Goebbels e Ley cometeram suicídio (o primeiro juntamente com sua família, no *bunker*). O destino de Bormann ainda é contestado.

[3] Também conhecido como Frederico, o Único, foi o terceiro rei da Prússia entre os anos de 1740 e 1786. Era filho do rei Frederico Guilherme. (N.T.)

sistema era o resultado de traições e sabotagem. O feitiço que pairava sobre o círculo central do comando alemão somente foi quebrado com o avanço das tropas russas, que provocou o suicídio de vários de seus integrantes e o aprisionamento de outros.

De acordo com as memórias de Speer, era perfeitamente possível identificar a transferências tanto dos pensamentos delirantes como dos estranhos padrões comportamentais entre o indivíduo primariamente afetado – Hitler – e as pessoas ligadas a ele. Esses parceiros não apenas participaram das ilusões, mas frequentemente desenvolveram-nas ainda mais – uma característica básica da *folie à deux*.

Considerarei a partir de agora as origens dessa ideia dentro da teoria psicodinâmica.

ASPECTOS PSICODINÂMICOS

O termo *folie à deux* foi cunhado por dois psiquiatras franceses, Ernest-Charles Lasègue e Jean-Pierre Falret, em 1877, com o intuito de descrever a *folie imposée* (psicose imposta), uma variação clínica dessa desordem (Rioux, 1963). A partir daí, inúmeros artigos foram publicados para descrever e analisar tal fenômeno (Deutsch, 1938; Gralnick, 1942; Pulver e Brunt, 19612; Rioux, 1963). A *folie à deux* também foi denominada **insanidade dupla**, **insanidade coletiva** ou **psicose de associação**. (A razão para a utilização dessa terceira definição é o fato de que na verdadeira *folie à deux* os sintomas descritos são normalmente de natureza psicótica, ou seja, ilusões de grandeza e mania de perseguição.)

Em vários casos, delírios de ordem religiosa e depressiva também foram identificados (Gralnick, 1942; McNiel et al., 1972). Mas seja qual for o conteúdo específico, a *folie à deux* envolve essencialmente o compartilhamento de um sistema delusório por duas ou mais pessoas. Entre os fatores psicodinâmicos observados na condição estão:

- **Dependência extrema** (mútua).
- **Medo da separação** (relativo à perda do parceiro dominante, uma atitude que não está livre de ambivalência).
- **Identificação com o agressor** (o parceiro dominante).
- **Íntima associação** (o que frequentemente implica em uma condição de relativo isolamento).
- **Deflexão de hostilidade** (normalmente pelo mecanismo de projeção).

Etiologia

Para se obter uma explicação clara desse fenômeno é preciso observar o período inicial da infância do indivíduo, pois é nessa fase que reside o grau de sucesso que a criança experimenta no desenvolvimento de reações básicas de confiança, particularmente em relação aos pais. A falta dessa confiança básica e o surgimento de ansiedade provocada por experiências de **frustração**, **humilhação** e **desapontamento**, poderão levar a criança a desenvolver um equilíbrio interpessoal insatisfatório, uma sensação de traição e a percepção de que o ambiente lhe é hostil. A personalidade do indivíduo se desenvolverá pelo mesmo critério. Ao lidar com o mundo externo, um indivíduo com tais características cuidará para estar sempre preparado para confirmar suas expectativas (Polatin, 1975).

Além da emergente paranoia, a falta de confiança por parte do indivíduo com frequência o leva a experimentar a ausência de proximidade em relação a outras pessoas e, consequentemente, a necessidades de dependência frustradas (Bowlby, 1969, 1973). O mundo se torna um lugar perigoso em que somente poucas pessoas são merecedoras de confiança. Dependendo do grau de privação, caso surja a oportunidade para que alguém supra as necessidades de dependência do indivíduo acometido, sua ligação com essa pessoa poderá se tornar bastante intensa – predominando sobre as outras formas de comportamento individual, em detrimento do pensamento racional e da realidade.

Pessoas que apresentam um quadro de *folie à deux* aceitam, apoiam e compartilham ideias delusórias de outros indivíduos, estabelecendo com eles uma relação simbiótica. Isso geralmente ocorre sob condições de associação próxima e prolongada. Dewhurst e Todd (1956) mencionam a necessidade de um alto grau de similaridade no tema e no conteúdo ilusório de ambos os parceiros.

Assim como a dependência, a identificação parece ser outro aspecto importante da *folie à deux*. Hartman e Stengel (1931) argumentam que, em função da extrema dependência dos participantes em relação um ao outro, a identificação total com o parceiro se transforma em uma maneira de se evitar a ideia intolerável de separação. Um sentimento de proximidade é preservado por meio da identificação, o que acaba por implicar na aceitação das ideias ilusórias de uma das partes (as razões serão descritas mais adiante). Fliess (1953) sugere que este seja um processo mútuo, não unilateral. Ambas as partes se tornarão dependentes e se identificarão mutuamente – um procedimento de identificação e contraidentificação.

Identificação com o agressor – Bonnard (1954) menciona que tal processo de identificação ostenta uma natureza especial e sugere que ele pertença ao mecanismo de defesa "identificação com o agressor" – um processo inconsciente pelo qual o indivíduo incorpora dentro de si a imagem mental da pessoa que representa uma fonte de frustração (Freud, 1946). Este é um papel desempenhado com frequência pelo parceiro dominante na folie à deux. Por meio da identificação com o agressor (tópico discutido no volume 1 dessa série de livros), as pessoas se defendem de seus próprios desejos hostis e destrutivos (uma reação aos sentimentos de desamparo e dependência em relação à parte dominante e ao medo de retaliações por causa de tais desejos) (Kets de Vries, 2009b). A força será obtida pelo indivíduo acometido por meio da aliança com o agressor, não permitindo que o primeiro se torne uma vítima.

Em geral, a identificação com o agressor implica no compartilhamento da ilusão de que exista um inimigo comum para ambos. Tais fantasias persecutórias também se transformam em uma racionalização para a falta de realização das elaboradas ideias de grandeza do parceiro dominante. Como visto no exemplo de Hitler e seu círculo mais íntimo de colaboradores, a falta de sucesso foi justificada pela sabotagem e oposição por parte do inimigo comum. As ilusões compartilhadas são geralmente mantidas dentro dos limites da possibilidade e baseadas em eventos reais do passado e em expectativas específicas comuns.

COMO SE DESENVOLVE A *FOLIE À DEUX*

Pulver e Brunt (1961), que provavelmente formularam a descrição mais abrangente do quadro, identificaram os seguintes aspectos críticos:

- A necessidade de um parceiro dominante.
- A dependência mútua entre os participantes.
- Hostilidade em relação às necessidades de dependência.

Durante o período que precede a ocorrência da *folie à deux*, um dos participantes se mostra fortemente dependente do outro e apresenta poucas fontes externas de gratificação. No final, o membro dominante fica preocupado (não necessariamente de modo consciente) ao sentir que seu parceiro está se aproveitando cada vez mais de sua necessidade de dependência. Isso faz com que o parceiro dominante se torne mais e mais hostil e que, ao mesmo tempo, se sinta culpado por ostentar tal hostilidade.

Contudo, uma vez que ele tem medo de abrir mão da relação com o parceiro, ele trata de criar uma defesa contra a hostilidade. Em geral, essa defesa é de natureza projetiva. A hostilidade é exteriorizada e atribuída aos outros e, na maioria dos casos, assume a forma de ilusões paranoicas. O parceiro dominante, que teme perder o contato próximo com o mais submisso caso a ilusão seja rejeitada, precisa que este compartilhe seus delírios e não tem escolha a não ser induzi-lo (a) a participar.

Caso o lado submisso resista em participar, o dominante se tornará cada vez mais declaradamente hostil em relação a ele (a) (ao mesmo tempo excluindo o parceiro submisso do processo acusatório). Isso elevará os níveis de ansiedade e de culpa do parceiro submisso, que se verá em uma situação de duplo vínculo em relação ao dominante. Ele se sentirá ameaçado de duas maneiras: a perda da gratificação gerada por sua relação de dependência ou a privação da própria realidade. Em alguns casos, o parceiro submisso não perceberá alternativa (mais uma vez, não necessariamente de modo consciente), a não ser acatar a exigência do dominante – identificando-se com o agressor, e, desse modo, satisfazendo sua própria necessidade de dependência e desviando a hostilidade do parceiro dominante. A razão para tal escolha é provavelmente o fato de a separação em relação à pessoa que iniciou o processo representar uma perda bem mais palpável e direta do que a da realidade.

Por meio da participação em fantasias similares, os parceiros submissos conseguem manter sua fonte de gratificação, reduzir seus níveis de ansiedade e de culpa e expressar sua raiva diretamente sobre a forma projetada pelo parceiro dominante. O processo se assemelha a um reflexo no espelho; as ações do iniciador são refletidas nos parceiros mais submissos, e vice-versa. A *folie à deux* se transforma em um meio para preservar a aliança de dependência mútua.

EXEMPLOS CONSTANTES NA LITERATURA

O efeito recíproco dessas variáveis e o modo como elas criam as interações na *folie à deux* estão presentes nos trabalhos de escritores e de outros artistas. Em sua peça de 1919, **Onde está Marcada a Cruz**, Eugene O'Neill descreve uma ocorrência de *folie à deux*. A narrativa nos conta a história de um capitão aposentado à espera de seu navio, o *Mary Allen* (enviado para participar da caça a um tesouro), que, como todos já sabem, afundara há três anos. A catástrofe, que causou um verdadeiro desastre financeiro na família, é emocionalmente inaceitável para o capitão, que acaba criando em sua mente a ilusão de que seu navio um dia retornará.

O filho do capitão, amargurado por causa das crescentes pressões emocionais e financeiras, prepara-se para enviar seu pai para um hospício. Ele teme não apenas que a hipoteca da casa seja executada caso seu pai permaneça no local, mas que ele próprio acabe embarcando nos delírios de seu progenitor. No final da peça, quando se aproxima o momento da separação, o pai declara que o navio aportou, apontando para a escuridão da noite e acusando o próprio filho de tornar-se um traidor. O filho, que já não consegue aguentar a pressão, aceita os delírios do pai e passa a compartilhar deles, concordando com a existência de um navio no horizonte. Quando o médico chega para levar o pai, a forte emoção provoca um ataque cardíaco no velho capitão, que morre. Agora é o filho que dará continuidade à sua fantasia.

Na história de Thomas Mann, **O Sangue dos Walsungs**, escrita em 1921, Sieglinde e Siegmund, um casal de gêmeos, passam a representar na vida real a ópera de Wagner intitulada **Die Walküre** (*Cavalgada das Valquírias*). Criados sem preocupações econômicas, porém em um ambiente emocionalmente pobre, o contato dos irmãos com outras pessoas torna-se difícil e reduzido. No final da narrativa, o iminente casamento de Sieglinde se torna o catalisador para a total identificação de ambos com seus homônimos na ópera, deixando a todos na plateia com várias perguntas não respondidas sobre incesto e adultério.

No filme de Ingmar Bergman **A Hora do Lobo**, vemos outro exemplo de *folie à deux* na narrativa do pintor Johan Borg, que acredita estar sendo atormentado por demônios durante sua estada em uma ilha isolada com sua esposa. Somente no final do filme o público descobre que a esposa, que originalmente parece uma pessoa sã, submissa e de pés no chão, é sua parceira nos delírios.

Em um contexto clínico, o psicanalista Robert Lindner descreve em um de seus históricos de caso, denominado *The Jet-Propelled Couch* (*O Divã Movido a Propulsão a Jato*) (1956), como ele gradualmente foi atraído para os delírios de um de seus pacientes, um cientista que encontrou uma fuga para a realidade construindo um mundo de ficção científico extremamente elaborado. Somente com enorme esforço o psicanalista foi capaz de livrar-se da fantasia galáctica.

Estes quatro exemplos (entre vários outros) indicam as características-chave da *folie à deux*.

- Relativo isolamento dos personagens.
- Sua proximidade (laços familiares ou de outro tipo).
- A existência de um parceiro dominante.
- O surgimento de um delírio.

De várias maneiras, o processo pelo qual a *folie à deux* se desenvolve é similar à lavagem cerebral.

COMPARANDO-SE A *FOLIE À DEUX* A OUTROS PROCESSOS

Três fases podem ser verificadas tanto na *folie à deux* como na lavagem cerebral: o **descongelamento**, a **mudança** e o **recongelamento** (Lewein, 1947; Schein, 1961). Inicialmente ocorre uma fase de desorganização ou regressão durante a qual a estrutura defensiva da parte submissa é gradualmente desmantelada. Uma forte demanda existe para que as necessidades de dependência sejam atendidas. Durante este período a motivação à mudança é induzida. (Na lavagem cerebral, esse processo é normalmente facilitado por meio do isolamento social e da privação sensorial.) De modo subsequente, ocorre a mudança do parceiro submisso por meio de sua identificação em relação às crenças e atitudes do agressor. Novas respostas são criadas com base em novas informações. Finalmente acontece o recongelamento, e as novas respostas são estabilizadas e integradas.

Também é possível comparar o processo de mudança no sistema de crença na *folie à deux* com os efeitos gerais de processos grupais sobre um determinado indivíduo. O trabalho experimental de Asch (1951, 1956) e Schachter (1951), indica o impacto de pressões grupais e comparações sociais sobre o comportamento de indivíduos sujeitos a esse tipo de influência, assim como o papel das sanções no caso de não conformidade dessas pessoas. A premissa básica é de que as pessoas gostam de estar certas sobre suas percepções e querem atender às expectativas dos outros. Isso se revela particularmente verdadeiro em indivíduos com baixa autoestima, o que é facilmente indicado por fortes necessidades de dependência. Contudo, existem diferenças no grau de conformidade. Se as opções privadas tornam-se similares às públicas, então, por causa das pressões grupais, o indivíduo parecerá estar completamente persuadido. Se este não for o caso, ele estará apenas atuando em público e indo contra seu próprio julgamento apenas para tranquilizar o grupo; neste caso suas ações serão mais superficiais e ritualísticas.

A evitação da punição (tais como a rejeição ou a ridicularização pelos outros), o medo da separação e a obtenção de recompensas (tais como a gratificação em relação às necessidades de dependência) parecem ser os motivos principais para tal comportamento. Em seu famoso experimento, Milgram (1963, 1965) descobriu que uma ampla proporção da população mundial causará dor aos demais para explorar a autoridade. Parece que somos dependentes dos outros validarem nossas concepções de realidade. Em casos de diferenças, o nosso senso de estabilidade e segurança é facilmente ameaçado e tentamos nos adaptar.

A conformidade pode também resultar do fato do comportamento alheio ser o único parâmetro para a atitude apropriada e a determinação da realidade. Os estudos de Festinger (1954) sobre **dissonância cognitiva** apontam nessa direção. Indivíduos farão grandes esforços para reduzir a discrepância entre duas ou mais experiências consideradas inconsistentes entre si. Quando a realidade não está clara ou parece incerta, outras pessoas tornam-se a fonte de informação sobre o melhor modo de se agir, e, desse modo, os laços sociais são mantidos.

Participação por contágio: um fenômeno coletivo

Considerando-se a dependência das pessoas em relação à orientação alheia, como descrito acima, podemos observar porque a formação de delírios pode se ampliar e até mesmo infectar toda uma sociedade. Nesse contexto, as expressões *folie à beaucoup* e/ou *folie collective* são ocasionalmente utilizados. Helene Deutsch notou a semelhança desses fenômenos em grupo com a *folie à deux*, e disse:

> *"Também encontramos o processo como um fenômeno de massa em que grupos inteiros de indivíduos perfeitamente saudáveis são influenciados por membros fisicamente doentes: os paranóicos e os reformistas, por exemplo. De fato, os grandes movimentos nacionais e/ou religiosos da história, assim como as revoluções sociais, não contaram apenas com suas motivações reais, mas também com fatores psicológicos que se pareciam bastante com os processos psicológicos da **folie à deux**. (1938, p. 307)"*

O preconceito e algumas atitudes políticas ou concepções religiosas podem ser consideradas variações da *folie à deux*, considerando-se que tais atitudes são, ás vezes, criadas por situações de medo e terror durante as quais indivíduos parecem mais suscetíveis ao contágio mental. Isso se aplica especialmente durante períodos mais inativos de grande expectativa em relação a tais situações, quando acontece a **"inquietação"** e o nível de ansiedade tende a subir (Janis, 1958). Crenças religiosas, particularmente aquelas que prometem alívio para o sofrimento, tornam-se fáceis de ser comunicadas, em especial em épocas de grande sublevação e mudanças. O **medo da licantropia**,[4] a bruxaria, as multidões praticando linchamentos e saques, e também alguns dos cultos místicos mais populares do Oriente, como os movimentos Sun Moon e Hare Krishna, são exemplos de grande escala de variações da *folie à deux*. As investigações e audiências do senador Joe McCarthy[5] e os **julgamentos purgativos**[6] realizados por Stalin são outras boas ilustrações. Frequentemente deparamos com algum tipo de conspiração misteriosa, assustadora e grandiosa. Isso tem ocorrido ao longo de toda a história, seja na forma dos sábios de Sião,[7] dos jesuítas, dos membros da maçonaria, dos comunistas ou até dos conluios entre empresas petrolíferas. Trata-se de um mundo em que o bem absoluto luta contra o mal absoluto; uma situação em que existe a falta de comprometimento e, consequentemente, o estabelecimento de metas irrealistas – o que apenas colabora para elevar o senso de frustração de todos os membros.

GRAUS DE PERMANÊNCIA

Depois de chegar até aqui em sua leitura é possível que esteja se perguntando sobre a permanência desses padrões comportamentais e os sistemas de crenças instigados pela *folie à deux*. Algumas informações sobre esses aspectos são fornecidas por Kelman (1961), que sugere dividir a permanência relativa do comportamento conformativo ou, em geral, as respostas à influência social, em três tipos: **aceitação**, **identificação** e **internalização**.

- **Aceitação** – Um modo comportamental desencadeado pelo desejo de ganhar alguma recompensa ou evitar punição.
- **Identificação** – Uma resposta à influência social baseada no desejo de o indivíduo ser exatamente como o **influenciador**. As pessoas

---

[4] Condição de mania na qual o doente se acredita transformado em lobo ou outro animal selvagem. (Fonte: Houaiss) (N.T.)

[5] Uma das figuras políticas mais polêmicas do senado norte-americano nos anos 1950. Ele acreditava na existência de um enorme número de comunistas e espiões russos nos EUA e até dentro do governo, e acabou sendo censurado pelo próprio Senado do país. (N.T.)

[6] Referência aos processos de Moscou – o **grande expurgo** –, uma série de julgamentos dos opositores de Joseph Stalin ocorridos entre 1936 e 1938, na então União Soviética. (N.T.)

[7] Referência aos protocolos de Sião, um conjunto de textos forjados pela polícia secreta do czar Nicolau II, escritos originalmente em russo, e que, teoricamente, descreviam um projeto conspiratório para que os judeus alcançassem a dominação mundial. (N.T.)

passam a acreditar nos valores e nas opiniões que adotam, porém, uma vez que a base da relação é a atratividade do outro, isso implica na manutenção de uma relação entre ambas as partes. A continuidade do relacionamento é satisfatória desde que a outra pessoa se torne o **modelo para a autodefinição**. Contudo, a crença nos valores e nas opiniões do outro não é necessariamente muito forte e desaparecerá se não prevalecer a interação próxima. Encontramos aqui um paralelo com a autoridade carismática.

- **Internalização** – A resposta mais enraizada à influência social, utilizando-se a classificação de Kelman. Neste caso as crenças e os valores são intrinsecamente recompensadores e se transformam em parte do sistema de valores. A base do poder do influenciador torna-se *expertise* (conhecimento) e credibilidade. Crenças internalizadas são independentes da presença contínua do outro e, portanto, extremamente resistentes a mudanças. É claro que o influenciador não precisa estar em situação de superioridade; colegas, subordinados e até mesmo estranhos podem colocar tal processo em andamento. Porém, considerando-se o efeito da autoridade no comportamento da maioria das pessoas, e a habitual prevalência de uma relação de domínio-submissão na *folie à deux*, tal desordem será mais comum em relações entre superior-subordinado.

Em geral é difícil distinguir entre a aceitação, a identificação e a internalização, pelo menos na perspectiva do observador. Os subordinados podem parecer engajados em um comportamento do tipo *folie à deux*, contudo, a intensidade e a seriedade de suas reações ainda mantêm questões em aberto. Somente com a compreensão das motivações pessoais dos subordinados e da natureza de seu comportamento depois da separação de ambas as partes será possível obter uma percepção quanto ao tipo de processo de influência social que está ocorrendo. Somente nos casos de identificação e internalização é possível considerar a verdadeira *folie à deux*, pois é nessas situações que os processos psicodinâmicos por mim descritos são aplicáveis.

A *FOLIE À DEUX* NAS ORGANIZAÇÕES

Ao revisar a literatura, encontrei somente um exemplo registrado exatamente como *folie à deux* em ambiente empresarial (Lang, 1936) Tal situação dizia respeito **à parceria entre dois barbeiros**. Um deles repentinamente ficou preocupado com a ideia de iniciar um curso superior para barbeiros. Segundo ele, o financiamento viria de vários amigos misteriosos e milionários e os rendimentos obtidos seriam fantásticos. Esse plano irrealista logo se transformou em perdas para os negócios, o que foi explicado como um complô de um grupo de pessoas desconhecidas que trabalhava contra os sócios. O mais submisso acreditava fielmente nos planos de grandiosidade e nos delírios do outro. No final, as ilusões de ambos tornaram-se tão sérias que ambos tiveram de ser hospitalizados.

A despeito da falta de exemplos registrados, acredito que a *folie à deux* seja um fenômeno bem mais recorrente nas empresas do que é reconhecido. Isso provavelmente ocorre pelo fato de o poder, a atratividade ou a *expertise* de um indivíduo em posição de autoridade provocarem facilmente a conformidade, a identificação ou a internalização de padrões comportamentais em gerentes que ocupam posições subalternas. Nem todos os profissionais em cargo de gerência têm um senso de identidade pessoal forte o suficiente para suportar as pressões impostas sobre eles. **Ceder**, mesmo que somente na forma de aceitação, é, em geral, bem mais fácil.

A necessidade dos executivos de nível sênior de possuir uma imagem espelhada

Apesar de sempre declararem seu desejo pela tendência à independência por parte de seus subordinados, na prática, muitos executivos de nível sênior consideram este um traço difícil com o qual lidar. Com frequência, tais executivos ostentam sistemas de crença relativamente fechados (Rokeach, 1960) e gostam de ver seus subordinados como **imagens espelhadas de si mesmos** e **agindo de acordo com seus desejos**.

Essa tendência por parte dos executivos pode exercer sérias consequências em relação ao desenvolvimento da carreira dos subordinados dentro de uma organização. Os executivos de nível sênior que tenham esse tipo de atitude irão selecionar subordinados cujo padrão comportamental e o sistema de crenças seja compatível com o seu. Muitos gerentes que possam reagir de um modo ativo e não conformista – e que não estejam dispostos em participar de padrões comportamentais possivelmente irracionais – serão automaticamente excluídos. Outros serão demitidos ou pedirão demissão logo depois de se unirem à empresa. Esse processo de socialização organizacional é a fase em que a compatibilidade dos novos contratados em relação às normas e valores existentes é testada. Dificuldades para se ajustar poderão levar o novo funcionário a ser excluído.

O mesmo pode ser dito sobre o avanço na carreira. Os sistemas de recompensa são baseados na participação. Para o subordinado, a alternativa para a aceitação, a identificação ou a internalização das normas e dos valores vigentes nas empresas **não é atraente**, uma vez que, com frequência, implica em demissão, rebaixamento de posto ou em alguma outra forma de estagnação. Por causa dessa seleção e desse sistema de recompensa (que não necessariamente existe em um sentido formal) que se encontram em pleno funcionamento, padrões operacionais delusórios dentro da organização são intensificados, criando um território fértil para a *folie à deux*.

Subgrupos organizacionais irão encorajar e manter mitos e fantasias da empresa que estão apenas remotamente relacionados à realidade da situação. Nesses casos, para alguns grupos, os objetivos e estratégias da organização tornam-se menos interessantes que considerações táticas. Membros desses grupos parecem viver em um mundo polarizado que já não inclui o comprometimento ou a aceitação das diferenças. Todos são pressionados a escolher um lado. Trata-se também de um mundo em que é preciso manter-se em guarda para não ser escolhido como um alvo de ações maldosas. Em uma organização desse tipo, a procura por um bode expiatório não ocorre somente dentro da empresa, mas também em grupos como o governo e os sindicatos, entre os concorrentes, fornecedores, clientes ou empresas de consumo. Programas que no passado foram bem considerados e implementados podem se tornar distorcidos. Por exemplo, estar alerta para o meio ambiente, algo que até então se mostrara um ponto forte de uma empresa, talvez se transforme em uma espécie de vigília para evitar ataques iminentes, ou seja, em uma caricatura do propósito original.

Por causa de arranjos estruturais, os subgrupos frequentemente se sobrepõem a outros departamentos e outras unidades. Quando isso ocorre, as pessoas tendem a resguardar suas áreas de responsabilidade, demonstrando certo ciúme; a determinação de fronteiras entre departamentos pode levar a disputas. A busca ou a aceitação de ajuda de outros grupos pode ser considerada uma fraqueza ou até mesmo uma traição.

Vejamos um exemplo: em uma grande empresa de produtos eletrônicos, o vice-presidente de desenvolvimento de produtos começou a imaginar que dois de seus colegas, os vice-presidentes de P&D (pesquisa e desenvolvimento) e de manufatura, queriam se livrar dele. Ele percebeu que ambos estavam tentando reorganizar seu departamento e incorporá-lo às suas próprias áreas funcionais. Em cada oportunidade, ele comunicava suas preocupações aos seus subordinados e esperava que eles confirmassem tais suspeitas. **Discordâncias não eram toleradas**; eventuais resistências resultavam em demissão ou transferência para outro departamento. Gradualmente, muitos dos executivos que trabalhavam com ele passaram a acreditar no que ele dizia e a desenvolver uma mentalidade de cerco, o que provocou um forte senso de coesão no grupo.

As relações entre os membros dessa equipe específica e os funcionários dos demais departamentos se tornaram tensas. O que havia começado como um pequeno conflito interdepartamental acabou se transformando em uma verdadeira guerra dentro da empresa. Reuniões de comitês que contavam com a presença de membros de departamentos distintos se tornaram sessões públicas de acusações sobre informações não divulgadas, incompletas ou equivocadas e também sobre a intrusão em território alheio. Além disso, por causa das recorrentes reclamações sobre a baixa qualidade dos materiais entregues e os atrasos nesse processo, o próprio contato do vice-presidente com alguns de seus fornecedores acabou se deteriorando. (Uma subsequente avaliação realizada pelo novo vice-presidente do setor concluiu que a maioria das acusações era infundada.)

No final, gerentes de outras áreas passaram a evitar contato com o os funcionários do departamento de P&D, o que ajudou a confirmar as suspeitas de todos. Com o passar do tempo, a empresa construiu uma rede informal e separada de informações com o objetivo de evitar contato com o grupo de desenvolvimento. Por fim, depois de essa equipe cometer inúmeros erros orçamentários em função de informações distorcidas, o presidente da empresa transferiu o vice-presidente e reorganizou o setor.

Porém, a despeito de tudo o que foi dito até aqui, a ***folie à deux*** nem sempre é disfuncional de um ponto de vista organizacional. Inicialmente ela pode ser uma fonte de grande poder, pois cria coesão nos grupos, estabelece direcionamento claro e um eficaz escaneamento do ambiente (um efeito colateral da hiper-vigilância). Porém, em longo prazo, há infelizmente uma forte tendência de isso se transformar em uma patologia organizacional.

O FUNCIONAMENTO DA *FOLIE À DEUX* DENTRO DAS ORGANIZAÇÕES

Obviamente, as relações entre superior e subordinado ocorrem com mais frequência em situações organizacionais. Por esta razão, criei uma matriz que apresenta as várias maneiras pelas quais a ***folie à deux*** opera dentro das empresas (ver Tabela 1.1). Nesta seção descrevo em mais detalhes as respostas dos funcionários à influência de seus superiores.

Os não conformistas

Os **não conformistas**, sejam eles **ativos** ou **passivos**, se recusam a participar dos padrões comportamentais irracionais de seus superiores.

O grupo cuja orientação é mais passiva, em geral se volta para tarefas rotineiras e atividades não essenciais e, como estratégia básica, evita atividades consideradas essenciais para a organização. A imersão nos aspectos tecnológicos do trabalho (desde que isso não seja uma parte emocionalmente importante das ilusões do superior) é a solução para que evitem participar dos padrões comportamentais do chefe. Por causa de sua discrição (consideradas as pressões por conformidade e participação dentro da empresa), independentemente de sua importância para a organização, em geral essas pessoas não recebem recompensas pelo comportamento apresentado. A estagnação da carreira ou até mesmo o rebaixamento do cargo é, com frequência, o resultado lógico.

Em contrapartida, os que se recusam a participar das delusões ou dos padrões comportamentais irracionais dos superiores ostentando um comportamento mais ativo, poderão provocar a ira dos executivos de nível sênior. Suas escolhas acabarão sendo limitadas – eles deixarão voluntariamente a empresa ou serão forçados a fazê-lo.

Tabela 1.1 - Padrões comportamentais dos subordinados na ocorrência de *folie à deux*

Nível de atividade		
Resposta à influência	Passiva	Ativa
Não conformismo e oportunismo		
Não conformistas	Envolvem-se em tarefas rotineiras e atividades controladas. A participação nas ilusões é evitada. Comportamento de recuo (isolamento).	Deixa a organização (pede demissão ou é demitido). Ocasionalmente assume o papel de agente da mudança.
Os obedientes	Participação nas ilusões, sem a convicção pessoal. Comportamento ritualístico.	Participação nas ilusões e aprimoramento delas, sem a convicção pessoal.

Folie à deux		
Identificadores	Participação nas ilusões com convicção pessoal. Relação relativamente instável.	Participação nas ilusões e aprimoramento delas, com convicção pessoal. Relação relativamente instável.
Incorporadores	Participação nas ilusões com convicção pessoal. Relação estável.	Participação nas ilusões e aprimoramento delas com convicção pessoal. Relação estável.

Em alguns casos, os não conformistas ativos desempenharão um papel de agentes da mudança. Por causa de sua postura dinâmica, o feitiço delusório poderá ser quebrado e os membros da organização trazidos de volta á realidade. Contudo, essa é uma ocorrência relativamente rara. O poder e a autoridade dos não conformistas ativos são normalmente limitados, assim como sua eficácia em instigar mudanças.

Os obedientes

Os **obedientes** ativos ou passivos são aqueles que participam dos padrões comportamentais irracionais da empresa conforme eles surgem, mas o fazem sem convicção pessoal. A única razão para sua integração é o **oportunismo**: o sistema de recompensa da empresa os encoraja a agir em conformidade com os desejos de seu superior. O comportamento dos obedientes passivos é mais ritualístico, e caracterizado por uma atitude do tipo **"não pretendo arriscar meu pescoço"** ou **"prefiro evitar riscos."**

Os identificadores

Os **identificadores** participam dos delírios e de outros padrões comportamentais irracionais demonstrando convicção pessoal. A única diferença entre os grupos passivo e ativo é o fato de os membros do último elaborarem em cima dos delírios. Os administradores que utilizam as respostas dos identificadores ativos provavelmente criam a variedade mais comum e verdadeira da *folie à deux*. A associação contínua entre as partes se faz necessária para que as delusões se mantenham. A aliança permanece relativamente instável, uma vez que os subordinados em geral param de se comportar desse modo quando a relação é interrompida.

Os internalizadores

O último grupo – o dos internalizadores – não apenas participará das ilusões e/ou de outros padrões comportamentais irracionais com convicção pessoal, mas continuará a agir dentro dessas crenças mesmo depois que a relação for interrompida. A mudança é mais completa e definitiva. Esta é a mais enraizada variedade de *folie à deux*. A diferença entre os internalizadores (incorporadores) ativos e passivos depende, mais uma vez, do desejo de elaborar sobre tais delírios. Contudo, de acordo com evidências clínicas, tal variedade é comparativamente rara (Gralnick, 1942).

O esquema conceitual demonstra que cada categoria de resposta poderá se desenvolver e transformar-se em outra. Isso significa uma progressão no grau e na intensidade de participação nas atividades do executivo sênior. A mera obediência poderá se transformar em internalização (incorporação), criando uma sensação de comprometimento e permanência.

PROFISSIONAIS E EMPRESAS EMPREENDEDORAS E FAMILIARES

Por causa da grande intensidade e proximidade que se desenvolvem nos grupos pequenos e isolados, iniciativas empreendedoras tendem a se tornar particularmente suscetíveis à *folie à deux*. Em vários casos, a iniciativa tem início porque o empreendedor tenta superar seus sentimentos de dependência, impotência e rejeição, adotando uma postura oposta – um **estilo de assunção de riscos financeiros e psicológicos**. Além disso, o empreendedor pode ostentar fortes necessidades de realização, controle e poder, assim como grande preocupação com a autonomia.

A relação entre o empreendedor e o empreendimento é geralmente caracterizada pelo **envolvimento** e por **conflitos**. A empresa tem grande significado emocional para o indivíduo. Com frequência, esse tipo de ligação poderá levar a crises no crescimento e na sucessão da empresa. Tais episódios serão agravados pela ocorrência de *folie à deux*, como demonstra o exemplo a seguir.

O presidente e fundador de uma empresa de equipamentos eletrônicos de médio porte costumava expressar sua preocupação com a necessidade de um estilo de gerenciamento mais profissional em sua organização. Ele gostava de enfatizar que a fase empreendedora já havia passado e que era o momento de se fazer algumas mudanças organizacionais e se preparar para abrir o capital e planejar a sucessão. Com este propósito, ele se envolveu pessoalmente no recrutamento de jovens com mestrado em administração de empresas, oriundos de várias faculdades. Seu estilo carismático e sua defesa do estilo de gerencialmente profissional atraíram vários recém-graduados. Porém, o número de funcionários com mestrado que entrava na organização se mostrava equilibrado como aquele dos profissionais também diplomados que deixavam a empresa, que logo percebiam as dificuldades em se adequar às exigências do presidente.

Sob a alegação de que a empresa era uma **família feliz**, o fundador se sentia no direito de se intrometer em assuntos particulares de seus subordinados. Ele também prometia aos novos contratados a delegação de várias responsabilidades, contudo, estas não passavam de tarefas mal-definidas desprovidas de muita autoridade, que, em geral, terminavam em fracassos. O avanço profissional dos funcionários dependia de sua proximidade com o presidente, da obediência em relação aos seus desejos e da boa vontade em participar de padrões comportamentais normalmente irracionais. O exílio em obscuros escritórios de vendas era o preço a ser pago pela resistência. No final, a empresa teve de pagar um alto preço por tal estilo de liderança. Entretanto, o presidente simplesmente culpou a intervenção do governo, as atividades do sindicato e a sabotagem de alguns funcionários isolados pela constante queda nas vendas e nos lucros.

A ADMINISTRAÇÃO DA *FOLIE À DEUX*

Os primeiros passos para controlar a *folie à deux* em uma situação organizacional são: 1°) reconhecer os sintomas da empresa e do indivíduo; e 2°) agir.

Examine seus administradores

Os profissionais de nível gerencial que mais provavelmente iniciarão esse tipo de comportamento em geral apresentam características de personalidade específicas, tais como o grande charme pessoal e capacidade de sedução – qualidades que podem ter sido responsáveis por se tornarem pessoalmente tão atraentes. Uma observação mais cuidadosa, porém, revelará que tal comportamento é frequentemente uma proteção para atitudes de arrogância e superioridade moral. Indivíduos mais propensos à *folie à deux* consideram extremamente difícil alterar seus conceitos e ideias, e, em geral, suas ações são inflexíveis.

Por causa de sua necessidade de dominar e controlar outras pessoas, executivos desse tipo se sentirão profundamente ressentidos pelo uso de qualquer forma de autoridade por outros indivíduos. Com frequência, eles se mostram preocupados com os motivos ocultos de seus colegas e buscam confirmar suas suspeitas. Eles manifestam grande interesse pelos detalhes, normalmente amplificando-os e até mesmo elaborando sobre eles. Tais executivos se sentem facilmente menosprezados, e sua falta de confiança poderá torná-los extremamente desconfortáveis, reservados e temperamentais, além de suscetíveis a alterações dramáticas no humor. Se uma atitude de amizade e companheirismo prevalecer temporariamente, tal comportamento poderá ser rapidamente interrompido diante da menor provocação, sendo substituído por demonstrações de rancor, em sua forma mais voraz, de raiva e desconfiança. Tais indivíduos parecem desprovidos dos sensos de jovialidade e humor.

Quando o comportamento típico da *folie à deux* começa a se espalhar, as pessoas influenciadas poderão demonstrar padrões comportamentais similares, mas não de maneira tão intensa.

Observe a estrutura operacional

Os sinais de perigo da *folie à deux* dentro de uma empresa podem ser detectados observando-se possíveis peculiaridades na cultura e no estilo operacional da organização. Um sintoma claro é o uso de procedimentos de seleção e promoção que reflitam amplamente as idiossincrasias de executivos seniores, em vez de basear-se nas habilidades gerencial do candidato.

Outra forte indicação pode ser a preocupação excessiva de um departamento com detalhes, à custa da eficiência da empresa como um todo, e também a manifestação de um alto nível de estresse dentro da organização, demonstrada pela grande rotatividade de funcionários ou absenteísmo. Mudanças frequentes nos objetivos da empresa, o estabelecimentos de metas irrealistas e a insistência sobre supostas conspirações (ou até a criação delas) são outros sinais importantes.

Estabeleça uma relação de confiança

Quando a *folie à deux* atinge seu auge, as pessoas envolvidas já não são capazes de resolver o problema sozinhas. Executivos que dão início a esse tipo de processo percebem que a volta à realidade se torna particularmente mais difícil. Superar a disposição em relação ao pensamento ilusório se transforma em algo particularmente complicado. Apelar para a lógica e a realidade desses indivíduos não ajudará; pelo contrário, tal ação poderá evocar reações hostis e intransigentes. Em casos como esse, é preciso estabelecer algum grau de confiança e proximidade com os indivíduos afetados tornando-os mais abertos para encarar a possibilidade de que suas suposições sobre o ambiente organizacional sejam inválidas.

Embora tal mudança de atitude não seja implementada com facilidade, sem ela, será impossível para os executivos afetados fazerem uma autoavaliação de seus pontos fortes e de suas fraquezas. Substituir a realidade por fantasias será provavelmente um processo lento e difícil, envolvendo a reintegração e o ajuste de muitos padrões comportamentais profundamente integrados. Por causa da intensidade das delusões apresentadas, muitos desses indivíduos precisarão de orientação profissional.

A perspectiva para os seguidores afetados será mais positiva e, em geral, menos dramática. Com frequência, romper a proximidade com executivos seniores afetados será o suficiente para "quebrar o feitiço". Alguma forma de desorientação por parte dos afetados poderá ocorrer no início, contudo, o direcionamento apropriado por parte dos não atingidos logo trará os acometidos de volta a padrões mais normais e voltados para a realidade.

Monitore sua própria suscetibilidade

Para se prevenir em relação a padrões de ***folie à deux***, é preciso que avaliemos periodicamente nossos próprios padrões e nossas próprias ações e relações interpessoais. Uma vez que é bem difícil reconhecer nossos pontos negativos e comportamento irracional, talvez seja interessante (se for o caso) considerar ajuda externa na avaliação da situação.

Também é fundamental reconhecer que certo grau de coragem será necessário para enfrentar a autoconfrontação. Apesar disso, os executivos dispostos a testar e reavaliar a realidade serão aqueles que, no final, possuirão maior liberdade de escolha, agindo a partir de um senso de segurança interna. A capacidade para a autoavaliação aprimora a identidade pessoal, estimula a adaptação a mudanças e limita a susceptibilidade a influências controladoras.

Solicite a ajuda de partes interessadas

Talvez agora você esteja imaginando que estar apto a reconhecer a existência de *folie à deux* na empresa não seja o suficiente caso o instigador de tal situação seja um executivo sênior poderoso e, ao mesmo tempo, um grande acionista da organização. Em certos casos, entretanto, será possível contar com a ajuda de órgãos de igual força, como o governo ou o sindicato, para lidar com tais indivíduos. Isso poderá inclusive guiar a organização para longe de aventuras autodestrutivas. Outras partes possivelmente interessadas que poderão eventualmente soar o alerta são os clientes, os fornecedores e até os bancos.

A situação torna-se menos complicada quando o CEO não é um dos principais acionistas da empresa, pois, nesse caso, o conselho diretivo e os acionistas podem monitorar melhor a situação. Uma de suas responsabilidades será a de se manter atento a possíveis sinais de perigo. É claro que os membros do conselho poderão ser atraídos para atividades delusórias de um executivo sênior. Isso é menos provável quando o conselho é formado por indivíduos de fora da organização, porém, considerando-se que os membros em geral seguem as diretivas do CEO, isso indica o quão importante é a seleção cuidadosa dessa equipe.

Reoriente o clima no trabalho e a estrutura empresarial

Soluções organizacionais para a *folie à deux* tornam-se mais viáveis quando o instigador não é um executivo sênior da empresa. Nesse caso, a confrontação, a transferência ou até mesmo a demissão (nos casos mais sérios) será suficiente para interromper o processo. Porém, também é fundamental considerar os esquemas e procedimentos organizacionais. Por exemplo, sistemas de recompensa que promovam comportamentos irracionais abrem cabinho para *folie à deux*, portanto, é crucial promover um clima saudável em que processos insensatos e ilógicos não consigam enraizar-se.

Sustentar a responsabilidade e a independência mental individuais dentro da organização, assim como selecionar e promover administradores que ajam de maneira adequada, são ações que poderão proteger a empresa da ocorrência de *folie à deux*. Uma cultura organizacional em que prevaleça a colaboração mútua, a delegação, a aberta resolução de conflitos e o respeito pela individualidade evidenciará um processo de contágio mental antes que este possa se espalhar. Tais padrões empresariais também diminuirão as necessidades de dependência e manifestarão os conflitos, contra-atacando o círculo vicioso do comportamento interpessoal.

Sistemas objetivos de informação também poderão ajudar os administradores a se concentrar na realidade, assim como o uso de diferentes fontes para a obtenção e o processamento de informações. Comitês interdepartamentais e sistemas de controle formais poderão exercer funções similares.

Pressões contemporâneas por estilos administrativos mais participativos, ou a chamada democratização do trabalho, são outros meios de se prevenir, ou de pelo menos limitar, o surgimento e/ou a proliferação da *folie à deux*. Tais mudanças estruturais poderão reduzir o poder dos executivos seniores e restringir sua habilidade de tirar vantagem das necessidades de dependência dos subordinados.

CAPÍTULO 2

DINÂMICAS DE GRUPO

"Há mais coisas entre o céu e a terra, Horácio, do que sonha nossa vã filosofia."
– William Shakespeare, Hamlet, 1, v. 166

"Sobre o que um ser humano completamente racional falaria com outro ser humano inteiramente racional?"
– Emmanuel Levinas, Totalidade e Infinito

"Ainda preciso encontrar o famoso homem econômico racional descrito pelos teóricos. Pessoas reais sempre fizeram coisas inexplicáveis de tempos em tempos, e não demonstram sinais de que não mais o farão."
– Charles Sanford, Jr. Executivo norte-americano

O escritor grego Esopo nos conta a fábula sobre uma **raposa faminta** e **sedenta** que, um dia, avistou alguns cachos de uvas negras e maduras em um vinha. O animal tentou todos os truques que conhecia para alcançá-las, mas não foi capaz de chegar até as frutas. Depois de ficar exausta, a raposa finalmente desistiu. Tentando esconder sua frustração, ela disse: **"Aquelas uvas além de estarem azedas, não estão maduras como pensei."**

Esta fábula de Esopo ilustra o quanto somos hábeis em racionalizar e distorcer nossa autoimagem, assim como a imagem dos outros, com o objetivo de controlar nossa autoestima. Reduzimos a dissonância cognitiva quando alteramos nossa crença ou nossos estados de desejo, mesmo que isso nos leve a um comportamento irracional. É claro que é difícil dizer quando uma consideração objetiva das realidades dá espaço à racionalização, mas tentar justificar nosso comportamento ou nossas crenças enquanto falhamos em reconhecer as inconsistências ou evidências contraditórias é uma boa ilustração de que os seres humanos podem de fato se engajar naquilo que parece ser um comportamento extremamente irracional.

Ao estudar a eficácia organizacional, inúmeros estudiosos da área de administração se limitam a exercer uma visão bastante mecânica da vida no ambiente de trabalho. Eles observam fenômenos superficiais, não a estrutura mais profunda. O inconsciente coletivo tanto dos profissionais da administração como dos acadêmicos, acredita no mito de que o que realmente importa é o que **vemos** e **sabemos** (ou seja, aquilo o que é consciente). Tal mito tem como fundamento conceitos comportamentais organizacionais de natureza racional – baseados em assunções sobre seres humanos idealizadas por economistas (na pior das hipóteses) ou por psicólogos comportamentais (na melhor). As **ciências sociais**, sempre desesperadas para ganhar mais prestígio, não conseguem deixar de fazer de conta que são, na verdade, **ciências naturais**; elas não podem abandonar sua obsessão por aquilo que pode ser mensurado de maneira direta. Para um grande número de indivíduos, o espírito da máquina econômica parece estar vivo, em bom estado e perdurando dentro das organizações. Embora o repertório existente de conceitos "racionais" já tenha se demonstrado mais de uma vez insuficiente para desembaraçar os problemas mais complicados que inquietam as empresas, o **mito da racionalidade persiste**.

Consequentemente, os conceitos de comportamento organizacional utilizados para descrever processos como a motivação individual, a liderança, as relações interpessoais, os processos grupais e intergrupais, a cultura corporativa, a estrutura organizacional, as mudanças e os desenvolvimentos se baseiam em modelos behavioristas[1] e contam com uma dose ocasional de psicologia humanística somente para compor a equação. Tal abordagem (sobre a qual o irrepreensível espírito da Administração Científica, Frederick Taylor, ainda paira) preparou o cenário para que pudéssemos observar o mundo profissional de um modo bidimensional. Muitos executivos acreditam que o comportamento dentro das organizações se refere somente a fenômenos conscientes, mecânicos, previsíveis e de fácil compreensão. Os processos mais elusivos que ocorrem dentro das empresas – e que merecem descrições detalhadas – são convenientemente ignorados.

---

[1] Referência ao conjunto de teorias psicológicas iniciadas com o manifesto de John B. Waton *A Psicologia vista por um comportamentista*, de 1913, segundo as quais a psicologia não deveria estudar processos internos mentais, mas o comportamento humano. (N.T.)

A perspectiva de que, em termos organizacionais, homens e mulheres não sejam máquinas conscientes, altamente focadas e perfeitamente calibradas para maximizar prazeres e desconfortos, mas indivíduos comuns sujeitos a vários (e geralmente contraditórios) desejos, fantasias, conflitos, ansiedades e comportamentos defensivos – sendo que alguns desses sentimentos são conscientes, outros não – não é exatamente popular. Tampouco a ideia de que conceitos retirados da psicanálise, da psicoterapia psicodinâmica ou da psiquiatria dinâmica possam ter um espaço no mundo corporativo. Em geral, tais conceitos são prontamente rejeitados com base no fato de estarem demasiadamente voltados para o indivíduo e para o comportamento anormal das pessoas e (no caso do método psicanalítico de investigação) dependerem demais de estudos de autovaliação (criando problemas de verificação).

Independentemente do quão válidas tais críticas possam ser, permanece o fato de que qualquer explicação significativa sobre a humanidade requer diferentes meios de verificação. A despeito do que os filósofos da ciência gostam de dizer sobre o assunto, nenhuma alegação de efeito causal na psicologia clínica (nem em história ou economia) pode ser avaliada do mesmo modo como ocorre em ciências empíricas como a física experimental ou a astronomia.

Quando adentramos o mundo interno de um ser humano – na tentativa de compreender seus desejos, suas esperanças e seus medos – qualquer tentativa de falsificação (no intuito de descobrir uma exceção observada nas regras postuladas pela ciência) se tornará um ponto discutível (Popper, 2002).

Embora a noção de que exista mais no comportamento organizacional do que se possa imaginar, seja um anátema para muitos acadêmicos da administração, profissionais que negam a realidade dos fenômenos inconscientes – e se recusam a trazê-los para o nível consciente e considerá-los – aumentam a lacuna entre a retórica e a realidade. Rejeitar uma abordagem psicanalítica para o estudo de problemas humanos é simplesmente um erro, afinal, são os indivíduos que criam as organizações e as unidades que contribuem para processos sociais. Mesmo vivendo em massas, as pessoas estão sujeitas a um número mais elevado de leis do que se pode testar na física experimental. Além disso, gostemos ou não, o comportamento anormal é bem mais "normal" do que a maioria dos indivíduos está preparada para admitir. Todos nós temos um lado neurótico. A saúde e a doença mentais não são fenômenos dicotômicos, mas posições opostas em uma sequência contínua.

Mais do que isso, não importa se uma pessoa é taxada de normal ou anormal, pois a mesma dinâmica se aplica.

Considerando-se tais observações, os estudiosos da administração e os líderes precisam revisitar as seguintes questões: será o executivo típico realmente um ser humano lógico e confiável? Será a administração uma tarefa racional desempenhada por seres racionais de acordo com objetivos organizacionais conscientes? Levando-se em conta a enorme quantidade de ações altamente destrutivas implementadas por líderes empresariais e políticos, talvez nem sequer devêssemos fazer essa pergunta. Já deveria estar claro que muitas dessas atividades "incompreensíveis" (a partir de uma perspectiva racional, é claro) sinalizam que o que ocorre dentro das empresas reside na verdade no mundo interpessoal e intrapsíquico dos grandes "jogadores", e, portanto, abaixo da superfície dos comportamentos diários. Essa atividade mental subjacente e os comportamentos adotados precisam ser compreendidos em relação aos conflitos, às atitudes defensivas, tensões e ansiedades do indivíduo.

Trata-se de um paradoxo o fato de que, embora em um nível consciente possamos negar a presença de processos inconscientes, em nossas atitudes e em nossos comportamentos vivenciamos tais processos diariamente em todas as partes do mundo. Embora baseemos nossas ações estratégicas em modelos teóricos derivados do "homem econômico racional", contamos na verdade com seres humanos reais (repletos de peculiaridades conscientes e inconscientes) para a tomada e implementação de decisões. Porém, até mesmo os líderes organizacionais mais bem-sucedidos estão propensos a comportamentos irracionais, e esta é uma realidade que nos arriscamos a ignorar.

Quando as ilusões criadas pelo conceito de **Homo economicus** prevalecem sobre a realidade do **Homo sapiens**, as pessoas que realmente se interessam pelo que de fato acontece dentro das organizações são deixadas com uma vaga impressão de que algo bastante estranho está ocorrendo – algo indecifrável. Ao deparar com situações organizacionais, tais como liderança disfuncional, conflitos interpessoais, relações conspirativas coniventes, processos grupais ineficientes e outros fenômenos perturbantes similares, esses indivíduos se sentem ineficientes e impotentes.

No caso de várias situações organizacionais complicadas, a utilização de orientações psicodinâmicas/sistêmicas poderá ajudar a estabelecer clareza e alcançar soluções. Nenhum conjunto de conhecimentos fez uma tentativa mais prolongada e bem-sucedida de lidar com o significado dos eventos humanos que a psicanálise. O método psicanalítico de investigação, que observa o ser humano longitudinalmente, nos oferece uma janela importante para a operação mental do indivíduo, identificando significados em suas mais ínfimas experiências emocionais. Seu sistema de extrair inferências sobre significados de fenômenos que de outro modo seriam totalmente incompreensíveis é mais eficiente do que teorias concorrentes conseguem nos oferecer. Ao estabelecer um sentido para os desejos e fantasias mais profundos dos executivos, e mostrar-lhes como isso afeta seu comportamento no mundo corporativo, a orientação psicodinâmica oferece a esses profissionais um modo prático de descobrir como a organização realmente funciona. Inúmeros planos bem-intencionados e bem-planejados são abandonados diariamente em empresas em todo o mundo por causa de forças inconscientes que influenciam de maneira incorreta o comportamento dos envolvidos. Somente aceitando o fato de que executivos (assim como o resto de nós) não são paradigmas de racionalidade poderemos entender o modo com tais planos saem de controle e, desse modo, recolocá-los em funcionamento – ou, melhor ainda, evitar que eles descarrilem da primeira vez.

Embora um número cada vez maior de acadêmicos da administração esteja percebendo a necessidade de se prestar mais atenção a sinais mais fracos e que se encontram abaixo da superfície nos sistemas organizacionais, tal tendência é camuflada por artigos frequentes publicados em jornais populares, que perguntam: será que Freud está morto? As pessoas que levantam questões como esta encontram-se, em geral, alheias aos recentes desenvolvimentos na teoria e na prática da psicanálise. Elas costumam rechaçar pensamentos freudianos postulados no início do século XX, sem perceber que a teoria e a terapia psicanalíticas continuaram a se desenvolver desde então. A teoria e as técnicas psicanalíticas tornaram-se bem mais sofisticadas, incorporando descobertas em domínios bastantes variados, como: psiquiatria dinâmica, psicologia do desenvolvimento, etologia, antropologia, neurofisiologia, teoria cognitiva, teoria dos sistemas familiares e psicoterapia individual e grupal. Condenar a teoria psicanalítica contemporânea, considerando-a ultrapassada, é o mesmo que atacar a física moderna com base no fato de que Newton não compreendia a teoria da Relatividade de Einstein. Embora muitos aspectos das teorias de Freud já não sejam válidos diante das novas informações sobre o funcionamento da mente humana, componentes fundamentais da teoria e das técnicas psicanalíticas já foram testadas e verificadas de maneira científica e empírica, especialmente quando relacionadas a processos cognitivos e emocionais (Barron, Eagle ET al.,

1992; Westen, 1998). A despeito do desapontamento de vários profissionais que costumam atacar as ideias postuladas por Sigmund Freud, muitas delas se mantêm plenamente relevantes!!!

Uma perspectiva psicodinâmica amplamente integrativa e clinicamente orientada que se baseie em conceitos e técnicas psicanalíticas tem muito a contribuir para o nosso entendimento das organizações e das práticas administrativas. Um ponto de vista psicanalítico bem-fundamentado poderá nos ajudar a compreender as dinâmicas ocultas associadas à motivação individual, à liderança, às relações interpessoais e/ou conspirativas coniventes, ás situações de defesa social, cultura corporativa, organizações "neuróticas" (aquelas dominadas pela neurose de seu principal executivo) e a extensão pela qual os indivíduos dessas empresas podem ser prisioneiros de seu passado (Zaleznik, 1966; Levinson, 1972; DeBoard, 1978; Kets de Vries, 1984; Kets de Vries e Miller, 1984; Kets de Vries, 1991; Czander, 1993; Kets de Vries, 1994; Gabriel, 1999; Levinson, 2002). Os que advogam pela abordagem psicodinâmica clínica reconhecem os limites da racionalidade e rejeitam uma visão puramente economista e behaviorista do mundo corporativo. Embora os que defendem a administração como uma ciência natural tenham outra opinião, experimentos que reúnem dados comportamentais e estatísticos contribuem somente parcialmente para o entendimento dos fenômenos organizacionais complexos. Outras análises serão necessárias para que se possa compreender o comportamento organizacional e os indivíduos que operam dentro do sistema. É preciso considerar o que pode ser observado diretamente.

Acadêmicos da administração precisam reconhecer que, assim como os sistemas, as organizações também possuem vida própria – uma que não é apenas consciente, mas inconsciente; não somente racional, mas irracional. A aplicação do modelo clínico1[2] é útil para nos oferecer compreensão sobre essa vida, e também sobre as razões fundamentais que levam executivos (e empregados) a se comportarem e a agirem de maneiras específicas. Para compreendermos o quadro completo, é preciso que prestemos atenção nas dinâmicas internas e sociais existentes, no intrincado campo de jogo que abriga lideres e seguidores, e nas inúmeras estruturas e nos vários processos psicodinâmicos inconscientes e invisíveis que influenciam o comportamento dos indivíduos, pares e grupos dentro de uma empresa. Aqueles que desconsideram a complexa dimensão clinica na analise organizacional certamente não irão além de uma

---

[2] Uma explicação para o modelo clínico será encontrada no Capítulo 9.

compreensão superficial e supersimplificada da vida nas empresas. Nos negócios, assim como ocorre na vida do ser humano, a consciência psicológica é o primeiro passo em direção à própria saúde psicológica. As empresas não conseguiram um bom desempenho se as peculiaridades e processos irracionais que permeiam o teatro interno de cada membro da organização não forem levados em consideração pela alta gerência.

O ENIGMA DO GRUPO

Qualquer estudo sobre organizações necessariamente engloba a **psicologia dos grupos**. O psiquiatra Wilfred Bion identificou três suposições básicas para serem estudadas em situações de grupo. Vale ressaltar que esse trio se transformou na pedra fundamental para o estudo de dinâmicas organizacionais (Bion, 1959). Essas três hipóteses – que se mantêm em um nível subconsciente – criam uma dinâmica de grupo que torna bem mais difícil para as pessoas trabalharem juntas de maneira produtiva. Uma vez que resultam em processos regressivos patológicos, que levam a padrões de funcionamento mais arcaicos (ou seja, primitivos), elas desviam os membros das tarefas principais que precisam ser executadas dentro da organização. Livres das restrições impostas pelos pensamentos convencionais, grupos sujeitos a esses processos regressivos se retraem para um mundo particular. O resultado é, em geral, a imaginação delusória – em outras palavras, ideias completamente alheias à realidade –, um solo fértil para a proliferação de padrões de tomada de decisão rígidos e ideológicos.

Suposições básicas para grupos

Observemos a seguir as três suposições apresentadas por Bion: **dependência**, **luta-fuga** e **pareamento**.

Dependência – As pessoas geralmente assumem, em algum nível inconsciente, que o líder ou a organização pode é deve lhe oferecer proteção e direcionamento similar àquele que lhe fora dado no passado por seus pais. Grupos sujeitos à suposição de dependência buscam por um líder forte e carismático para guiá-los. Os membros desses grupos são unidos por sentimentos comuns de desamparo, inadequação, carência e medo do mundo exterior. Eles percebem o líder como uma figura onipotente e logo abrem mão de sua autonomia quando percebem que ele ajudá-los. Afirmações típicas dos elementos desse grupo incluem: "O que você deseja que eu (nós) faça (façamos)?" e "Não posso tomar esse tipo de decisão; você terá de conversar com o meu chefe." Tais comentários refletem a ansiedade, insegurança e imaturidade profissional e emocional do funcionário. Embora a fé inquestionável em um líder contribua para a clareza de objetivos e para a coesão do grupo, ela também prejudica o julgamento crítico dos seguidores e os deixam relutantes em agir por conta própria. Embora queiram seguir as instruções do chefe, essas pessoas precisam que ele tome as decisões, que pense e se mantenha como principal catalisador. Assim que um líder desse tipo deixa a empresa, a inércia burocrática se estabelece. Os indivíduos nesta situação poderão manter-se congelados no passado, imaginando o que o antigo líder faria se ainda estivesse ali.

Luta-fuga – Outra suposição comum e inconsciente é o fato de que o mundo organizacional é um lugar perigoso e que seus membros precisarão optar entre as técnicas de lutar ou fugir como mecanismos de defesa. Em grupos sujeitos a tal suposição, apenas dois panoramas prevalecem: o da evasão ou do ataque. Quando esse tipo de mecanismo é estabelecido, há uma tendência de se dividir o mundo em dois campos: os amigos e os inimigos. As reações de luta se manifestam em agressões contra si mesmo, os colegas (na forma de inveja, ciúmes, competição, eliminação, boicotes, rivalidade entre irmãos pela atenção do pai, luta por um lugar no grupo e relações privilegiadas com figuras de autoridade), ou até contra a própria autoridade. A reação de fuga inclui a rejeição em relação aos outros, o absenteísmo e a resignação, na forma de desistência. Afirmações típicas de pessoas nessa situação incluem: "Não devemos fornecer os números atualizados para o departamento jurídico; eles tentarão ficar com todo crédito para si mesmos" ou "Esta empresa estaria em uma situação bem melhor se não fosse comandada por fulano e cricrano." Ideias de "nós *versus* eles" são comuns. Ninguém assume responsabilidade pelos problemas; em vez disso, há grande preocupação em sempre se encontrar culpados (de maneira vingativa). Com uma visão rígida e bipolar do mundo, esses grupos possuem um forte desejo de proteção e conquista do "inimigo", em suas manifestações mais variadas.

Uma vez que conspirações e adversários já fazem parte de seu mundo interior, líderes que se tornam vítimas de suposições do tipo luta-fuga encorajam a tendência do grupo em relação à separação. Exteriorizando problemas internos, eles inflamam seus seguidores contra inimigos reais e/ou imaginários, usando a divisão dentro/fora do grupo para motivar indivíduos e canalizar a emergente ansiedade para fora. A busca compartilhada pela luta e a própria disputa contra os "inimigos", resultam em uma forte (e inflexível) convicção entre os participantes de que estão agindo de maneira correta e de que sua causa é justa. Isso lhes dá a energia necessária para continuar. Isso também reforça a identidade do grupo (Lasswell, 1960; Volcan, 1988). Líderes que estimulam mecanismos de luta-fuga ao irradiar certeza e convicção no que fazem criam um senso de significado para seus seguidores, que se sentem perdidos. O senso de unidade resultante é bastante reconfortante. Conforme os seguidores eliminam os que ainda estão em dúvida e aplaudem os convertidos, todos se tornam cada vez mais dependentes de seu líder.

Pareamento – A terceira suposição básica de Bion é de que organizar-se ao lado de uma pessoa ou grupo considerado poderoso ajudará um indivíduo a lidar com a ansiedade, alienação e solidão. Desejando se sentir seguras e, ao mesmo tempo, ser criativas, pessoas que experimentam a suposição de **pareamento** fantasiam que a criação mais efetiva sempre acontecerá em duplas ou grupos. Infelizmente, o pareamento (ou agrupamento) também implica em divisão. A inevitável diversidade presente nos grupos poderá resultar em conflitos intra ou intergrupos, o que, em troca, poderá levar indivíduos ou grupos a desfazer esses conjuntos e a criar **sistemas menores** – um no qual uma pessoa poderá pertencer e sentir-se segura. Tal concepção também se manifesta na forma de formação de "gangues" contra supostos agressores ou figuras de autoridade. No modelo de pareamento, comumente observado em empresas de alta tecnologia, ideias grandiosas e irrealistas sobre inovações podem se tornar mais importantes que a praticalidade e a lucratividade. Afirmações típicas nesse tipo de organização incluem: "Deixe isso por nossa conta, nós dois podemos resolver esse problema" e "Se apenas o CEO e o COO[3] tivessem um relacionamento melhor, nossa empresa estaria bem melhor."

---

[3] Enquanto CEO é a sigla em inglês para *chief executive officer* (presidente de uma organização ou executivo principal), o acrônimo COO (*chief operating officer*) se refere ao cargo de executivo-chefe de operações. (N.T.)

Desenvolvimento do grupo

Com frequência, podemos verificar um movimento sequencial no desenvolvimento de grupos. Em geral eles se movem de um estágio de dependência, em que os integrantes procuram o líder para lhes proporcionar direcionamento, para outro de luta-fuga, em que os membros começam a resistir, de várias maneiras, às ordens do líder; posteriormente eles alcançam o estágio de pareamento, quando haverá um aumento substancial na coesão entre os membros. Se estas suposições básicas tiverem sido abordadas de algum modo, haverá melhor possibilidade de que o grupo se engaje em um trabalho real.

Defesas sociais básicas

As suposições básicas discutidas anteriormente revelam a existência de ansiedade subjacente em relação ao mundo e ao lugar que o indivíduo ocupa dentro dele. Quando tais suposições prevalecem dentro do trabalho, elas servem como provas cabais de que a liderança da organização não está lidando adequadamente com a ansiedade que surge no ambiente social profissional (Menzies, 1960; Jaques, 1974). Quando o nível de ansiedade sobe em uma organização, os executivos tipicamente contam com estruturas já existentes (regras, regulamentos, procedimentos, gráficos, descrições de cargo e com o modo específico de a organização resolver seus problemas) para contê-la. Quando tais métodos se mostram insuficientes – quando não existem oportunidades para se discutir e trabalhar preocupações emergentes – as pessoas dentro da organização se envolvem em defesas regressivas, tais como a separação, a projeção, o deslocamento, a negação e outras rotinas.

Quando tais defesas são adotadas por toda a organização, nós as denominamos defesas sociais. Elas podem ser observadas como novas estruturas, ou seja, como novos sistemas de relacionamento dentro da estrutura social, construídos para ajudar as pessoas a lidar com a ansiedade. O objetivo das defesas sociais é transformar e neutralizar fortes tensões e efeitos, tais como: ansiedade, vergonha, culpa, inveja, ciúmes, raiva, frustração sexual e baixa autoestima. Elas funcionam como defesas individuais, mas estão entrelaçadas no tecido organizacional, em um esforço para assegurar aos membros de uma empresa que o local de trabalho é realmente seguro e tolerante. Quando tais maneiras de lidar com a angústia e a imprevisibilidade da vida organizacional se transformam no modelo predominante de operações (em vez de em uma medida temporária e ocasional), elas se tornam disfuncionais para a companhia como um todo. Talvez elas ainda sirvam a um propósito (embora não necessariamente a um que seja positivo), mas passam a constituir obstáculos burocráticos. Tais rotinas e atividades pseudo-racionais gradualmente obscurecem as realidades pessoais e organizacionais, fazendo com que as pessoas se afastem de sua experiência interior. Forças de trabalho, procedimentos administrativos, racionalização, intelectualização, além de outras estruturas e outros processos, são então utilizados não apenas para manter indivíduos emocionalmente não envolvidos, mas também para ajudá-los a se sentir seguros e no controle da situação. Embora tais procedimentos de fato reduzam a ansiedade – o objetivo original – eles também substituem a compaixão, a empatia, a consciência e o significado pelo controle e pela impessoalidade.

Organizações neuróticas

Assim como acontece com cada indivíduo, cada organização também tem uma história. A repetição de certos fenômenos em um determinado ambiente de trabalho sugere a existência de configurações motivacionais específicas. Assim como sintomas e sonhos podem ser observados como sinais providos de significado, o mesmo ocorre com certas declarações e decisões empresariais. Por meio delas, as organizações tendem a refletir a personalidade de seus líderes, particularmente quando o poder está bastante concentrado (Kets de Vries e Miller, 1984; Kets de Vries e Miller, 1988). Desse modo, líderes exemplares ajudam suas empresas a se tornarem super eficientes, enquanto os disfuncionais contribuem para a neurose organizacional. Independentemente de serem saudáveis ou neuróticos, esses indivíduos exteriorizam e interpretam seu teatro interno no palco público da organização, e seus dramas interiores se transformam em culturas corporativas, estruturas e padrões de tomada de decisões. No Capítulo 4 lidaremos com tais culturas neurotizadas.

Em uma organização em conflito, uma análise da cultura empresarial neurótica prevalente poderá ajudar os executivos a compreender a razão pela qual 1º) a companhia continua a perpetuar determinados comportamentos, e 2º) seus funcionários continuam a demonstrar padrões de resistência ou de aceitação. A identificação de uma cultura neurótica predominante também poderá ajudar os executivos a entender ações e comportamentos de seus colegas que, de outro modo, seriam incompreensíveis.

A compreensão a respeito da prevalência de uma cultura organizacional neurotizada poderá ajudar a formatar expectativas em relação ao que precisa ser feito e àquilo que pode ser realizado. Isso também poderá ajudar a responder questões incômodas, tais como: "Por que 'X' continua a acontecer?" e/ou "Por que algo que funciona tão bem em outros lugares não se aplica aqui?" O reconhecimento sobre a existência de culturas organizacionais neuróticas – enraizadas como estão na história e na personalidade individual – também ajuda executivos a perceberem que quaisquer mudanças serão lentas e difíceis.

INTERVENÇÃO ORGANIZACIONAL: INDO ALÉM DOS CÉREBROS BRILHANTES, PORÉM IMATUROS

A intervenção organizacional para estimular mudanças em todo o sistema faz parte da vida dentro das empresas. Infelizmente, muitas pessoas que se dedicam a implementar tais transformações – agentes de mudança e consultores, por exemplo – estão mais inclinadas a se concentrar nos sintomas que nas causas subjacentes. Com frequência, esses indivíduos lidam apenas com comportamentos superficiais. Tais profissionais são bastante talentosos no que diz respeito ao processamento de grandes quantidades de dados – são cérebros brilhantes, porém, imaturos em relação aos fatos –, mas não tão eficientes em prestar atenção a sinais elusivos que de fato revelam o funcionamento de uma organização. Em geral, seu lema é: "O que não pode ser visto de maneira clara e imediata, não existe." Desse modo, essas pessoas se utilizam de soluções rápidas e simplistas ao tentar instituir mudanças (Levinson, 2002).

Quando agentes de mudança desejam alterar comportamentos específicos de um indivíduo (ou grupo de indivíduos), seu impulso natural é estabelecer um programa de modificação comportamental bastante ingênuo. É bem provável que tal programa exerça um efeito positivo, mas este certamente não durará muito tempo. Esse tipo de intervenção é o mesmo que tentar mudar o clima acionando o sistema de ar condicionado dentro de sua casa. O equipamento certamente conseguirá manter os moradores confortáveis por algum tempo, mas não mudará a temperatura externa.

Isso não significa que consultores e agentes de mudança que operem em sistemas tradicionais de gerenciamento não sejam úteis. Em várias áreas específicas sua *expertise* é extremamente valiosa. Porém, quando o assunto é a solução de problemas inerentes a situações que envolvem um grande número de pessoas, será preciso contar com profissionais que tenham conhecimento clínico. Uma intervenção desse tipo é específica para atender à complexidade do comportamento humano existente dentro das organizações, e vai além da implementação de fórmulas simplistas e reducionistas que caracterizam os métodos tradicionais de consultoria.

Áreas focais de intervenção

Como qualquer executivo já sabe, os custos de uma liderança ineficaz, de equipes de gerenciamento ineficientes, de decisões equivocadas na contratação de pessoal, de choques culturais corporativos e de um planejamento sucessorial inadequado, são extremamente altos – embora não possam ser calculados com exatidão. Do mesmo modo, as despesas inerentes ao esforço de se implementar um programa de consultoria de gerenciamento tradicional de larga escala, também são elevadíssimas – e tal investimento é desperdiçado quando tal iniciativa está direcionada a problemas que são, em essência, de ordem psicológica. Quando problemas organizacionais estão centrados na comunicação interpessoal, nos processos grupais, nas defesas sociais, na liderança desequilibrada e na neurose organizacional, o dinheiro será mais bem aplicado em uma abordagem tridimensional que implique na avaliação e na intervenção da empresa, empregada por consultores e agentes com conhecimento clínico. Profissionais especialistas em padrões clínicos compreendem os mecanismos que provocam alterações individuais e organizacionais, e reconhecem exatamente o quão complexo é o processo de mudança. Além disso, eles sabem exatamente como 1º) promover o necessário abandono às defesas; 2º) encorajar a expressão de emoções de maneiras adequadas em relação a cada situação; e 3º) cultivar a percepção de cada indivíduo em relação a si mesmo e aos outros de modo que esta se mantenha de acordo com a realidade (McCullough Vaillant, 1997; Kets de Vries, 2002). Eles também entendem que se uma mudança em todo o sistema tiver de ocorrer, eles precisarão 1º) destacar o "sofrimento" existente dentro do próprio sistema; 2º) interligar o passado e o presente por meio de uma nova visão; 3º) ajudar os principais envolvidos a se integrar no esforço de mudança; e 4º) reconfigurar sistemas, estruturas, elementos culturais e padrões comportamentais. Esses profissionais sabem como ajudar a liderança de uma empresa a 1º) criar uma mentalidade de compartilhamento; 2º) construir atitudes que contribuam para mudanças de hábito; 3º) treinar para um novo conjunto de competências; 4º) garantir pequenas vitórias que levem a um aprimoramento no desempenho; e 5º) estabelecer sistemas de recompensa adequados para pessoas que apoiem as mudanças desejadas.

As áreas em que consultores com conhecimento clínico tipicamente podem contribuir incluem:

- identificação e mudança de estilos de liderança disfuncionais;
- resolução de conflitos interpessoais e intergrupais e em várias formas de relacionamento conspirativo *(folie à deux)*;
- desembaraço de defesas sociais;
- resgate de organizações neurotizadas de volta à saúde;
- planejamento de um processo sucessorial ordenado;
- descomplicação de questões empresariais de ordem familiar;
- ajuda na criação de um melhor equilíbrio na vida profissional de líderes e subordinados.

Profissionais com conhecimento clínico utilizam-se do modo como os membros da organização interagem com eles próprios como fonte crucial de informações. O que diferencia esses consultores de seus colegas mais tradicionais é sua habilidade de usar manifestações transferenciais e contratranferenciais como um instrumento básico experimental e de diagnóstico. O onipresente **"triângulo de relacionamentos"** – composto neste caso pelas pessoas que estão sendo entrevistadas, por alguém significativo que faça parte do passado desses indivíduos e pelo agente ou consultor de mudanças – oferece uma estrutura conceitual para a avaliação de padrões de resposta e então aponta a similaridade de relações passadas com aquilo que está acontecendo no presente. Quem quer que tenha a intenção de compreender os encontros interpessoais em qualquer nível que não seja o intuitivo, precisa entender esses processos transferenciais, que perfazem uma parte fundamental das ferramentas do agente de mudança (Kets de Vries, 2002).

Consultores com conhecimento clínico também reconhecem a importância da identificação projetiva. Sendo uma defesa psicológica contra fantasias ou sentimentos indesejados, a identificação projetiva é não apenas um modo de comunicação, mas um tipo de relação humana (Ogden, 1982). Podemos observar tal processo quando dinâmicas de dissimulação entre indivíduos ou grupos são representadas em paralelo por outros indivíduos e/ou grupos com os quais interagem. Por exemplo, se um grupo de executivos de um determinado departamento nega ou rejeita (e, desse modo, altera) uma experiência desconfortável ao fantasiar que ela pertença a outro grupo de executivos, o segundo grupo – que abriga os recebedores da projeção – é induzido a pensar, sentir e agir em congruência com a projeção recebida, por causa da pressão exercida pelo primeiro.

Ao atentar para a transferência, a contratransferência, a projeção e a identificação projetiva, consultores clinicamente informados processam suas observações, buscando uma unidade temática (Kets de Vries e Miller, 1987). Em seguida adotam um sistema de comparação de padrões, procurando por paralelos estruturais dentro das relações constituídas de várias camadas e entre eventos atuais e incidentes anteriores (sabendo que qualquer aspecto do "texto" organizacional pode contar com mais de um significado e pode ser observado a partir de várias perspectivas distintas). Criar significado em múltiplos níveis ajuda os consultores a determinar as raízes e consequências das ações e decisões por parte de indivíduos e da própria organização. Quando a ligação entre relacionamentos presentes e o passado distante se torna expressiva e significativa para indivíduos em todos os níveis organizacionais, o processo de mudança em larga escala tem chances maiores de alcançar o sucesso.

Considerando sua orientação, agentes e consultores clinicamente informados também reconhecem a existência de resistências complexas (que vão desde a negação, até a demissão do mensageiro da mudança, passando pela sua falta de acesso). Levando-se em conta que o objetivo de uma intervenção clínica não é apenas a supressão de sintomas – não se trata meramente de uma investida em busca da saúde – mas de uma mudança durável e sustentável, os consultores clínicos devem estar sempre alerta para "intenções veladas". Eles sabem que problemas manifestados de maneira transparente em geral escondem questões bem mais complicadas. Eles reconhecem que, em geral, existem ótimas razões para que suas habilidades tenham se tornado fundamentais para a empresa, mesmo que tais motivos não tenham a princípio sido articulados pelo cliente– e talvez nem possam ser –, e tentam, em prol de uma intervenção bem-sucedida, identificar essas razões rapidamente. Além de identificar e endereçar as preocupações psicológicas que habitam o âmago da organização, os consultores clinicamente informados lutam para instilar dentro da liderança empresarial não apenas o interesse, mas também a compreensão sobre seu próprio comportamento. De maneira ideal, esses líderes conseguem internalizar a habilidade de aprender a trabalhar no âmbito psicológico, o que lhes possibilitará resolver questões futuras sem a ajuda de um consultor.

Estudo de caso

Um tipo de intervenção em que o consultor clinicamente informado pode acrescentar valor está bem ilustrado no estudo de caso de uma empresa de telecomunicações. Embora o pedido pela consultoria tenha partido diretamente do CEO da empresa, um homem de aproximadamente 50 anos chamado John, mais tarde revelou-se que esse indivíduo fora bastante encorajado a procurar a referida consultoria pelo presidente não executivo do conselho diretivo. Depois de uma entrevista inicial, conduzida no escritório do CEO, o consultor sugeriu a realização de uma auditoria de liderança, que envolveria todo o time de altos executivos da organização. Tal processo seria acompanhado (posteriormente) por um *workshop* (oficina) direcionado ao desenvolvimento da equipe, com o intuito de aprimorar o desempenho de toda a organização.

A partir das discussões que o consultor manteve com executivos de vários níveis dentro da empresa, assim como com os membros não executivos do conselho diretivo, parecia que embora a maioria dos entrevistados apreciasse o talento de John em prever os desenvolvimentos do mercado, seu comportamento causara até então bastante irritação entre os funcionários. Vários executivos o acusavam de ter o "pavio curto" e demonstravam apreensão em relação aos seus surtos de raiva; eles alegaram que o CEO se mostrava sempre preparado para o confronto, mesmo quando as circunstâncias exigiam conciliação. Além disso, vários dos entrevistados que já haviam trabalhado diretamente ao lado do CEO reclamavam que ele não compartilhava informações importantes, sempre lhes surpreendendo com dados inesperados – como projetos que eram mantidos em absoluto segredo. Pouquíssimos de seus funcionários de nível sênior eram adequadamente informados sobre suas decisões e/ou consideravam que tivessem o devido acesso aos dados e recursos necessários para atuar da maneira adequada na empresa. Alguns afirmaram que o estilo não comunicativo do CEO agora permeava a organização, e que o acúmulo de conhecimento não divulgado se tornara o estilo prevalente dentro da empresa. Havia ainda objeções quanto ao fato de a companhia estar, aparentemente, operando no sistema de luta-fuga. Parecia haver na empresa o surgimento de feudos e a confiança se tornava cada vez mais um bem raro. Alguns executivos já observavam uma deterioração na posição competitiva da organização. Vários dos colegas mais experientes e capacitados já haviam deixado a empresa em busca de novas oportunidades, deixando a companhia sem um sucessor evidente. Um dos diretores não executivos chegou a insinuar ao consultor que ele e vários outros diretores já estavam pensando em contatar um *headhunter* (especialista em recrutamento) que pudesse encontrar um substituto para John.

Durante um jantar, aproveitando-se de um momento mais informal, o consultor questionou o CEO sobre seu histórico familiar. John comentou que vinha de uma família de pais divorciados. Contudo, abrindo mão de sua costumeira discrição, ele continuou a discorrer sobre o assunto. (O consultor atribuiu a incomum abertura do executivo ao fato de este reconhecer a urgência da situação.) John reportou que sua mãe voltara a se casar logo depois do divórcio, e que tal união lhe rendera um meio-irmão e uma meia-irmã, ambos bem mais jovens. Encorajado pelo profissional, John explicou que seu relacionamento com o padrasto era terrível e que algumas vezes aquele homem usava de violência física com as crianças menores. Décadas depois do matrimônio, John ainda se ressentia da opção de sua mãe, que, aparentemente insegura em sua relação com o novo marido, sempre ficava do lado dele em relação ao garotinho. Ele enfatizou que seu relacionamento familiar parecia ter lhe deixado um legado de humilhação e ódio.

Naquele momento se tornava claro para o consultor que a falta de confiança e o péssimo temperamento de John havia se originado em uma situação familiar norteada por imprevisibilidade e hostilidade. Desde criança, as circunstâncias lhe foram desfavoráveis e sua infância fora solitária, o que fez com que ele se tornasse uma pessoa desconfiada e sempre vigilante. Tendo aprendido cedo a necessidade de estar sempre em guarda, ele manteve o constante estado de alerta em sua vida adulta. Ele acreditava que precisaria estar sempre pronto para possíveis confrontos. A relação familiar conflituosa estabeleceu o roteiro para seu teatro interno e ditou seu estilo de interação com o mundo. Todavia, embora a vigilância e a agressividade possam ter se mostrado maneiras eficientes de lidar com situações complicadas da infância, ambas as qualidades se revelaram disfuncionais dentro do papel de CEO exercido por John. Agora que a ameaça real – do imprevisível padrasto que o acompanhara na infância – já não podia ser resolvida, John substituíra várias ameaças externas, tomando, sempre que possível, várias medidas preventivas para manter, pelo menos, um pouco de controle sobre a situação. Considerando o roteiro interno, não é de se admirar que John mantivesse segredos em relação aos seus colegas e estivesse sempre pronto para lutar contra qualquer um a quem considerasse um inimigo (suas duas últimas discussões foram com dois diretores não executivos da empresa). Estava claro a partir das várias conversas que o consultor tivera com os colegas que a posição de John como CEO estava bastante ameaçada. Se ele continuasse na mesma trajetória, possivelmente seria demitido.

De posse da informação obtida junto aos entrevistados, o consultor tinha finalmente condições de explorar algumas das conexões entre o passado e o comportamento presente de John. O profissional atentou para o conselho de muitos terapeutas: "**entre na luta no momento certo**" – o que implicava em intervir exatamente quando o indivíduo estivesse preparado para ouvir afirmações que o deixariam desconfortável, sem lançar mão de manobras defensivas. Depois de várias discussões com o consultor, John começou a reconhecer sua própria responsabilidade pela situação vigente e parou de culpar os outros pelos problemas por ele enfrentados. Tal percepção lhe permitiu tomar a iniciativa e se aproximar das pessoas que outrora eram vistas como inimigas. Ele também se esforçou bastante para tornar-se um melhor comunicador, embora reconhecesse, principalmente depois de todas as revelações que fizera, que sua personalidade jamais lhe permitiria ser a pessoa mais carismática do mundo. Ele agora percebia a sabedoria em utilizar-se de suas próprias qualidades e buscar nos outros as características positivas que não possuía. Percebendo que havia pessoas demais na organização com dificuldades na área de comunicação (fosse esta uma situação natural ou provocada pela própria doutrina organizacional), John contratou um novo vice-presidente de RH. Aquela simples atitude fez uma enorme diferença no sentido de tornar a empresa mais transparente. Além disso, os esforços de John para mudar, com o apoio e o estímulo do consultor, também criaram um aprimoramento significativo em termos de comunicação, o que lhe permitiu retomar um bom relacionamento com vários membros do conselho diretivo. Com a possibilidade de apreciar os talentos de John como estrategista e "artista de transformação", principalmente agora que ele havia deixado de ser irascível e se tornara mais aberto, o conselho diretivo abortou os planos de buscar um substituto. Com mais estabilidade emocional na organização, o consultor decidiu que o próximo passo seria oferecer um *workshop* direcionado ao desenvolvimento da equipe, o que ajudaria todos os executivos a aprimorar suas relações de confiança, seu comprometimento e suas responsabilidades, e a se tornar mais eficientes na resolução de conflitos de ordem construtiva.

O que o exemplo de John nos mostra é o modo como um indivíduo é capaz de prejudicar a si mesmo e à sua organização, não pela falta de talento ou por conta de malícia consciente, mas por pura ignorância no que diz respeito ao seu próprio teatro interno e à sua escravidão inconsciente em relação a padrões psicológicos negativos. Ao resolver tais questões – tornando consciente aquilo que se escondia no inconsciente e então trabalhando para resolver complicações nos disfuncionais padrões comportamentais de liderança – o consultor e o CEO conseguiram desarmar defesas sociais prevalentes e curar a neurose organizacional.

CRIANDO ORGANIZAÇÕES SAUDÁVEIS

O desafio para as lideranças do século XXI é criar organizações saudáveis. O primeiro grande passo em direção a tal objetivo é fazer com que os administradores não apenas reconheçam as complexidades do comportamento humano, mas também encontrem meios de acomodá-las. É bastante improvável que esses profissionais consigam fazê-los sozinhos ou de maneira espontânea. Neste capítulo, argumentei que as dinâmicas da psicologia grupal e o efeito recíproco de neuroses pessoais exigem o reconhecimento e avaliação clínica. Intervenções utilizando abordagens psicodinâmicas ajudarão as organizações a 1º) alcançar a raiz de eventuais disfunções; 2º) iterar relacionamentos e interações; 3º) identificar áreas problemáticas; e 4º) evitar o desenvolvimento de patologias organizacionais.

As melhores empresas criam ambientes que oferecem um antídoto para o estresse, oferecem aos funcionários uma existência mais saudável, expandem a imaginação e contribuem para uma vida de mais realizações. Tais companhias podem ser facilmente reconhecidas: os funcionários 1º) mantêm um equilíbrio saudável entre a vida organizacional e a pessoal; 2º) têm a oportunidade de fazer uma autoavaliação – e a aceitam de bom grado; 3º) não aceitam meramente "correr" de um lado para o outro. Eles querem saber exatamente pelo que estão se mobilizando e para onde estão indo – em outras palavras, eles constantemente questionam a si mesmos e aos colegas sobre decisões e ações individuais e corporativas. Reconhecendo que a **mente humana** é como um paraquedas – somente funciona quando está aberto –, essas organizações equipam seus funcionários para que possam pensar, e então estimulam entre eles ações revolucionárias. Com tais características impressionantes, tais empresas serão as vitoriosas do futuro, pois estarão aptas a enfrentar as mudanças contínuas e descontínuas exigidas pela nova economia global. Chamo a essas empresas de **"organizações autentizóticas"**. Na conclusão deste livro terei a oportunidade de discorrer mais detalhadamente sobre elas.

CAPÍTULO 3

EQUIPES DE ALTO DESEMPENHO: LIÇÕES APRENDIDAS COM OS PIGMEUS[1]

"O que não é bom para a colmeia, não pode ser bom para as abelhas."
— Marco Aurélio, Meditações

"Diga-me com quem andas, e lhe direi que és."
— Miguel de Cervantes, Don Quixote

"Não se lidera um ser humano batendo em sua cabeça; isso é agressão, não liderança."
— Dwight Eisenhower

"O que é um comitê? Um grupo de pessoas sem vontade, escolhidas entre os mais ineptos, para uma tarefa desnecessária."
— Richard Harkness

A maioria dos leitores já deve estar familiarizada com a palavra **"pigmeu"**, um termo antropológico que se refere a várias populações que habitam a África Central, e cujo macho adulto ostenta, em média, menos de 1,5 m de altura. O vocábulo grego pygme representa a distância entre o cotovelo e as articulações dos dedos, uma medida aplicada de maneira descritiva a esse grupo de indivíduos de baixa estatura. Considera-se que os pigmeus estejam entre os primeiros habitantes do continente africano e que sejam os mais antigos seres humanos a viver na floresta tropical. A cultura pigmeia já existe desde os tempos pré-históricos, e existem muitas coisas que podem ser aprendidas com ela. Trata-se de uma janela para o nosso passado, um modelo primário do comportamento humano, que nos dá uma ideia de como as pessoas agiam antes do surgimento da agricultura, há cerca de 10 mil anos. Já presentes na história do antigo Egito, há 2300 anos a.C., a existência dos pigmeus aparece registrada durante uma expedição em que se procurava descobrir a fonte do Nilo. Em uma mensagem enviada[1] ao faraó Pepi II, da 6ª dinastia, pelo comandante da expedição, o príncipe Herkhuf de Elefantina,[2] descrevia-se a descoberta dos "anões dançantes da terra dos espíritos" (Siy, 1993, p. 16). Referência à existência dos pigmeus também pode ser encontrada na descrição da batalha entre gregos e troianos fornecida por Homero, no poema Ilíada. Aristóteles também estava ciente sobre os pigmeus que habitavam as terras onde nascia o rio Nilo, pelo menos de acordo com sua narrativa em **Historia Animalium** *(A História dos Animais).*

Infelizmente, o conhecimento da raça humana sobre os pigmeus avançou lentamente desde os primeiros relatos. Ao longo dos séculos, descrições cada vez mais ficcionais transformaram os pigmeus em uma tribo mítica. Comerciantes árabes do passado remoto, por exemplo, contavam histórias sobre anões que surgiam sob o solo e saltavam contra eles, matando os menos afortunados com flechas envenenadas. Lendas sobre os pigmeus continuaram ao longo do século XIX; contudo, a maioria dessas histórias, tanto as mais recentes quanto as mais antigas, eram claramente produtos da imaginação das pessoas – descrições extravagantes e fantásticas que nada tinham a ver com a realidade. (Consideremos, por exemplo, narrativas em que os pigmeus foram descritos como monstros subumanos que, como macacos, deslizavam do topo das árvores usando o próprio rabo). Em resumo, eles permaneceram como um povo misterioso.

A partir dos exploradores do Congo, no final do século XIX, um quadro mais realista dos pigmeus começou a surgir. Em 1870 o explorador alemão George Schweinfurth os redescobriu 4 mil anos depois do príncipe Herkhuf. Pouco tempo depois, foi a vez de o jornalista

---

[1] A maioria do material deste capítulo se baseia nos dados do artigo: Kets de Vries, M.F.R. (1999) *High Performance Teams: Lessons from the Pygmies (Equipes de Alto Desempenho: Lições Aprendidas com os Pigmeus), Dinâmicas Organizacionais,* 27(3) páginas 66-77.

[2] Elefantina é uma ilha no rio Nilo, localizada no sul do Egito, a cerca de 900 km de Cairo. (N.T.)

britânico Henry Morton Stanley mencionar a existência desses povos da floresta em uma reportagem sobre suas aventuras na África Central para o *New York Herald*. Gradualmente, por intermédio dos textos fornecidos por vários outros exploradores, aprendemos mais sobre os pigmeus e seu estilo de vida seminômade e voltado para a caça. Aqueles que tiveram a oportunidade de observar esses povos registraram sua habilidade de sobreviver em um ambiente difícil e hostil, valendo-se de competições de caça e do recolhimento de mel, frutas, castanhas, raízes, plantas e certos insetos, e por meio do escambo de vegetais, tabaco, metal, ferramentas e roupas com os habitantes dos vilarejos vizinhos (Hallet, 1973; Bailey, 1989; Bahuchet, 1991).

Os pigmeus são atualmente descritos como várias tribos espalhadas pela floresta tropical da África Central, em pequenos assentamentos temporários. Embora a unidade básica seja a família nuclear (ou seja, mãe, pai e os filhos), várias famílias estendidas em geral formam acampamentos que incluem entre dez e 35 pessoas. Cada família nuclear constrói sua própria cabana na forma de um domo; todas as moradias formam um círculo em torno de uma área comum (Duffy, 1984).

A vida em um acampamento pigmeu se desenvolve basicamente ao ar livre. Há pouquíssima privacidade no local; os pigmeus raramente ficam isolados. Os atos de comer, beber, tomar banho e até mesmo manter intercurso sexual, ocorrem sempre nas proximidades da comunidade, o que exige compartilhamento e tolerância consideráveis. A empatia e a cooperação são, portanto, importantes qualidades dentro da sociedade pigmeia.

Os pigmeus não possuem linguagem escrita. Sua história e conhecimentos são preservados por meio de tradições orais. Seu profundo conhecimento sobre o ecossistema da floresta tropical se mantém vivo na mente das pessoas e é passado verbalmente ao longo das gerações. Os pigmeus também contam com um código moral bastante evoluído, que já vigorava bem antes de os missionários tentarem impor suas próprias visões do mundo sobre eles. Nesse código estão incluídas injunções sobre assassinato, adultério, mentira, roubo, blasfêmia, culto ao demônio e bruxaria, falta de amor pelas crianças, desrespeito aos mais velhos e outras formas inaceitáveis de comportamento. Não surpreende, portanto, que diferentemente do que ocorre com outras tribos da região, os pigmeus jamais tenham se envolvido em atos de canibalismo, sacrifício humano e outros rituais envolvendo morte, mutilação, feitiçaria, guerras intertribais, provas de iniciação debilitantes e outros hábitos cruéis (Hallet, 1973).

O século XX não foi bom para os pigmeus. O avanço da civilização exerceu grande impacto sobre eles; a chegada de vários grupos populacionais tornou o território por eles habitado cada vez mais restrito. A baixa natalidade, o alto índice de mortalidade e o cruzamento com outras tribos não pigméias colaboraram para o declínio desses povos. Além disso, missionários e oficiais do governo tem assentado os pigmeus em vilarejos permanentes, forçando-os a abandonar o estilo de vida milenar de seus ancestrais. Uma vez que a criação e a cultura pigmeias giram em torno de uma existência nômade nas florestas, o fato de tornar-se sedentário em geral tem levado à desintegração física e moral. Atualmente há pouquíssimos pigmeus vivendo de acordo com as tradições, e, considerando o ritmo das mudanças, é provável que logo esta cultura desapareça para sempre.

Passei algum tempo entre os pigmeus Baka, na floresta tropical de Camarões. Como meus guias na selva, eles me ensinaram alguns conceitos básicos das tradições locais. Fiquei bastante entusiasmado com o conhecimento que eles detinham sobre a floresta, com sua habilidade de reconhecer sinais deixados por diferentes animais, e sua *expertise* em relação a cogumelos comestíveis, frutas, tabaco e vegetais. O que parecia não ter qualquer significado para indivíduos desprovidos de olhos treinados, para eles abrigava grande significância.

Desde o primeiro dia de minha estada, estava claro que para os pigmeus a floresta era a fonte principal de bem-estar; ela é o centro de sua existência. Para um forasteiro, entretanto, a floresta pode ser assustadora, particularmente quando trovões e raios conspiram com a chuva, transformando pequenos riachos em perigosas torrentes de água e derrubando grandes galhos e até mesmo árvores inteiras. Situações desse tipo fazem com que o homem comum se sinta pequeno e insignificante; é uma experiência bastante intimidadora. Porém, para os pigmeus, a floresta permanece como uma fonte de beleza e bondade, a despeito de ser potencialmente perigosa; a floresta é a grande provedora.

Fiquei intrigado com os relacionamentos que observei entre os pigmeus em uma grande variedade de contextos. Eu os vi operar em uma equipe de caça, assisti suas danças e ouvi suas canções. Em todas essas interações, fiquei surpreso com o grau de respeito mútuo e confiança que todos demonstravam uns com os outros. Também reparei que todos formam um grupo geralmente alegre. Sua visão do mundo parecia bastante positiva, talvez pelo fato de a confiança ser uma característica fundamental da raça.

A IMPORTÂNCIA DA CONFIANÇA GENUÍNA

Conforme tentamos entender essa visão positiva em relação ao mundo, precisamos nos lembrar de que a âncora para a confiança genuína é a relação primária que mantemos com nossos primeiros cuidadores (Erikson, 1963). Por causa da influência que o desenvolvimento infantil exerce sobre o comportamento posterior do ser humano, as atitudes adultas acabam denunciando o tipo de relacionamento que experimentamos quando éramos crianças. Conforme demonstram alguns estudos sobre o desenvolvimento infantil, os padrões primários de interação dão cor a todas as experiências posteriores; nossos métodos originais de interagir com nossos cuidadores permanecem um modelo para todas as nossas futuras relações. Portanto, as primeiras experimentações sociais das crianças em relação aos indivíduos que estão mais próximos levam a uma proporção maior e mais duradoura de confiança versus desconfiança, criando um senso de mutualidade (uma reciprocidade que determina nosso *Weltanschauung*,[3] uma vez que dependemos uns dos outros no desenvolvimento de nossas respectivas forças). Consequentemente, podemos esperar que crianças que são criadas em um ambiente afetuoso se sintam mais protegidas no presente e, no futuro, se tornem adultos seguros.

Figuras parentais de confiança que respondem às necessidades das crianças oferecendo-lhes uma proteção confortável e tranquilizadora, criam uma imagem positiva do mundo. A sociedade pigmeia parece estar repleta desses adultos. Como um exemplo de seu ambiente afetuoso, todos que estejam na mesma faixa etária dos pais são chamados de "mãe" e "pai", enquanto os mais velhos são denominados "avós". Para as crianças pigmeias, todos os adultos são, portanto, seus pais e/ou avós. Considerando-se a natureza da sociedade pigmeia, sempre há alguém por perto para atender às necessidades dos infantes, que raramente ficam sem o contato físico. Os pais estão ativamente envolvidos nos cuidados diretos com seus filhos. Na verdade, eles se envolvem mais nos cuidados infantis do que quaisquer outros pais em sociedades conhecidas. Eles investem quase 50% de seu dia segurando seus filhos ou, pelo menos, ficando à distância de um braço dos infantes (Hewlett, 1991). Negligências ou abusos em relação a crianças são praticamente desconhecidos pela sociedade pigmeia; a crueldade com os infantes é a mais séria violação

---

[3] Trata-se de uma palavra do século XVIII, de origem alemã, cujo significado é **"visão do mundo"** ou **"cosmovisão"**. É bastante usada em psicologia, sociologia e filosofia, e pode ser empregada para demonstrar o modo como alguém enxerga o mundo, ou seja, sua própria visão da vida e dos demais seres humanos. (N.T.)

dentro das leis e mandamentos pigmeus. Não é de admirar que eles tenham uma maneira tão positiva e confiante de se relacionar uns com os outros. Podemos inclusive sugerir que o forte senso de independência e autonomia demonstrado por essa sociedade seja uma consequência direta da exposição precoce das crianças ao papel igualitário que os pais exercem no modelo familiar.

Tal atitude positiva em relação ao mundo, o sentimento de independência e o senso de confiança genuína são refletidos nas atitudes dos pigmeus para com a floresta.

Sua vigorosa fé na bondade da floresta é provavelmente mais bem expressada por meio de suas maravilhosas canções durante o *molimo*. Quando os pigmeus têm algo para celebrar, ou estão tristes por algum motivo, eles cantam. Eles não conseguem viver sem dançar, cantar ou compor músicas, e acreditam que essa forma de expressão emocional acorda a floresta e, com o tempo, faz com que tudo volte ao normal.

O *molimo* é um ritual baseado em música e realizado todas as noites pelos homens da tribo. Durante o *molimo*, cuja tradução não literal poderia ser algo como "o animal da floresta", os participantes fingem que os sons que produzem são feitos por um animal que dança ao redor do acampamento. A palavra *molimo* também é usada para descrever o longo instrumento que eles tocam; este se parece com o um trompete e é parte fundamental do ritual. O *molimo* é acionado (executado) sempre que algo parece estar errado na tribo, ou seja, em momentos de crise: a caça está ruim; alguém está doente; alguém morreu. Ao convocar o *molimo*, os pigmeus iniciam o processo para que tudo fique bem novamente.

A SOCIEDADE PIGMEIA COMO UMA METÁFORA PARA UM TRABALHO EM EQUIPE EFICIENTE

Embora os pigmeus não sejam necessariamente melhores que os homens "civilizados", há algo fascinante sobre o relacionamento entre essas pessoas relativamente simples e a conexão que eles têm com a floresta. A intensidade com a qual todos vivem e a alegria que sentem a despeito de suas dificuldades, seus problemas e suas tragédias, merecem ser estudados de maneira mais profunda e cuidadosa. Será que a sabedoria simples e o bom caráter refletidos em seus relacionamentos encerram uma lição para toda a humanidade dentro da era pós-industrial? Quando li pela primeira vez sobre o estilo de vida dos pigmeus, fiquei bastante curioso para aprender mais sobre sua cultura primitiva e ancestral e também sobre a maneira como agiam. Também comecei a imaginar se a eficiência que demonstravam no trabalho em equipe – algo que tive a oportunidade de presenciar enquanto convivia com eles – poderia nos ensinar algo sobre o trabalho em pequenos grupos dentro do ambiente de trabalho.

Essa questão é bastante tópica, uma vez que o trabalho em organizações é geralmente realizado em pequenos grupos ou equipes. A capacidade para realizar um trabalho em grupo eficiente é essencial não apenas para o sucesso dentro da aldeia global, onde ocorrem rápidas mudanças nas condições dos produtos e mercados, mas também para o sucesso dentro das empresas da era pós-industrial, que têm como foco o *networking* (relacionamento) e necessita de uma orientação para processos multifuncionais. Empresas que sabem como utilizar suas equipes de maneira eficiente são capazes de obter desempenhos extraordinários de seu pessoal, enquanto aquelas que não dispõem de tal conhecimento, incentivam a mediocridade. Portanto, não nos surpreende o fato de que o trabalho em grupo eficiente tenha sido identificado como um dos valores essenciais em organizações de alto desempenho. Empresas que continuam a atuar de maneira bem-sucedida ostentam culturas em que o **trabalho em equipe** ocupa uma **posição fundamental**.

Ao nos referirmos ao conceito de trabalho em grupo, os termos qualidade, respeito pelo indivíduo e orientação para o consumidor são frequentemente ouvidos na maioria das organizações. Porém, isso muitas vezes pode ser considerado como um discurso retórico ou até se tornar um clichê. **O que significa, afinal, trabalho em equipe?** É fácil, e até bastante popular, declarar seu desejo de se tornar uma empresa voltada para o trabalho em grupo; contudo, implementar essa intenção é extremamente difícil. Muitas das empresas que estudei ainda têm um longo caminho a percorrer antes que sejam capazes de se apresentar como genuinamente orientadas para o trabalho em equipe. Os pigmeus, em contrapartida, como descrito na obra seminal de Colin Turnbull e de outros antropólogos (e como eu mesmo pude observar), parecem fazer com que o trabalho em equipe simplesmente aconteça (Turnbull, 1965). Sua abordagem para esse tipo de trabalho os torna menos suscetíveis aos processos que corroem os esforços grupais e que abalam a maioria das equipes corporativas. Muitas de suas práticas servem de modelo para o comportamento humano efetivo.

O QUE DESTRÓI O TRABALHO EM EQUIPE?

Muitos fatores podem impedir o sucesso do trabalho em grupo. Se formos capazes de identificá-los, poderemos encontrar meios de enfrentá-los dentro do ambiente corporativo. Em seu clamor por ajuda, um executivo de nível sênior de uma nova companhia de biotecnologia nos fala sobre a situação vigente em sua empresa. Em sua descrição, podemos identificar muitos dos fatores que emperram um bom trabalho em equipe – e que, no caso desse executivo, provocou um clima de desconfiança e uma queda drástica e perigosa nos processos de inovação e produção.

"Em nossa empresa **não há uma estrutura sólida e abrangente**. Os sinais transmitidos pelo grupo formado pelos altos executivos são bastante confusos. Essas pessoas simplesmente não fornecem direcionamentos claros em número suficiente. Observando a situação a partir de minha perspectiva pessoal, é como se o nosso time de executivos não compartilhasse os mesmos valores e objetivos. Isso exerce um efeito terrível sobre o resto da organização.
Pelo fato de não recebermos sinais claros do alto comando, acabamos nos envolvendo em perturbadoras batalhas políticas internas. Conflitos territoriais transformaram-se em algo corriqueiro. Considerando o fato de não haver um direcionamento claro partindo do topo da empresa, algumas pessoas tentam controlar absolutamente tudo. Isso obviamente desencoraja uma comunicação aberta e franca, assim como o compartilhamento de informações. Não acho que exista confiança ou respeito entre os funcionários. Cada um parece mais interessado em cuidar de si mesmo, e de parecer bem à custa dos próprios colegas. Isso cria uma sensação de solidão, ou pelo menos esta tem sido minha experiência pessoal. Sei que não posso esperar muito apoio de ninguém, e que preciso lutar sozinho para que as coisas aconteçam.
Essa praga que aflige a equipe executiva parece estar se alastrando; existem vários outros grupos que parecem não estar chegando a lugar algum. Isso torna a situação na empresa caótica. Basta observar a falta de disciplina: não há qualquer prestação de contas, portanto, cada um faz o que quer. Os resultados são perturbadores. Estamos perdendo um prazo atrás do outro e, consequentemente, há uma hemorragia financeira. Nesse ínterim, nossos competidores não estão esperando até que consigamos resolver nossos problemas. Estamos em um setor no qual a inovação é primordial. Se não nos mantivermos à frente de nossos concorrentes podermos rapidamente perder nossa fatia de mercado. Aliás, é bem provável que eles estejam felizes com a nossa situação. Não sei quanto tempo ainda aguentaremos.
Em minha opinião, tudo tem a ver com liderança. Nosso novo CEO tem boas intenções, mas em seu desejo de criar um ambiente participativo, ele abre mão de suas próprias responsabilidades. Ele parece incapaz de estabelecer limites claros e de revelar as prioridades da empresa. Decisões que precisam ser tomadas simplesmente não o são. Contudo, mesmo quando isso acontece, as pessoas não aderem ao que foi decidido. Como já disse anteriormente, ninguém assume responsabilidades ou presta contas do que faz. Sei perfeitamente o que estou dizendo, pois já estive presente em algumas reuniões da equipe executiva e tenho perfeita noção da energia

necessária durante essas ocasiões. Conforme esses encontros se desenrolam, tudo o que os participantes conseguem fazer é brigar. A pauta pessoal de cada um parece suplantar ideias fantásticas. No final, contradizer esses indivíduos acaba se tornando uma tarefa árdua demais, então concordamos com o que é estabelecido e pronto. Queremos que a reunião acabe; queremos sair dali. Acredito firmemente que alguns de nossos investidores logo começarão a exigir mudanças."

Este executivo sênior levantou questões que ocorrem com frequência em organizações que enfrentam graves problemas ao tentar desenvolver grupos de trabalhos eficientes: conflitos, acúmulo de poder, diferenças de *status*, autocensura e tendência à conformidade.

Conflito

Um dos elementos mais destrutivos para as equipes é o conflito não resolvido, seja ele velado ou manifesto. Embora a tensão ocasional seja inevitável em grupos – por causa de sua natureza como fenômeno coletivo –, o conflito é algo que deve ser abordado e solucionado. Quando uma situação conflituosa não é resolvida, interesses pessoais assumem o comando, colocando o verdadeiro trabalho que precisa ser realizado em segundo plano. Até mesmo discussões que parecem centradas em questões substanciais podem, em um nível mais profundo, estar relacionadas a problemas inerentes ao poder, ao prestígio e até mesmos a outras necessidades pessoais. O fato de que a falta de confiança entre os membros da equipe seja frequentemente um catalisador para comportamentos disfuncionais de ocultação de conflitos torna o problema ainda mais insidioso, uma vez que a cura para isso não está fora de nosso alcance: na falta de pelo menos um nível mínimo de confiança, a solução de conflitos de maneira construtiva torna-se uma tarefa assustadora. Nesse meio tempo, decisões cruciais são adiadas e prazos são perdidos; as reuniões não avançam e, às vezes, se transformam em rituais previsíveis em que cada participante assume uma posição fixa e desempenha um papel estereotipado. E enquanto os integrantes de uma equipe meramente acompanham a maré, ideias construtivas e criativas são simplesmente asfixiadas.

O acúmulo de poder

Outra fraqueza comum dos grupos de trabalho é sua suscetibilidade ao controle de indivíduos específicos ou de pequenas coalizões. O acúmulo de poder promove duas consequências primárias negativas: para aqueles que exercem o poder, vencer pode se tornar mais importante que resolver o problema de maneira construtiva; já para os que não detêm o poder, a participação pode parecer inútil. Aliás, os que fazem parte da última categoria, e que em geral perfazem a maioria, assumem o papel de espectadores silenciosos, mantendo secretas suas opiniões verdadeiras e limitando seu envolvimento. Convencidos de que não estão sendo ouvidos, deixam de oferecer suas sugestões e simplesmente desistem. Em consequência a este comportamento disfuncional, acordos poderão ser celebrados de maneira prematura, comprometimentos inexpressivos assumidos e cursos de ação contrários ao que foi vislumbrado/adotado por alguns dos membros da equipe. Qualquer integrante da equipe que não se sentir comprometido com o plano de ação estipulado, poderá recorrer a comportamentos que vão desde a subversão tácita, até a insubordinação e a sabotagem. Este grupo provavelmente inclui todos os membros que não contribuíram, ou cujas ideias foram ignoradas.

Diferenças de *status*

Esse tipo de comportamento autolimitador poderá ser exacerbado se um integrante da equipe (ou mais) ostentar conhecimentos especiais ou demonstrar qualificação especial para tomar decisões sobre questões a serem discutidas. Em adição a esse tipo de *status*, conferido por questões de respeito, poderão existir ainda outras distinções por conta da posição hierárquica dos membros, que talvez confundam o trabalho em equipe. Neste caso, integrantes de nível inferior poderão duvidar de sua própria capacidade para contribuir. Interesses pessoais também exercem um papel importante nessa questão. Um exemplo disso é o fato de que membros de *status* mais baixo poderão se preocupar mais em causar uma impressão favorável naqueles de nível sênior que em resolver os problemas apresentados.

Autocensura

Membros do grupo que acreditem ser o elemento discrepante da equipe, talvez optem por manter suas opiniões para si mesmos. Eles poderão permanecer calados durante as deliberações da equipe e evitar questões que possam irritar os demais integrantes, uma atitude que talvez lamentem no futuro. Uma vez que as pessoas partem do pressuposto de que aqueles que se mantêm em silêncio estão de acordo, a **autocensura** provoca em geral uma ilusão de unanimidade entre os participantes do grupo – um tipo de **pseudoconsenso**. Às vezes a autocensura também se transforma na censura de outros membros: aqueles que sentem a necessidade de proteger o líder do grupo e/ou outros elementos da equipe de informações que poderiam abalar a complacência de todos, imediatamente assumem uma postura de alerta.

Tendência à conformidade

Nesse contexto, o **fenômeno da conformidade**, ou seja, de atender a pressões para acatar opiniões sem considerar cuidadosamente as consequências dessa atitude, deve ser mencionado (Janis, 1972). Os membros que ostentam essa característica poderão intimidar os integrantes que tentarem expressar opiniões contrárias ao consenso, criando enormes pressões no sentido de forçá-los a aceitar decisões e se submeter às ideias do grupo, evitando assim turbulências. Indivíduos que verbalizarem sua discórdia poderão ser tachados de obstrucionistas. Se os membros da equipe sucumbirem a esse impulso avassalador em prol do consenso e do comprometimento, dinâmicas grupais disfuncionais irão influenciar o processo de tomada e decisão e inibir o potencial da equipe para apresentar divergências e críticas saudáveis. Isso não é apenas perigoso em função das decisões ruins que eventualmente poderão resultar do processo. A tendência à conformidade também gera a falta de responsabilidade individual: aqueles que preferiam divergir, mas foram pressionados a se manter em silêncio, não se sentirão responsáveis pelas decisões do grupo e, consequentemente, se comportarão de maneira menos cuidadosa do que normalmente.

Em situações em que há uma tendência à conformidade, os integrantes da equipe também poderão desenvolver uma ilusão de **invulnerabilidade**, ou seja, a percepção equivocada de que existe segurança nos números. A consequência disso poderá ser a assunção de riscos em excesso, manifestada pela falha em atentar para perigos óbvios inerentes à escolha de diferentes cursos de ação. Os membros da equipe poderão construir raciocínios coletivos que desconsiderem avisos ou quaisquer outras fontes de informação que sejam contrárias ao pensamento por eles estabelecido; ou simplesmente não levar em conta fontes que forneçam informações negativas. Percepções estereotipadas de outras pessoas e equipes poderão prevalecer, obscurecendo o julgamento do grupo e bloqueando possíveis relacionamentos com os colegas em questão.

Todos esses fatores poderão sufocar a eficácia do trabalho em equipe, e certamente o farão; eles transformam o processo em uma perda de tempo e de energia, e dissipam a sinergia. Sejam quais foram os objetivos de um grupo comandado por tais regras, os resultados serão decepcionantes.

NO CORAÇÃO DA ÁFRICA: O TRABALHO EM EQUIPE EFICIENTE

Levando em consideração tudo o que pode dar errado no trabalho em grupo, devemos nos perguntar como poderemos evitar esses problemas. Quais são algumas das qualidades necessárias para uma equipe ser bem-sucedida? O que torna um trabalho em equipe eficiente? E sendo ainda mais específico, neste casão, como os pigmeus fazem com que o trabalho em grupo ocorra? Será que existem lições a serem aprendidas com a sociedade pigmeia que sejam relevantes para as organizações em nossa era pós-industrial?

Lição 1 – Os membros respeitam e confiam uns nos outros

Entre os pigmeus, considerando-se as dificuldades e os perigos encontrados na floresta, há uma grande dependência interpessoal. O ato de meramente manter-se vivo pode ser um grande desafio; ações simples, com as quais não nos preocupamos, podem se mostrar extremamente complicadas. O alimento, por exemplo, nem sempre está disponível, e a caça pode ser uma atividade bastante perigosa, uma vez que a floresta está repleta de ferozes búfalos vermelhos, elefantes irritadiços, leopardos velozes, cobras mortais e exércitos inteiros de formigas. Esses perigos têm de ser enfrentados praticamente todos os dias. A confiança e a possibilidade de contar uns com os outros são quesitos fundamentais dentro da comunidade pigmeia, pois são eles que permitem que seus integrantes superem as terríveis ameaças do dia a dia. Sem a confiança e a interdependência, todos os riscos seriam bastante ampliados. É justamente essa mutualidade que ancora e permite o funcionamento da sociedade pigmeia.

Portanto, seja qual for o contexto – a floresta tropical ou um ambiente profissional do Ocidente –, sempre que houver confiança todo o resto se encaixará perfeitamente. Ela é um antídoto para a proliferação de regras e regulamentos. A sociedade pigmeia é um ótimo exemplo de como a confiança é capaz de simplificar e agilizar os processos de tomada de decisão. Embora para os forasteiros a vida em uma comunidade pigmeia possa parecer assustadora em sua simplicidade e aparente falta de organização, ela é sustentada por um complexo sistema baseado em confiança; as regras informais que o estabelecem ajudam a comunidade a funcionar de maneira eficiente. Enquanto o excesso de regras e regulamentos (e de documentação) é um bom indicador de distúrbios de confiança e pensamento paranóico, um alto grau de confiança permite que a organização informal domine a formal. Em outras palavras, regras implícitas tornam-se mais importantes que as explícitas.

A confiança também implica no respeito pelos outros membros do grupo. Em uma comunidade baseada em confiança, as diferenças são apreciadas. E como os estudiosos das equipes de alto desempenho já perceberam, a diversidade pode ser uma vantagem competitiva. Os pigmeus sabem exatamente como canalizar a energia das diferentes partes que compõem o grupo, transformando-as em um conjunto poderoso. Eles também demonstram grande fluência em suas relações e papeis; não há rigidez comportamental.

O respeito mútuo, tão essencial para o desenvolvimento de trabalho em equipe, também está presente nas relações entre homens e mulheres pigmeus. Diferentemente do que ocorre com outras populações africanas, as pigmeias não sofrem discriminação. A relação é igualitária e a flexibilidade dos papeis exercidos pelos sexos é algo normal. Um bom indicador dessa realidade é o fato de que a linguagem dos pigmeus não possui gêneros. Esposos e esposas cooperam em várias atividades, sempre respeitando os sentimentos e as individualidades um do outro. Eles jamais forçam o outro a fazer algo que não seja de sua vontade.

Com exceção do uso da lança e do arco e flecha, há pouca especialização em termos de gênero sexual. As mulheres são membros essenciais dos grupos de trabalho. Elas contribuem substancialmente para a dieta da comunidade e se mantém bastante envolvidas na distribuição e troca de alimentos. Ambos os sexos cuidam da caça realizada com rede, e, em geral, trabalham juntos. O homem, por exemplo, coleta cogumelos e castanhas quando as encontra, reúne lenha para a fogueira, busca água, cozinha, lava, e dá banho no bebê quando necessário. A mulher, em contrapartida, participa de discussões e realiza o trabalho pesado sempre que preciso.

A moral de tudo isso é simples: se queremos que as equipes funcionem, precisamos construir um sentimento de confiança interpessoal e de respeito mútuo entre os membros. Se ambos não estiverem presentes, outros fatores que seriam propícios para um trabalho em grupo se tornarão irrelevantes. Quando não existe um senso de mutualidade entre os membros de uma equipe, esta rapidamente se torna disfuncional e sofre com os vários problemas listados anteriormente.

Porém, a confiança não ocorre de maneira instantânea, ela é como uma flor delicada que demora algum tempo para desabrochar. Dentro do grupo ela funcionará melhor se cada membro já tiver experimentado seus conceitos básicos ainda na infância – caso o indivíduo tenha desenvolvido uma atitude de confiança como um dos alicerces de sua personalidade (como é o caso na sociedade pigmeia). Nesse caso, a equação se encaixará melhor, porém, sempre que houver uma fundação sólida a confiança também poderá ser aprendida, assim como é possível cultivar a honestidade, a integridade, a consciência, a credibilidade, a justiça, a competência e a habilidade de ouvir. Líderes que fazem o que pregam e não costumam "aniquilar" os que lhe trazem más notícias, exibem padrões comportamentais propícios para se estabelecer uma cultura de confiança.

Lição 2 – Os membros de um grupo protegem e apoiam uns aos outros

O que resulta de um ambiente de confiança e o respeito é um sistema de proteção e apoio mútuos entre os membros de uma equipe. Os integrantes de qualquer grupo de trabalho deveriam compartilhar a convicção de que todos poderão confiar plenamente uns nos outros. Um importante componente de apoio mútuo é a manutenção da autoestima individual dos participantes.

Tomemos o comportamento da sociedade pigmeia como ponto de partida. A despeito da natureza de mútuo apoio prevalente no relacionamento entre homens e mulheres, os conflitos conjugais ainda existem, contudo, a violência física contra a mulher é raríssima. As brigas são geralmente resolvidas pelo diálogo, pela mediação, por brincadeiras, pela separação física ou até por um novo enquadramento do conflito. Todavia, em geral as mulheres são mais francas do que os homens ao demonstrarem seu descontentamento. Um modo pelo qual a pigmeia deixa transparecer sua raiva contra o marido é destruindo sua casa (Pelo fato de as mulheres serem consideradas melhores construtoras que os homens, as cabanas em que as famílias vivem são consideradas propriedade delas).

Turnbull nos traz um exemplo de uma briga doméstica que tomou proporções maiores que as normais e provocou uma surpreendente sequência de eventos. Contudo, de acordo com as conversas que tive com os pigmeus, tal sucessão não é exatamente incomum. Na história çados em relação a demonstrar suas emoções. Eles adoram rir e amam cantar. Sua disposição para expressar suas emoções torna a dissolução de conflitos bem mais fácil. Na verdade, um acampamento pigmeu silencioso certamente tem problemas. Como os padrões de interação pigmeus ilustram, é melhor errar pelo barulho. Além disso, o ato voluntário de demonstrar emoções por parte de todos os membros da equipe ajuda a reduzir atitudes defensivas e promove uma comunicação mais honesta. Entretanto, nem todos têm a habilidade de baixar as defesas alheias e/ou expor a alma das pessoas; isso requer bastante autoconfiança. Os esforços no sentido de demonstrar os próprios sentimentos são, em geral, bem recompensados.

Quando existem problemas que precisam ser discutidos e resolvidos, vale à pena conversar sobre eles. O diálogo aberto e a comunicação são ingredientes importantes para que um grupo trabalhe bem. Como pode ser observado na comunidade pigmeia, equipes eficientes compartilham suas ideias de maneira livre e entusiástica; os membros dos grupos se sentem confortáveis em expressar opiniões sobre o que lhes é apresentado, sejam elas favoráveis ou não. Equipes que atendem a esses critérios são perfeitas para resolver conflitos de modo criativo.

A **franqueza** e a **sinceridade** também são **elementos-chave** para a eficiência do grupo. Em equipes que funcionam bem, o compartilhamento de informações de maneira aberta, honesta e precisa é prevalente. Além disso, os membros estão preparados para oferecer feedback sobre a qualidade do trabalho dos demais integrantes, sempre que apropriado. Críticas são vistas como oportunidades de aprendizado e não resultam de reações defensivas. Mais ainda, os participantes aprendem a neutralizar atos narcisistas de injustiça e a minimizar danos à autoestima dos demais membros, centrando os comentários nas ideias, não nas pessoas que as ofereceram. Questões substantivas são separadas das que se baseiam em personalidade. Além disso, membros de equipes de alto desempenho evitam comportamentos tumultuantes, como, por exemplo, conversas paralelas ou piadinhas internas.

Lição 4 – Os membros compartilham um forte senso de objetivo comum

A cooperação é o ponto-chave para a sociedade pigmeia. Um de seus objetivos comuns mais prioritários é a sobrevivência em um ambiente extremamente difícil. Nesse aspecto, a caça é uma de suas atividades fundamentais. Um pigmeu é capaz de pegar seu arco e flecha e caçar um pássaro ou um macaco, sozinho. Isso ocorre regularmente. Porém, o método mais eficiente de se obter carne é a caça em grupo, em que todos os participantes forçam os animais a correram diretamente para as redes. Isso não pode ser feito individualmente; seria impossível para um único caçador cobrir um território suficientemente que lhe garantisse a captura de um antílope, por exemplo. Sendo uma ação de caráter cooperativo, a caça com rede é uma tarefa que visa atender a um propósito comum e ao interesse de todos – homens, mulheres e crianças. Esse objetivo compartilhado encoraja o trabalho em equipe. No momento de uma caçada, as redes que pertencem a cada família do grupo são unidas, formando um longo semicírculo. Geralmente as mulheres e crianças são responsáveis por forçar os animais a seguirem rumo à rede, enquanto os homens ficam por trás dela e matam aqueles que ficarem presos. Mas essa distribuição não é obrigatória, e os papéis podem ser invertidos. Em seguida, a carne obtida é dividida entre todos os participantes, de acordo com regras bastante específicas.

Assim como na sociedade pigmeia, o trabalho em equipe dentro das organizações se tornará ineficiente se não existirem objetivos claros com os quais todos estejam de acordo. Para dar aos integrantes da equipe um senso de propósito e foco, é preciso articular de maneira clara não apenas o propósito que se pretende alcançar, mas também o modo como todos deverão trabalhar para atingi-lo. Se o objetivo for ambíguo ou estiver mal definido, o grupo não terá a motivação nem o comprometimento necessários. Embora os alvos tenham de estar dentro de limites realísticos e dar aos participantes uma visão cristalina daquilo que a organização espera de todos, eles devem também ser capazes de encorajar os integrantes a irem cada vez mais longe. Quando o ser humano alcança metas difíceis ele experimenta uma sensação de orgulho pessoal; em contrapartida, sua execução cria um senso de realização entre os membros da equipe.

Em conjunção com um objetivo claro, algumas metas qualitativas e quantitativas precisam ser estabelecidas. Elas ajudarão os integrantes do grupo a determinar o grau de sucesso alcançado na realização da tarefa. As metas servem na verdade como um mapa, estabelecendo ordem dentro do caos e gerando entusiasmo em relação aos rumos futuros.

Lição 5 – Os membros compartilham crenças e valores comuns

Relacionada de maneira íntima ao senso de propósito está a cultura do grupo – suas crenças e valores compartilhados. Considerando o fato de tais crenças e valores definirem as atitudes e regras que norteiam o comportamento, ambos desempenham o papel de mecanismo de controle social. Eles também servem como uma espécie de argamassa, que mantém o grupo unido. Portanto, a interiorização de crenças e valores compartilhados pelos membros de uma equipe é extremamente importante para a realização dos objetivos da empresa.

Embora para os observadores não acostumados a vida dos pigmeus na floresta possa parecer despreocupada e desordenada, tal impressão é enganosa. Por baixo da aparente desordem se esconde uma estrutura bastante sólida. Como mencionado anteriormente, a importância de sistemas informais não deve ser subestimada. Todos os pigmeus do acampamento interiorizam desde a tenra infância regras de comportamento que lhes são transmitidas oralmente. Isso se repete ao longo de várias gerações. As crenças e os valores culturais estão na base dessas regras, e garantem o funcionamento dessa pequena sociedade.

Para compreendermos como se cria uma cultura é preciso começar pelo início. Em outras palavras, temos de observar os padrões de socialização de maneira mais detalhada e cuidadosa. Como já indicado anteriormente, na sociedade pigmeia todos os adultos participam da criação dos infantes, contribuindo para o seu treinamento e ajudando-os a compreender as regras. Essas pessoas também ajudam as crianças a internalizar expectativas sociais firmemente enraizadas a respeito de atitudes e comportamentos adequados. O que os mais velhos desejam é fazer com que os jovens se transformem em membros eficientes dos grupos de caça, ensinando-lhes a arte da sobrevivência na floresta tropical. As crianças são treinadas para se tornarem autônomas e adquirir habilidades de subsistência. Os mais velhos e experientes oferecem aos jovens toda a sabedoria coletiva acumulada ao longo de milhares de anos, instilando nas crianças as tradições da sociedade pigmeia.

Os mais velhos querem que os jovens compartilhem uma herança cultural comum. Para reforçar os comportamentos considerados adequados pelas tradições, recompensas e punições são atribuídas sempre que necessário. Para ter certeza de que as regras serão devidamente seguidas, a sociedade pigmeia impõe vários dissuasores. Enquanto nas infrações menores o acusado tem a oportunidade de se defender perante aos outros integrantes da comunidade, nenhuma ação direta é tomada pelos demais membros do grupo no caso de ofensas mais graves; na verdade, isso é desnecessário, uma vez que todos esperam pela ocorrência de alguma retribuição sobrenatural. Os incidentes mais graves são levados ao *molimo*, que age em nome de todo o grupo. Os participantes do *molimo* poderão demonstrar sua desaprovação pública pela violação de padrões sociais, atacando a cabana ou até mesmo o próprio transgressor em uma espécie de levante matutino. O *molimo* é uma parte importante das tradições pigmeias, e em situações desse tipo representa a consciência coletiva do grupo.

O compartilhamento, a cooperação, a independência e a autonomia estão entre os valores básicos da sociedade pigmeia. Outro valor importante é a manutenção da paz entre os membros. Esse desejo pela paz às vezes transcende os aspectos que poderiam ser considerados certos e errados em um caso específico. Turnbull nos descreve um incidente no qual um jovem pigmeu partiu em uma expedição amorosa na cabana de seu vizinho, cuja filha era bastante atraente (Turnbull, 1961). Pouco depois de entrar na cabana, o rapaz foi atirado para fora do local em meio a gritos e impropérios. O pai furioso atirou sobre o intruso gravetos e pedras, e o barulho acordou a todos no acampamento. Irritado, o pai gritava aos quatro ventos que não estava zangado pelo jovem ter tentado dormir com sua filha, mas pelo fato de o intruso ter passado sobre ele e o acordado durante a tentativa. Ele considerava aquilo inaceitável. Qualquer indivíduo decente teria marcado um encontro com a garota para encontrá-la em outro lugar.

Nesse incidente em particular, o conflito não foi rapidamente resolvido; a comoção se arrastou por um longo tempo, mantendo todos acordados. Finalmente um dos membros idosos disse ao pai, de maneira séria, que ele estava fazendo muito barulho; o idoso já estava ficando com dor de cabeça e queria dormir. Quando o pai insistiu em continuar gritando, o velho comentou que ele estava "matando a floresta e a caça." Embora o pai estivesse certo – o comportamento do jovem fora de fato inapropriado – ele estava causando um mal ainda maior ao perturbar todo o acampamento, assustar os animais e estragar a caça do dia seguinte.

Embora este possa parecer um exemplo absurdo, ele ilustra bem a aplicação das normas de comportamento social pelos pigmeus. Nele podemos perceber claramente como uma norma precede a outra, e como todos apoiam aquilo que é considerado um comportamento adequado. A lição que pode ser aprendida com essa sociedade relativamente primitiva é que qualquer organização ou pequeno grupo de trabalho precisa articular suas crenças e valores essenciais e definir atitudes e comportamento apropriados para seus membros. As normas comportamentais devem ser primeiramente esclarecidas e então reforçadas por meio de histórias e tradições. Estas, por sua vez, irão enfatizar a identidade do grupo. Uma linguagem especializada poderá então ajudar a conectar ainda mais a equipe. Para fortalecer esse processo de ligação, organizações bem-sucedidas se esforçam bastante para recrutar os indivíduos que mais provavelmente se encaixarão nos valores essenciais da empresa. Mais ainda, essas companhias fazem o possível para socializar os novos membros da equipe, ajudando-os a interiorizar as crenças e valores da instituição. Finalmente, elas articulam sanções para eventuais transgressões.

Lição 6 – Os membros subordinam seus próprios objetivos aos do grupo

Uma das histórias que escutei enquanto estava convivendo com os pigmeus dizia respeito à quebra de uma regra fundamental entre os membros daquela comunidade. Aparentemente, um dos caçadores cometera um dos piores pecados na floresta. Durante uma caçada, frustrado pela falta de sorte – ele não conseguira capturar nenhum animal ao longo do dia –, ele decidiu colocar sua própria rede na frente da que fora montada pelo resto do grupo, capturando assim um animal que fugia dos afugentadores. Infelizmente ele não foi rápido o suficiente e acabou sendo pego em flagrante enquanto cometia o terrível crime: colocar seus próprios interesses na frente daqueles da comunidade.

Como tive a oportunidade de testemunhar, em pequenos grupos de caça a sobrevivência somente poderá ser garantida por meio da colaboração dos integrantes e de um sistema de obrigação recíproca que assegure que todos tenham direito a uma parte do que for obtido durante a empreitada. Aquele homem havia claramente transgredido uma regra não escrita. Ele havia se mostrado egoísta. A humilhação e a vergonha foram os castigos impostos pelo grupo por aquela atitude inaceitável: as mulheres e crianças da comunidade riram dele. Além disso, ninguém tinha a permissão de conversar com o rapaz, que foi condenado ao ostracismo (Talvez isso não soe como uma grande punição entre nós, porém, nada deixa um pigmeu mais desconfortável e perturbado do que a exposição ao ridículo e ao desprezo. Na sociedade pigmeia, o ostracismo pode ser comparado ao confinamento em solitária). Todavia, a punição daquele jovem foi apenas temporária. Os pigmeus não costumam guardar rancor por muito tempo, além disso, em uma comunidade pequena como a deles, os caçadores não podem se dar ao luxo de ignorar um colega.

Este exemplo demonstra que os bons membros de uma equipe sempre operam dentro dos limites estabelecidos pelo grupo, por meio de suas regras. Eles compreendem seu papel individual e também o da equipe, e não permitem que suas próprias necessidades prevaleçam sobre as da comunidade. Eles controlam suas tendências narcisistas e subordinam seus projetos pessoais àqueles do grupo.

O trabalho em equipe é um exercício de equilíbrio. Sendo uma forma de participação que somente floresce em uma atmosfera que encoraje a liberdade individual e a oportunidade criativa que predominam sob os objetivos organizacionais, o trabalho em grupo representa um equilíbrio interdependente entre as necessidades individuais e as da organização. Para que isso funcione, entretanto, todos os membros da equipe precisam reconhecer as limitações de sua própria liberdade, o que requer bastante autodisciplina.

Lição 7 – Os membros atendem a uma liderança distribuída

Os pigmeus acreditam firmemente no conceito de **liderança distribuída**. Como já demonstrado, a sociedade local é caracterizada por uma surpreendente informalidade. Entre os pigmeus é difícil falar em um líder único. Diferentemente de outras sociedades africanas, os grupos de pigmeus não contam com um "grande homem" entre eles; a liderança não é monopolizada por um líder glorioso. Não há ninguém que detenha a autoridade máxima, tampouco chefes, conselhos ou assembleias; é provável que a sociedade pigmeia seja tão igualitária e participativa como se poderia esperar. Entre os pigmeus, considera-se falta de educação atrair atenção para suas próprias atividades. Vários meios sutis são utilizados para evitar que isso aconteça. Vangloriar-se de suas habilidades é um convite para se transformar no foco de piadas, o que, aliás, é um ótimo mecanismo de controle.

Os pigmeus não se deixam intimidar por posição social, idade ou status. Todos os membros da comunidade podem tomar decisões. Em geral, os mais velhos são respeitados pelo seu conhecimento e por suas habilidades. Do mesmo modo, se algumas pessoas recebem mais atenção quando falam é por causa de suas habilidades especiais em construir armas, caçar ou tocar algum instrumento. Embora as opiniões de alguns sejam consideradas mais valiosas que as de outros – esses membros possivelmente se tornaram mais iguais que seus pares –, todos os integrantes da comunidade estão preparados para desafiar a autoridade sempre que concluírem que o esforço da equipe está sendo prejudicado. Desse modo, cada integrante é responsável pelas decisões do grupo.

Os pigmeus parecem ter descoberto que a melhor forma de liderança é aquela em que os líderes estão distribuídos pela comunidade e todos podem participar da tomada de decisões. Entretanto, os indivíduos que, em geral, são mais respeitados devem agir de acordo com práticas de liderança que estimulem o trabalho em grupo. Se eles não o fizerem, certamente serão lembrados de suas obrigações.

Observe o funcionamento de organizações de alto desempenho e perceberá a ocorrência de atitudes semelhantes em relação à liderança. Entre as práticas usadas por líderes bem-sucedidos para encorajar a participação completa dos integrantes, estão:

- O compartilhamento de objetivos com todos da equipe. Líderes eficientes evitam, a todo custo, manter segredos de qualquer espécie.
- O respeito por todos os integrantes da equipe.
- A atenção ao *feedback* apresentado por seus colegas e a proposição de perguntas.
- A busca por soluções para problemas.
- A demonstração de tolerância e flexibilidade.
- O oferecimento de orientações e estrutura, o que facilita a realização das tarefas.
- O estabelecimento de foco.
- O encorajamento ao diálogo e à interação entre os membros, mantendo os níveis de participação adequados para assegurar que todos os pontos de vista sejam devidamente explorados (e inicialmente ocultando suas próprias opiniões para evitar que outros mudem as próprias).
- A capitalização sobre as diferenças entre os integrantes da equipe, sempre que elas forem capazes de ampliar o bem comum de todo o grupo.
- O elogio e o reconhecimento por esforços individuais e grupais.
- A celebração do sucesso.
- A aceitação da responsabilidade pelas decisões da equipe.
- A manutenção do foco durante o processo de *follow-up* (acompanhamento).
- O encorajamento dos demais integrantes do grupo no sentido de que possam avaliar seu progresso e desenvolvimento.

A liderança autorizada (não autoritária)

Ao discutir essas lições sobre os pigmeus, enfatizei o importante papel dos líderes em fazer com que um trabalho em equipe bom e eficiente seja executado. Os líderes de grupo, assim como aqueles que se encontram acima deles dentro da hierarquia corporativa, precisam estabelecer a matriz a partir da qual o trabalho em grupo se mostrará mais eficiente. Eles devem criar o ambiente correto e liderar pelo exemplo. O velho paradigma de comandar, controlar e compartimentar precisa ser descartado. De fato, o número de regras e regulamentos deve ser reduzido.

A necessidade por espaço transicional

No contexto de liderança de grupos dentro do trabalho, alguns outros avisos se fazem necessários. Em primeiro lugar, independentemente do quanto alguém seja participativo, é preciso que o direcionamento parta do topo, e traga diretrizes claras sobre as prioridades da empresa. Em segundo, os executivos e líderes devem criar uma atmosfera que encoraje a capacidade exploratória natural de cada indivíduo. As pessoas precisam de **espaço para trabalhar** – e precisam perceber o compromisso da alta administração em relação a isso –, pois, com o espaço vem a **criatividade** e a **inovação**. Sem inovação, a empresa se torna estagnada e perece. Portanto, os executivos de nível sênior devem não apenas estimular as pessoas a assumirem riscos, mas aceitar ocasionais fracassos, protegendo aqueles que se aventuram em prol de uma boa causa.

Enquanto a liderança forte e comprometida é necessária para estimular a inovação, ela não precisa – e não deveria – ser autoritária. Em contrapartida, a liderança autorizada é um prerrequisito para manter um clima de apoio. O que as organizações realmente precisam é de líderes que sejam respeitados por suas contribuições; que façam aquilo que pregam e que fiquem satisfeitos em poder desenvolver seu pessoal; que estejam dispostos a desempenhar o papel de mentores, treinadores e até mesmo de "animadores de torcida"; que saibam como extrair o máximo de todos. Os **líderes "autorizados"** aceitam pensamentos contrários e encorajam as pessoas a dizerem o que realmente pensam; eles querem que os membros de sua equipe tenham um saudável desrespeito pela autoridade. Eles sabem como celebrar uma tarefa bem feita, reconhecer realizações importantes e estabelecer sistemas de recompensa adequados para alinhar o comportamento de acordo com os resultados desejados.

Nessa época de mudanças e transformações, conflitos em organizações são um fato. A habilidade para resolvê-los é, portanto, uma competência importante para indivíduos que ocupem posições de liderança. Os bons líderes do futuro serão mestres da clareza e do candor, habilidades estas que são fundamentais para neutralizar conflitos. Eles serão capazes de comunicar o que precisa ser feito de maneira cristalina, utilizando-se de termos objetivos que deixarão pouco espaço para conclusões equivocadas. Eles não verão os conflitos como obstáculos, mas como um instrumento capaz de solucionar problemas de maneira criativa e aprimorar o desempenho de sua equipe.

O trabalho em grupo é ainda, e acima de tudo, um exercício de equilíbrio. Em contrapartida, os indivíduos que compõem uma equipe merecem ter o seu lugar no sol e ver suas realizações reconhecidas. Porém, essas pessoas precisam também reconhecer o valor da colaboração, subordinando suas próprias necessidades àquelas do grupo. O problema é que a colaboração, em geral, não é fácil. Uma atmosfera de reciprocidade construtiva é o caminho certo para se alcançar tal objetivo.

Uma comunidade como a dos pigmeus, que opera em um ambiente tão complexo como o da floresta tropical, está plenamente consciente sobre a necessidade de colaboração. Apesar de todos os problemas associados ao trabalho em equipe, eles percebem que é mais difícil operar sem grupos do que com eles. Na verdade, sem o trabalho em equipe eles teriam poucas chances de sobreviver, considerando os desafios que são obrigados a enfrentar diariamente. Membros de organizações comerciais lucrariam bastante se prestassem bastante atenção às lições apresentadas pelos pigmeus, o produto de um conhecimento acumulado ao longo de milhares de anos.

Sistemas abertos *versus* sistemas fechados

Talvez a mais reveladora lição dos pigmeus seja justamente aquela que ainda não discutimos. Como eu disse no início deste capítulo, os tempos modernos não têm sido positivos para eles. Seu estilo de vida está sendo ameaçado, uma vez que a floresta tropical – o epicentro de suas vidas – está em perigo. Seu foco em uma existência baseada na caça em grupo determinou sua socialização e suas práticas de treinamento ao longo dos séculos; ele também criou esta cultura única que continua a colorir sua visão da vida. Enquanto existir a floresta tropical, seu mundo estará perfeitamente alinhado; tudo se encaixará perfeitamente, e a vida para eles terá significado. Infelizmente, a construção de novas estradas – que permitirá o avanço de áreas agrícolas – e a migração de pessoas de outras regiões da África em busca de áreas para o plantio, têm levado à devastação da floresta. O mundo dos pigmeus está desaparecendo em um ritmo alarmante, criando nesse povo um senso de deslocamento. Entre aqueles que já foram forçados a abandonar a floresta tropical, muitos não foram capazes de encontrar um novo foco. Na sociedade agrícola e industrial que cerca seu mundo antigo, sua especialidade se tornou menos relevante. Pouquíssimos pigmeus conseguiram se ajustar às dramáticas lacunas sociais que surgiram em torno deles; um número bastante reduzido foi capaz de fazer a transição para o "nosso" mundo. As consequências para suas várias comunidades foram terríveis.

Sendo assim, como uma lição final dos pigmeus, aprendemos que a sobrevivência requer não apenas um foco interno, mas também um que seja externo; mudanças no ambiente exterior precisam ser consideradas. A gestão de fronteiras é fundamental; construir pontes com os principais interessados externos é uma tarefa essencial. Membros de equipes eficientes reconhecem a necessidade de se manter relações externas. No caso dos pigmeus, fazer esse ajuste externo talvez já não seja possível. Adequar-se a uma sociedade mais ampla exigiria uma completa reinvenção de si mesmos; uma transformação draconiana de sua cultura que significaria o fim do mundo como eles o conhecem.

O mundo das organizações não é um sistema tão isolado como o dos pigmeus, é claro. Além disso, existem inúmeras outras diferenças, porém, os paralelos ainda são surpreendentes.

Como os pigmeus, as diversas empresas não têm escolha a não ser olhar além de suas fronteiras; elas precisam observar a descontinuidade de processos que surgem a cada momento para assegurar pelo menos uma chance de sobreviverem e atingirem o sucesso. Se não observarem atentamente para o que está além de seus limites neste mundo ágil, competitivo e interdependente, elas também enfrentarão terríveis consequências: uma inexorável redução em seu ciclo de vida que culminará em sua morte.

Como descrevi aqui, um meio de **administrar em prol da continuidade** e de **criar empresas que durem** é **valer-se do trabalho em equipe**. As organizações que souberem como usufruir do trabalho em grupo eficiente terão, sem dúvida, uma clara vantagem competitiva – e estarão mais próximas do sucesso corporativo. Todavia, tornar-se mestre no uso dessas ferramentas exigirá um trabalho psicológico considerável. O estadista e novelista francês François-René Chateaubriand disse certa vez: **"Ninguém aprende a morrer tirando a vida dos outros."** Os pigmeus levam a serio essa afirmação. Eles sabem a importância de cuidarem uns dos outros. Os membros das equipes em nossa sociedade pós-industrial lucrariam muito se internalizassem tal conhecimento.

PARTE 2

A DIMENSÃO DO SER HUMANO DENTRO DAS ORGANIZAÇÕES

INTRODUÇÃO

Ninguém que tenha passado algum tempo entre os pigmeus da África Central, como foi o meu caso, poderá negar os efeitos de uma **forte cultura organizacional**. Nas florestas tropicais de Camarões, não existe qualquer filosofia de liderança transformativa defendida por algum indivíduo carismático. Naquele local, a segurança pessoal somente é assegurada pela eficiência e sobrevivência do grupo; essas pessoas operam dentro de um ambiente onde a vida de todos na comunidade depende de cada indivíduo alcançar todo o seu potencial. Como demonstram os pigmeus, uma **cultura organizacional vigorosa** e **apoiadora** é capaz de produzir **resultados melhores** que um **líder forte que trabalhe de maneira isolada** – um grupo de pessoas com o grau certo de motivação, e objetivos claros e devidamente compartilhados, consegue mover montanhas.

Felizmente, a importância da cultura organizacional é raramente contestada nos dias de hoje. De fato, muitas empresas fazem declarações explícitas e públicas sobre sua própria cultura, que, em geral, está aliada aos seus valores organizacionais. A Microsoft, por exemplo, deixa claro que sempre busca por funcionários que estejam alinhados com os valores da companhia: "Enquanto empresa, e também como indivíduos, valorizamos a integridade, a honestidade, a franqueza, e excelência pessoal, a autocrítica construtiva, o autodesenvolvimento contínuo e o respeito mútuo. [...] Estamos preparados para prestar contas aos nossos clientes, acionistas, parceiros e empregados, e, neste sentido, buscamos sempre honrar nossos compromissos, apresentar bons resultados e lutar constantemente para oferecer uma ótima qualidade em tudo o que fazemos."[1] De modo similar, a W. L. Gore aproveita não apenas para descrever detalhadamente sua cultura, mas também para nos explicar: 1º) como a empresa funciona em termos de estrutura organizacional e 2º) quais são suas expectativas em relação às pessoas que costumam denominar "associados" (não empregados): "Líderes podem ser designados, mas, na verdade, são definidos pelo 'número de pessoas que espontaneamente os seguem." Em geral, os líderes emergem de maneira natural ao demonstrar conhecimentos, habilidades e/ou experiências especiais que promovam o objetivo da empresa."[2] Também neste caso, a cultura está firmemente conectada aos valores da organização, ou seja, aos princípios orientadores do fundador da empresa, que incluem: justiça para todos, ajuda e encorajamento aos demais associados, realização e manutenção de compromissos, e processos consultivos que assegurem que ações individuais estejam alinhadas com a reputação da empresa.

Porém, a despeito de se reconhecer a importância da cultura organizacional, e de as empresas tentarem repetir e enfatizar tal conceito, ele ainda permanece elusivo. A cultura tem a ver com valores, crenças, normas, comportamentos, política, estrutura, linguagem e simbolismo. Trata-se de uma relação bastante intangível; um contrato invisível entre o ser humano e a empresa.

No Capítulo 4, discorro sobre o modo como uma cultura emerge dentro da organização e examino questões relacionadas à **"compatibilidade"** – tanto em relação à visão das pessoas, especialmente no caso de fusões e aquisições, como à estratégia. Assim como ocorre em todos os demais aspectos do mundo organizacional atual, a cultura também é desafiada por mudanças. A última parte desse capítulo aborda essas questões e disponibiliza um sistema diagnóstico para que seja possível lidar com elas – uma auditoria da cultura organizacional que oferecerá ao leitor não apenas um estudo e uma avaliação abrangentes sobre a cultura prevalente, mas também a compreensão sobre aquela que deveria ser adotada.

Em geral, os membros da empresa não dão a devida importância à cultura organizacional – isso se torna mais visível quando ocorrem violações claras. Isso pode ostentar um aspecto bastante negativo: as disfunções na cultura organizacional podem ser tão intangíveis como seus aspectos positivos, e também bastante difíceis de identificar. No início dos anos 1980, trabalhei na McGill University, em Montreal (Canadá); aquele foi um período bastante estressante, mas, ao mesmo tempo, muito estimulante: na época eu lecionava, tentava escrever um livro, treinava para me tornar um psicanalista e ainda cuidava de minha jovem família. Como ocorre com a maioria dos profissionais da psicanálise, meu tempo era fracionado em sessões de 50 min. De repente, meu treinamento clínico chegou ao fim e as férias começaram. Foi então que tive um surto criativo e comecei a escrever sem parar. Finalmente consegui colocar no papel todo o conhecimento que havia reunido em todos aqueles anos. As transições que eu havia enfrentado em minha vida profissional – da economia, passando pelo ensino de administração e, finalmente, a psicanálise – estavam se assentando em minha mente e formando o núcleo de ideias sobre as quais todo meu trabalho nas áreas acadêmica e literária se fundamentaria ao longo dos próximos 30 anos. Minhas observações como psicanalista inevitavelmente serviram de base para minhas investigações como professor de administração. Comecei a perceber como a personalidade disfuncional dos executivos de uma empresa se refletiam na cultura da organização. Colocando de maneira bem simples, pessoas doentes podem criar empresas doentes. Então uni forças com um colega da área acadêmica, Danny Miller, que fora um brilhante aluno de doutorado, e juntos começamos a trabalhar em um livro: o biorritmo de Danny lhe permitia trabalhar durante a noite; eu preferia fazê-lo durante o dia. Quanto eu terminava imediatamente levava minha parte até a casa dele (lembre-se: isso foi antes do *e-mail*). Danny então continuava a escrever e, pela manhã, eu apanhava o que ele havia feito e voltava para casa, onde escrevia até as 15h ou 16h. Uma vez por semana nos reuníamos para discutir nosso progresso. Terminamos o livro em apenas 1 mês. A obra em questão é *The Neurotic Organization* (*A Organização Neurótica*), que acabou se tornando uma contribuição seminal para a área. Este livro ainda é comercializado nos dias de hoje.

No Capítulo 5, descrevo cinco tipos de organizações neuróticas – a **paranoide**, a **compulsiva**, a **histriônica**, a **depressiva** e a **esquizoide** – e apresento uma estrutura que nos permitirá tecer paralelos entre todos esses estilos comportamentais e os fracassos organizacionais. Também aproveito para advogar o uso de análises externas para mapear os tipos de empresas existentes e também as que são disfuncionais.

Os Capítulos 6 e 7 estão relacionados. O primeiro discorre sobre o processo de *downsizing* (enxugamento), a prática comercial que caracterizou os anos 1990, funcionando como uma solução rápida para os problemas causados por várias ocorrências, entre elas, a **globalização**. O segundo observa como a transformação organizacional pode ser administrada prestando-se atenção nos paralelos com a psicodinâmica das mudanças pessoais.

Os efeitos negativos sobre o moral e o desempenho que são estimulados pelo *downsizing* não podem ser superestimados: níveis de estresse aumentam e as pessoas experimentam uma grande variedade de reações psicológicas e emocionais, incluindo ansiedade, raiva, culpa, inveja, alívio e negação. O *downsizing* cria paralelos com os processos de luto e privação, e tem sido relacionado a taxas cada vez mais altas de **depressão**, **suicídio** e **agressões violentas**. Três grupos estão intimamente envolvidos nos processos de *downsizing*. Em geral, pensamos instintivamente nas vítimas e nos sobreviventes, mas o que dizer daqueles que têm de se responsabilizar pelas demissões? Quais são os efeitos psicológicos enfrentados por essas pessoas? No Capítulo 6, com o intuito de analisar diferentes maneiras de lidar com os efeitos colaterais do processo, apresento entrevistas realizadas com indivíduos desses três grupos. As percepções obtidas por meio dessas observações não eliminarão o sofrimento, contudo, a preparação para reações psicológicas poderá nos ajudar a resolver a dor dentro da organização e a limitar desastres em potencial. Termino o capítulo apresentando algumas ideias sobre as melhores maneiras de lidar com o *downsizing* e, assim como Pandora, descubro que a esperança é a melhor saída.[1] Líderes que sabem como canalizar a esperança são capazes de criar uma visão de futuro que irá impulsionar os esforços de mudança e ajudar a reconciliar o ser humano e o sofrimento.

A esperança também é um tema importante do Capítulo 7, porém, inicio a narrativa explicando como a dor interna, tanto do indivíduo como da organização, é um prerrequisito do desejo de realizar mudanças fundamentais. Esse capítulo é uma exposição de como as dinâmicas de transformação pessoal podem ser aplicadas ao conjunto organizacional; ele também explica a razão pela qual adotar essa perspectiva clínica é uma atitude válida e recompensadora, além de um método potencialmente poderoso de administrar iniciativas de mudança. Adotando a abordagem de estudos de casos, demonstro como a apresentação de eventos focais fundamentais dá aos membros de uma organização a oportunidade para ficarem de luto por conta do passado, entusiasmarem-se em relação ao futuro e se ajustarem a uma nova realidade.

A Parte 2 termina com a exploração de um grupo bastante específico: a **empresa familiar**. Quando elas vão bem – maravilhosamente bem –, se revelam ótimos lugares para se trabalhar; contudo, quando enfrentam problemas, podem se tornar uma opção terrível. O desafio para qualquer um que esteja lidando com uma empresa familiar – particularmente os *coaches* e/ou consultores – é enfrentar a colisão entre dois sistemas distintos: a família e o empreendimento. Aqueles de nós que já se envolveram em intervenções em empresas familiares estão tão acostumados a enfrentar esse tipo de realidade quanto o público fiel de novelas que apresentam dramas familiares absurdos, como *Dallas*, *Dynasty* e *Brothers and Sisters*.[2] Também já tivemos de lidar com: 1º) indivíduos que prefeririam ver a própria empresa quebrar que testemunhar um parente a quem não apreciam prosperar com ela; e 2º) algum fundador idoso cujo medo de ser usurpado e a incapacidade de aceitar sua própria mortalidade se traduzem no absoluto controle da companhia, o que

---

[1] Referência à lenda da caixa de Pandora (mitologia grega), que, depois de aberta, teria libertado todos os males do universo, mantendo dentro de si apenas a esperança. (N.T.)

[2] Referência a três famosas séries de TV norte-americanas. (N.T.)

impede o desenvolvimento do negócio e também o sucesso de qualquer plano sucessório.

O escritor George Bernard Shaw disse certa vez: "Se você não conseguir se livrar do esqueleto familiar, talvez possa pelo menos fazê-lo dançar." Considerando-se a ascensão e queda de empreendimentos familiares, é possível que possamos fazer com que eles de fato **"dancem"**. As empresas familiares desempenham um papel significativo em termos de geração de empregos e crescimento do PIB. No Capítulo 8, explico quais dinâmicas interpessoais familiares – entre casais, pais, pai-filho, pai-filha, irmãos e "parentes" não consanguíneos – podem se tornar um fator fundamental no fracasso de uma empresa.

A sucessão é uma questão especificamente complicada em empresas familiares. A inabilidade de muitas pessoas em lidar com tais transições poderá se transformar em uma sentença de morte para muitas companhias. Em contrapartida, em transições bem-sucedidas, os herdeiros são bem preparados, as relações familiares tendem a ser positivas e os planos sucessórios e as atividades de controle a eles relacionadas são tratadas com seriedade.

Como digo no final desse capítulo, é quase impossível ficar entediado ao lidar com empresas familiares – contudo, é preciso estar preparado para enfrentar uma grande variedade de emoções, que vão desde a frustração e a perplexidade até a satisfação e, na melhor das hipóteses, o triunfo. Nelas, o sucesso pode ser extraordinário, assim como o fracasso pode ser gigantesco.

CAPÍTULO 4

A QUESTÃO DA CULTURA ORGANIZACIONAL

"A cultura é a programação coletiva da mente que distingue os membros de um grupo dos de outro."
— Geert Hofstede

"A cultura esconde mais do que revela e, estranhamente, costuma esconder os fatos com mais eficiência de seus próprios participantes. Anos de estudo convenceram-me de que o verdadeiro trabalho não é compreender a cultura estrangeira, mas a nossa própria."
— Edward T. Hall

"Se você alguma vez já assistiu ao filme A Volta dos Mortos Vivos,[3] talvez tenha uma ideia geral sobre como corporações e organizações modernas funcionam, sempre trazendo de volta para discussão propostas e projetos supostamente mortos e enterrados, que, cambaleando, invadem as salas de reunião para se alimentar do 'cérebro' dos vivos."
— Dave Barry

"Sob adequado condicionamento, o ser humano normal aprende não apenas a aceitar a responsabilidade, mas também a buscá-la. A capacidade para exercitar um grau relativamente alto de imaginação, perspicácia e criatividade na solução de problemas organizacionais, é distribuída de maneira ampla em nossa população, não o contrário."
— Douglas McGregor

---

[3] Referência ao filme lançado nos EUA em 1985, *The Return of the Living Dead*, de Dan O'Bannon. (N.T.)

DEFININDO O CONCEITO DE CULTURA ORGANIZACIONAL

Poucos tópicos têm gerado mais interesse e provocado mais preocupações que a **"cultura organizacional"**. Ela é responsável pela identidade e singularidade de uma empresa, e incorpora todos os valores, crenças, atitudes, normas e comportamentos individuais de uma companhia. É o *modus operandi* de uma organização – compreender a cultura de uma empresa nos ajuda a entender a razão pela qual ela age de uma determinada maneira e alcança objetivos específicos.

A ideia de que a cultura corporativa era um fenômeno que valia à pena ser estudado surgiu nos anos 1980, influenciada pela ameaça japonesa contra a indústria automotiva norte-americana, apresentada por Richard Pascale e Anthony Athos em seu livro *The Art of Japanese Management* (1981) (*A Arte da Administração Japonesa*). De acordo com os dois autores, a cultura organizacional era o fator preponderante para o sucesso japonês. Isso foi corroborado por outros *best-sellers*, como *In Search of Excellence* (1982) (*Em Busca da Excelência*), de Tom Peters e Robert Waterman, e *Feitas para Durar: Práticas Bem-Sucedidas de Empresas Visionárias* (Rocco, 1995), de J.C. Collins e James I. Porras. Todos esses livros afirmam que a cultura organizacional desempenha um papel importantíssimo no sentido de determinar as diferenças entre desempenhos medianos e extraordinários.

Um estudo seminal que contribuiu para a literatura sobre o assunto foi desenvolvido por Edgar Schein, especialista em comportamento organizacional do Instituto de Tecnologia de Massachusetts (MIT). Em seu trabalho anterior, Schein havia se concentrado na lavagem cerebral feita em prisioneiros norte-americanos durante a guerra da Coreia. Nesse estudo sobre organizações, Schein ficou surpreso com as similaridades existentes entre a **persuasão coerciva** e o modo como as organizações doutrinam seus empregados. Em seu livro *Cultura Organizacional e Liderança* (Atlas, 2009), ele apresenta o conceito como: "Um padrão de assunções básicas e compartilhadas que um grupo aprende na medida em que resolve problemas de adaptação externa e integração interna. Pelo fato de funcionar adequadamente, tais assunções são consideradas válidas e, assim, passam a ser ensinadas a novos membros como a **'maneira certa'** de perceber, pensar e sentir em relação aos referidos problemas." (Schein, 1985, p. 19).

Com seus escritos, Schein contribuiu para colocar a cultura organizacional em evidência em uma época em que outros acadêmicos da área também já estavam explorando o tópico. Por exemplo, em seu livro

Understanding Organizations (1993) (*Compreendendo as Organizações*), Charles Handy nos apresenta diferentes tipos de empresas – uma orientação que atraiu vários seguidores. Contudo, esses modelos consideravelmente simplistas sobre modelos distintos de cultura organizacional frequentemente contribuíram para uma visão bastante mecânica das mudanças culturais.

Muitos acadêmicos organizacionais estavam interessados na relação entre a **cultura** e o **desempenho das empresas**. John Kotter e James Heskett apresentaram um estudo importante sobre esse tema em seu livro *Cultura Corporativa e o Desempenho Empresarial* (Makron Books, 1994). Utilizando-se de evidências empíricas observadas em mais de duzentas companhias lucrativas e estáveis de 22 diferentes setores, ao longo de um período de 11 anos, eles descobriram que a cultura corporativa pode exercer um impacto significativo sobre o desempenho econômico de longo prazo dessas organizações. De acordo com Kotter e Heskett, companhias munidas de valores culturais que prestaram igual atenção a clientes, acionistas e empregados, elevaram suas receitas de maneira significativa, ao contrário daquelas que não o fizeram. Culturas fortes e adaptáveis parecem criar um nível incomum de motivação nos empregados de uma organização. Entretanto, os autores alertam para o fato de que culturas que funcionam adequadamente em um contexto econômico específico poderão se mostrar desastrosas em outros.

Ao longo dos anos, centenas de pesquisadores têm trabalhado nas aplicações da cultura organizacional – particularmente, acadêmicos voltados para o modelo e desenvolvimento empresariais –, e hoje, tal conceito já faz parte do vocabulário e do pensamento administrativos. Atualmente, um número cada vez maior de empresas bem-sucedidas atribui seu êxito (pelo menos parcialmente) a uma gestão cultural eficiente (Dennison, 1990; Harrison e Stokes, 1992). Na verdade, a maioria dos executivos já aceita o fato de que todas as organizações possuem culturas ou conjuntos de valores e crenças que influenciam o comportamento dos indivíduos em sua vida profissional. Além disso, praticamente todas as empresas de primeira linha na área de gestão de recursos humanos e consultoria estratégica já acrescentaram a **"administração cultural"** às suas listas de capacitações, seja sob a rubrica de **"gerenciamento de mudanças"** ou **"transformação organizacional"**.

Embora o termo **"cultura organizacional"** tenha passado a incorporar o dialeto da administração, o conceito propriamente dito ainda permanece um mistério. Ele não é apenas difícil de descrever, mas também bastante complicado de gerenciar e alterar – o que, aliás, leva muito tempo.

De acordo com Schein (1995), a cultura organizacional é composta de três níveis: **artefatos visíveis**, **valores** e **pressupostos básicos**. Desconstruir a cultura organizacional de uma empresa é como retirar as camadas de uma cebola.

1. No núcleo se concentram os **pressupostos básicos** que impulsionam as ações dos membros da empresa e se refletem em suas próprias atitudes. Eles se referem às pessoas, à companhia e ao mundo, e estruturam o modo como as coisas são feitas, a maneira como as pessoas se comportam e a razão para valorizarem determinadas atitudes;
2. Os pressupostos básicos dão forma aos **valores** adotados pelos integrantes da organização, que se refletem nas estratégias, nos objetivos, na metodologia operacional, nos sistemas de tomada de decisão e também no estilo administrativo adotado.
3. A camada mais externa consiste dos **artefatos visíveis**, ou seja, dos sinais explícitos da cultura organizacional praticada na empresa, que englobam a estrutura organizacional, as políticas empregadas e o comportamento dos empregados.

Sendo assim, a cultura organizacional pode ser observada como uma série de contratos invisíveis com os funcionários de uma organização; estes definem o modo pelo qual o trabalho é realizado (com o estabelecimento de metas, planos, avaliações e recompensas) e como a infraestrutura (os sistemas, os processos e as estruturas) é utilizada. Em vários aspectos, a cultura é responsável por estabelecer o caminho para o desenvolvimento estratégico. Em contrapartida, o alinhamento da cultura organizacional a uma estratégia adequada nos oferece um meio poderoso de ganhar vantagem competitiva.

Outra maneira de explicar a cultura organizacional é apresentando-a como uma estrutura mental compartilhada pelos membros de uma organização. Ela contém os valores e pressupostos básicos de uma empresa; estes são transmitidos a novos membros como a maneira correta de perceber, pensar, sentir e se comportar dentro de uma empresa – comportamentos que, aliás, serão esperados de todos os demais integrantes da empresa. As normas, os direcionamentos e as expectativas organizacionais derivam desses valores e dessas crenças. Eles prescrevem os tipos de comportamento que são apropriados em situações específicas e influenciam as atitudes dos membros da empresa em relação uns aos outros. A cultura organizacional abrange, portanto, os modos como as pessoas se comportam, como elas são responsabilizadas e recompensadas.

A cultura organizacional também inclui vários fenômenos elusivos. Ela opera por meio de simbolismos, tais como a linguagem e o comportamento, e engloba: 1ª) tabus culturais, como o compartilhamento de informações sobre níveis salariais; 2ª) dados internos de ordem estratégica, competitiva, reservada e ou confidencial; e 3ª) informações de caráter financeiro. A cultura organizacional também pode se refletir nas regras que estabelecem o que se deve ou não fazer dentro da empresa: **"não cometa erros"**, **"trabalhe além do tempo normal"**, **"proteja-se de seus colegas"**, **"não fique se gabando"**, e coisas desse tipo. Ao longo do tempo, esses símbolos visíveis ou ocultos se desenvolvem na mente de cada membro da organização. Funcionários que compartilham um grande número de experiências significativas dentro da empresa tendem a desenvolver uma visão conjunta do mundo que as cerca e de sua posição dentro da organização.

Particularmente, defino a **cultura organizacional** como um mosaico de pressupostos básicos expressos na forma de **crenças**, **valores** e **padrões** comportamentais característicos; estes são compartilhados dentro da organização e adotados por seus membros em um esforço para lidar com pressões internas e externas. A cultura organizacional é como a água em que os peixes vivem. Inconscientes em relação ao ambiente, os peixes partem da premissa de que a água sempre existirá, até o momento em que são retirados de dentro dela. De modo similar, muitos dos elementos da cultura organizacional operam em um nível inconsciente, sem que os integrantes da empresa prestem muita atenção a eles.

A cultura organizacional é criada de maneira orgânica; advém das ações do próprio fundador da empresa e também de outros integrantes que já estejam dentro dela por algum tempo e tenham contribuído para o seu sucesso. Comportamentos que tenham sido bem-sucedidos no passado serão normalmente reforçados pelos atuais funcionários e inclusive buscados nos novos contratados (Um panorama geral sobre o modo como surge uma cultura organizacional poderá ser visto na Figura 4.1).

Dessa maneira, a cultura se espalha, permeia e impregna cada aspecto da vida organizacional. Ela se torna a argamassa que mantém a companhia unida, mas, ao mesmo tempo, também pode se transformar no cimento que faz com que as engrenagens fiquem emperradas e as pressões por mudança se tornem cada vez mais fortes. Isso se deve parcialmente à sua complexidade e incrustação, mas também à dificuldade em defini-la e/ou medi-la. Portanto, ao administrar a cultura organizacional, temos de estar preparados para gerenciar **paradoxos**: por um lado, os integrantes de uma organização devem estar conscientes e adotar as peculiaridades da cultura empresarial – se as organizações desejam manter uma continuidade, os empregados precisam estar socializados com tal cultura; em contrapartida, uma socialização exagerada poderá apresentar efeitos negativos sobre a habilidade da empresa para se adaptar e mudar.

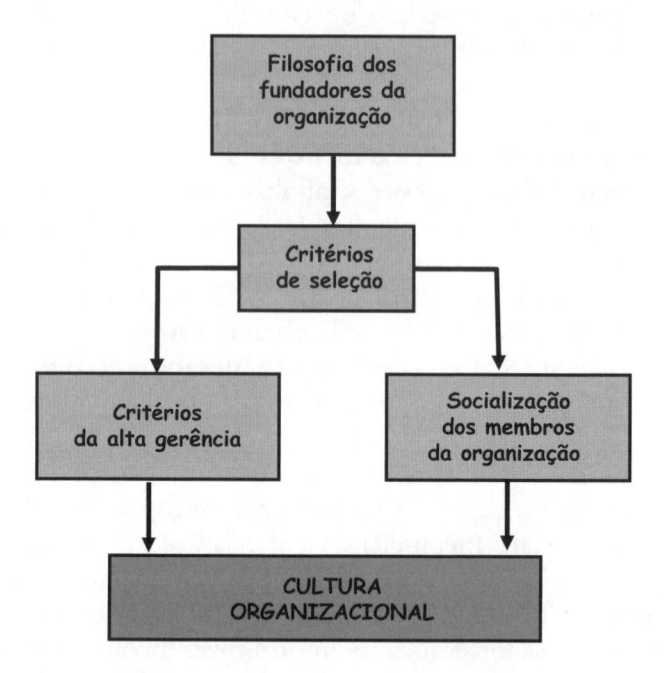

```
        ┌─────────────────┐
        │  Filosofia dos  │
        │  fundadores da  │
        │   organização   │
        └────────┬────────┘
                 │
        ┌────────▼────────┐
        │    Critérios    │
        │   de seleção    │
        └────┬───────┬────┘
             │       │
    ┌────────▼──┐ ┌──▼──────────┐
    │ Critérios │ │ Socialização│
    │ da alta   │ │ dos membros │
    │ gerência  │ │da organização│
    └─────┬─────┘ └──────┬──────┘
          │              │
          ▼              ▼
    ┌─────────────────────────┐
    │        CULTURA          │
    │     ORGANIZACIONAL      │
    └─────────────────────────┘
```

Figura 4.1 – Como emerge a cultura organizacional

A RAZÃO PELA QUAL A CULTURA ORGANIZACIONAL É TÃO IMPORTANTE

Construir e manter a cultura adequada poderá ajudar a fortalecer ou a destruir uma empresa. A cultura de uma organização determina sua habilidade para lidar de maneira bem-sucedida com o aumento da **concorrência**, a **globalização**, as **fusões** e **aquisições**, as **alianças estratégicas**, a **introdução de novas tecnologias**, o **gerenciamento de talentos** e outras questões diversas. Se os executivos não compreendem o papel que a cultura organizacional desempenha nesses processos, muitos de seus esforços no sentido de operar mudanças corporativas irão fracassar.

Já descrevi a cultura organizacional como uma espécie de cola, ou agente aglutinador, cuja função é combinar uma equipe de alto desempenho direcionada a executar as estratégias de uma empresa. Entretanto, existem ainda outras características fundamentais a serem ressaltadas. Assim, a cultura organizacional: 1º) estabelece as regras básicas para a integração dentro da empresa e oferece um padrão para que se possa lidar excepcionalmente bem não apenas com o próprio pessoal (gerenciamento de talentos), como também com indivíduos externos à empresa que tenham interesses especiais por seu funcionamento (acionistas, clientes e fornecedores); 2º) influencia nos métodos de seleção e socialização, e estabelece critérios de desempenho e avanço profissional; 3º) cria o estilo adequado de relações interpessoais, determinando assim o ambiente no trabalho; e 4º) influencia aquilo que é considerado como um estilo de liderança apropriado.

Compatibilidade do indivíduo – Tradicionalmente, as empresas têm se concentrado em contratar pessoas com base em suas habilidades e experiência. Com uma melhor compreensão sobre a importância da cultura organizacional, o conceito de **compatibilidade cultural** assume um papel mais relevante. De fato, em companhias de primeira linha, como a Google – que, aliás, ocupou o primeiro lugar da lista de Melhores Empresas para Trabalhar da revista *Fortune,* em 2008 –, encontrar os **funcionários corretos**, ou seja, indivíduos que tenham a mentalidade certa e que trabalhem exatamente como a empresa espera que o façam, é parte essencial do processo de recrutamento.

Atualmente, quando executivos contratam um novo empregado, eles frequentemente consideram se ele será, de fato, culturalmente compatível. Isso envolve determinar se a pessoa em questão corrobora os valores organizacionais e se encaixa dentro da cultura da empresa. Em geral, indivíduos selecionados com base na compatibilidade cultural contribuirão com a empresa de maneira mais rápida, se sairão melhor e permanecerão na organização por mais tempo. Em contrapartida, **pouca compatibilidade** poderá resultar nos seguintes contratempos: **baixo moral, produtividade reduzida, conflitos, clientes insatisfeitos** e **altos custos de rotatividade**.

Nem sempre é fácil determinar se um indivíduo se encaixará bem em uma organização, porém, processos de comunicação e recrutamento bem planejados poderão elevar as possibilidades de se encontrar pessoas adequadas. O melhor modo de se começar é apresentando uma descrição clara não apenas daquilo que a organização deseja, mas também do ambiente de trabalho existente e dos tipos de pessoas que já trabalham ali. O próximo passo é comunicar tudo isso ao mercado (incluindo os consultores de RH). Para fazê-lo, os executivos precisam conhecer profundamente sua cultura atual (ou aquela que desejam alcançar). Uma descrição cristalina dos valores organizacionais e dos objetivos da empresa permitirá que ela atraia um maior número de candidatos teoricamente adequados para as vagas; isso também possibilitará aos próprios interessados saber, de antemão, se são ou não apropriados antes mesmo de apresentar-se. Os executivos também terão de demonstrar aos candidatos a razão para sua empresa ser um local atraente para se trabalhar; eles precisarão ainda avaliar se as atitudes, os **valores** e as **crenças** do candidato estão de acordo com os da organização. Mas isso não é o suficiente; existem inúmeras outras questões que precisarão ser levadas em conta. O que a empresa oferece que a torna diferente das demais? O novo funcionário é alguém que sabe trabalhar em equipe ou gosta de operar sozinho? Qual é o estilo de liderança dele? Quão bem essa pessoa se encaixará na organização? Ela possui um estilo autocrático ou orientador? O indivíduo se mostrará um bom cidadão corporativo? O mais importante é que o departamento de RH tenha uma descrição abrangente da posição a ser ocupada (em termos de competências e traços de personalidade), e que se certifique de que todos ao longo do processo de contratação estejam cientes da importância da compatibilidade cultural.

Contudo, até mesmo o processo de recrutamento mais bem-intencionado – os que se concentram em **competências** e **comportamentos relevantes**, assim como no nível educacional e na experiência do candidato – poderá não ser capaz de avaliar a compatibilidade cultural de maneira eficaz. Isso ocorre porque, às vezes, o verdadeiro comportamento do candidato poderá se revelar contrário ao esperado: na prática, o indivíduo não cumpre com aquilo que disse ao longo do processo ou não está de acordo com os valores culturais da organização.

De fato, qualquer organização que queira fazer com que sua cultura funcione bem terá de se precaver contra tais **comportamentos insinceros**. As chances de um declínio cultural são ainda exacerbadas quando executivos que não conseguem se adequar aos valores organizacionais – às vezes denominados SOBs (acrônimo de algo como "filhos de uma cadela" em inglês) – são mantidos no quadro. Uma vez que, em geral, essas pessoas desempenham papéis sancionados e, portanto, exercem grande influência dentro da empresa, suas ações e seus comportamentos frequentemente não podem ser desafiados e são, inclusive, protegidos dentro da empresa. Se os executivos de nível sênior da companhia tolerarem tais atitudes, haverá uma deterioração cultural na empresa e os valores que outrora tornaram a empresa um ótimo lugar para se trabalhar começarão a ruir.

Portanto, o gerenciamento da compatibilidade (ou incompatibilidade) dos funcionários é uma parte importante do processo de preservação e perpetuamento dos valores culturais organizacionais. Aqueles que são **genuínos** e **confiáveis** em seu comportamento deveriam ser **recompensados**, enquanto aqueles cujas ações sejam **contraditórias, não benéficas** e até **prejudiciais** para a empresa precisam ser ajudados pela empresa, e, caso fracassem em alterar seu próprio comportamento, **ser desligados**. O alinhamento entre as necessidades da empresa (vivenciar os valores e obter resultados positivos) e as do indivíduo será essencial (veja um modelo simples com as várias opções de gerenciamento na Tabela 4.1).

	Não	Sim
Está de acordo com os valores da empresa — Sim	Precisa de ajuda	Estrelas (oferecer opção de compra de ações, bônus ou outras recompensas
Está de acordo com os valores da empresa — Não	Deve ser "desligado"	"Modificação de comportamento (do contrário será solicitado a deixar a empresa): às vezes chamados SOBs"

Cumpre seus compromissos

Tabela 4.1 – Gerenciamento de compatibilidade cultural

O fato de não estar claro como os novos contratados de uma empresa se encaixarão em sua cultura, deixa sua produtividade futura ao acaso. Na melhor das hipóteses poderão haver atritos entre empregados; na pior, a companhia poderá acabar com uma **equipe de trabalho disfuncional e improdutiva**. Portanto, encontrar os funcionários mais adequados para cada cultura é crucial no sentido de maximizar a **produtividade** e a **criatividade** individuais, e também o sucesso da organização.

Compatibilidade em fusões e aquisições – Outro exemplo comum de compatibilidade (ou incompatibilidade) cultural pode ser encontrado em fusões e aquisições. Atualmente ocorrem cada vez mais associações desse tipo. Contudo, embora em geral as pessoas concordem com o fato de que a compatibilidade cultural é a maior barreira para uma integração bem-sucedida, os fatores culturais são os que menos são investigados durante as fases críticas que precedem fusões e aquisições. Não surpreende, portanto, o fato de que fusões corporativas acabem como um grande percentual dos casamentos modernos (em divórcios): em **péssima situação financeira**. De acordo com vários estudos, a maioria dos processos de fusão e aquisição não consegue atingir as metas estratégicas e fiscais que inicialmente justificaram o acordo e mais da metade das empresas recém-incorporadas acaba sendo vendida ou fechada por conta de choques culturais ou de conflitos não resolvidos. Por causa disso, os responsáveis pelo fechamento de acordos de fusão e aquisição precisam reconhecer que somente a compatibilidade em termos financeiros e estratégicos não garante o surgimento de uma entidade viável. A integração deve ser impulsionada por uma combinação de fatores estratégicos, financeiros e operacionais, assim como pelas dinâmicas psicológicas de culturas organizacionais preexistentes. Compreender as diferentes culturas das organizações que estão prestes a se fundir é fundamental para que se possa interligá-las de maneira rápida e bem-sucedida, assim como seus funcionários, e também para assegurar que o trabalho continue a fluir normalmente. As organizações precisam considerar a avaliação cultural como uma parte do processo que antecede fusões e aquisições, pois somente assim estarão devidamente preparadas para enfrentar possíveis dificuldades que ocorram antes do fechamento do acordo. Processos bem-sucedidos exigem o casamento perfeito entre as culturas organizacionais. Tal situação pode se tornar bastante complicada quando as diferenças existentes em complexas culturas nacionais forem acrescentadas ao processo de integração (Para verificar um esquema de comparação entre culturas organizacionais, ver Figura 4.2).

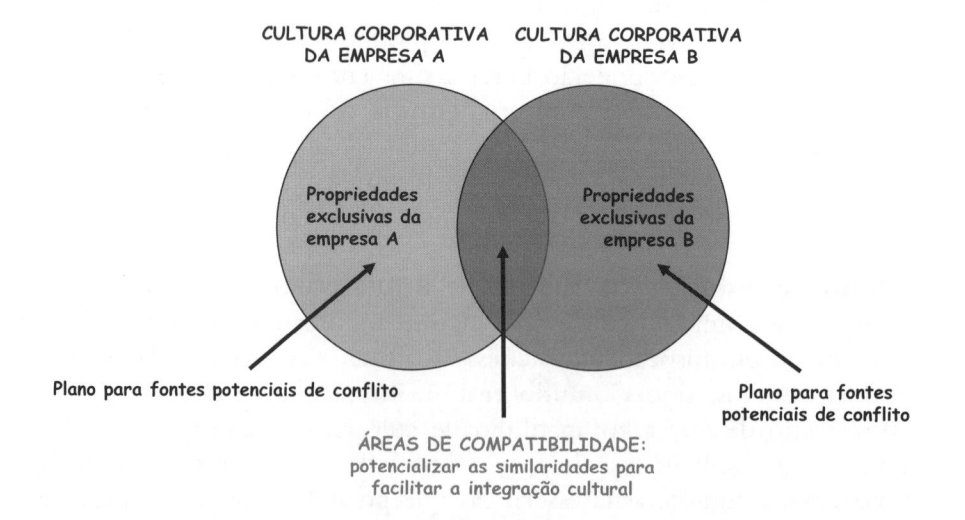

Figura 4.2 – Avaliando a compatibilidade cultural e os conflitos em potencial

Compatibilidade estratégica – A cultura organizacional tem sido considerada como um elemento básico estratégico para empresas bem-sucedidas. Ela pode exercer um impacto significativo no desempenho de longo prazo de uma companhia, além de influenciar a estratégia comercial e o alcance de metas. Empresas cuja cultura seja forte têm mais possibilidades de atingir seus objetivos que aquelas que ostentam culturas frágeis. Seu grau mais elevado de sucesso organizacional (medido em valor de mercado ou por outro mecanismo de avaliação de desempenho financeiro) é amplamente atribuído ao fato de que seus empregados estão alinhados como o modo de pensar, têm clara percepção dos objetivos da empresa e estão bastante motivados a atingi-los. Se todos os funcionários de uma empresa estão familiarizados com os elementos-chave da cultura organizacional, e os praticam, tal coesão se transforma em patrimônio estratégico.

Para ampliar o sucesso de uma empresa, sua cultura corporativa deve estar alinhada às prioridades comerciais articuladas, e seus objetivos comerciais precisam ser alcançados de uma maneira que seja consistente com tais valores. Além disso, uma estratégia bem-sucedida poderá fechar a lacuna entre as culturas **existente** e a **desejada**. Em contrapartida, estratégias comerciais poderão fracassar se a cultura empresarial não sustentar as ações necessárias para se atingir os objetivos corporativos.

AVALIANDO A CULTURA ORGANIZACIONAL

Anteriormente comparei a cultura organizacional a uma cebola: para chegar ao seu núcleo, cada camada precisa ser cuidadosamente removida, uma a uma. Uma dessas camadas mais externas é a **cultura nacional** – empresas francesas são gerenciadas de um jeito bastante distinto em relação às alemãs ou chinesas. Outra camada se refere às **características setoriais** – trabalhar para uma empresa de consultoria estratégica difere bastante de prestar serviços para um banco ou uma siderúrgica. A terceira camada é a **cultura organizacional**, que possui sua própria linguagem em termos de **mitos**, **histórias**, **rituais**, **sagas** e **cerimônias**. Existe ainda outra camada mais profunda, ou seja, aquela que abriga os **valores**, as **crenças**, as **atitudes** e as **normas empresariais**. As camadas mais internas são as de origem arcaica, e estão relacionadas, respectivamente, às ideias dos atuais controladores mais fortes da companhia e àquelas do fundador da empresa. Assim como ocorre na cebola, as camadas mais profundas da cultura determinam a forma e a natureza das crostas externas. (Na Figura 4.3 é possível observar os níveis da cultura organizacional, indo da superfície em direção à estrutura interna.)

Cultura nacional

Rituais Valores Mitos
Normas Legado do fundador Crenças
         Filosofia da coalizão dominante
Cerimônias Atitudes Símbolos
         Linguagem

Características do setor

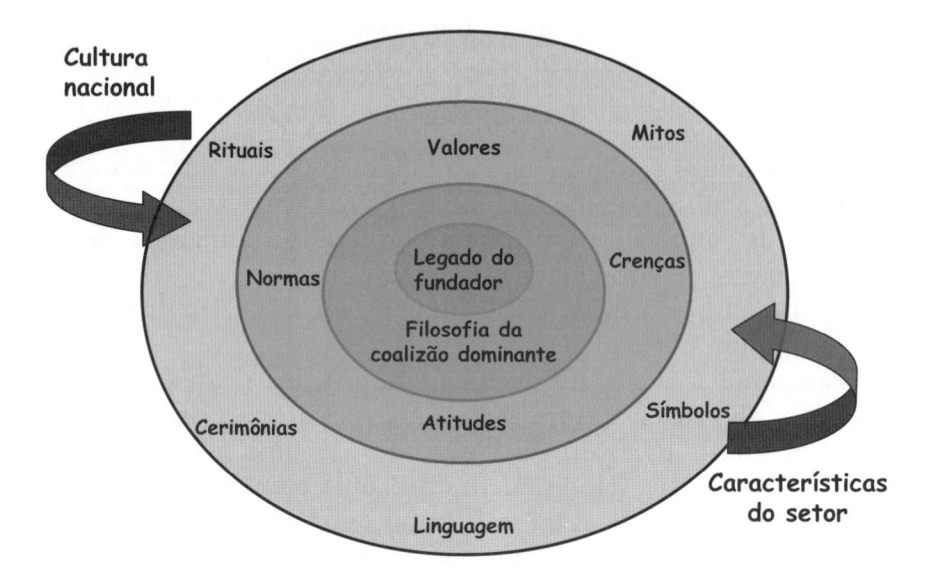

Figura 4.3 – Cultura: da superfície até a estrutura mais profunda

Definindo o perfil cultural

O objetivo de se definir o **perfil cultural de uma empresa** é identificar e mapear as diferentes camadas culturais dentro da organização. Ao estabelecer o perfil da companhia, um dos primeiros passos, e também um dos mais fáceis, é verificar suas instalações físicas – a arquitetura, o *layout* (disposição) e os móveis. Cada um desses aspectos relevará um pouco sobre a empresa e poderá representar um indicador significativo da cultura organizacional. Considere, por exemplo, as razões por trás da facilidade (ou dificuldade) para se entrar e sair do local. Já dentro das instalações, verá que a linguagem, as mensagens no quadro de avisos, o código de vestimenta e outras políticas da empresa se mostrarão ótimas pistas sobre a vida profissional dos membros da organização.

Indo um pouco mais fundo, perguntas sobre empregados e suas relações interpessoais, sobre seus hábitos e rotinas e a respeito dos protocolos durante as reuniões, poderão oferecer uma imagem clara da cultura prevalente. Como são os funcionários? Eles formam um grupo homogêneo ou são bem diferentes uns dos outros? Quais são os critérios para incluí-los e/ou excluí-los em diferentes circunstâncias? Há grande rotatividade entre os empregados? Como as pessoas dentro da organização interagem umas com as outras? Quem participa das reuniões? Onde costumam sentar? Quem senta perto de quem?

Observar os próprios executivos e também aquilo que eles fazem também revelará outra dimensão para a formação de um retrato organizacional. Será que as conversas com esses indivíduos denunciam consenso sobre as tarefas primárias da organização? É fácil para alguém de fora saber exatamente o que a empresa está tentando alcançar? Será que os executivos são claros em relação aos critérios que determinam onde o poder e o *status* serão alocados? Que tipo de pessoas eles identificam como portadoras de grande potencial? Como os empregados percebem os principais detentores de poder na organização e também o CEO da empresa?

Ao interpretar tais descrições, é importante ir além das narrativas oficiais (que podem soar como *slogans*) e ouvir atentamente o que os empregados têm a dizer, já que isso normalmente revela vários valores culturais implícitos. Declarações do tipo: "Pareça ocupado mesmo quando não estiver fazendo nada", "Não se arrisque, pois isso poderá lhe custar caro", "Se não estiver quebrado, não conserte", "Converse com o chefe antes de tomar uma decisão;" entre outras, costumam revelar como é de fato trabalhar em um ambiente organizacional específico.

Devido ao **"efeito aquário"**, executivos que fazem parte do quadro permanente da empresa podem se tornar demasiadamente acostumados ao ambiente para reconhecer as especificidades de sua cultura organizacional. Para obter uma perspectiva mais ampla de uma determinada organização, vale à pena olhar para fora e conversar com ex-funcionários (Como foi a experiência dele (a) na companhia? Quais as razões para ele (ela) sair?), fornecedores, consumidores, concorrentes e até com terceiros que tenham observado a empresa ao longo do tempo. As histórias acrescentarão outra dimensão ao perfil da organização. Os novos funcionários também formam um grupo bastante interessante para se conversar, pois são capazes de tecer comparações com as empresas em que trabalharam e identificar características que diferenciam a atual empregadora da anterior. (Ver Figura 4.5 para obter fontes de perfil cultural.)

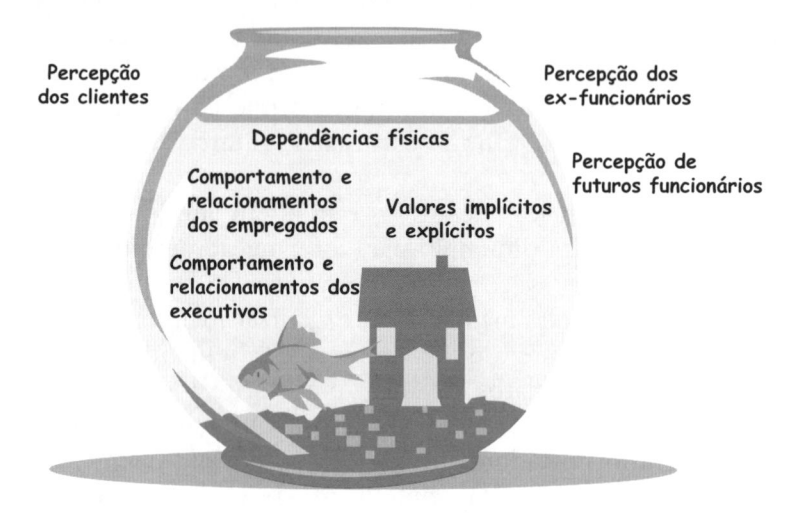

Figura 4.4 – Diferentes fontes de *feedback* para o perfil cultural

O impacto das subculturas

Por meio dessas questões e reflexões, chegaremos a uma representação da cultura organizacional. Todavia, você não deve partir do pressuposto de que haverá somente uma cultura homogênea. Empresas grandes e complexas tendem a possuir várias subculturas que dão forma às percepções, atitudes e crenças de indivíduos em departamentos específicos, vários grupos especializados e inúmeras disciplinas profissionais. Por exemplo, a cultura no departamento de *marketing* de uma empresa específica poderá ser bem diferente das culturas nas áreas de finanças e/ou P&D da mesma companhia.

Enquanto algumas subculturas são bastante congruentes com a cultura dominante, os valores essenciais de outras poderão ser totalmente contrários. Em outras subculturas, os valores essenciais da cultura dominante são aceitos em conjunto com um grupo de valores não conflitantes.

As subculturas são capazes de facilitar ou até frustrar tentativas no sentido de implementar mudanças de nível organizacional. Desse modo, um dos desafios da liderança da empresa é reconciliar e acomodar as diferenças subculturais dentro da companhia, ou então acelerar o processo de ajuste mútuo entre ambas (para visualizar as diferentes subculturas, ver Figura 4.5). Embora a mudança cultural não possa ser forçada, a capacidade natural de uma empresa mudar poderá ser liberada, formatada e cultivada.

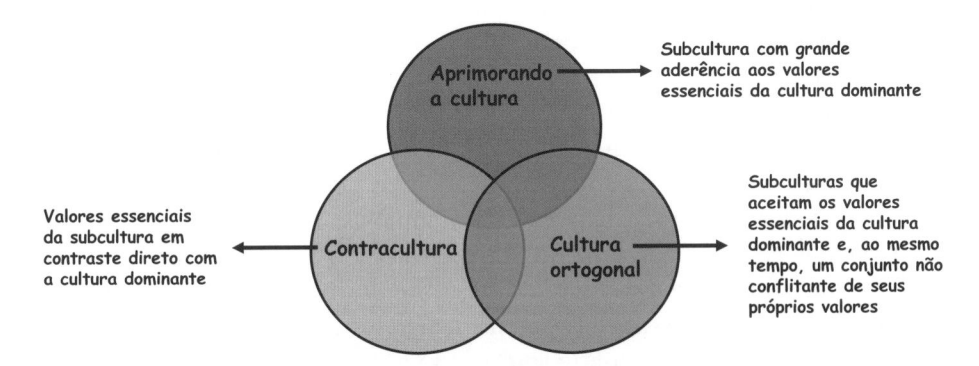

Figura 4.5 – subculturas organizacionais

Culturas em organizações neuróticas

Se imaginarmos as culturas organizacionais colocadas lado a lado em uma linha contínua, perceberemos que em uma das extremidades estão aquelas que funcionam bem; no centro ficam as consideradas medíocres; na outra ponta estão posicionadas as culturas tóxicas e neuróticas.

Assim como indivíduos, cada organização possui sua própria **personalidade**. As empresas – como personificado em suas culturas – tendem a refletir a personalidade de seus líderes, particularmente quando o poder está concentrado. Executivos seniores influenciam bastante a cultura organizacional por meio de seu comportamento; são eles, afinal, que determinam o modo como o trabalho é realizado. Eles exteriorizam e desempenham seu teatro interno no palco público da empresa; tais dramas interiores se desenvolvem transformando-se em cultura corporativa, em estruturas e em padrões de comunicação e tomada de decisões.

Se o líder de uma organização ostenta uma **personalidade disfuncional**, há grandes chances de que conflitos oriundos de tal disfunção se reflitam na cultura da empresa. Para cada organização neurótica há um líder disfuncional, que, por causa de suas próprias limitações, cria um ambiente caracterizado por **altos níveis de aflição**, insatisfação e estresse, que superam condições normais de trabalho.

Em meu livro *The Neurotic Organization (A Organização Neurótica)* (Kets de Vries, 1984), exploro cinco tipos de culturas organizacionais tóxicas que são induzidas pela personalidade e pelo comportamento de seus líderes. Tento demonstrar como os conflitos desses líderes ficam impregnados na cultura corporativa. Enquanto líderes exemplares ajudam suas empresas a se tornarem bastante eficientes, os disfuncionais fazem exatamente o oposto: **eles criam a neurose organizacional**.

Em culturas organizacionais neuróticas, independentemente dos discursos retóricos e dos slogans apresentados por seus líderes, os empregados não são tratados como um patrimônio da empresa. Suas ideias, habilidades e talentos não são valorizados. Em geral, essas pessoas são sobrecarregadas com trabalhos, prazos e expectativas nebulosas. Elas sofrem em termos intelectuais, emocionais, espirituais e até físicos, e quando tentam se aproximar de seus líderes com tais questões, nenhuma tentativa de reformulação é feita, o que apenas intensifica a sensação de desesperança e desamparo. Não surpreende o fato de que, em geral, as pessoas não permaneçam muito tempo em empresas neuróticas. Os que o fazem, poderão se engajar em práticas de sabotagem organizacional, tais como o **absenteísmo** e a **baixa produtividade**, ou reagir com um comportamento **extremamente agressivo**, como o **roubo** e até a **violência**.

Portanto, executivos que governam a empresa com um estilo de liderança disfuncional acabam pagando um preço bem alto em termos de saúde pessoal e desenvolvimento profissional. Já os funcionários empregados em companhias desse tipo, e que são obrigados a operar em um ambiente de trabalho não saudável, contam com um número limitado de opções: fazer um curso de gerenciamento de estresse; esperar por uma mudança de comportamento por parte dos líderes; ou – o que seria a escolha mais comum – **simplesmente sair da empresa**.

Compreender o estilo neurótico de uma organização poderá ajudar a determinar o que precisa e pode ser feito a respeito. Reconhecer a existência dessa cultura e saber que ela está enraizada na história da empresa e na personalidade de seu líder, também ajuda os membros da companhia a perceberem que as mudanças, embora possíveis, serão lentas e difíceis.

MUDANDO A CULTURA ORGANIZACIONAL

Em uma era de competições locais e globais cada vez mais acirradas, um dos fatores mais importantes para o **sucesso sustentável** é a habilidade da organização para desenvolver uma cultura corporativa que **atraia** e **mantenha indivíduos talentosos**. Focar em valores culturais é um ponto essencial para se estabelecer a eficiência estratégica e o alto desempenho.

A cultura organizacional será o alicerce sobre o qual estarão fixadas as visões e as estratégias, a marca e a identidade da empresa. Conforme mudam as dinâmicas e demandas do mercado, uma organização precisa ser capaz de adaptar sua própria cultura. Caso se recuse a fazê-lo, a empresa começará a perder seu foco e a patinar; o ambiente irá influenciar e mudar sua cultura, e executivos seniores perderão seu controle sobre o que estiver acontecendo em sua própria empresa. Às vezes um processo de mudança cultural começa com a chegada de um novo CEO (particularmente se essa pessoa vier de fora e não estiver tão limitada como certamente estaria alguém do quadro interno); em outras situações, uma nova tecnologia pode dar impulso aos esforços de mudança (a crescente importância estratégica da Internet, por exemplo). Fusões e aquisições também podem ter implicações sobre mudanças culturais – assim como escândalos, capazes de provocar uma reorganização completa ou até a falência de uma empresa, como demonstra o exemplo da Enron.

Mudança planejada

Em vez de pressões externas que forcem transformações repentinas, uma organização se tornará bem melhor se adotar uma postura proativa em relação às mudanças. O fato é que a equipe de executivos seniores deveria começar o processo se perguntando se essas mudanças são realmente necessárias e se todos estão preparados para enfrentá-las. Se este for o caso, uma auditoria na cultura organizacional da organização exercerá um papel importantíssimo no processo.

Esse tipo de auditoria é inestimável como fonte de informações, e permitirá o início imediato do **processo de mudança**, em especial se estiver acompanhada por dados qualitativos reunidos a partir de entrevistas e sessões de grupo (que serão descritas posteriormente). Uma vez que as características da cultura organizacional já tenham sido mapeadas e definidas por meio do processo de auditoria, a equipe de executivos seniores poderá comparar os atuais valores de seus funcionários ao comportamento que julgarem necessário adotar no sentido de implementar a estratégia da organização de maneira eficiente. Paralelamente, será preciso atentar para o tipo de cultura desejado e também para o modo como isso poderá ser alcançado dentro do contexto da cultura empresarial prevalente. (Vale ressaltar que para fechar eventuais lacunas entre aquilo que as pessoas **desejam** – **valores ambicionados** – e o que **praticam** – **valores presentes**, a empresa poderá adotar valores transicionais de ordem interina.)

Quando existe um verdadeiro abismo entre o estado desejado e a situação prevalente em uma organização, é possível tomar medidas no sentido de desenvolver um conjunto de valores compartilhados cuidadosamente alinhados com a direção idealizada pelo grupo de executivos seniores da empresa. Para dar início ao processo de mudança e criar um plano de ação, esse grupo de profissionais terá de chegar a um acordo sobre os setores que precisam de mais atenção, e então lidar com as lacunas culturais que exerçam efeitos mais profundos na habilidade da empresa em implementar seu novo modelo estratégico.

Fechando lacunas culturais

Um modo de fechar as lacunas culturais de uma empresa é reunindo um grupo diversificado de funcionários de grande potencial para impulsionar o processo de mudança. Em geral, recomenda-se que um facilitador externo (um *coach* ou consultor na área de treinamento de liderança para grupos) seja contratado para ajudar a direcionar o processo. Esse profissional poderá começar seu trabalho entrevistando a equipe administrativa sênior para conhecer melhor a dinâmica organizacional – assim como suas maiores preocupações. Tais informações (combinadas com aquelas obtidas durante a auditoria cultural) serão compartilhadas com o grupo de executivos. Mais tarde será interessante convidá-los para que participem de uma série de exercícios que ajudarão a complementar as descobertas da auditoria (Pessoalmente, costumo engajar a liderança executiva da empresa em um exercício de ordem cultural que permita ressaltar discrepâncias entre o comportamento atual e o desejado pela organização). É bastante útil para a equipe discutir a cultura atual da empresa e explicar que partes já se mostram bastante eficientes e, portanto, precisam de apoio, e quais delas estão emperrando o bom andamento da companhia. A visão de uma cultura organizacional mais eficiente e do modo como a empresa se parecerá no futuro, poderá ser criada com base nos instantâneos obtidos durante a auditoria cultural e também utilizando-se as informações obtidas durante o processo, além dos dados da análise qualitativa. Seja qual for a natureza das intervenções, esse processo precisa ser cascateado por toda a organização para que todos os funcionários adiram às mudanças.

A mudança de cultura é um trabalho complexo. A auditoria da cultura organizacional identificará os tipos de mudanças necessárias para que uma empresa atinja seus objetivos estratégicos. Isso, em geral, envolve a identificação e a remoção de comportamentos e práticas disfuncionais e a introdução de outras novas e mais produtivas. Além disso, as informações reunidas durante essa intervenção poderão ser usadas para uma série de ações que serão divulgadas por toda a empresa, criando assim uma consciência em relação ao processo de mudança cultural em toda a organização.

Nem todos na empresa pensarão imediatamente que tais esforços irão valer à pena. Mudar não é fácil. Haverá resistência quando concepções culturais de longa data forem desafiadas e ameaçadas. Os funcionários talvez tenham de descartar valores e normas bem estabelecidas e arraigadas sobre a natureza e importância de seu próprio trabalho. É possível que precisem abrir mão de modos familiares e confortáveis de agir. É provável que tenham de aprender e adotar novos valores e comportamentos, além de novas crenças que servirão à organização de maneira mais eficiente. Talvez todos tenham inclusive que adquirir novas habilidades e novos conhecimentos. A mudança cultural é, em geral, mais difícil em empresas mais antigas, nas quais as pessoas estejam bastante acostumadas ao seu próprio jeito de agir e trabalhar.

A melhor maneira de se engajar em um esforço massivo para promover mudanças organizacionais é **agir em várias frentes simultaneamente**. A administração sênior certamente terá vários mecanismos para operar. De início, os alto executivos precisarão de um foco claro sobre o que realmente desejam alcançar; todos deverão concordar sobre suas visões do futuro. Em segundo lugar, eles precisarão ser capazes de **inspirar a imaginação coletiva** para criar uma identidade de grupo. Em terceiro, a **Internet e outras formas de TI** poderão exercer papéis fundamentais no sentido de influenciar a cultura empresarial, ao mexer diretamente com as necessidades tanto dos clientes como dos empregados. Em quarto, **ajustes estruturais** (incluindo sistemas de recompensa) transmitirão os sinais corretos sobre a direção que a organização deseja tomar. E o mais importante: **serão necessários programas para ajudar as pessoas a mudar sua mentalidade**. A auditoria da cultura organizacional poderá desempenhar um papel fundamental ao fornecer informações sobre o que precisa ser feito (Para uma visão do processo de mudança da cultura organizacional, ver Figura 4.6).

Mudando uma Organização

Figura 4.6 – Mecanismos para mudar a cultura organizacional

A mudança cultural é como qualquer outra forma de alteração. Ela requer vencedores: pessoas que estejam comprometidas com a ideia de criar uma nova cultura e que sejam capazes de criar o ímpeto necessário para fazer com que o processo de mudança saia do papel. A **adesão de todos os funcionários é fundamental**. Como mencionado anteriormente, a mudança não deveria ser um processo de cima para baixo, no qual uma nova cultura seja imposta pela gerência sênior; outros níveis da organização também deverão fazer parte da empreitada.

POR QUE REALIZAR UMA AUDITORIA CULTURAL?

Para se manter competitiva, uma organização deveria constantemente avaliar seus valores e suas práticas para assegurar que ambos estejam alinhados com a estratégia corporativa. Uma auditoria cultural permite que a empresa mapeie e avalie seus valores e suas práticas correntes. Ela também poderá ser usada para medir o quão longe (ou próxima) uma companhia se encontra de seus objetivos em termos comportamentais, ou seja, se seus executivos e funcionários praticam aquilo que dizem. O reconhecimento da lacuna existente entre a situação atual e o estado desejado poderá ser usado para definir manobras estratégicas, ações competitivas, investimentos, novos desenvolvimentos, mudanças organizacionais e muitas outras ações necessárias para recolocar a empresa no caminho certo. De maneira específica, uma avaliação cultural desempenha papel fundamental no sentido de alinhar comportamentos e desempenhos de acordo com a visão futura da organização.

Conduzindo uma auditoria cultural na organização

Entre aquilo que lutamos para nos tornar enquanto organização (e até acreditamos endossar), e as crenças e valores que de fato demonstramos, pode haver uma enorme diferença. Portanto, é fundamental que descubramos o que de fato somos antes de decidirmos no que gostaríamos de nos transformar no futuro.

A maneira mais eficiente de mapear os valores compartilhados e as concepções de uma empresa é conduzindo uma auditoria cultural. Tal avaliação poderá ajudar os executivos de uma empresa a compreenderem melhor sua própria cultura de modo que possam implementar mudanças, se aprimorar e até se beneficiar com isso. Para fazê-lo, desenvolvi um programa chamado Auditoria da Cultura Organizacional (ACO)[4], para avaliar 12 dimensões-chave (comumente identificadas) da cultura organizacional de uma empresa (Kets de Vries, 2010b, 2010c). Ele consiste de um instrumento simples, de uso fácil e psicometricamente válido para medir a importância percebida de vários valores culturais fundamentais nas práticas atuais de uma organização.

As 12 dimensões da cultura organizacional são:

- Competitividade.
- Responsabilidade social.
- Orientação para o cliente/*stakeholder*.[5]
- Orientação para a mudança.
- Trabalho em equipe.
- Diversão.
- Responsabilidade e prestação de contas.
- Confiança.
- Ambiente propício ao aprendizado.
- Orientação para resultados.
- Respeito pelo indivíduo.
- Empreendedorismo.

---

[4] O programa em inglês é Organizational Culture Audit (OCA). (N.T.)

[5] Termo usado normalmente em inglês em referência a todos os indivíduos interessados em um processo (empresa), como: clientes, colaboradores, investidores, fornecedores, comunidade etc. (N.T.)

As páginas de feedback da ACO oferecem ao leitor um quadro de como uma organização opera e dos valores que a caracterizam. Ao verificar as percepções dos funcionários em relação às práticas atuais da empresa e aos valores que consideram desejáveis, a auditoria dá aos executivos da organização um diagnóstico abrangente de sua cultura atual e também proporciona uma compreensão detalhada da cultura que almejam instalar. Pesquisas individuais são tabuladas de maneira conjunta e colocadas na forma de um gráfico capaz de comparar a cultura de uma organização com uma base de dados global e padronizada.

Mas a OCA não representa um fim em si mesma. Em geral, utilizo-a como um ponto de partida para verificar pontos culturais dentro da organização, sejam eles fortes ou fracos, e para dar início às discussões sobre o que precisará ser feito para: 1º) facilitar as mudanças; 2º) explorar a cultura organizacional e 3º) avaliar se as lacunas entre as práticas atuais e desejadas podem ser superadas.

MUDAR OU NÃO MUDAR?

Costuma-se dizer que quando uma pessoa termina as mudanças, ela está acabada. Porém, as rodas da mudança sempre continuarão a se mover. Além disso, o processo nem sempre é confortável. Como dizia o cientista social Kurt Lewin: "Se quiser realmente entender alguma coisa, tente mudá-la." Nossa única esperança é termos a habilidade necessária para fazê-lo. Gostemos disso ou não, a situação nunca permanecerá como está.

A maioria das mudanças organizacionais ocorre como resultado de uma série de interações entre os vários interessados dentro do sistema, cada qual com sua própria complexidade. Particularmente, enfatizo tal complexidade, já que a maioria dos agentes de mudança parece ter uma visão bastante mecânica dos processos de mudança organizacional – e perguntam o que precisa ser feito para se tornar um consultor eficiente; como é possível consertar ou rearticular uma empresa; e quais instrumentos são mais úteis para fazê-lo.

No século XXI o maior desafio a ser enfrentado por líderes do futuro será administrar sua cultura organizacional para prevenir níveis cada vez mais elevados de condutas corporativas ilegais. Eles precisam atender às exigências do mercado assegurando que o ambiente interno da empresa acompanhará as forças externas. Isso significa que os líderes do futuro deveriam ser arrojados o suficiente para dedicar o mesmo nível de atenção tanto para as questões mais concretas (a **estrutura**, os

sistemas e a **tecnologia**) quanto para as mais frágeis ou sensíveis (os seres humanos e a cultura). Eles deveriam se manter em alerta constante para o fato de que nem tudo vai bem na empresa, e evitar se tornarem vítimas da **"síndrome do sapo fervido"**.

Se colocarmos um sapo diretamente na água fervente, ele sentirá o calor insuportável e tentará escapar – ou acabará morrendo, o que é mais provável. Porém, se pusermos o anfíbio em água levemente aquecida e gradualmente aumentarmos a temperatura, o animal não perceberá a variação da temperatura e acabará escaldado vivo... Sem enfrentar um aquecimento sensível e agudo da temperatura, o sapo não terá estímulo para pular fora da água. Este estranho conceito serve perfeitamente para nos ensinar algo importante sobre nossa vida profissional: executivos não devem ignorar os sinais de disfunção organizacional que prenunciam futuros fracassos. Para garantir um ambiente de trabalho cada vez melhor, é mais prudente livrar-se de uma vez por todas da síndrome do sapo fervido, reconhecendo rapidamente os sinais de que a água está esquentando e desligando o fogo no momento certo.

Infelizmente, muitos agentes de mudança tentam oferecer abordagens racionais para as mudanças – um método de intervenção que pode até satisfazer a necessidade por certezas e segurança. Porém, dentro da natureza muitos padrões são **inconscientes**. Para se mostrar um agente de mudança eficiente é preciso, portanto, ter uma profunda compreensão do comportamento não consciente (Kets de Vries, 2001, 2006). Agentes de mudança cultural devem combinar **racionalidade e irracionalidade**; eles precisam se valer de métodos rígidos e suaves para resolver problemas. E enquanto se engajam nesse processo – em exemplos isolados de mudança cultural –, deveriam sempre lutar pelo melhor e saber exatamente o motivo pelo qual o estão fazendo.

CAPÍTULO 5

PERSONALIDADE, CULTURA E ORGANIZAÇÕES[1]

"Os tiranos estão sempre provocando alguma guerra como o objetivo de que alguém possa precisar de um líder."

– Platão

"No coração de todo tirano prevalece um veneno mortal – não há ninguém em quem ele possa confiar."

– Ésquilo

"É um paradoxo o fato de que cada ditador tenha alcançado total controle por meio do discurso livre. Imediatamente após atingirem o poder, todos tratam de suprimir a liberdade de expressão, exceto, é claro, sua própria."

– Herbert Hoover

"Os ditadores estão sempre montados em tigres dos quais não ousam apear. Esses animais, entretanto, estão ficando famintos."

– Winston Churchill

---

[1] O material constante deste capítulo já foi publicado nas seguintes obras:
Kets de Vries, M.F.R. e Miller, D. (1984) *Neurotic style and organizational pathology (Estilo neurótico e patologia organizacional)*, Strategic Management Journal 5, 35-55.
Kets de Vries, M.F.R. e Miller, D. (1984) *Unstable at the top (Instável em seu Topo)* Psychology Today, Outubro 1984.
Kets de Vries, M.F.R. e Miller, D. (1986) *Personality, culture and organization (Personalidade, cultura e organização)* Academy of Management Review II (2), 266-79.

A PODRIDÃO COMEÇA PELO TOPO

Como pesquisador organizacional, interesso-me por descobrir as razões pelas quais certas decisões são tomas dentro das empresas, e por que algumas estratégias são escolhidas. Por que será que uma determinada companhia acaba ostentando um tipo específico de estrutura? Por que este ou aquele indivíduo é escolhido para um emprego em particular? Com o tempo passei a acreditar que os problemas de várias empresas têm a mesma origem, e que estão fundamentados em estilos neuróticos profundamente arraigados e nas fantasias de seus altos executivos.

Ao lidar com os problemas da vida, todos nós temos estilos específicos – "modos de pensar e perceber as coisas; maneiras de experimentar emoções, formas de experiência subjetiva em geral e de atividades associadas a certas patologias" (Shapiro, 1965, p.1). Nossos padrões em lidar com o ambiente estão profundamente incrustados em nossa personalidade. O funcionamento do ser humano é, em geral, caracterizado por uma mistura desses estilos frequentemente neuróticos. Um mesmo indivíduo pode possuir elementos de vários diferentes estilos, cada qual desencadeado em circunstâncias distintas. Porém, em muitas pessoas, um estilo ou outro sempre dominará e se mostrará consistente ao caracterizar vários aspectos de seu comportamento. Manifestações exacerbadas de qualquer um desses estilos poderão sinalizar psicopatologias significativas que prejudicarão seriamente o funcionamento individual.

Sendo psicanalista praticante, professor de administração, consultor e *coach* na área organizacional, meu interesse por este campo específico teve início quando percebi similaridades em minhas descobertas em cada uma dessas áreas. Problemas organizacionais e orientações pareciam espelhar minhas descobertas clínicas sobre as personalidades dos membros do alto escalão executivo. Por exemplo, empresas comandadas por indivíduos com disposição **paranoide** manifestavam vários elementos de paranoia em sua estratégia, em sua estrutura e também em seu clima organizacional.

Eu e meu colega na época, Danny Miller, estávamos tentando identificar *gestalts* [2] recorrentes (configurações comuns) nas organizações – aqueles que sublinham as interdependências integrais entre elementos da estratégia, da estrutura e do ambiente organizacional. A ideia original por trás dessa estrutura era de que paralelos podiam ser estabelecidos entre estilos comportamentais neuróticos comuns e fracassos organiza-

---

[2] Aos fatos que estão expostos ao olhar humano.

cionais típicos. Organizações patológicas pareciam espelhar as disfunções comuns dos estilos neuróticos mais amplamente discutidos entre indivíduos (APA,[3] 2000; Shapiro, 1965; Miller e Friesen, 1978, 1984).

Escopo

Em minhas pesquisas me concentrei em executivos do alto escalão relativamente disfuncionais, ou seja, aqueles com tendências significativamente neuróticas a ponto de influenciar seu comportamento gerencial – a maioria dos executivos em empresas saudáveis não permite que quaisquer tendências neuróticas influenciem seu desempenho. Tentei então relacionar os estilos neuróticos mais comuns aos problemas enfrentados por alguns tipos de empresas patológicas típicas. Meu modelo é, portanto, mais útil para a compreensão de companhias disfuncionais que daquelas saudáveis.

Esse modelo é mais aplicável a empresas nas quais o poder de decisão encontra-se centralizado nas mãos de um só executivo neurótico ou de uma coalizão pequena, homogênea e dominante. Em situações nas quais o poder é amplamente distribuído por toda a organização, as estratégias serão determinadas por vários gerentes, cada qual com sua própria personalidade – isso tornaria bastante difícil inferir sobre as diferenças entre os comportamentos humanos e organizacionais.

Neste capítulo, preocupo-me mais com os níveis administrativos mais elevados. Em geral, executivos de nível sênior exercem mais impacto sobre as organizações em que trabalham, portanto, pareceu-me adequado focar nesses indivíduos em primeiro lugar, embora os estilos neuróticos possam obviamente impactar todos os níveis da empresa.

Abordagem

Pesquisas interdisciplinares estão repletas de perigos. É muito fácil aplicar cegamente uma estrutura conceitual de um campo e em outro completamente distinto. Por exemplo, a analogia orgânica na teoria organizacional tem sido extremamente popular e talvez de grande valor, contudo, isso resultou no obscurecimento de diferenças fundamentais entre organismos e organizações (Keeley, 1980). O que se precisa agora é de uma lógica

---

[3] Associação Norte-Americana de Psicólogos. (N.T.)

plausível para que se possa fazer uma conexão entre o **intrapsíquico**, o **interpessoal** e os **fenômenos de grupo**, como os manifestados por estilos neuróticos, e as características adaptativas organizacionais.

Identificarei inúmeras "fantasias" e vários estilos neuróticos intrapsíquicos bastante comuns e bem estabelecidos, encontrados na literatura psicanalítica e psiquiátrica (Fenichel, 1945; Millon, 1981; Nicholi, 1978; Shapiro, 1965), além dos vários distúrbios de personalidade mencionados no [*Manual diagnóstico e estatístico de distúrbios mentais* (DSM-IV-TR), publicado pela Associação Norte-Americana de Psiquiatria (2000)]. Desenvolverei conjecturas sobre a relação entre cada estilo, sua fantasia predominante, a cultura organizacional emergente e a estratégia e estrutura de toda a organização.

Minha análise é especulativa e baseada em minhas experiências junto a inúmeras organizações doentes e seus executivos do alto escalão. Ela, portanto, deverá se encarada como uma séria de hipóteses complexas, não como um conclusão ou estrutura rígida (ver Tabela 5.1). É preciso também ressaltar que os tipos aqui identificados não representam as únicas espécies de organizações disfuncionais, e que modelos mistos são bastante comuns.

Tabela 5.1 – Hipóteses gerais

1. Quanto mais centralizada a organização, mais poderoso o CEO; maior o impacto de sua personalidade (ou seja, da fantasia ou do estilo neurótico) sobre a cultura, a estratégia e a estrutura.
2. Quanto mais similares as personalidades dos executivos do alto escalão, mais puros serão os tipos de cultura e organização – e mais eles se conectarão aos cinco tipos aqui discutidos.
3. Quanto mais puro e acentuado o tipo de personalidade do CEO, conforme avaliação do DSM- IV-TR (APA, 2000) ou pelo índice de Millon (1980), mais ele se refletirá na cultura, na estrutura e na estratégia da empresa. Isso se aplica ainda mais em organizações menores e centralizadas.
4. Empresas saudáveis terão uma mistura de tipos de personalidade que não são tão disfuncionais. Tais hipóteses não serão comprovadas em tais exemplos.

Muitas evidências formais, empíricas e incidentais já foram reunidas para sustentar a ligação entre a personalidade de cada executivo do alto escalão e sua influência sobre o ambiente empresarial (Kernberg, 1979; Jaques, 1951, 1970; Maccoby, 1976; Payne e Pugh, 1976). Porém, a tendência tem sido observar aspectos individuais da personalidade, tais como o *locus* de controle (Phares, 1976; Lefcourt, 1976), a necessidade de realização (McClelland, 1961), ou a necessidade de poder (McClelland, 1975), e relacioná-lo a uma ou duas variáveis organizacionais, tais como o grau de tomada de decisão participativa (Vroom, 1960; Tosi, 1970), a formalização ou a burocratização (Merton, 1968). Porém, pesquisas feitas sobre traços ou atitudes individuais podem ser bastante enganosas. Situações complexas são reduzidas a uma única dimensão, como se esta sozinha pudesse explicar muitos dos fenômenos em estudo ou existir de maneira independente em relação a aspectos mais amplos da personalidade.

Acredito que as literaturas psicanalítica, psiquiátrica e psicoterapêutica[4] possam ser mais úteis do que as de ordem psicológica padrão. As primeiras oferecem uma visão mais completa e integrada do funcionamento e comportamento intrapsíquico. Em vez de focar em um único traço ou em atitudes isoladas, elas consideram os estilos de personalidade – os padrões comportamentais pelos quais indivíduos se relacionam com a realidade externa e sua própria disposição interior. Estilos de personalidade podem explicar uma multiplicidade de comportamentos, pois se concentram em grupos de padrões comportamentais que se mantêm relativamente estáveis ao longo dos anos, em vez de focar em simples dimensões do comportamento. Penso que os estilos de personalidade nos permitem encontrar uma ligação mais explicável entre o mundo intrapsíquico dos executivos e o seu comportamento dentro das empresas.

Começo essa análise considerando as origens dos estilos de personalidade no início da vida humana.

O SURGIMENTO DOS PADRÕES COMPORTAMENTAIS NEURÓTICOS

Uma importante corrente da psicanálise enfatiza que as interações interpessoais, assim como as fantasias intrapsíquicas, sejam fundamentais para o desenvolvimento da personalidade (Klein, 1948; Fairbairn, 1952; Balint, 1965; Guntrip, 1969; Jacobson, 1964). Estudos baseados na observação de crianças revelaram que o comportamento é determinado pelo mundo psíquico descritivo de cada indivíduo, um local habitado por imagens duradouras do *self* e dos outros. Tais imagens (ou constructos mentais) se desenvolvem por meio do processo de maturação e são

---

[4] Em especial como está representado nos trabalhos de Fenichel (1945), La Planche e Pontalis (1973), Shapiro (1965). Freedman, Kaplan e Sadock (1975) e Nicholi (1978).

codificadas no cérebro humano, tornando-se unidades de organização que permitem aos indivíduos perceber, interpretar e reagir a diferentes sensações de maneira significativa.

Tipicamente, as necessidades instintivas se conectam a essas representações mentais e se transformam em vários de tipos de desejos articulados por meio de fantasias. Estas, por sua vez, representam nosso esquema rudimentar original para a visualização do mundo. Elas se desenvolvem em complexidade e podem ser consideradas como "roteiros (cenários) com cenas organizadas e capazes de dramatizações" (LaPlanche e Pontalis, 1973, p. 318). Não me refiro a fantasias no sentido de "sonhar acordado", mas a estruturas psicológicas complexas e estáveis (Breuer e Freud, 1893-5, p. 22), que são os elementos básicos de estilos específicos de personalidade – alguns bem ajustados ao ambiente, outros, possivelmente disfuncionais, ou seja, tóxicos ou neuróticos.

Deixe-me apresentar-lhes uma breve ilustração que ajudará a explicar meu ponto de vista. Em uma organização em que o poder se mantém bastante centralizado em um líder com tendências paranoicas, a fantasia prevalente será algo do tipo: "Todos estão tentando acabar comigo." Isso levará à criação de vários sistemas de controle e informação – haverá verdadeira fascinação pelo acúmulo de dados dentro e fora da empresa, bem ao estilo CIA (Central Intelligence Agency dos EUA). A paranoia também resultará na centralização do poder: o executivo de alto escalão responderá à própria desconfiança tentando controlar tudo sozinho. Sua estratégia provavelmente enfatizará a "proteção" e reduzirá a dependência da empresa em relação a mercados e clientes específicos.

Outra razão para examinarmos a ligação entre estilos neuróticos e o funcionamento organizacional é o fato de que o uso de um rico conjunto de estilos neuróticos disfuncionais nos permitirá prever aspectos de cada organização disfuncional específica. Por exemplo, uma vez que tenhamos definido a prevalência de um ambiente paranoide em um nível de fantasia compartilhada dentro de uma empresa, poderemos identificar com mais facilidade indicadores de paranoia na estratégia, na estrutura e na cultura organizacional – e até mesmo no ambiente – que alimentam a paranoia, ou resultam dela.

CINCO ESTILOS NEURÓTICOS COMUNS

Cinco estilos neuróticos estão bem definidos na literatura psicanalítica e psiquiátrica. São eles: **paranoide**, **compulsivo**, **histriônico** (ou dramático), **depressivo** e **esquizoide** (ou desapegada). Todos estão descritos no *Manual diagnóstico e estatístico de distúrbios mentais* (DSM-IV-TR). Cada um desses estilos possui características específicas, fantasia predominante e perigos associados. A Tabela 5.2 apresenta uma visão geral dos traços mais importantes de cada estilo.

Cinco polaridades essenciais são utilizadas para caracterizar os cinco estilos neuróticos mais comuns, assim como as cinco configurações organizacionais mais típicas que eles provocam. Tais dimensões foram extraídas de vários estudos concernentes a diferenças individuais em estilos de funcionamento. São eles:
* Interna-externa (Jung, 1920).
* Ativa-passiva (Fries e Woolf, 1953).
* Alto controle-baixo controle (White, 1972).
* Impulsão-deliberação (Murray, 1938).
* Ampla-estreita (Shapiro, 1965).

Tais polaridades, que serão definidas a seguir, norteiam minha descrição de vários estilos organizacionais neuróticos.

o **Interna-externa** – Tal polaridade se preocupa com o direcionamento dos interesses do indivíduo, ou seja, se eles estão focados em experiências subjetivas, em necessidades e objetivos internos, ou voltados para eventos externos.
o **Ativa-passiva** – Em uma das extremidades nós poderemos encontrar padrões como a iniciativa, a asserção e a exploração do ambiente. Na outra, existirá a confiança nos outros para que iniciem a ação.
o **Alto controle-baixo controle** – Em um dos extremos há grande preocupação em dominar as ações por meio de regras, da contenção de comportamentos e do controle de pessoas. No outro, podemos encontrar uma atitude mais relaxada e *laissez-faire*[5] em relação ao controle.
o **Impulsão-deliberação** – Vemos aqui, em uma das extremidades, a tendência de responder rapidamente sem reflexão ou ponderação. Na outra, observamos hesitação, cuidado e reflexão antes do início de ação; há uma predileção pelo planejamento e pela organização.
o **Ampla-estreita** – A distinção a ser feita neste caso é entre organizações que estão abertas a vários fatores e aquelas que estão mais preocupadas com uma gama menor de detalhes.

Os cinco tipos de empresa encontram-se resumidos na Tabela 5.2.

---

[5] Este termo é usado em francês e significa, literalmente, "deixar fazer", ou seja, não interferir na liberdade alheia. (N.T.)

Estilos neuróticos

Tabela 5.2 – Resumo dos cinco estilos neuróticos

Fatores principais	Paranoide	Compulsivo	Histriônico (ou dramático)	Depressivo	Esquizoide (ou desapegado)
Características	Suspeita e desconfiança em relação aos outros; hipersensibilidade e estado hiperalerta; prontidão para contra-atacar ameaças percebidas; preocupação exagerada com motivos ocultos e significados especiais; intenso intervalo de atenção; personalidade fria, racional e não emocional.	Perfeccionista; preocupação com detalhes triviais; insistência para que os outros se submetam à sua própria maneira de fazer as coisas; relações vistas em termos de domínio e submissão; falta de espontaneidade; inabilidade para relaxar; meticulosidade, dogmatismo e obstinação.	Autodramatização; expressão excessiva de emoções; incessante tentativa de atrair atenção para si mesma; necessidade de atividade e excitação; incapacidade de concentração ou de manutenção de foco.	Sensação de culpa, de falta de utilidade, autorreprovação, inadequação. Senso de desamparo e desesperança – de estar à mercê dos eventos; habilidade diminuída para pensar claramente, perda de interesse e motivação; inabilidade para experimentar o prazer.	Desinteresse, falta de envolvimento, recolhimento; senso de alienação; falta de excitação ou de entusiasmo; indiferença ao elogio e à crítica; falta de interesse pelo presente ou futuro; aparência fria e não emocional.

(continua na próxima página)

Estilos neuróticos

Fatores principais	Paranoide	Compulsivo	Histriônico (ou dramático)	Depressivo	Esquizoide (ou desapegado)
Fantasia	Não posso confiar realmente em ninguém. Há uma perigosa força superior tentando acabar comigo. É melhor que eu fique atento.	Não quero ficar à mercê dos eventos. Preciso dominar e controlar tudo o que me afeta.	Quero atrair a atenção e impressionar as pessoas que são importantes em minha vida.	Não vale à pena mudar o curso dos eventos em minha vida. Simplesmente não sou bom o suficiente.	O mundo real não me oferece qualquer satisfação. Todas as interações com os outros sempre fracassarão e causarão sofrimento, portanto é melhor me manter distante.
Perigos	Distorção da realidade por causa da preocupação em confirmar suspeitas. Perda de capacidade de ação espontânea em função de atitudes defensivas.	Orientação interna. Indecisão e adiamento; evitação por causa do medo de cometer erros. Incapacidade para desviar de atividades planejadas. Confiança excessiva em regras e regulamentos. Dificuldades em ver o "quadro completo".	Superficialidade; sugestionabilidade. Risco de operar em um mundo desprovido de fatos – ação baseada em "palpites." Reação exagerada a eventos de menor importância.	Visão super-pessimista. Dificuldade para se concentrar e desempenhar tarefas. Falta de ação. Indecisão.	Isolamento emocional que resulta na frustração da necessidade de dependência dos outros. A consequência poderá ser a perplexidade e a agressividade.

Alguns esclarecimentos

Com o objetivo de simplificar a explanação, ao descrever os cinco tipos disfuncionais optei por concentrar-me em uma constelação de características "puras". Porém, o quadro clínico é, em geral, bem mais complicado, uma vez que ostenta combinações entre os vários tipos. As páginas das revistas *Fortune*, *Forbes*, *BusinessWeek* (agora é Bloomberg Businessweek) e também do *The Wall Street Journal*, regularmente apresentam híbridos como o paranoide-compulsivo, o depressivo-compulsivo ou o esquizoide-depressivo. Também foram deixadas de lado outras constelações possíveis, como a narcisista ou a passivo-agressivo, além de outros híbridos. Para tornar a situação ainda mais complexa, temos de lembrar que os movimentos entre tipos organizacionais são frequentes, dependendo de quem estiver no poder e do estágio do ciclo de vida da empresa. Além disso, o estilo do líder ou da coalizão dominante muda ao longo da interação com a organização em desenvolvimento.

É preciso enfatizar ainda que, embora a personalidade dos executivos de nível sênior possa influenciar a empresa de maneira vital, também poderá ocorrer uma relação inversa. Uma companhia enfraquecida, que exale um forte sentimento de decepção, poderá levar seus líderes a se sentirem deprimidos. Já uma série de ameaças por parte dos concorrentes poderá despertar uma paranoia latente. É óbvio, portanto, que a influência entre orientações organizacionais e disposições gerenciais é recíproca. Causalidades mútuas formam a regra.

POR QUE USAR ESSA TIPOLOGIA?

Tendo em mente a seção de abertura desse capítulo, gostaria de começar explicando as várias vantagens ou os aspectos positivos da tipologia aqui utilizada.

Tabela 5.3 – Os cinco tipos e as cinco dimensões

Tipo de organização					
Orientação	Empresa paranoide	Empresa compulsiva	Empresa histriônica (ou dramática)	Empresa depressiva	Empresa esquizoide (ou desapegada)
Interna-externa	Externa	Interna	Externa	Interna	Interna
Ativa-passiva	Ativa	Ativa/passiva	Muito ativa	Muito passiva	Passiva
Alto controle-baixo controle	Alto	Alta	Baixo	Médio	Baixo
Impulsão-deliberação	Deliberativa	Deliberativa	Impulsiva	Não aplicável	Impulsiva
Ampla-estreita	Ampla	Estreita	Ampla	Estreita	Estreita

1. Como mencionado anteriormente, ela é **holística** e evita a abordagem do tipo "uma variável de cada vez", ao pesquisar tipos comuns e fatores psicológicos e culturais que lhes sirvam de base.
2. Trata a **personalidade** de um modo **global**, buscando estilos adaptativos importantes que motivem e caracterizem a maior parte do comportamento; ao mesmo tempo, ela evita dimensões estreitas de afeto e cognição.
3. A **estrutura** alcança as **raízes** de alguns problemas estratégicos, estruturais e culturais na organização.
4. A **designação** de empresas de acordo com **tipos específicos** poderá alertar os analistas da organização em relação a várias manifestações frequentemente relacionadas, porém, não observadas (o que ajudará na escolha da estratégia de intervenção mais adequada). Em vez de debater sintomas específicos sobre a distribuição da autoridade ou o projeto do sistema de informações, podemos buscar as causas subjacentes da conjunção dos vários sintomas. Ao fazê-lo, nos tornaremos mais eficientes como diagnosticadores organizacionais (ou, pelo menos, mais sintonizados com os limites das mudanças).

A ORGANIZAÇÃO PARANOIDE (OU DESCONFIADA)

Nesse tipo de organização, as suspeitas dos executivos se traduzem em uma grande ênfase nos sistemas de informação (inteligência) e controle. Os gerentes desenvolvem sofisticados mecanismos para identificar ameaças por parte do governo, dos concorrentes e até dos clientes; eles criam planos financeiros, centros de custo, centros de lucro, contabilidade de custos e vários métodos para controlar os procedimentos internos da empresa. O elaborado aparato de processamento de informações reflete seu desejo pela vigilância contínua e também seu preparo para situações de emergência.

Tal paranoia também influencia na tomada de decisões. Com frequência, os executivos principais decidem que será mais seguro direcionar sua desconfiança para o exterior da companhia que privar uns aos outros de informações importantes. Nessas situações eles compartilham dados e imprimem esforços conjuntos no sentido de descobrir problemas da organização e definir soluções alternativas para resolvê-los. Infelizmente esse sistema de tomada de decisão pode se tornar exageradamente consultivo e fazer com que pessoas diferentes sejam questionadas sobre informações similares. Essa **"institucionalização da desconfiança"** assegura que informações precisas cheguem ao alto-comando da empresa; porém, ela também poderá provocar queda no moral e na confiança dos funcionários, além da perda de energia e tempo valiosos.

Empresas paranoides tendem a reagir às situações, em vez de se antecipar a elas. Se os concorrentes diminuem seus preços, a empresa poderá estudar o desafio e, no final, copiá-las. Se outras companhias lançam produtos bem-sucedidos, a paranoide provavelmente as imitará. Porém, a paranoia estratégica carrega em si um considerável elemento de tradicionalismo. Em geral, sua postura oculta o medo de inovar, aumentar recursos ou correr riscos. Essa orientação reativa impede o desenvolvimento de uma estratégia conjunta e consistente. Na verdade, o direcionamento de empresas paranoides está mais definido por forças externas que propriamente por objetivos, planos ou tradições unificantes. Companhias desse tipo frequentemente tentam diversificar sua produção somente para reduzir os riscos de depender de produtos específicos – porém, uma vez que essa opção demanda controles e mecanismos de processamento de dados mais elaborados, isso acaba reforçando a própria paranoia dentro da organização.

A paranoia corporativa surge geralmente de um período de desafios traumáticos: o desaparecimento de um forte nicho de mercado; o surgimento de um poderoso concorrente; ou a aprovação de leis prejudiciais ao bom funcionamento da empresa. Os danos causados por tais fatores poderão fazer com que executivos fiquem: 1º) desconfiados e amedrontados; 2º) percam a coragem; ou 3º) reconheçam a necessidade de um sistema de informações mais eficiente.

Empresa paranoide: estudo de caso

A Paratech, Inc., uma empresa de semicondutores, ilustra o modo como organizações paranoides podem se desenvolver sob tais condições.[6] A empresa era comandada por seus dois fundadores – ambos haviam trabalhado para uma empresa de produtos eletrônicos de grande porte que costumava fechar grandes negócios na área de defesa e segurança. Três fatores contribuíam para a paranoia de seus donos: o primeiro dizia respeito a um episódio ocorrido na antiga contratante, em que espiões chineses se apossaram de valiosos projetos; o segundo, a existência de um

---

[6] Todos os nomes apresentados nos estudos de caso são fictícios, porém, as situações são reais e extraídas de minha vivência na área de consultoria.

concorrente que regularmente superava a Paratech levando ao mercado produtos idealizados por ela; e, finalmente, o fato de que o setor de semicondutores estava enfrentando um alto índice de falências.

Cientes disso, os cofundadores tomavam todas as precauções no sentido de evitar que suas ideias fossem roubadas. Para começar, eles fragmentavam tarefas e processos de modo que somente algumas pessoas-chave da empresa conhecessem profundamente os produtos. Outra medida era raramente contratar serviços terceirizados. E para garantir que seus funcionários não deixassem o emprego, altos salários eram oferecidos. Contudo, tais medidas colocaram os custos da Paratech entre os mais altos do setor.

Os donos também encontraram outra maneira de criar problemas para si mesmos. Em primeiro lugar, ambos se mantinham financeiramente conservadores em uma área que era conhecida por recompensar os que se arriscavam. A Paratech investia bem menos em P&D que seus concorrentes e, portanto, era lenta demais no desenvolvimento de produtos. Isso colocava sua margem de lucros entre as mais baixas do setor. Em segundo lugar, embora os donos cuidadosamente avaliassem o ambiente para saber o que seus concorrentes estavam fazendo, em geral, eles esperavam tempo demais pela reação do mercado antes de decidir o que iriam copiar. Porém, considerando que o mercado para produtos de alta tecnologia fica rapidamente saturado, esse tipo de atraso lhe custava caro.

Por último, uma vez que a Paratech não queria ficar fora de nenhum segmento de mercado, ou se manter dependente de nichos específicos, ela gostava de diversificar. Porém, a fatia reservada para cada produto era muito pequena, o que não lhe permitia desenvolver competências diferenciadas para nenhum deles. Todas essas tendências espremeram a margem de lucros da Paratech, transformando-a em uma das empresas menos bem-sucedidas em um setor em franco desenvolvimento.

Relacionamentos em uma empresa paranoide

Em empresas desse tipo, as relações interpessoais entre líderes e subordinados é frequentemente caracterizada pela **ideia de perseguição**. O chefe poderá mostrar-se hostil para com os funcionários que se reportem a ele – pode ocorrer o desejo de prejudicar ou atacá-los como uma reação defensiva por causa de seus próprios sentimentos de perseguição e desconfiança. Os líderes veem seus subordinados como indivíduos que fingem ser incapacitados e incompetentes ou como pessoas que deliberadamente se esforçam para provocar sua ira. Como consequência disso, eles costumam gravitar entre dois extremos:

- Tentam exercer o máximo de controle possível por meio de 1º) intensa supervisão, 2º) controles/ regras formais e 3º) punições. Isso tira dos gestores toda iniciativa, diminui sua autoestima e provoca uma verdadeira batalha entre seus próprios desejos e os da chefia. A falta de oportunidade para crescimento ou desenvolvimento poderá induzir até mesmo os mais promissores funcionários a deixarem a empresa.
- De maneira menos comum, utilizam-se de agressões veladas, tais como a relutância em oferecer recompensas emocionais e/ou materiais, e mantendo-se sempre do lado vitorioso das "negociações." O moral poderá sofrer bastante sob tais condições, uma vez que os subordinados deixam de contribuir e passam a se concentrar cada vez mais em proteger a si mesmos da exploração.

Executivos desconfiados geram culturas grupais impregnadas de suspeita e descrédito, e sempre em busca de identificar inimigos. Como descrito no Capítulo 2, Bion (1959) denominou a essa suposição de **"cultura de luta-fuga"**, na qual os membros passam a temer o mesmo que os executivos da empresa. Uma **atmosfera de medo** passa a prevalecer e todos buscam identificar um inimigo a quem possam culpar por absolutamente tudo. Os membros do grupo negam suas responsabilidades pelas próprias ações e não percebem suas fraquezas.

É importante reparar que Bion (1959) acreditava que todos os grupos enfrentavam a fase de luta-fuga, assim como todas as demais, ao longo de sua evolução natural. Entretanto, em culturas paranoides as pessoas ficam emperradas nesse nível, de modo que a cultura de luta-fuga se torna duradoura e passa a dominar as percepções.

As cinco dimensões e a organização paranoide

Podemos agora resumir a organização paranoide de acordo com as cinco dimensões da Tabela 5.3.

- O foco é claramente **externo**, uma vez que as estratégias implantadas pela empresa são amplamente determinadas pelas ameaças impostas pelo ambiente. Não são, portanto, os objetivos internos que

norteiam os passos da organização, mas os percalços e solavancos que ela enfrenta em sua trajetória.
- A orientação da empresa é **ativa** – predominam esforços no sentido da adaptação e mudanças estratégicas ocorrem, porém, as alterações são apenas incrementais e prevalece o tradicionalismo, o que faz com que a organização seja apenas moderadamente ativa.
- A empresa parece exercer um **alto grau de controle**, monitorando de maneira constante o que acontece no ambiente. Esse tipo de organização se preocupa bastante com o acúmulo de informações.
- A empresa é bem mais **deliberativa** que **impulsiva**. Todas as ações tendem a ostentar um propósito definido, e, em geral, adotam uma postura defensiva. Varreduras, análises e a interpretação de informações reunidas por sistemas de informação são processos fundamentais. O medo provoca deliberações cuidadosas em vez de atos impulsivos.
- A orientação é **ampla**, não **estreita**. A empresa tenta se adaptar e reagir a todos os tipos de ameaça. Uma vez que não existe uma ênfase estratégica conjunta, os esforços são obrigados a competir em várias frentes isoladas. Especialistas de várias áreas são envolvidos no processo de decisão, e todos exercem algum nível de influência sobre o curso de ações a ser estabelecido.

A ORGANIZAÇÃO COMPULSIVA

Assim como a empresa paranoide, a compulsiva também enfatiza o uso de controles formais e sistemas de informação. Porém, há uma diferença crucial: enquanto no caso da paranoide o interesse está nas condições externas, neste caso os controles são usados para monitorar operações internas, a eficiência produtiva, os custos, os cronogramas e a realização de projetos.

A empresa **compulsiva** está voltada para a **ritualização**. Cada detalhe operacional é planejado de maneira cuidadosa e com a devida antecedência. Isso cria uma rotina organizacional em que as operações são amplamente padronizadas. Grande ênfase é atribuída à perfeição, à completude e à conformidade processual. Um conjunto elaborado de políticas e procedimentos formais é adotado, e isso envolve não apenas processos de produção e *marketing*, mas também o código de vestimenta, a realização de reuniões frequentes com o departamento comercial e até mesmo a sugestão de comportamentos específicos para os empregados.

A organização compulsiva é excessivamente hierarquizada – um reflexo claro da preocupação de seus líderes pelo controle absoluto. Indivíduos compulsivos estão sempre angustiados com os próximos passos que terão de ser adotados e também em definir como irão fazê-lo. Em geral, tais preocupações são reforçadas quando a companhia enfrenta períodos mais difíceis e fica à mercê de outras organizações ou de circunstâncias externas adversas. Para evitar que isso se torne recorrente, executivos compulsivos tentam reduzir incertezas e se ater a objetivos claramente definidos, adotando um sistema de planejamento cuidadoso. Para eles, surpresas precisam ser evitadas a todo custo.

As empresas compulsivas tendem a demonstrar o mesmo grau de preocupação com detalhes e procedimentos em todas as suas estratégias comerciais. Para tanto, normalmente são criados vários planos de ação, financeiros e de gastos. Cada projeto exibe um grande número de pontos de controle, de avaliações de desempenho e de cronogramas detalhados.

Diferentemente do que ocorre com a paranoide, a empresa compulsiva possui orientação específica e competência distinta. Seus planos refletem tal realidade e são eles que lhe servem como **guia estratégico** (não o que ocorre no mundo). Por exemplo, algumas organizações se orgulham em serem as líderes em inovação no mercado; elas tentam ser sempre as pioneiras, a despeito de isso ser ou não uma necessidade de seus clientes. Embora a inovação possa ser inapropriada em determinadas condições de mercado, o foco da empresa – extremamente voltada para si mesma – a impede de perceber esse fato. Mudar é bastante complicado.

Empresa compulsiva: estudo de caso

A Minutiae Corporation, uma empresa que produzia mancais de rolamento para vagões de trem, é um caso clássico de empresa compulsiva. Nos últimos vinte anos ela foi dominada por David Richardson, seu fundador e CEO. O produto, que fora projetado pelo próprio Richardson, era **mais caro** que os fabricados pela concorrência, mas, sem dúvida, de **melhor qualidade**. Sendo um engenheiro mecânico bastante habilidoso, Richardson fazia questão de certificar-se de que os mancais fossem produzidos de acordo com especificações precisas. As máquinas eram mantidas em excelente estado de conservação e o controle de qualidade da empresa era o mais sofisticado do setor. A estratégia da companhia sempre foi enfatizar a alta qualidade e durabilidade de seu produto. Isso funcionou perfeitamente ao longo de muitos anos, transformando a Minutiae na maior empresa do ramo.

Porém, nos últimos cinco anos, algumas firmas menores tornaram-se pioneiras no uso de novos materiais. Conseguindo fabricar mancais de ótima qualidade por uma fração do valor dos antigos, essas empresas reduziram seus preços. Richardson, entretanto, considerando que os novos materiais não apresentavam a mesma qualidade que os seus, recusou-se terminantemente a adotá-los. Com isso, os produtos da Minutiae tornaram-se **duas vezes mais caros** que o da concorrência e acabaram perdendo espaço no mercado. A **atenção obsessiva** de Richardson pela **qualidade** estreitou demasiadamente o foco estratégico de seu líder, impedindo que a empresa sobrevivesse em um ambiente em clara mutação.

Relacionamentos em uma empresa compulsiva

Em empresas compulsivas prevalece um alto grau de desconfiança entre o líder e seus subordinados, além de uma preocupação constante com a perda de controle. Para coordenar a equipe, o líder prefere confiar em controles formais e na supervisão direta que na boa vontade, no compartilhamento de objetivos ou no talento de sua equipe executiva. Entretanto, o uso excessivo de controles poderá privar os subordinados de seu senso de arbítrio, diminuir seu envolvimento e até mesmo reduzir sua responsabilidade pessoal. Neste caso, uma atmosfera de suspeição contribuirá para minar seu entusiasmo.

Acima de tudo, essa cultura grupal bastante burocratizada e permeada pelas preocupações da alta gerência em exercer total controle sobre as pessoas, as operações e o ambiente externo, mostra-se despersonalizada e rígida. As regras estabelecidas são apenas um legado do passado, e codificam os entendimentos do (s) fundador (es) original (is) sobre como comandar uma empresa de sucesso.

Nesse caso, prevalecem as políticas formais, os procedimentos operacionais padrão e as especificações detalhadas para o gerenciamento dos empregados e a realização das tarefas. Tudo isso faz parte dos mecanismos implementados pela alta gerência para controlar a empresa. Esses indivíduos gerenciam por meio de regras, não pelo direcionamento pessoal ou pelo estabelecimento de diretrizes. Os únicos executivos que conseguem sobreviver nesse tipo de ambiente são os burocratas, que adoram seguir regras e têm medo de tomar iniciativas. Em contrapartida, executivos independentes logo irão concluir que não possuem o espaço suficiente para agir por conta própria e acabarão deixando a empresa.

O líder executivo em uma empresa compulsiva não está disposto a abrir mão de todo o poder que exerce sobre as operações e, desse modo, permitir que decisões sejam tomadas de uma maneira deliberativa e participativa. As políticas simplesmente não estão em discussão. Vale ressaltar que, neste caso, o termo "burocracia" não é usado dentro de um contexto weberiano.[7] As noções aqui discutidas não estão em conformidade com um construto sociológico que descreve a forma ideal de uma organização formal, mas a um modo operacional altamente ritualístico e focado internamente.

As cinco dimensões e a organização compulsiva

Resumamos a organização compulsiva de acordo com as cinco dimensões da Tabela 5.3.

- A orientação é **interna**, não **externa**. A empresa tenta isolar a si mesma em relação ao ambiente, agindo sempre de uma maneira planejada, programada e ritualizada. Isso a impossibilita de ostentar o mesmo tipo de resposta adaptativa oferecida pelas companhias paranoides.
- A empresa é ao mesmo tempo **ativa** e **passiva**: ativa no sentido de que seu tema estratégico exige inovação ou de que o controle de operações internas demanda mais procedimentos e controles administrativos; passiva em sua relutância em se desviar de políticas e métodos preestabelecidos.
- Ela exerce um **alto grau de controle,** pois está muito preocupada com a necessidade de monitorar até mesmo os menores e mais insignificantes detalhes técnicos, sugerindo que qualquer falta de atenção à programação estabelecida é perigosa.
- A empresa é **deliberativa**, pelo menos até certo ponto – embora não no mesmo nível que a paranoide. Uma vez que a companhia atua de acordo com direcionamentos estabelecidos no passado, não

---

[7] Referência ao conceito do alemão Max Weber (1864-1920), um famoso sociólogo, economista político e acadêmico da área de administração. Segundo Weber, as características da burocracia moderna incluem a impessoalidade, a concentração dos meios administrativos, o nivelamento entre diferenças sociais e econômicas e a execução de um sistema de autoridade praticamente indestrutível. (N.T.)

com deliberações atuais sobre fatos novos e recentemente descobertos, podemos dizer que ela é deliberativa quanto aos meios, mas não em relação aos seus objetivos básicos ou temas estratégicos. Lembrando que esses dois últimos estão profundamente engrenados.

Está bem claro que o que prevalece neste caso é um foco bastante **estreito** (e não o **amplo**). As estratégias são unificadas por um elemento dominante e se mantêm altamente integradas. A organização é projetada tendo-se em mente propósitos específicos cuidadosamente circunscritos e explicitamente articulados. Empresas controladoras como a Xerox, a IBM e a Microsoft exibem vários aspectos compulsivos (Rodgers, 1969; Miller, 1976).

A EMPRESA HISTRIÔNICA (OU DRAMÁTICA)

Em contraste com as empresas compulsivas, as dramáticas são hiperativas, impulsivas, acentuadamente ousadas e perigosamente descomedidas. Os responsáveis pela tomada de decisões vivem em um mundo de palpites e impressões em vez de se basearem em fatos, conforme aleatoriamente se dedicam a vários mercados díspares. Ao contrário de reagir ao ambiente comercial, a alta gerência (que frequentemente ostenta tendências narcisistas) tenta criar seu próprio ambiente. Elas entram em alguns mercados e abandonam outros; estão constantemente se concentrando em novos produtos e deixando outros para trás, arriscando grandes fatias do capital.

O objetivo é um crescimento desordenado, o que reflete as necessidades consideravelmente narcisistas de seus executivos, além de seus desejos por atenção e visibilidade. Todos querem estar no palco central, demonstrando como são ótimos no que fazem.

A estrutura da organização dramática é, em geral, demasiadamente primitiva para seus amplos mercados. Em primeiro lugar, há muito poder concentrado nos executivos principais, que se envolvem até mesmo em operações de rotina, já que desejam imprimir em tudo sua marca pessoal (e ganhar crédito por isso). Outro problema advém dessa super centralização – a falta de um sistema eficiente de informação. Os alto executivos não rastreiam suficientemente o ambiente comercial, pois não têm tempo suficiente para fazê-lo; eles preferem agir pela intuição que valer-se de fatos. Finalmente, a liderança de seu(s) líder(es) obstrui a comunicação interna de maneira efetiva, que, em geral, ocorre de maneira verticalizada.

Empresa histriônica e depressiva: estudo de caso

As empresas Etevens Corporation e Pyrax International exemplificam dois estilos neuróticos contrastantes – o **histriônico** e o **depressivo** (este será abordado em detalhes mais adiante). A Pyrax, uma empresa fundada e dirigida por Alex Herzog, era um conglomerado que se expandia rapidamente ao fazer incursões em vários setores. Herzog era um empreendedor vaidoso, ambicioso e dominante; ele era a máquina motriz da empresa, embora fosse considerado por muitos como um verdadeiro tirano. Ele comandava seus empregados de maneira cruel, tomava sozinho a maioria das decisões e era conhecido por sua coragem em adquirir outras empresas (algumas maiores que a própria Pyrax). Tendo vencido pelo próprio esforço, Herzog queria desesperadamente estar à frente de uma empresa gigante e poderosa. Por meio de um programa agressivo de aquisições, ele conseguiu chegar bem perto de realizar seu sonho – embora, no processo, tivesse assumido grandes quantidades de dívidas de longo prazo. O fato é que o crescimento das taxas de juros e a queda nos lucros já começavam a ameaçar a Pyrax quando Herzog decidiu adquirir a Stevens.

Antes da compra, a Stevens era quase tão grande quanto a Pyrax. Sendo uma fabricante de peças do setor de maquinário pesado, a Stevens era uma companhia dinâmica cujas inovações haviam produzido um crescimento respeitável e a grande economia nos processos de manufatura lhe havia garantido o mais elevado retorno sobre patrimônio do setor. Seu presidente, David Morse, estava focado em equilibrar a **inovação** e a **eficiência**, e o **crescimento com a solidez financeira**. Os produtos da Stevens eram conhecidos por sua ótima qualidade.

Tudo começou a mudar logo após a aquisição. Herzog não gostava de contar com gerentes poderosos em suas empresas e insistiu em tomar todas as decisões importantes dentro da Stevens, embora nada soubesse sobre o setor. Ele cuidou de manter os alto executivos da "nova" companhia ocupados, fornecendo-lhes apenas informações triviais. Além disso, ele os questionava – e até os repreendia – sempre que deixavam que consultá-lo sobre quaisquer decisões. Depois que Herzog insistiu em cortar custos em áreas cruciais da Stevens, David Morse desencantou-se com as mudanças e decidiu deixar a empresa. Estava cada vez mais óbvio que Herzog via sua nova aquisição como uma fonte de dinheiro que poderia financiar seus grandiosos planos de expansão.

A saída de Morse permitiu a Herzog instalar seu próprio executivo na Stevens, Byron Gorsuch, um burocrata inseguro e tímido, que pouco sabia sobre os mercados da Stevens. Sua especialidade se resumia a seguir as ordens e diretrizes de Herzog. Os gerentes da Stevens viram-se forçados a assumir um papel puramente consultivo, e, considerando-se que nem Herzog nem Gorsuch costumavam ouvi-los, os funcionários mais competentes também deixaram a companhia. Os demais eram passivos e medrosos; ansiosos por manter o emprego, eles acabaram aderindo aos rituais estabelecidos por Herzog. Questões estratégicas foram ignoradas e, conforme a empresa começou a estagnar, os lucros e as vendas caíram.

A situação da própria Pyrax também não estava nada boa. A teimosia, a mania de grandeza e a ambição de Herzog e de sua equipe acabaram por se transformar em uma perigosa armadilha, levando-os a prosseguir em seus desastrosos planos de aquisição. Eles estavam ocupados demais para perceber os sinais de perigo na Stevens; em contrapartida, os deprimidos e passivos gerentes da empresa de peças mostravam-se inseguros demais para tomar alguma iniciativa.

Em termos de neurose organizacional, a Pyrax era uma empresa histriônica; uma companhia cujos recursos foram excessivamente estendidos pelo próprio líder, em função de sua mania de grandeza e ousadia. A Stevens era uma empresa depressiva; seu declínio foi devido pela estagnação estratégica. Em ambas as companhias, a personalidade de seus executivos, Herzog e Gorsuch, refletiram-se fortemente nas estruturas, nos climas administrativos internos e nas estratégias equivocadas adotadas.

Relacionamentos em uma empresa histriônica (dramática)

Funcionários dessas empresas tendem a idealizar líderes dramáticos ou "carismáticos" – ignorando suas falhas e acentuando ainda mais seus poderes. Eles se tornam altamente dependentes desse tipo de chefia, sentindo inclusive a necessidade de se mostrarem úteis para ele, de apoiá-lo e agradá-lo. Eles demonstram uma tendência a se sentirem felizes com pequenos elogios e absolutamente devastados diante da menor repriminda. Essas pessoas se tornam muito dependentes do líder; elas são fáceis de ser manipuladas e controladas. Em contrapartida, essa é justamente a situação que o líder dramático gosta de encorajar, pois precisa que as pessoas ao seu redor alimentem seu comportamento por meio de atitudes de admiração e confirmação. Lideranças dessa natureza buscam subordinados que não apenas estejam em conformidade com suas exigências, mas que também teçam elogios e os adulem (Lohut, 1971).

Nessa cultura carismática, as esperanças e ambições dos demais executivos e gerentes ficam centralizadas no líder idealizado – uma pessoa de ação que luta de maneira agressiva e obcecada para instaurar objetivos centrais que se tornarão a preocupação focal de seus seguidores.

Uma tremenda uniformidade advém do próprio carisma do líder – há apenas um líder e inúmeros seguidores. Cria-se, portanto, um clima de subordinação entre os membros, baseado em confiança e aceitação. Os zelosos seguidores ajudam a estabelecer uma atmosfera na qual o líder é observado como um indivíduo infalível. Há pouca reflexão ou análise, uma vez que os executivos confiam no julgamento inspirado de seu chefe. De maneira típica, esse tipo de líder não permite qualquer tipo de resistência ou divergência por parte de seus subordinados, o que significa que nessas empresas, como em qualquer outra, gestores independentes não durarão muito tempo.

As cinco dimensões e a organização histriônica

Vejamos a organização histriônica de acordo com as cinco dimensões da tabela 5.3.

- A orientação é **externa**, mais que **interna**. Há um grande esforço no sentido de controlar o ambiente, dominá-lo, expandi-lo e tornar-se visível. O foco está em áreas de oportunidade em diferentes mercados e setores. Muitos problemas internos são ignorados.
- Empresas histriônicas se encaixam no extremo **ativo** da polaridade entre ativo e passivo. Prevalecem estratégias decisivas e bastante ousadas, além de uma forte tendência de se abraçar riscos.
- Elas são caracterizadas por um **baixo grau de controle**. A falta de interesse pelos sistemas por parte dos executivos da alta gerência, além de sua preferência por causar impressões rápidas, frustram a implementação e até mesmo a utilização de sistemas de informação e controle bem desenvolvidos.
- Prevalecem as atitudes **impulsivas**, não **deliberativas**. As decisões são tomadas de maneira rápida e nenhum esforço é feito no sentido de assegurar a complementaridade entre diferentes decisões, ou de se avaliar suas implicações de modo cuidadoso.
- O foco é **amplo**, não **estreito** – pelo menos no que concerne a estratégias de produto-mercado. A empresa é amplamente diversificada e atende a uma grande variedade de mercados.

A ORGANIZAÇÃO DEPRESSIVA

Como demonstrado no exemplo da Stevens, as empresas depressivas são caracterizadas pela inatividade, falta de confiança, conservadorismo extremo e estreiteza de horizontes. Tudo o que acontece já foi devidamente programado e transformado em rotina, não requerendo, portanto, qualquer iniciativa especial.

A maioria das companhias depressivas é encontrada em ambientes estáveis – o único lugar em que conseguem sobreviver por algum tempo! Em geral, as empresas depressivas são bem estabelecidas e atendem um mercado já maduro, que mantenha ao longo de muitos anos a mesma tecnologia e os mesmos padrões de concorrência. Normalmente o ambiente é permeado por acordos comerciais, práticas restritivas e altas tarifas. Muitas dessas companhias também podem ser encontradas em setores controlados pelo governo. O baixo nível de mudanças e a falta de concorrência à altura simplificam as tarefas administrativas.

A autoridade formal é centralizada e se baseia em status, não em **especialização**. A organização não é guiada por um verdadeiro líder nem demonstra claras evidências de tomar quaisquer decisões. O controle é realmente exercido por programas burocráticos e políticas internas, não por iniciativas gerenciais. Há grande resistência contra sugestões de mudança e ações nesse sentido são inibidas. É quase como se os executivos acreditassem não ser capazes de controlar a situação ou não possuir as condições necessárias para revitalizar a empresa.

Felizes com o *status quo*, tais organizações não se esforçam para descobrir as principais ameaças que permeiam o mercado, tampouco as fraquezas. É difícil definir se é a estagnação que causa a negligência no acúmulo de informações ou vice-versa. Seja qual for a situação, os dois aspectos caminham juntos em empresas depressivas. Nessas organizações há um vácuo de liderança. Companhias desse tipo parecem flutuar sem rumo ou propósito. Os **alto executivos** tornaram-se apenas **cuidadores**, pois já desistiram de tentar direcionar a empresa. Eles atuam como **funcionários passivos**, ostentam um desempenho regular e contentam-se em manter a situação como está.

Nessas organizações, estratégias nunca são consideradas de maneira explícita, portanto, nenhuma mudança significativa jamais ocorre. Os produtos e mercados de ontem são os mesmos de hoje, não por conta de qualquer política de conservadorismo, mas pela letargia prevalente. Executivos investem a maior parte do tempo trabalhando em rotinas administrativas e procrastinando decisões importantes. Onde deveria haver esforço para se adaptar, crescer e se tornar mais eficiente, há apenas **inatividade** e **passividade**.

Algumas dessas empresas acabaram assim por causa de uma transferência de administração. Depois da partida do indivíduo que até então era responsável pela tomada de decisões – em geral um empreendedor ou executivo com inclinações empresariais –, muitas dessas companhias se submeteram a um novo estilo de gerenciamento. Novos e detalhados procedimentos foram então adotados pelos novos donos, muitos dos quais considerados irrelevantes para o trabalho em questão. Essa falta de compreensão por parte da empresa mãe provoca a falta de iniciativa na empresa adquirida e induz a apatia entre importantes grupos executivos, que consideram não ter muito controle sobre a empresa adquirida.

Líderes e gerentes depressivos

Executivos de estilo depressivo não dispõem de **autoconfiança**. De acordo com o manual DSM-IV-TR, gerentes de estilo depressivo possuem, em geral, uma personalidade mista que abriga, ao mesmo tempo, a **dependência** e a **evitação**. Eles possuem baixa autoestima e necessitam de muita afeição e de muitos cuidados (Jacobson, 1971; Nicholi, 1978; APA, 2000).

Nesse estilo depressivo, indivíduos subestimam a si mesmos: eles se mostram autodepreciativos e inferiores em relação aos outros; alegam falta de habilidade ou talento. Eles abdicam da responsabilidade e fontes externas de sustentação são necessárias para combater a insegurança. Os depressivos afogam sua individualidade e buscam por protetores. Eles tentam ser lisonjeiros, adaptando seu comportamento de modo a agradar àqueles dos quais dependem, e permitindo que outros assumam a responsabilidade por áreas importantes de sua vida.

Por causa de relações passadas desconfortáveis, líderes de estilo depressivo estão frequentemente sujeitos a esses sentimentos de impotência. É possível que a raiva provocada por essa falta de poder provoque cautela diante de outras pessoas e até mesmo culpa; porém, eles também parecerão estar em busca de um Messias que possa protegê-los dos perigos que os cercam (Bion, 1959). Eles experimentam uma necessidade de idealizar os outros, sejam eles consultores, membros de seu grupo, como banqueiros ou diretores, ou outras pessoas com quem mantenham contato regular.

Relacionamentos em uma empresa depressiva

A cultura nessas empresas pode ser caracterizada como "**evitativa**". Os executivos veem essa organização como uma máquina que precisa simplesmente ser alimentada com atividades rotineiras. Desse modo eles reduzem suas próprias contribuições ao mínimo exigido. O CEO estabelece um clima de negatividade e letargia e o segundo escalão de executivos segue o mesmo exemplo.

Em alguns casos, a personalidade do chefe, isoladamente, é capaz de provocar uma atmosfera depressiva. Em outros, uma força externa, como a perda do fundador ou uma aquisição feita por um conglomerado, poderão fazer com que executivos saudáveis percam seu senso de controle, sua autoridade e, consequentemente, sua iniciativa. Seja qual for o caso, uma cultura evitativa é permeada por um alto grau de absenteísmo e desmotivação; pela atitude de simplesmente passar as responsabilidades adiante; por atrasos; e pela falta de interações significativas e de comunicação entre os executivos. Verifica-se a "**decidofobia**" (medo de tomar decisões). A situação não muda, mesmo quando a empresa começa a enfrentar problemas mais sérios.

As cinco dimensões e a organização depressiva

Podemos agora situar a organização depressiva de acordo com as cinco dimensões da Tabela 5.3.

- O foco é claramente **interno**. A empresa se concentra em detalhes operacionais triviais em vez de focar-se em ameaças ou oportunidades presentes no ambiente.
- Companhias depressivas são extraordinariamente **passivas**. Nenhum dos outros quatro tipos é capaz de superá-la nesse quesito.
- Embora sistemas de controle bem desenvolvidos estejam presentes, todos representam forma sem conteúdo. O sistema tornou-se desprovido de significado. A empresa depressiva ocupa **o meio da balança em termos de controle**.
- A empresa **não é deliberativa, tampouco impulsiva**, principalmente se considerarmos que tais formas somente se aplicam em um contexto de tomada de decisão estratégica – uma atividade rara demais para ser estudada em um quadro depressivo.
- O foco estratégico é **estreito** – de maneira típica a empresa se mantém direcionada a nichos homogêneos e bem-estabelecidos do mercado, e quase nunca se aventura em outras áreas de atuação.

Podemos recapitular tudo isso dizendo que a organização depressiva é **apática**, **sonolenta** e **funciona de modo mecânico**.

A EMPRESA ESQUIZOIDE (OU DESAPEGADA)

Esse tipo de organização, assim como no caso da depressiva, sofre com o **vácuo de liderança**. Seu principal executivo, em geral por causa de desapontamentos passados, acredita que a maioria dos contatos acabará de maneira dolorosa e se sente inclinado a sonhar acordado para compensar a falta de realizações. Em algumas dessas companhias, executivos do segundo escalão conseguem suprir as deficiências da liderança com seu próprio entusiasmo e sua própria extroversão. Porém, com frequência esses executivos veem a retração (ou o aparente desinteresse) do líder que ocupa a posição central como uma oportunidade para perseguir seus objetivos particulares.

O segundo escalão transforma-se então em um campo de batalhas políticas para "jogadores" que buscam o apoio de um líder indiferente. A combinação entre o vácuo de liderança e as brigas políticas produz resultados estratégicos e estruturais interessantes. Nenhuma estratégia de mercado integrada é desenvolvida. A figura do líder, retraída e esquiva, tende a vacilar entre as propostas dos vários subordinados.

A criação de estratégias fica nas mãos de alternantes coalizões de gestores carreiristas do segundo escalão, que tentam a todo custo influenciar o líder indeciso para que este aprove seus projetos particulares e, ao mesmo, se manter em uma posição privilegiada. A empresa caminha de maneira desordenada e implanta mudanças incrementais em áreas isoladas, e, posteriormente, as anula sempre que um novo grupo de gerentes se encontra em evidência. As iniciativas de um grupo gerencial são frequentemente neutralizadas ou até mesmo embotadas por membros opositores.

A natureza dividida da organização impede qualquer tentativa eficiente de coordenação e comunicação. A informação é usada mais como uma fonte de poder do que como um veículo para a efetiva adaptação. Contudo, esta não é a pior falha do sistema de informações: há ainda a falta de dados sobre o ambiente externo. O foco da empresa é interno – diz respeito ás ambições pessoais e ao atendimento dos desejos da alta gerência. Os executivos do alto escalão consideram mais útil ignorar os eventos do mundo real, já que estes poderão refletir mal sobre o comportamento adotado internamente ou até se mostrar conflitantes com os desejos do líder desinteressado.

Empresa esquizoide (desapegada): estudo de caso

A Cornish Corporation, uma empresa fabricante de roupas femininas dirigida por Selma Gitnick, era um verdadeiro campo de batalha entre duas de suas gerentes do segundo escalão. No passado, Gitnick fora uma executiva de grande sucesso, porém, o suicídio de sua filha e seu recente divórcio transformaram uma mulher que já era tímida em uma completa reclusa. Ela raramente deixava seu escritório ou permitia que outros gerentes entrassem no local. Em vez disso, toda a comunicação se dava por meio de memorandos. Em uma companhia que exigia rápida adaptação ao dinâmico e incerto mercado da moda, essa morosidade causava sérias dificuldades.

Gitnick reservava a si mesma o direito de tomar todas as decisões mais importantes, contudo, além de ser bastante difícil alcançá-la, a maneira imprecisa pela qual ela auferia responsabilidade e autoridade ao segundo escalão tornava o processo bastante complicado. Os executivos acabavam tendo de tomar a maioria das decisões, porém, uma vez que o grupo não tinha certeza sobre o próprio grau de autoridade e responsabilidade, isso inevitavelmente provocava embates internos.

O pessoal do *design* acreditava ser capaz de tomar as decisões finais sobre os modelos que seriam adquiridos, com isso, a chefe do departamento começou a se desentender com a chefe do *marketing*, que, por sua vez, acusava a equipe de *design* de incompetência e tentava vetar suas decisões. Ambas as gerentes decidiram escrever para Gitnick, reclamar das atitudes do departamento vizinho e pedir por uma decisão final. Gitnick mostrou-se ambiciosa em sua resposta: ela instruiu ambas as gerentes a cooperarem uma com a outra. Porém, os desentendimentos continuaram e o atraso resultante permitiu que os concorrentes saíssem na frente e adquirissem os melhores designs para a estação. Mais ainda, a Cornish enfrentou um atraso de dois meses para o lançamento da nova linha, o que se mostrou desastroso para as vendas.

O líder esquizoide (desapegado)

Em geral, o indivíduo que sofre de transtorno de personalidade esquizoide não demonstra grande apreciação por relacionamentos próximos (Repare que há uma grande diferença entre ser esquizoide e esquizofrênico, mas que existem similaridades entre ser introvertido e esquizoide – sendo a esquizoidia um caso mais extremo de introversão). Para tornar a questão ainda mais complexa, psiquiatras identificaram dois tipos de personalidade: a **evitativa** e a **esquizoide**.

Pessoas cuja personalidade é evitativa ou esquizoide normalmente temem que suas interações com os outros cheguem ao fim ou lhes causem sofrimento; isso provoca nesses indivíduos um padrão de desapego social. Indivíduos com personalidade evitativa já experimentaram situações de rejeição interpessoal e isso provocou neles um senso de desconfiança; porém, essas mesmas pessoas sentem falta de relações mais próximas e de maior aceitação social. Em contrapartida, indivíduos com personalidade esquizoide frequentemente ostentam um déficit cognitivo e emocional que as torna indiferentes em relação ao próprio isolamento social (Kernberg, 1975; Kets de Vries, 1980, 2009). Considerando-se, portanto, as similaridades entre ambas as desordens em termos de manifestações comportamentais – ambas apresentam quadros de hesitação e indiferença social –, na prática torna-se difícil diferenciá-las (APA, 2000).

Um padrão de não envolvimento e retração caracteriza o estilo de desapegamento. Indivíduos assim relutam em envolver-se em relações emocionais. Eles preferem permanecer sozinhos e não sentem a necessidade de se comunicar. Eles se distanciam do contato pessoal mais próximo e buscam o não envolvimento. Embora superficialmente possam aparentar grande indiferença em relação aos elogios, às críticas e até mesmo aos sentimentos alheios, tal comportamento é em geral uma defesa contra o eventual sofrimento. Seja qual for a razão implícita, tais indivíduos parecem frios e impassíveis. Eles demonstram tibieza emocional e inabilidade para expressar entusiasmo ou prazer. Executivos desapegados são incapazes de se engajar em relações recíprocas e parecem possuir pouquíssimo interesse humano.

As cinco dimensões e a organização esquizoide (desapegada)

Caracterizemos agora a organização esquizoide de acordo com as cinco dimensões da Tabela 5.3.

- A orientação é **interna** e pouquíssima atenção é dispensada ao ambiente externo. Toda a ênfase é concentrada na arte do jogo interno.
- A empresa é bem mais **passiva** que ativa. Seus líderes são inseguros e tomam poucas ações decisivas. Seus subordinados em geral neutralizam as iniciativas uns dos outros, o que faz com que a empresa fique à deriva e somente avance com os erros cometidos, e não por meio de estratégias integradas ou arrojadas.
- Embora possa existir um sistema de controle bem organizado, ele é subutilizado. Isso torna o **nível de controle baixo**.

- Há pouca reflexão ou análise – as decisões e as propostas se baseiam na busca **impulsiva** pelo alcance de objetivos pessoais. Embora tal maquiavelismo exija certo grau de ponderação, isso não induz à avaliação cuidadosa de elementos estratégicos.
- A orientação é política e **estreita**. Embora as diferentes subunidades da organização possam coletivamente representar grande diversidade de pontos de vista, o partidarismo impede que isso seja integrado a um plano de ação multifacetado. Sendo assim, uma perspectiva restrita acaba sendo substituída por outra, igualmente limitada. A empresa esquizoide é, portanto, uma **organização insular**, **isolada**, **política** e **fragmentada**, cuja estratégia é **inconsistente**.

COMPARANDO ESTILOS ORGANIZACIONAIS

A Tabela 5.3 nos ofereceu um resumo sobre o posicionamento das empresas paranoide, compulsiva, histriônica, depressiva e esquizoide nas cinco dimensões de personalidade. A Tabela 5.4 nos permitirá comparar os cinco tipos de empresa e visualizar os pontos fortes e fracos de cada estilo neurótico.

É importante ressaltar que executivos neuróticos compartilham com suas empresas tanto suas características positivas quanto as negativas; algumas tendências neuróticas podem inclusive se mostrar funcionais em ambientes específicos. Por exemplo, executivos paranoides podem se mostrar bastante úteis em estabelecer sofisticados sistemas de mapeamento e controle e estratégias de diversificação que funcionem bem em ambientes hostis e competitivos. Os compulsivos, cuja ênfase está em desenvolver produtos de qualidade, poderão ser proveitosos em setores de alta tecnologia. Os histriônicos talvez possam ser profícuos no estabelecimento de novas empresas e também para despertar companhias sonolentas. Contudo, é preciso lembrar que, em geral, tais padrões comportamentais tornam-se perigosos com o passar do tempo por causa das graves restrições que eles impõem sobre a capacidade adaptativa das empresas.

OPERACIONALIZANDO A ESTRUTURA

Em empresas que se pareçam com os cinco tipos aqui apresentados, aconselho que os principais responsáveis pela tomada de decisões busquem um melhor entendimento sobre as consequências de seu próprio comportamento. Como descrito anteriormente, se o poder estiver altamente concentrado nessas organizações, o estilo de liderança exercerá um fortíssimo impacto sobre o modo como elas são conduzidas.

PERSONALIDADE, CULTURA E ORGANIZAÇÕES

Tabela 5.4 – Pontos fortes e fracos dos cinco estilos organizacionais.

Pontos fortes em potencial	Pontos fracos em potencial
Estilo paranoide	
Bom conhecimento em relação às ameaças e oportunidades dentro e fora da empresa. Benefício de redução de riscos de mercado por causa da diversificação.	Falta de uma estratégia conjunta e consistente – poucas competências especiais. Insegurança e desencantamento entre os gerentes do segundo escalão e seus subordinados por causa da atmosfera de desconfiança.
Estilo compulsivo	
Bons controles internos e operações eficientes. Estratégia de produto-mercado focada e bem integrada.	Tradições tão arraigadas que a estratégia e a estrutura da empresa se tornam anacrônicas. Programação tão excessiva que disfunções burocráticas, inflexibilidade e respostas não adequadas tornam-se comuns. Descontentamento de gerentes por causa da falta de influência e poder de decisão; sufocamento da iniciativa.
Estilo histriônico (dramático)	
Ímpeto necessário para a superação da fase de *start-up* (empresa iniciante). Algumas boas ideias para a revitalização de empresas cansadas.	Estratégias inconsistentes que abrigam altíssimos elementos de risco e provocam a dissipação de recursos. Dificuldades em controlar operações dispersas e em restaurar a lucratividade. Políticas de expansão precipitadas e perigosas. Executivos do segundo escalão exercem papéis inadequados.
Estilo depressivo	
Eficiência nos processos internos. Estratégia focada.	Estratégias anacrônicas e estagnação da empresa. Organização confinada a mercados decadentes. Postura pouco competitiva por conta de linhas de produção ruins. Gerentes apáticos e inativos.
Estilo esquizoide (desapegado)	
Gerentes do segundo escalão participam da formulação de estratégias; grande variedade de pontos de vista pode ser apresentada para discussão.	Estratégias inconsistentes ou hesitantes. Questões são decididas por meio de negociações políticas e não com base em fatos. Falta de liderança. Clima de suspeição e desconfiança impede a colaboração.

Depois de classificar as empresas e seus executivos, torna-se relativamente fácil comparar os resultados e determinar se a natureza das disfunções organizacionais apresenta qualquer relação com a severidade e o estilo neurótico de seus altos executivos. O cruzamento de dados e a análise de procedimentos discrepantes poderiam ser utilizados para tal propósito.

OPERANDO MUDANÇAS NAS ORGANIZAÇÕES

Infelizmente, os estilos comportamentais neuróticos encontram-se bastante enraizados nas empresas: pelo fato de exercerem todo o poder dentro das organizações que comandam, os CEOs são pessoas difíceis de serem mudadas. Em muitos casos, grandes alterações somente ocorrerão depois que significativos fracassos já tiverem corroído a base de poder do CEO atual, ou até mesmo depois que um novo presidente executivo assumir o poder.

Os responsáveis pela maior parte da literatura normativa sobre política, estrutura e cultura organizacionais deveriam reconhecer que várias prescrições administrativas são contrárias à personalidade de muitos CEOs e que, portanto, sofrerão resistência quanto à implantação. Em contrapartida, se estas forem instauradas, não se encaixarão na configuração da empresa, sendo, portanto, inadequadas ou simplesmente não causando o impacto esperado. Os agentes de mudança organizacional se mostrarão eficientes somente se alcançarem as raízes das disfunções – mas isto poderá se provar bem difícil. Alterações assistemáticas e/ou fragmentadas não se provarão muito eficientes; já as de caráter revolucionário serão bastante onerosas, complicadas em termos de execução e politicamente não recomendadas.

Uma vez que estas cinco patologias comuns parecem tão multifacetadas e unificadas em seu âmago, é bem improvável que possam ser tratadas de maneira adequada por consultores de gerência que insistam em se utilizar de instrumentos padrão. A implantação de sistemas de informação, o uso de unidades de negócios estratégicas, de comitês e de estruturas matriciais, ou até mesmo a criação de programas de desenvolvimento organizacional e de qualidade de vida no trabalho, também serão de pouca ajuda enquanto os executivos se mantiverem presos a padrões comportamentais disfuncionais e, por vezes, tóxicos. Os novos programas se mostrarão pouco eficazes a menos que sejam complementados por visões mais realistas tanto do próprio empreendimento como do ambiente em que ele predomina; ou, se isso não for possível, por executivos mais adaptáveis.

A estrutura aqui apresentada também indica que os próprios executivos precisarão se manter alerta em relação à ocorrência de tais estilos patológicos entre si. Porém, uma vez que é difícil reconhecer os indícios em nossas atitudes pessoais, talvez seja mais fácil examinar a organização e perceber se a estrutura, a estratégia ou até mesmo o clima interno está em total conformidade com um dos tipos patológicos aqui demonstrados. Se este for o caso, é possível que esta seja uma boa oportunidade para uma discussão aberta sobre as fantasias compartilhadas – desde que estas possam ser articuladas –, para que todas possam ser devidamente escrutinadas.

Em geral, o estímulo para esse tipo de diálogo precisará partir de um observador externo que conheça o assunto profundamente. Vale ressaltar que tal processo exigirá consideráveis investimentos em termos de tempo e esforço.

Durante este processo, talvez seja interessante examinar também o grau de similaridade entre as fantasias dos alto executivos. Quanto mais uniformes, maior o risco de elas estarem distantes da realidade e presas à armadilha da insularidade (ou estreiteza de horizontes). Nesta situação, é possível que se possa concluir que talvez tenha chegado o momento de abrir a empresa para indivíduos de diferentes personalidades e fantasias, de modo a criar um clima de saudável diversidade.

As **políticas de recrutamento** e **promoção** talvez precisem ser alteradas para assegurar diferenças substanciais na personalidade dos novos executivos que serão contratados ou que passarão a ocupar posições de destaque na empresa. A tendência da alta gerência em buscar profissionais que espelhem suas próprias características e comportamentos não deve ser subestimada. Vale lembrar que existem também processos de socialização que ocorrem de maneiras bem sutis dentro da organização e normalmente exercem um efeito modelador sobre o caráter dos funcionários. Uma vez que as empresas facilmente se transformam em pontos de encontro para gerentes de estilos similares, sempre haverá o perigo de que a **falta de diversidade** possa abrir caminho para **patologias organizacionais**.

CAPÍTULO 6

OS ASPECTOS NEGATIVOS DO *DOWNSIZING*[1]

"Tenho me esforçado para não rir das ações humanas, tampouco para chorar delas. Tento também não odiá-las, apenas para compreendê-las."

– Spinoza

*"Acredito que a reengenharia, a reestruturação, o **downsizing** ou **rightsizing**,[2] ou seja, qual for o nome que se prefira adotar – todos esses termos se referem basicamente à demissão de funcionários – já tenha ido longe demais. Os empregados com os quais conversei em todo o país sentem que não estão sendo respeitados; eles não são valorizados e estão preocupados com seus empregos. Eles consideram que as empresas onde trabalham já não estão sendo leais com eles, portanto, perguntam a razão pela qual deveriam se mostrar leais a elas. Eles questionam: por que eu deveria me esforçar? Por que eu deveria me preocupar com a empresa?"*

– Robert Reich

"Não é possível encolher para tornar-se grandioso."

– Tom Peters

---

[1] Este capítulo se baseia em um artigo publicado com o mesmo título: Kets de Vries, Manfred F.R. e Balazs, Katharina (1997) *The Downside of Downsizing (Os Aspectos Negativos do Downsizing), Human Relations,* 50(1), 11-50.

[2] Termo utilizado em inglês, de caráter financeiro, cujo significado é adequar o tamanho de uma atividade para garantir a obtenção do melhor desempenho possível. (N.T.)

UM ALTO PREÇO A PAGAR

O *downsizing* – a eliminação planejada de cargos e empregos – é um fenômeno relativamente recente que tem se tornado uma das práticas administrativas favoritas para um grande número de empresas em apuros. Começando com o fechamento de fábricas em setores que se encontravam em franco declínio durante a recessão do início dos anos 1980 e continuando como um efeito colateral da mania por fusões e aquisições, o *downsizing* se tornou um dos resultados inevitáveis de se viver em um mundo globalizado onde o contínuo ajuste de produtos, serviços e preços de mão de obra são necessários para que seja possível para qualquer empresa se manter competitiva.

Desde o final da década de 1980, praticamente todas as companhias constantes na lista da *Fortune 1000* optaram pelo *downsizing*. Aliás, tal tendência parece que irá se manter, uma vez que várias movimentações no setor administrativo indicam que o fim dessa prática não está próximo. Um dos fatores que mais contribuem para isso é a crescente popularidade do *benchmarking*[3] global. Calcular corretamente as despesas gerais de uma empresa comparando seus números não somente com os apresentados por concorrentes domésticos, mas também pelos internacionais, transformou-se em um argumento convincente para reduzir se substancialmente a folha de pagamento e demitir um grande número de empregados. Outra razão para a continuidade dessa prática é o impacto administrativo da verdadeira revolução nas tecnologias de informação e comunicação (TICs). As mudanças ocorridas nesse setor provocaram grande redundância no papel intermediário e tradicional desempenhado pela gerência de nível médio – um grupo de indivíduos cuja tarefa básica era justamente coletar, analisar e transmitir informações para todos os níveis hierárquicos da organização. Por último, mas não menos importante, o *downsizing* é, às vezes, o preço que se precisa pagar por erros estratégicos cometidos pela alta gerência – como, por exemplo, a interpretação equivocada de tendências de mercado.

Entre os benefícios esperados com o **downsizing** estão: a redução nas despesas gerais, a diminuição da burocracia, a maior rapidez na tomada de decisões, mais fluidez nas comunicações, um comportamento mais empresarial, o aumento na produtividade e ganhos mais elevados. Entretanto, a principal razão para se promover o *downsizing* é tornar a empresa mais eficiente em relação a seus concorrentes. Se tais benefícios

---

[3] Termo usado em inglês para descrever a busca constante das empresas por melhores práticas que lhes garantam desempenhos superiores, cada qual em seu próprio setor. (N.T.)

irão se concretizar ou não, é outra história. Na verdade, a eficácia do *downsizing* como instrumento para restituir a saúde empresarial e tornar as companhias mais competitivas tem sido seriamente questionada. Os ganhos reais poderão se mostrar bem inferiores do que os esperados – a maioria das empresas pesquisadas reportou que a produtividade caiu ou se manteve estagnada após o processo de reestruturação (Henkoff, 1990). A maioria das companhias que passaram por esse processo enfrentou problemas com o moral dos funcionários, a falta de confiança e a queda de produtividade. As demissões e a reorganização exercem um forte impacto adverso sobre o moral dos "sobreviventes". Os resultados das pesquisas conduzidas nessa área revelaram que várias organizações passaram por uma elevação na produtividade imediatamente após o *downsizing*, mas, em seguida, tornam-se deprimidas e letárgicas (Appelbaum, Simpson, e Shapiro, 1987; Custer, 1994). O valor das ações dessas companhias também foi afetado de maneira negativa.

Ditado por rígidos princípios econômicos e atendendo a um chamado do mercado de ações, o *downsizing* era visto no início como uma prática unicamente positiva – embora não se soubesse na época até que ponto seus efeitos alterariam as regras do mundo corporativo. Esperava-se que depois que uma organização tivesse passado por todo processo, tudo "retornaria ao normal."

Embora ninguém estivesse disposto ou fosse capaz de prever as malignas consequências sociais dessa nova prática, tais resultados logo apareceriam no horizonte. A mais prevalente pode ser observada nos funcionários de colarinho-branco, assalariados ou autônomos, que tiveram de absorver o impacto principal da redução de pessoal. Agora – tendo o *downsizing* proporcionado o **"corte democrático"** no ambiente de trabalho – as pessoas nas mais diversas funções e cargos são todas incluídas nele. Empregados de níveis inferiores sempre estiveram acostumados a flutuações no mercado de trabalho, e às vezes foram até mesmo capazes de prevê-las, contudo, um número cada vez maior de executivos e gestores estão agora na mira de programas de redução de custos e são tomados de surpresa pelo impacto inicial do *downsizing* sobre a segurança do seu emprego. Ao longo das duas últimas décadas, a protegida classe média teve de aprender a conviver com o fato de que sua ilusão de prosperidade estava sendo destruída. Eles já não podem garantir que seus filhos terão no futuro uma vida melhor do que eles próprios, por exemplo; em vez disso, a mobilidade descendente tem se tornado cada vez mais comum. E estes são apenas alguns dos primeiros e atordoantes efeitos do novo estilo de vida da era do *downsizing* – e indicam de um futuro aterrorizante.

A ilusão das soluções rápidas

Alguns acadêmicos da administração defendem que uma das razões para o fracasso de muitos esforços de *downsizing* é a adoção de abordagens demasiadamente simplistas. Um grande número de executivos implanta a medida por meio de uma redução uniforme em todos os setores da empresa. Porém, esta é geralmente uma estratégia míope e imediatista. Executivos que adotam tal abordagem, e concentram-se em obter uma perceptível eficiência interna em vez de desafiar o modo como a empresa faz seus negócios, se limitam à implantação de mudanças apenas superficiais. Paradoxalmente, em situações de conflito, de paralisação nas contratações ou quando processos de aposentadoria prematura são instituídos, os primeiros a deixar a empresa são justamente os melhores funcionários. Em consequência disso, habilidades cruciais desse capital humano desaparecem da noite para o dia e a memória organizacional é prejudicada e, muitas vezes, completamente perdida. Além disso, os que permanecem a bordo ficam, em geral, sobrecarregados. O resultado disso é um grupo de indivíduos infelizes e exaustos, muitos dos quais são obrigados a realizar tarefas para as quais não foram treinados. Para atenuar a confusão, soluções temporárias precisam ser encontradas, às vezes com a ajuda de caríssimos consultores (o que é uma ironia, considerando o desejo inicial de se reduzir despesas e poupar dinheiro). Fora isso, por causa do mal que prevalece na organização, o *downsizing* poderá produzir novas reduções de pessoal, o que certamente causará **"fadiga para mudanças"** nos executivos e nos funcionários. É por causa dessas consequências que a eficácia do *downsizing* é questionada.

É óbvio que cortar a folha de pagamento exercerá um efeito benéfico temporário na forma de redução de despesas (o mesmo ocorreria se os investimentos em P&D fossem suspensos), contudo, o mero corte de gastos não prepara a corporação para enfrentar a concorrência global. É preciso bem mais para assegurar uma fatia maior do mercado e a lucratividade. Empresas que optam pela redução de funcionários e despesas parecem estar mais preocupadas com o passado do que concentradas no futuro. Em consequência disso, elas adiam investimentos de longo prazo e buscam ganhos rápidos, em parte para garantir uma reação positiva (e geralmente temporária) do mercado de ações.

O fato de que o sucesso futuro depende de fatores centrados no empregado, como a inovação constante, a satisfação do cliente e a boa cidadania corporativa (ou seja, do trabalho em equipe e não de cada um defender seu próprio território), indica que investimentos substanciais precisarão ser feitos nos funcionários. Nesse sentido, simplesmente cortar sua folha de pagamento não é a melhor opção. O corte em larga escala cria ressentimentos e resistência naqueles que permanecem empregados e afeta a lealdade e o compromisso desses indivíduos para com a empresa. Na verdade, por causa da péssima publicidade (independentemente de esta ser veiculada de modo formal ou informal – no boca a boca), companhias que se envolvem repetidas vezes em processos de *downsizing* passam a encontrar dificuldades em atrair candidatos mais preparados e brilhantes. Aliás, algo que ressalta o lado negativo desse processo é o fato de que a maioria das empresas não é bem-sucedida em seus esforços originais e se vê obrigada a repeti-lo um ano mais tarde (Pearlstein, 1994).

Do *downsizing* à reinvenção

Esta claro a partir dessa discussão que o *downsizing* pode assumir muitas formas, todas elas com o intuito de aprimorar a eficácia, a eficiência, a produtividade e a competitividade organizacionais. Porém, a despeito desse compartilhamento de objetivos, há uma diferenciação progressiva na percepção das pessoas em relação a esse fenômeno: da mera reestruturação (tornar-se menor) à reengenharia (tornar-se melhor), e, finalmente, à reinvenção (tornar-se mais inteligente). No sentido mais amplo, o *downsizing* é parte de um processo corporativo de renovação contínua.

Vários estudiosos das organizações acreditam que esta abordagem mais ampla do processo – diferentemente daquela que propõe a redução uniforme em todos os setores – gera um impacto de longo prazo mais positivo. Esses teóricos veem esse tipo de redução como algo que afeta todos os processos de trabalho da organização. Com a definição mais ampliada oferecida por essa nova perspectiva, o objetivo principal de um *downsizing* passa a ser o de reavaliar e alterar as práticas comerciais básicas da empresa. Sendo assim, o desenho organizacional, os processos de trabalho, a cultura corporativa e até mesmo a missão da empresa poderão enfrentar uma reformulação geral. Neste caso, não serão apenas as funções que terão de ser eliminadas, mas níveis hierárquicos e até mesmo unidades de negócios inteiras. Em seu sentido mais amplo, portanto, o termo *downsizing* descreve um completo esforço de transformação estratégica no sentido de alterar os valores e atitudes da cultura corporativa. De acordo com tal definição, o processo não é um atalho independente, mas parte do sistema de aprimoramento contínuo da organização. Como tal, assume uma perspectiva de longo prazo, e seu objetivo passa a ser o de buscar formas de melhorar a produtividade, cortar custos e elevar os ganhos.

Apesar das diferentes interpretações, o *downsizing* corporativo provavelmente continuará a se mostrar uma opção atraente para muitas organizações. Mesmo que os benefícios de longo prazo sejam questionáveis, o processo demonstra que decisões estão sendo tomadas e ações implantadas. Além disso, muitas empresas de consultoria, reconhecendo um nicho novo e lucrativo, já se lançaram nessa arena. Mesmo assim, como mencionado anteriormente, há um enorme custo social atrelado a essa nova mania. De qualquer modo, aparentemente o *downsizing* contínuo e a manutenção de uma força de trabalho motivada são processos que se excluem mutuamente.

DOWNSIZING: QUESTÕES IMPORTANTES

A despeito de ser um fenômeno relativamente novo na vida organizacional, o *downsizing* corporativo já inspirou várias pesquisas que se concentram em diferentes aspectos do processo — trabalhos que resultaram em várias descobertas importantes. Uma das pesquisas mais abrangentes e sistemáticas sobre o *downsizing* corporativo é um estudo realizado por Kim Cameron, Sarah Freeman e Aneil Mishra ao longo de quatro anos (Cameron, Freeman e Mishra, 1991; 1993; Freeman e Cameron, 1993; Cameron, 1994). Esse estudo nos oferece uma estrutura teórica do processo, focando em possíveis estratégias de implantação, nos efeitos organizacionais do *downsizing* e em boas práticas. Uma das descobertas mais importantes desse projeto é a significativa correlação negativa entre a eficácia organizacional e o *downsizing* implementado por meio de demissões. Embora o estudo aponte para o gerenciamento eficiente dos recursos humanos como um dos fatores mais críticos para um *downsizing* bem-sucedido, ele não examina o processo pela óptica do indivíduo.

Infelizmente, a maior parte da literatura subsequente também segue a mesma linha de investigação. Na abordagem típica do *downsizing* — seja em escritórios corporativos ou no campo das pesquisas — os empregados são, com frequência, tratados de maneira abstrata. Pela visão da engenharia humana, os indivíduos são considerados como obrigações, não como bens, e a experiência emocional do ser humano é negligenciada. Mas é justamente essa natureza alternante da relação entre o indivíduo e a organização que justifica mais atenção. É difícil alcançar sucesso como organização se os funcionários que nela trabalham estão completamente desmotivados. Felizmente, alguns estudiosos do fenômeno de *downsizing* passaram a considerar essa questão a partir de uma perspectiva mais individualizada.

A quebra do contrato psicológico

O maior problema para todos que são atingidos pelo *downsizing* – sejam eles sobreviventes ou vítimas – diz respeito ao que chamamos de "contrato psicológico". Esse termo foi cunhado por Harry Levinson para descrever o acordo velado que existe entre a organização e os empregados – aquele em que a empresa promete emprego vitalício em troca de trabalho duro e lealdade; uma resposta às necessidades psicológicas e de proteção por parte dos empregados, em troca de eles atenderem aos desejos implícitos da organização (Levinson, 1962).

O processo de *downsizing* quebra esse contrato psicológico entre as partes. Como resultado, o sentimento de dependência por parte do funcionário – algo que ao longo dos vários anos em que passou na companhia talvez tenha se convertido em um senso de direito – é transformado em um sentimento de traição.

O conceito de empregabilidade

Cada vez fica mais claro que mudanças duradouras e benéficas no mundo corporativo demandam uma dolorosa adaptação por parte daqueles que se preocupam com um estilo de vida radicalmente distinto – aquele desprovido da segurança do trabalho, considerando o significado tradicional do termo. Em resposta a essa realidade, muitas organizações de vanguarda estão sustentando a ideia de que estimular um ambiente empreendedor – que permita aos funcionários abordarem seus empregos como empreendedores individuais, movendo-se interna e externamente de acordos com as necessidades pessoais e/ou da empresa – exigirá um novo tipo de relação entre o empregado e a organização.

O autogerenciamento da carreira – a oportunidade de assumir o controle do próprio emprego e da carreira em vez de permitir que uma empresa o faça (como estabelecido nos velhos contratos de trabalho) – é considerado como uma possível solução para o problema de redução no nível de estabilidade no emprego. Nesse sentido, o termo empregabilidade está substituindo o conceito de permanência no emprego. A organização do futuro é descrita como aquela que assume um papel direcionador para ajudar os empregados a adotarem atitudes autônomas. Para oferecer pelo menos um pouco de segurança, as empresas encorajam seus funcionários a manter-se atualizados em termos de experiências profissionais, de modo que possam encontrar um novo emprego em caso de demissão. Um contrato novo e de menor duração é proposto como parte dessa solução – um que ofereça segurança limitada por um período de tempo definido.

Embora essas ideias pareçam úteis no papel, esse modo de agir vai contra as necessidades básicas do ser humano por conectividade e afiliação, e exige uma grande mudança no modo de pensar e nas qualificações tanto dos empregados como também dos executivos. Para muitas pessoas – particularmente aquelas que têm problemas em lidar com ambiguidades – a empregabilidade vem acompanhada de bastante estresse.

Reações de estresse no ambiente de trabalho

Pesquisadores que compartilham tal perspectiva sobre o indivíduo consideram que o estresse seja o construto teórico crucial na sustentação das dinâmicas psicológicas envolvidas na perda do emprego. Por exemplo, o estudo realizado por Joel Brockner sobre os efeitos das demissões sobre os sobreviventes demonstra claramente que o *downsizing* organizacional representa um significativo indutor de estresse nos funcionários que permanecem empregados, exercendo sobre eles – em seu comportamento e em suas atitudes – profunda influência (Brockner, 1988). A ameaça contínua da perda do emprego – que estimula sentimentos de perda de controle sobre o próprio ambiente e ameaça o conceito internalizado do *self* – é considerada como a causa primária da deterioração psicológica do bem-estar no ambiente de trabalho, e está por trás de várias doenças relacionadas ao estresse, como os problemas cardíacos e as úlceras. Tais descobertas enfatizam a importância do gerenciamento das relações interpessoais com o intuito de ajudar os funcionários a lidarem com o estresse causado pelo processo de *downsizing*.

Pesquisadores que avaliam as diferentes reações dos empregados ao *downsizing* conseguiram identificar as dificuldades financeiras e a forte ligação com o emprego como os dois fatores principais que contribuem para o desespero dos empregados (Leana e Feldman, 1990). Nos funcionários que se sentem devastados pelo processo, a perda do emprego em geral evoca reações comparáveis àquelas experimentadas com a morte de alguém próximo (Greenhalgh e Rosenblatt, 1984). O sentimento de desesperança causado pela perda do emprego poderá inclusive culminar em violência e autodestruição, como já ilustrado por estatísticas que apresentam o assassinato no ambiente de trabalho como o tipo de homicídio que mais cresce nos EUA – sendo que em 40% desses casos, o perpetrador comete suicídio (Thornburg, 1992)!

Alguns pesquisadores analisaram possíveis reações defensivas provocadas pelo processo de *downsizing*. Uma das mais comuns parece ser a negação, um mecanismo utilizado tanto pelos gerentes como pelos empregados para lidar com a situação. Vale dizer que quanto mais alto o nível ocupado na empresa, mais forte tal negação tende a ser (Noer, 1993). Outros estudiosos também identificaram várias estratégias cognitivas que levam a duas reações distintas: negação-indiferença (os indivíduos se distanciam psicologicamente da ameaça percebida) e hipersensibilidade (por meio da qual eles monitoram cuidadosamente quaisquer sinais de perigo) (Greenhalgh e Jick, 1989).

A visão de cima

Na maioria dos estudos realizados pouca atenção é dada ao papel daqueles que são responsáveis pelo processo de *downsizing*. Contudo, em 1991, uma pesquisa conduzida pela Wyatt Company envolvendo 1005 empresas indicou que o comportamento dos alto executivos – principalmente em relação ao tratamento oferecido aos empregados sobreviventes – é um dos principais determinantes do sucesso ou do fracasso do processo como um todo (Bennett, 1991; Lalli, 1992). O modo como os alto executivos lidam com as demissões exerce um impacto significativo sobre o grau de anomalia nas atitudes e no comportamento profissional dos que permanecem no emprego (Brockner, 1988). A competência, o conhecimento, o dinamismo e a acessibilidade do líder, assim como sua habilidade de articular claramente uma visão que ofereça motivação para o futuro, são elementos cruciais para que se atinjam resultados positivos (Cameron, Freeman e Mishra, 1991). O que torna o processo tão difícil para os executivos envolvidos é o fato de eles em geral terem de abrir mão dos valores que possibilitaram sua própria ascensão na empresa. Com o intuito de evitar tal conflito, muitos desses indivíduos se tornam psicologicamente indiferentes e se concentram não em seus empregados, mas nos resultados idealizados para a organização. Contudo, essa abordagem se mostra bastante ineficiente quando eles tentam lidar com a hostilidade, a depressão, o absenteísmo e o abuso no uso de substâncias químicas pela força de trabalho (Leana e Feldman, 1988; Noer, 1993; Smith, 1994).

O que também colabora para o aumento do estresse dos executivos é a transformação de líderes em bodes expiatórios e sua perda de credibilidade (Cameron, Kim e Whetten, 1987). A procura por culpados (e o ambiente altamente político que promove tal atitude) faz com que muitos altos executivos se distanciem de seus empregados para evitar críticas e antagonismos (Cameron, Freeman e Mishra, 1993). Esses chefes frequentemente reagem às demissões afastando-se da força de trabalho restante. Considerando que já ocupam posições solitárias, esses executivos ficam ainda mais isolados durante processos de *downsizing* e demissões. Mais ainda, muitos desses indivíduos não estão preparados para enfrentar as fortes reações dos sobreviventes.

Muitos executivos seniores não compreendem o quanto a produtividade dos trabalhadores que se mantiverem na empresa dependerá de detalhes aparentemente triviais na implantação do processo. Tais pormenores – como explicar detalhadamente todos os objetivos que precisarão ser alcançados e envolver os demais executivos na empreitada – terão um efeito positivo. Porém, ao ignorá-los, assim como o estado emocional dos subordinados sobreviventes, tais executivos tenderão a cometer graves erros – que poderão levar a um comportamento autodestrutivo por parte dos sobreviventes. Os líderes já devem esperar que seus subordinados experimentem uma grande variedade de reações emocionais psicológicas, incluindo ansiedade, raiva, culpa, inveja, alívio e negação (Cameron, Freeman e Mishra, 1993; Brockner, 1988; Henkoff, 1994), e precisam ajudá-los a enfrentar e superar tais reações. Além disso, eles devem trabalhar no sentido de evitar outro erro comum: dizer aos que ficaram que eles deveriam agradecer pelo fato de ainda terem um emprego (na esperança de que a culpa os faça trabalhar com mais afinco), pois essa atitude criará ressentimento e resultará em comportamento opositivo (Noer, 1993).

O processo de *downsizing* visto a partir de outra perspectiva

A maioria dos autores da literatura existente sobre o assunto se concentra nos custos emocionais e profissionais para os indivíduos diretamente ligados ao processo: as vítimas e os sobreviventes. Eles lidam com o modo como os demitidos convivem com o repentino desemprego, apresentando-o de uma maneira bastante descritiva – listando vários sintomas de estresse, por exemplo. Eles também discorrem sobre as consequências para os sobreviventes.

Todavia, para compreendermos melhor a psicologia por trás do processo de *downsizing*, é preciso ir além do que acontece com as vítimas e os sobreviventes. Embora as consequências para esses indivíduos sejam importantíssimas, também devemos averiguar como as pessoas que efetivamente aplicam o processo são psicologicamente afetadas. Entrevistas com alguns executivos que já passaram por isso demonstram claramente que essa tarefa desagradável exerce sobre eles um considerável impacto emocional. Para muitos, como já discutido anteriormente, o *downsizing* contraria antigos valores profissionais defendidos por essas pessoas. Tais líderes terão, portanto, de enfrentar dois fardos pesados: suas próprias reações emocionais e aquelas dos sobreviventes. Eles precisarão implantar grandes mudanças e, ao mesmo tempo, encará-las pessoalmente. Tais considerações são fundamentais, uma vez que o estado psicológico desses executivos exercerá sérios efeitos sobre a cultura, a estratégia e a estrutura corporativas.

A seguir revisitaremos os padrões reativos das vítimas e dos sobreviventes, e, posteriormente, aqueles dos "executantes".

MODOS DE LIDAR COM O PROCESSO

Ao realizar entrevistas abertas com 60 "vítimas", 60 "sobreviventes" e 80 "executantes" (uma população extraída de meus seminários sobre liderança na INSEAD), utilizei-me de técnicas de entrevista diagnóstica de cunho organizacional, psiquiátrico e de psicologia clínica. As perguntas buscavam informações sobre aspectos biográficos e atitudinais relativos ao trabalho e à situação do indivíduo dentro dele, à perda do emprego, ao processo de *downsizing* e às saúdes física e mental da pessoa.

Como resultado dessas entrevistas, as vítimas foram distribuídas em quatro categorias (adaptável, deprimida, sob "efeito Gauguin"[4] ou antagonista) e os executantes em seis classes distintas (ajustado, compulsivo/ ritualista, abrasivo, dissociável, alexitímico[5]/anedonista[6] e deprimido). Não fiz nenhuma tentativa no sentido de classificar os sobreviventes, optando por oferecer apenas uma descrição geral sobre o modo como o *downsizing* é enfrentado por esse grupo de indivíduos.

Entre as vítimas, o grupo mais amplo é o de indivíduos adaptáveis (43,3%), seguido por aquele composto pelos deprimidos (30%), pelos que estão sob o "efeito Gauguin" (16,7%) e, finalmente, pelos antago-

---

[4] Ele desistiu da sua carreira no setor bancário e tornou-se um famoso pintor na Polinésia.

[5] Termo oriundo do grego cujo significado é "sem palavras para descrever emoções", empregado no diagnóstico clínico de indivíduos com acentuada dificuldade, ou até incapacidade, para expressar as próprias emoções. Fonte: www.scielo.br/pdf/ptp/ v25n1/a12v25n1.pdf (N.T.)

[6] Termo da psicologia utilizado para descrever a falta de capacidade e/ou possibilidade de um indivíduo para experimentar o prazer. (N.T.)

nistas (10%). Em relação aos executantes, o maior grupo abriga pessoas que não apresentam quaisquer sintomas óbvios (37,5%), ou seja, os ajustados, seguido pelos compulsivos/ritualistas (17,5%), pelos deprimidos (17,5%), pelos alexitímicos/anedonistas (11,25%), pelos abrasivos (8,75%) e, por último, pelos dissociáveis (7,5%).

As vítimas

O ato de lidar com a questão pode ser visto como a implementação de todos os esforços cognitivos, emocionais e comportamentais no sentido de atender às exigentes demandas internas e externas intrínsecas ao processo. Cada um de nós tem sua própria maneira característica de lidar com situações estressantes. Alguns indivíduos adotam uma postura proativa, tentando assim assumir firme controle sobre a própria vida; outros são mais reativos, e procuram escapar ou evitar o estresse. A partir de minha conversa com indivíduos que passaram pelo processo de *downsizing*, fui capaz de distinguir uma série de padrões recorrentes. É preciso considerar, todavia, que tais descrições não abrangem todas as possibilidades; elas apenas servem para esclarecer como o processo afeta o indivíduo. Inúmeras permutações e combinações são possíveis.

A vítima adaptável – Para alguns indivíduos que participaram do estudo, o processo de *downsizing* não representou um grande drama, pelo menos não em termos comparativos.

Tais pessoas, que em geral possuíam um alto nível de capacitação, mostraram-se bem-sucedidas em encontrar novos empregos – até mesmo com certa facilidade – em áreas normalmente similares de ocupação. Eles, em geral, preferiram se unir a empresas menores, evitando assim a sensação de serem apenas mais um dente da engrenagem. Embora a experiência de *downsizing* tenha criado em alguns desses indivíduos uma visão um tanto cínica em relação à nova organização – afinal, a despeito de quaisquer argumentos racionais para sua demissão, sua crença no contrato psicológico fora abalada – estar em um novo ambiente de trabalho, em geral, lhes causou um efeito positivo. Quando a transição terminava, esses indivíduos adaptáveis frequentemente descobriam que os desafios (e as recompensas) existentes na nova empresa eram maiores e de caráter mais imediato. Sua posição agora abrangia um espectro mais amplo e diferente de responsabilidades, o que lhes deu a oportunidade de aprender mais e de se renovar. Como me disse certa vez um executivo: "Minha demissão foi a melhor coisa que poderia ter acontecido em minha vida. Eu estava morrendo naquele emprego. Ser forçado a encontrar uma nova colocação e a mostrar novamente todo o meu potencial me proporcionou um sentimento de vitalidade."

A vítima sob o "efeito Gauguin" – Um grupo específico de executivos transformou a demissão em uma oportunidade completamente nova. Para essas pessoas – aquelas que optaram por seguir os passos de Gauguin – o processo de *downsizing* lhes ofereceu não apenas a oportunidade de mudar de emprego, mas de carreira. Depois de anos de trabalho, esses indivíduos se pareciam com "mortos-vivos" antes da implementação do processo de redução. Como disse uma dessas pessoas: "Ao longo da última década, até pouco tempo atrás, eu parecia perambular pela vida como um sonâmbulo. Os únicos momentos em que me sentia vivo eram aqueles em que encontrava com meus amigos para jogar tênis ou golfe. A situação mudou radicalmente desde que mudei de área. Hoje eu sinto prazer em ir para o trabalho e realmente gosto do que faço."

Antes do desligamento, essas pessoas cumpriam suas tarefas de maneira competente e confiável, mas já não sentiam o menor prazer no que faziam. Todavia, uma vez que a vida estava suficientemente confortável para que contemplassem a mera possibilidade de mudar, todos preferiam aguentar a situação vigente – sem, contudo, se mostrarem produtivos ou mesmo criativos). Descobrir-se repentinamente desempregados era o estímulo de que precisavam para retornar à vida. A falta de um emprego lhes abriu a oportunidade para perseguir objetivos com os quais sempre sonharam, mas nunca tiveram a coragem de admitir. Aqueles que já se encontravam na meia-idade tiveram de rever suas prioridades e, pela primeira vez, perguntaram a si mesmos o que desejam fazer, não o que os outros esperavam que eles fizessem.

A maioria das pessoas sob o efeito Gauguin estava na meia-idade ou era ainda mais velha – tinham, portanto, idade suficiente para saber que o tempo estava se esgotando. Elas sabiam que se não agissem naquele momento e diante daquela oportunidade, as mudanças desejadas jamais aconteceriam. Depois de anos no trabalho, eles já haviam garantido certo grau de segurança financeira, o que aliado à falta de emprego os estimulou a buscar novas oportunidades: eles finalmente ousaram dar o salto com o qual sempre haviam sonhado.

Indivíduos desse grupo sempre perseguiram o que se poderia chamar de "carreira proteana" (o nome tem origem no deus grego Proteus, que tinha a capacidade de mudar constantemente de forma). Muitos buscaram uma grande mudança de carreira (e de estilo de vida) – deixando cargos como o de analista de sistemas, de presidente de instituição bancária e até a posição de CEO para se dedicarem, respectivamente, a áreas como galeria de arte, incorporação de imóveis e ensino público. Outros foram ainda mais ousados, e decidiram seguir os passos de Gauguin, literalmente. Em muitos casos essas mudanças radicais se mostraram uma grande surpresa para amigos e familiares. Todavia, essas pessoas que optaram por mudanças gigantescas já haviam de algum modo se envolvido anteriormente nesses novos campos de trabalho.

A vítima depressiva – Algumas vítimas do *downsizing* acabaram enfrentando reações depressivas. São estas as pessoas que tiveram mais dificuldades em se adequar à nova situação. Em geral, elas se sentiram traídas pela organização à qual haviam devotado uma parte considerável de suas vidas. Uma vez que seu senso de autoestima estava bastante amarrado à identidade empresarial, a perda de ambientes familiares lhes causou uma sensação de desintegração. Sem conseguir seguir adiante, elas se viram presas em um processo de luto. Esses indivíduos passaram a evitar a nova realidade; eles pareciam não dispor da energia necessária para sair em busca de uma recolocação no mercado e não conseguiam se concentrar em nada do que faziam; eles passaram a **procrastinar** e a sentir-se **irritadiços**. Essas pessoas também enfrentaram vários problemas **emocionais** e **psicológicos**: passaram a negligenciar sua aparência pessoal; demonstravam uma tendência para a insônia e perda de apetite; e ficavam **atordoadas com pensamentos negativos.** Por causa de sua aparência depressiva, seu medo de não encontrar um novo emprego acabava por concretizar-se; algumas dessas vítimas acabaram se tornando parte do grupo dos **desempregados permanentes.** Entre as consequências mais comuns para tal situação estavam o alcoolismo e outras formas de abuso de substâncias químicas. Problemas conjugais, que em geral resultaram em divórcio, provocaram uma deterioração ainda maior da autoestima e do espírito de luta. Pensamentos suicidas já não eram incomuns.

Entre as pessoas que ostentaram reações depressivas, um grupo inicialmente tomou uma atitude proativa e esforçou-se para buscar outras colocações. Porém, quando seus esforços foram frustrados por outros empecilhos do mercado de trabalho, eles se viram forçados a encarar o fato de que suas habilidades já não eram necessárias. Alguns acabaram até encontrando um novo emprego, contudo, em um nível bem inferior ao cargo anteriormente ocupado. O subemprego se transformou em um estilo de vida para esses indivíduos, o que acabaria criando sérios problemas de autoestima e substituindo seu habitual dinamismo por uma visão sombria da vida.

A vítima antagonista – Uma reação natural quando nos sentimos feridos é a **raiva**; todos nós ocasionalmente experimentamos esse tipo de sentimento. Dependendo de nossa personalidade, administramos nossa ira ou agressividade nos voltando para o ambiente externo ou interno. As vítimas que experimentaram reações depressivas ao processo de *downsizing* – o grupo descrito anteriormente – optaram por demonstrar sua agressividade internamente. Outros preferiram voltar-se para o exterior. Em alguns desses indivíduos a demonstração de agressividade já era natural; em outros, porém, tal comportamento se mantinha reprimido e foi desencadeado pelo trauma de se sentirem "rejeitados." Para ambos os subgrupos, a violência verbal e física se tornou um padrão comportamental. As vítimas mais comuns desse tipo de agressividade foram os membros da família, contudo, às vezes a ira excedia os limites de parentesco. Entre os que conseguiram outra colocação, alguns levaram consigo a agressividade na forma de um comportamento **abrasivo** a nova empresa – o que levaria a uma nova demissão. Em situações extremas, aqueles que direcionaram sua agressividade para o ambiente externo se tornaram bastante disfuncionais, e decidiram "se vingar" daqueles que teoricamente teriam causado todo o sofrimento: eles então canalizaram seus impulsos violentos contra antigos funcionários, superiores e colegas e, às vezes, utilizando-se de assédio ou até mesmo de sabotagem.

Os sobreviventes

Uma descoberta com a qual muitos pesquisadores do fenômeno de *downsizing* concordam diz respeito a um conjunto de reações que surge entre os que permanecem na organização – algo que ficou conhecido como a **"doença do sobrevivente"** ou **"síndrome do sobrevivente"** (Noer, 1993; Cascio, 1993). Ambos os termos se referem ao modo como os remanescentes reagem quando muitos de seus amigos e colegas são forçados a encerrar seu relacionamento com a empresa.

A "culpa do sobrevivente" foi originalmente verificada dentro do contexto dos que sobreviveram ao Holocausto. Em contrapartida, a "doença do sobrevivente" descreve um conjunto de atitudes, sentimentos e percepções que ocorrem com os empregados que permanecem no sistema organizacional depois de uma redução involuntária no número de empregados. Isso inclui a raiva, a depressão, o medo, a culpa, a aversão aos riscos, a desconfiança, a vulnerabilidade, a falta de poder e a perda de moral e de motivação (Brockner, 1988; Cascio, 1993; Noer, 1993; Navran, 1994). Quanto maior a percepção de violação por parte dos sobreviventes, maior a suscetibilidade à doença parece se mostrar.

O sentimento de perda de controle sobre a situação e a incerteza causada pela possível perda do próprio emprego poderão causar reações severas de estresse nos sobreviventes do *downsizing*. O aumento sensível da carga de trabalho e do número de horas trabalhadas, assim como a redução dos períodos de férias entre os remanescentes – consequências naturais de uma redução na força de trabalho –, são ocorrências que poderão reforçar os efeitos negativos do processo, levando à ineficiência e à exaustão (Brockner, Davy e Carter, 1985; Brockner et al., 1987; Brockner, 1988, 1992; Mone, 1994).

Ao interromper um complexo conjunto de interconexões, o *downsizing* provoca mudanças dramáticas no ambiente organizacional. No pior cenário – o mais típico – o processo aniquila todo o sistema de valores da empresa. Em consequência disso, a cultura corporativa que costumava ser a argamassa que mantinha a companhia unida perde sua função combinante e surgem os primeiros sinais de ansiedade e falta de direção.

Meu próprio estudo sobre o *downsizing* demonstrou que a insegurança no trabalho exerceu um impacto enorme sobre a eficiência organizacional: muitos dos executivos que sobreviveram perguntavam a si mesmos se seriam os próximos da lista; o desligamento de funcionários mais antigos resultou na perda da memória institucional; membros da administração geral que possuíam uma visão estratégica da empresa foram demitidos; indivíduos que sabiam exatamente com quem a empresa poderia contar para a tomada de decisões específicas já não estavam mais no quadro. As decisões passaram a se concentrar no curto prazo (o que acabou tendo sérias repercussões para os setores de P&D, investimento de capitais e treinamento e desenvolvimento). Todas essas mudanças causaram um senso de desorientação cujas consequências foram permanentes; os sobreviventes perceberam uma grande, duradoura e significativa diferença em suas relações com a organização. Depois de um surto inicial de produtividade, todos geralmente adotavam uma atitude de expectativa temerosa.

Os sobreviventes com os quais tive a oportunidade de conversar reportaram que em empresas que definiam o *downsizing* como um simples corte de pessoal, o compromisso e a lealdade em relação aos empregados simplesmente desapareceram. Eles perceberam que estavam recebendo bem pouco em troca dos papéis adicionais que foram solicitados a desempenhar. Depois da quebra do contrato psicológico entre empregados e empregadores, a desconfiança em relação à alta gerência fez com que os remanescentes acreditassem que todos os gerentes eram culpados até que se provasse o contrário. Esse fenômeno acusativo sobre os que ficaram mostrou-se, com frequência, um mecanismo de defesa;

uma forma de projeção que ajudava indivíduos a enfrentar sua própria culpa enquanto sobreviventes. A justiça por parte da organização quando da implantação do processo foi, portanto, de crucial importância no sentido de minimizar as consequências do fenômeno.

O estudo também demonstrou que os sobreviventes ostentaram duas reações básicas: 1º) se distanciaram das vítimas demitidas (uma reação comum quando não se identificavam substancialmente com os indivíduos desligados) ou 2º) da empresa (quando de fato se identificavam com as vítimas). Além disso, para reduzir o próprio sentimento de culpa por causa da demissão dos colegas, alguns empregados aumentaram sua produção. Uma vez que a insegurança no trabalho estimulava uma atitude negativa entre os remanescentes, estes sentiam que precisavam trabalhar com ainda mais afinco em relação aos colegas. Não só isso, os que permaneceram precisavam disfarçar o sentimento de desigualdade provocado por sua sobrevivência na empresa convencendo-se de que os que saíram haviam merecido a demissão. Em alguns casos, portanto, um nível moderado de insegurança no trabalho realmente levou a um aumento de produtividade temporário, mas exerceu um efeito contrário no moral dos funcionários.

Os executantes

Também ficou claro a partir das entrevistas realizadas que o *downsizing* deixou uma marca indelével nos executivos responsáveis por implantá--lo. Vejamos alguns fatores que influenciam o comportamento e as reações dos executivos conforme experimentaram o processo.

A maioria de nós pressupõe a existência de uma "equação" inconsciente na interação humana: a crença de que aquilo que fazemos para os outros será feito contra nós. Esta *lex talionis* – lei da retaliação, geralmente traduzida como "olho por olho, dente por dente" – é uma regra antiga e de cunho histórico. Sua ocorrência foi registrada pela primeira vez nas leis babilônicas, que previam que os criminosos deveriam receber uma punição que se igualasse ao sofrimento provocado por eles em suas vítimas. A lei da exata retaliação tem prevalecido em muitas sociedades ao longo da história mundial e, embora a sociedade moderna ocidental já tenha estabelecido outros sistemas e formas de justiça para compensar danos pessoais e materiais, a lex talionis ainda opera nos inconscientes coletivo e individual, na forma de medo subliminar de represálias. Sentimento de culpa, medo de possíveis vinganças e sintomas de estresse são as manifestações dessa crença subconsciente.

Nos responsáveis pela implantação do processo, o *downsizing* torna evidente seu próprio medo da *lex talionis*. Sabendo que estão causando dor e sofrimento nas pessoas, os "executantes" poderão fantasiar sobre uma inversão da situação. O medo de que alguém poderá tentar "se vingar," se levado ao extremo, poderá resultar em reações paranoicas. Alguns executivos, cujo nível de agressividade torna-se cada vez mais elevado por conta da paranoia, acabam recorrendo a medidas preventivas e "esmagando" aqueles que consideram como ameaças.

A crença na *lex talionis* nos oferece uma explanação parcial para o fato de que a maioria dos executivos com os quais conversei se mostrou relutante a fazer o mal para os outros. Porém, até mesmo os "executantes" que não tinham medo de vinganças sofriam de considerável agonia. Serem obrigados a demitir velhos amigos e conhecidos – indivíduos com os quais haviam trabalhado por muitos anos – era algo bastante doloroso. Não surpreende, portanto, que tantos participantes do estudo usassem eufemismos para disfarçar o que estavam fazendo – termos como "desligamento", "descontratação" ou "desrecrutamento", com suas matizes orwellianas.

Os executivos neste estudo reagiram ao estresse associado com o *downsizing* de várias maneiras. Alguns se mostraram confortáveis, enquanto outros assumiram padrões comportamentais preocupantes. Vejamos a seguir algumas variações apresentadas.

O executivo ajustado – Um grupo de executivos lidou com a operação de *downsizing* de um modo relativamente tranquilo. Nenhum padrão reativo disfuncional óbvio foi identificado nesses indivíduos; as cicatrizes residuais mostraram-se mínimas (Ao criar esta classificação, percebi que a aparência de normalidade poderia ser apenas uma espécie de "camada de verniz", ou seja, o resultado de um processo defensivo adequadamente executado por essas pessoas. Todavia, por falta de evidências corroborativas nesse sentido, preferi manter este padrão).

O executivo compulsivo/ritualista – A personalidade compulsiva é caracterizada não apenas pela preocupação do indivíduo com a ordem, a economia, a obstinação e a perfeição, mas também por uma necessidade de controle mental e interpessoal. Tal orientação é motivada pelo objetivo de reduzir a ansiedade e o sofrimento ao manter um forte senso de controle sobre si mesmo e o ambiente. Isso é alcançado pela autoimposição de padrões comportamentais elevados. A compulsiva necessidade pelo controle é atingida por meio da atenção rígida às regras, aos procedimentos e aos cronogramas.

As pessoas que pertenciam a esse grupo estavam orientadas para os detalhes, se mostravam excessivamente cuidadosas e inflexíveis, e demonstravam uma forte tendência para a repetição. Caracterizadas pela indiferença interpessoal e pela contenção afetiva, elas mantinham suas emoções – tanto as "positivas" quanto as "negativas" – sob rígido controle. Esses indivíduos acreditavam firmemente no respeito à autoridade, acatando todos os desejos dos que se encontravam em cargos mais elevados. Quando no comando, exigiam deferência por parte dos subordinados, dando-lhes ordens rígidas e exigindo que elas fossem devidamente cumpridas.

Sua necessidade de controle absoluto – consciente ou não –, assim como os elevados padrões estabelecidos por eles mesmos, em geral essas pessoas causavam grande desconforto em seus funcionários. Todavia, mesmo quando tais excessos eram salientados, elas não alteravam seu comportamento compulsivo, pois este era capaz de manter seu equilíbrio psíquico.

As personalidades compulsivas em posições executivas dentro desse estudo se devotavam quase que exclusivamente ao trabalho e à produtividade. Esses indivíduos raramente participavam de atividades de lazer e, quando o faziam, sentiam-se desconfortáveis sobre o fato de estarem negligenciando o trabalho. Eles não tinham a habilidade de delegar tarefas nem conseguiam trabalhar facilmente em equipe. Sendo indivíduos meticulosos e planejadores detalhistas, não aceitavam considerar mudanças, mesmo quando a própria situação externa também se mostrava diferente. Eles controlavam os gastos e a conduta dos empregados com a mesma firmeza utilizada em seu planejamento diário.

Um dos padrões defensivos principais encontrados nesse grupo de gestores foi o isolamento – a separação das ideias em relação ao estado emocional que as acompanham (embora isso se mantenha reprimido). Enquanto o isolamento pode adquirir várias características primitivas, na vida organizacional ele é geralmente empregado de um modo bastante maduro: com frequência, adota uma forma de afeição desapegada da cognição e se manifesta em padrões de racionalização, moralização, compartimentalização e intelectualização. Um bom exemplo é o fato de que ao concentrar-se em todos os detalhes inerentes a um determinado assunto os executivos compulsivos conseguem evitar o todo repleto de sentimentos.

Considerando-se tais tendências, não surpreende que os executivos compulsivos tenham reportado todo o processo de *downsizing* de maneira precisa e específica. Na verdade, eles planejaram cuidadosamente todos os passos e então se engajaram firmemente no projeto sem tolerar quaisquer falhas ou desvios. Por meio de procedimentos meticulosos, de um acompanhamento ritualístico dos acontecimentos, do controle total e da centralização de poder, esses indivíduos reduziram eventuais incertezas tanto quanto o humanamente possível.

Uma vez que o maior ímpeto por trás de tal comportamento era o medo de desaprovação e punição, tais executivos fizeram de tudo para que todos considerassem seu comportamento "apropriado" e "correto." Demonstrando orgulho por seu senso (percebido) de justiça e de obrigação em relação aos outros, essas pessoas seguiram procedimentos rígidos e mecânicos que reforçaram não apenas sua própria percepção de adequação nas ações realizadas, mas também o entendimento dos que estavam ao seu redor. Em um esforço para retirar o caráter pessoal das demissões, eles contrataram empresas de consultoria para colocar em prática alguns elementos do processo. Também foram convocadas empresas de recolocação para oferecer àqueles que foram "corretamente" demitidos uma "chance justa" de encontrarem novos empregos por meio de treinamentos específicos. Ao mesmo tempo, o processo de *downsizing* oferecia uma válvula de escape legítima para sua hostilidade reprimida. Ao fazerem o máximo para apresentar o processo como uma estratégia necessária para o bem de todos os envolvidos, eles foram capazes de simultaneamente atender às necessidades de sua própria personalidade e aplacar seu sentimento de culpa.

Um dos executivos entrevistados – exemplo típico do estilo compulsivo/ritualista – respondeu a uma pergunta sobre o modo como se sentiu ao decidir demitir 300 funcionários com um discurso sobre a necessidade da empresa em atingir um nível específico de retorno sobre investimento (ROI), o custo do sistema de informações recentemente instalado e os perigos da situação global. Ao ser novamente questionado sobre seus sentimentos pessoais, ele reiniciou seu monólogo, explicando detalhadamente os critérios utilizados para contratar duas empresas de consultoria: uma para ajudá-lo no processo de reestruturação e outra especializada em recolocação para auxiliar os funcionários demitidos. Em seguida, ele discorreu sobre os benefícios oferecidos aos empregados que foram desligados. Em nenhum momento esse indivíduo se referiu aos próprios sentimentos. Somente quando interpelado pela terceira vez ele finalmente respondeu dizendo que a tarefa fora bem realizada.

O executivo abrasivo – Pesquisas demonstram que pessoas com personalidades abrasivas compartilham certas características com os indivíduos compulsivos/ritualísticos (Levinson, 1978). Ambos são impulsionados, acima de tudo, por uma forte necessidade de **atingir a perfeição**. Eles se esforçam ao máximo para atingir objetivos autoestabelecidos e não realistas, em uma tentativa de compatibilizar sua autoimagem com aquilo que realmente gostariam de ser. Contudo, a despeito de seus esforços essas pessoas não conseguem atender a essas expectativas e acabam experimentando cada vez mais frustração, o que, por sua vez, evoca sentimentos agressivos. A força desses sentimentos dependerá da discrepância entre a situação verdadeira em que esses indivíduos se encontram e a posição em que apreciariam estar – uma diferença que, independentemente de quaisquer esforços, continuará a existir. Uma vez que esses tipos abrasivos frequentemente ostentam padrões exagerados para si mesmos – padrões estes que provavelmente se originaram com seus primeiros cuidadores –, eles jamais conseguem eliminar completamente a lacuna percebida. Com o tempo, sua raiva e agressividade já não podem ser contidas e, como um grande volume de água por trás de uma represa danificada, ambas irrompem por sobre colegas e subordinados, amigos e familiares.

Os donos de personalidades abrasivas são geralmente bastante inteligentes, possuem excelentes habilidades para resolver problemas, são rápidos em entender diferentes situações e peritos em encontrar soluções viáveis. Por causa de tais qualidades, esses indivíduos são geralmente encontrados em altos cargos executivos. Sua inteligência e raciocínio rápido, entretanto, são com frequência acompanhados de impaciência, arrogância e falta de habilidades interpessoais. Tais profissionais são intensamente competitivos; eles reconhecem a própria capacidade e não consideram que ninguém possa ser igualmente dotado. Ao demonstrar óbvio desprezo por seus subordinados, chefes abrasivos criam em seus colaboradores sentimentos de inadequação que destroem a autoconfiança e suprimem a iniciativa e a criatividade. Assim como os executivos compulsivos, eles também sentem necessidade de manter o controle sobre si mesmos e também sobre os outros, o que resulta em uma tendência para dominar todo o grupo.

Indivíduos com personalidade abrasiva frequentemente demonstram sinais de "narcisismo reativo" – como frieza emocional, grandiosidade, espírito vingativo e um senso de merecimento. Uma vez que algumas qualidades psicológicas e morais não se desenvolveram na idade adequada, conforme essas pessoas cresciam (provavelmente por causa de estarem em um ambiente que não as protegia de experiências frustrantes), muitas adquiriram um senso de identidade defeituoso e mal-integrado, o que provocou um senso se autoestima instável. Essas experiências do passado podem ter deixado um legado de amargura e rancor. Desse modo, além de se mostrarem sempre frustrados naquilo que desejam realizar, alguns também experimentam na vida adulta uma necessidade de se vingar por conta de injustiças que acreditam ter sido cometidas contra eles.

Gestores abrasivos utilizam-se de táticas agressivas para lidar com todos ao seu redor – aprendidas com os pais ou outros "cuidadores" que tiveram, que usaram métodos disciplinadores severos para "treinar" as crianças. Por experiência própria, eles sabem que a coerção é uma maneira eficiente de fazer com que os outros façam exatamente o que eles desejam. Os abrasivos consideram as pessoas ao seu redor como uma extensão de si mesmos; eles as veem como mecanismos para seu próprio engrandecimento; como pessoas que podem ser utilizadas de maneira livre e legítima para o alcance de seus objetivos. Além disso, eles consideram a si mesmos como seres especiais que merecem ser tratados de modo diferenciado e acreditam firmemente que os limites para um comportamento adequado não se aplicam a eles.

Ao receberem a tarefa de promover o *downsizing* na empresa, os executivos abrasivos geralmente adotaram padrões reativos que correspondiam aos seus traços de personalidade. Ao demitir funcionários, eles se utilizaram da divisão (como explicado anteriormente, a separação entre "bons" e "maus") e da desvalorização como mecanismos de defesa, para diminuir assim seus fortes sentimentos de culpa. Por meio da divisão eles criam uma mentalidade de "nós **versus** eles" dentro da empresa, colocando toda a culpa pela situação da companhia nos ombros dos empregados demitidos. Além disso, eles demonstraram uma tendência para racionalizar o processo ao desvalorizar aqueles que foram desligados – ou seja, menosprezando esses indivíduos –, chamando-os de "supérfluos" ou até de "maçãs podres".

Por exemplo, um dos executivos que entrevistei se referia constantemente de forma depreciativa em relação a algumas pessoas que demitira. Em suas palavras: "Foram aqueles SOBs que provocaram o declínio nas vendas e na lucratividade da empresa. Demiti-los foi a melhor atitude que já tomei em muitos anos. Foi uma ótima medida. Na verdade, acho que fui até um pouco brando durante todo esse tempo. Eu já deveria ter agido antes e demitido mais gente! Infelizmente, só agora tive carta branca agora que o meu predecessor se aposentou." Ele também aproveitou para comparar outras culturas corporativas com a dele – uma empresa global – tornando a separação ainda mais pronunciada. Estava claro em seu discurso que essas culturas corporativas haviam sido desvalorizadas, mas suportado o impacto do *downsizing*. As ações desse executivo são reminiscentes do comportamento de *"Chainsaw Al"* ("Al Serra Elétrica"), também conhecido como *"Rambo in Pinstripes"* ("Rambo em Risca de Giz"), ou simplesmente pelo seu nome de batismo, Albert Dunlap, o infame especialista norte-americano em processos de turnaround (rotatividade) e *downsizing* (Dunlap e Andelman, 1997), que posteriormente teve a reputação arruinada pela descoberta de uma série de fraudes contábeis. Dunlap conseguiu notoriedade por conseguir resultados em curto prazo (os acionistas sempre se saiam bem, assim como ele próprio) às custas de efeitos de longo prazo que suas práticas brutais exerciam sobre os funcionários nas empresas que ele dirigiu. Em 2009, ele foi considerado o "6º pior CEO de todos os tempos".[7]

Os perigos de entregar o processo de *downsizing* a um executivo abrasivo são óbvios. Mesmo no melhor cenário, tais líderes provavelmente provocarão uma atitude negativa e contraprodutiva entre os empregados. Na pior situação, eles poderão desencadear entre os integrantes da organização uma série de processos destrutivos que causarão resultados desastrosos para a tentativa de renovação da empresa.

O executivo dissociável – Uma dos padrões reativos que consegui identificar entre os executivos que implantaram processos de *downsizing* foi justamente a **dissociação**. Aliada à negação, a dissociação – a separação e a exclusão de processos mentais que estão normalmente integrados – é uma maneira primitiva de se lidar com situações estressantes; é uma medida de emergência em momentos de extrema tensão. De maneira típica, o que coloca tal defesa em funcionamento é uma situação impregnada de emoções dolorosas e conflitos psicológicos. A dissociação – que serve como um mecanismo de desligamento, uma alteração na percepção da realidade – é um modo de o indivíduo proteger a si mesmo daquilo o que lhe parece uma experiência intolerável. Como mencionado anteriormente, uma pessoa que recorre a esse método de lidar com as situações, remove de sua consciência, e de seu controle, uma gama de elementos mentais associados, como pensamentos, imagens, sentimentos, sensações e desejos. A dissociação é uma experiência distorcida do *self* associada a um senso de fantasia (ou estranheza) e de profunda indiferença. Veja as palavras de um alto executivo que experimentou a dissociação: "Eu não estava presente quanto tive de demitir algumas centenas de funcionários. É claro que fisicamente eu estava lá, mas não emocionalmente. Lembro-me claramente de estar de pé em uma das salas de reunião da empresa, em uma espécie de transe, tentando explicar para os funcionários a razão pela qual eles seriam demitidos. Era como se eu

---

[7] www.portfolio.com, 22 de abril de 2009.

estivesse observando a mim mesmo de fora ou assistindo a mim mesmo em um jogo. A sensação tornou-se ainda pior quando tive de fazê-lo pela segunda vez. Foi como se eu estivesse em um pesadelo."

Muitos dos executivos que participaram desse estudo descreveram a si mesmos como se estivessem completamente desconectados de suas próprias ações ao longo do processo de *downsizing*, mesmo enquanto demitiam centenas e até milhares de funcionários. Eles se sentiam como meros expectadores, participando e fazendo o que precisava ser feito sem, contudo, fazer parte de tudo aquilo. Embora os processos mentais e os eventos externos continuassem iguais, aqueles atos eram desprovidos de sentimento ou de significado para os indivíduos envolvidos. Como bem ilustra a citação anterior, esse sentimento de fantasia foi experimentado como uma indiferença em relação ao próprio corpo e aos próprios processos mentais. A pessoa envolvida se tornou um observador externo, sentindo-se como um robô ou como alguém que estivesse em meio a um pesadelo. Algumas sensações relatadas foram tontura, ansiedade, pânico com relação a questões de saúde, medo de enlouquecer e distúrbios na percepção de tempo e espaço.

Uma perda na capacidade de experimentar emoções ocorreu em gestores dissociados, embora às vezes eles parecessem conseguir expressá-los. Algumas pessoas que passaram pela dissociação sentiram-se estimuladas a se envolver em vigorosas atividades (por exemplo, físicas) com o intuito de induzir sensações suficientemente intensas para ultrapassar a muralha criada pela fantasia. No estudo, assim como ocorre em geral, pessoas inclinadas a esse tipo de distúrbio se mostraram bastante conscientes sobre os problemas que afetavam seu próprio senso de realidade. Na verdade, sua capacidade em termos de auto-observação parecia inclusiva exacerbada. Embora reclamassem de uma sensação de estranheza e da falta de emoções, e frequentemente demonstrassem considerável nível de ansiedade, elas não apresentavam evidências de grandes distúrbios em seu estado emocional, tampouco processos de desorganização dos pensamentos. Como uma experiência isolada, a dissociação se mostrou bem comum entre os participantes do estudo sobre *downsizing*. Em alguns indivíduos, entretanto, este se comprovou um fenômeno recorrente, que geralmente acompanhava a depressão.

O executivos alexitímico/anedonista – Enquanto a dissociação não causa nenhum **distúrbio** mais **grave** no **estado emocional, manifestações alexitímicas** poderão **fazê-lo**. Executivos que sofreram de sintomas que se assemelhavam aos da alexitimia – em especial os indivíduos que se engajaram repetidas vezes em processos de *downsizing* – começaram a enfrentar problemas com a diminuição da capacidade de sentir e, em alguns casos, isso se transformou em reações alexitímicas.

No primeiro volume dessa série,[8] aprofundei-me na discussão dessa condição – indivíduos que simplesmente não conseguem reconhecer emoções e lutam para compreendê-las, assim como às próprias alterações comportamentais. No caso de reações alexitímicas sérias, as pessoas ostentam um estilo cognitivo baseado na extrema realidade, uma vida desprovida de fantasias, uma escassez de profundas experiências emocionais, uma tendência a se envolver em comportamentos interpessoais estereotipados e um padrão discursivo caracterizado por detalhes repetitivos, triviais e contínuos.

Alguns dos executivos com os quais conversei já haviam se juntado ao mercado de trabalho com uma disposição moderada para a alexitimia, o que significa que eles já possuíam alguma dificuldade em experimentar e reconhecer emoções desde o início. Outros desenvolveram tais inclinações depois de um evento estressante específico ou de uma série de situações desse tipo. Aqueles que se juntaram a organizações em que o controle das emoções era normal tiveram essas tendências reforçadas; obviamente, a experiência traumática de se tornar uma figura principal em um processo de *downsizing* apenas contribuiu para exacerbá-las. Alguns dos executivos com os quais conversei – veteranos nesse tipo de reestruturação – tornaram-se completamente insensíveis depois de enfrentar vários processos de enxugamento. Aqueles mais suscetíveis a esse distúrbio encontravam cada vez maiores dificuldades em sentir, porém, costumavam ignorar os sinais de perigo fornecidos pela própria mente e pelo próprio corpo. Com frequência esses indivíduos eram somatizantes – reclamavam de sintomas vagos, embora o verdadeiro problema fosse o desconforto emocional. Veja o que disse um executivo ao ser perguntado sobre como se sentiu durante o *downsizing*: "Eu realmente não sei lhe dizer como me senti; embora isso possa lhe parecer estranho, minha esposa em geral me diz como eu estou me sentindo. Para ser honesto, sinto-me bastante confuso em relação aos sentimentos. Tenho grande dificuldade em discutir diferenças emocionais. Não tenho fortes sentimentos negativos ou positivos. Contudo, o fato de ter de me envolver em um processo de *downsizing* me causa mal-estar."

---

[8] *Reflexões sobre Caráter e Liderança* (Artmed, 2010). Referência à pg. 62 do Capítulo 3 da edição original em inglês.

Depois de repetidos processos de enxugamento, algumas dessas pessoas adquiriram um "senso de morte"; seu comportamento se tornou robotizado. Uma vez que elementos externos lhes proporcionavam alguma vida, esses indivíduos acabavam se embrenhando no trabalho como se este fosse uma espécie de droga. Eles optavam por fazer para não serem obrigados a experimentar. O objetivo inconsciente por trás de seu trabalho bastante focado em detalhes visava evitar reflexões dolorosas sobre os efeitos do *downsizing*.

A anedonia – a perda de interesse e o afastamento do indivíduo de quaisquer atividades que normalmente significariam prazer – está estreitamente associada com a alexitimia. Esse padrão se manifesta pela dificuldade que a pessoa tem em manter a concentração e o interesse em atividades que, no passado, ocupavam sua atenção. Uma reclamação frequente entre os executivos anedonistas que participaram do estudo era o tédio. Conforme seu entusiasmo original pelo trabalho se esvaia, esses profissionais se tornavam cada vez menos inclinados a se engajar em atividades normais no ambiente de trabalho (Essa perda de prazer também se aplicava em sua vida pessoal). Vários executivos entrevistados reclamaram de falta de prazer, ressaltando que seu entusiasmo original pelo trabalho havia se dissipado. Com uma diminuição nos níveis de interesse e concentração, eles passaram a apresentar uma tendência para a procrastinação, adiando decisões e se tornando cada vez mais ineficientes. Muitos sentiram que o processo contínuo de *downsizing* havia contribuído para sua insatisfação em relação não apenas à vida organizacional, como também à vida em geral.

O executivo deprimido – Entre a **anedonia** e a **depressão** resta apenas um passo. Já discorri sobre as reações depressivas entre as vitimas do processo de enxugamento. As experiências por parte dos executantes foi similar. Na verdade, a depressão mostrou-se uma ocorrência comum entre a maioria dos entrevistados durante o estudo – embora o grau variasse bastante entre um simples estado deprimido ou sentimento de culpa até mesmo a pensamentos suicidas (e até tentativas).

Os executivos deprimidos que participaram do estudo geralmente experimentaram um efeito de achatamento em seu estado emocional – uma inabilidade para responder adequadamente ao estado de ânimo de cada ocasião. Uma vez que estavam demasiadamente preocupados com pensamentos sombrios, esses indivíduos somente conseguiam ver o lado negativo de cada situação. Muitos passaram a ver a vida como um fardo e achavam que viver já não valia mais à pena. Além disso, essas pessoas ocasionalmente se comportavam de modo não apropriado – caindo em lágrimas em pleno ambiente de trabalho, por exemplo. Esses executivos também experimentaram uma clara perda de energia: seu nível de atividades já não era o mesmo e (assim como qualquer vítima deprimida) sua aparência pessoal era, às vezes, negligenciada. Eles demonstraram ainda uma tendência para a insônia e, mesmo quando conseguiam dormir, muitas vezes se sentiam cansados (ou até exaustos) pela manhã. Eles reclamavam que os alimentos já não os apeteciam, o que comumente provocava a perda de peso. O interesse sexual também havia diminuído: aquele sentimento especial de prazer íntimo não existia mais e, em alguns casos, ocorria inclusive a impotência.

Com frequência, os executivos deprimidos davam início a um processo de autoacusação. Em vários casos ocorriam mudanças radicais: depois de direcionarem sua agressividade externamente durante o *downsizing*, essas pessoas começaram a se tornar agressivas consigo mesmas. Por causa desse recém-adquirido senso de culpa, elas começavam a acreditar no pior sobre si próprias, e como principais executantes do enxugamento, não lhes parecia difícil identificar seus próprios pecados. Cada vez mais elas se responsabilizavam pelo mau que haviam causado nos outros.

SUPERANDO PERDAS

Vítimas e sobreviventes do processo de *downsizing* ocupam extremidades opostas do espectro de mudança. Todavia, ao comparar ambas as situações, verifiquei algumas similaridades em suas reações e em suas abordagens cognitiva e emocional dos eventos. Os dois grupos tiveram de enfrentar situações extremamente estressantes; ambos foram obrigados a lidar com a perda de amigos e colegas. Nos dois casos, todos tiveram de começar uma nova vida – uma que se mostraria desprovida da segurança percebida que no passado governara suas identidades profissionais individuais.

O processo de luto

A maioria das pessoas não trabalha apenas pelo dinheiro; elas possuem outros motivadores intrínsecos. Um deles é a necessidade de pertencimento. A sensação de fazer parte de uma entidade maior é fundamental para o estabelecimento da identidade individual. Integrar uma organização, e perseguir dentro dela uma carreira duradoura, oferece ao ser humano tal oportunidade. Para muitas pessoas que participaram do estudo, a identidade organizacional e a carreira mostraram-se importantíssimas para a construção de seu próprio conjunto de características individuais e, nesse sentido, constituíam uma fonte primordial de autoestima.

Considerando o tempo que as pessoas passam no trabalho, as empresas podem ser consideradas como famílias simbólicas. As pessoas com as quais interagimos no trabalho acabam se tornando parte de nossa vida interior e são, portanto, importantes para o nosso bem-estar. No caso dos participantes do estudo, a separação dos membros dessa "família," seja por conta da própria demissão ou a dos colegas, surge como um senso de separação e perda. Para a maioria dos indivíduos, tal perda criou a necessidade de "luto" e resultou em uma sequência de reações nesse sentido (Bowlby, 1969; Kets de Vries e Miller, 1984).

No primeiro estágio, as pessoas demitidas durante um processo de reestruturação geralmente experimentaram um senso de entorpecimento, interrompido por surtos ocasionais de pânico e raiva. Tais reações são compreensíveis pelo fato de esses indivíduos se sentirem feridos. Todos que enfrentam uma perda precisam ter a oportunidade de superar esses sentimentos para que possam seguir em frente. Qualquer tentativa de repressão neste caso somente causará problemas ainda mais sérios. Em situações como esta, na fase inicial do processo certo nível de raiva deve ser observado como um sinal positivo, pois indica que a pessoa conseguiu reter seu espírito de luta.

A primeira fase de luto após o enxugamento é geralmente seguida por um período de nostalgia e de busca pelo que foi perdido. Esse período, que pode durar vários meses, é normalmente acompanhado de sentimentos de descrença e desorientação, e também pela negação da nova realidade. Preocupadas com o passado, os envolvidos em um processo de reestruturação sentem saudades dos "velhos dias".

No terceiro estágio – desorganização e desespero – os sobreviventes e as vítimas ficam imaginando se e onde conseguirão se encaixar. Tendo perdido seu forte senso de identidade como membros de uma organização, eles não acreditam na possibilidade de conseguirem pertencer a outro grupo e não conseguem se decidir sobre como proceder. Surtos de autorreprovação e tristeza são típicos do quadro. Embora as ações concernentes ao processo de *downsizing* tomadas por gerentes não estejam sob seu controle direto, vítimas e sobreviventes tenderão a culpar a si mesmos pelo ocorrido.

Conforme as pessoas enfrentam esses estágios iniciais do luto, elas passam a descartar antigos padrões de pensamento, sentimento e ação. Desenvolve-se uma aceitação gradual da nova situação, tanto a nível organizacional como pessoal, e surge um desejo de se fazer uma autoavaliação. Isso resulta em uma redefinição e, até mesmo, na reinvenção do *self*. Conforme o indivíduo em luto explora novas oportunidades, de maneira experimental, e tenta estabelecer um novo equilíbrio, ele sente um novo senso de esperança; novas escolhas parecem possíveis. Surgem nele não apenas uma atitude proativa, mas também uma orientação em direção ao futuro. O alcance dessa fase indica que a pessoa finalmente aceitou a nova realidade.

O estudo sobre *downsizing* indicou que poucos executivos não foram capazes de superar o período de luto. Incapazes de ir além dos estágios iniciais, essas pessoas tiveram de adotar mecanismos primitivos de defesa, negando a realidade e se agarrando ao passado. Indivíduos que ficaram presos a essa situação continuaram a agir como se nada tivesse ocorrido, tentando assim manter suas ilusões. Algumas pessoas responderam à perda percebida de *status* e de respeito com agressividade e destruição. Outros se utilizaram do deslocamento de foco (o redirecionamento da raiva, deixando de lado a parte responsável para concentrar-se em terceiros), da dissociação cognitiva e da separação como mecanismos de defesa.

A fadiga

As pesquisas também apontaram para uma relação entre o fenômeno de *downsizing* e o aumento no número de alegações de incapacitação por distúrbios mentais e na incidência de doenças induzidas pelo estresse (Smith, 1994). Para várias pessoas, o processo de enxugamento é geralmente acompanhado por manifestações emocionais, cognitivas e psicológicas que podem ser agrupadas sob um só rótulo – fadiga. A fadiga é um amálgama de reações de estresse. Os principais sintomas são a exaustão emocional, a falta de energia e o sentimento de vazio. A despersonalização e uma atitude negativa, cínica e desumanizada em relação às pessoas se combinam durante síndromes que frequentemente acompanham casos severos de fadiga (Cordes e Dougherty, 1993).

A fadiga *(burnout)* implica em uma deterioração da saúde mental e seus sintomas são problemas de autoestima, irritabilidade, depressão, desamparo e incontrolável ansiedade. Além da fadiga emocional, da falta de energia e do vazio mencionados anteriormente, o quadro ainda inclui insônia, dores de cabeça, náuseas, dores no peito, distúrbios gastrointestinais (como úlcera e colite) e reações alérgicas. Entre as consequências da fadiga estão o aumento no consumo de substâncias proibidas, a rotatividade de funcionários no emprego, o absenteísmo e, às vezes, até mesmo o suicídio. Por causa do estresse crônico e dos problemas que causam aos contatos interpessoais, o *downsizing* é capaz de acelerar e amplificar as manifestações de fadiga (embora não exista uma forte correlação dele com a fadiga).

O estudo sobre o *downsizing* indicou que muitas vítimas do processo demonstraram sinais de fadiga como uma reação à demissão. Os sobreviventes e os "executantes" também apresentaram sinais desse mal, em especial depois de participarem de vários processos de demissão. Nos três grupos, os padrões comportamentais para lidar com esse problema estavam repletos de sintomas de fadiga.

Entre os "executantes," o conflito em torno da ambiguidade do próprio papel se mostrou um fator importante no desenvolvimento da fadiga. Os executivos, que até então costumavam considerar a si mesmos como os "construtores" da organização e também como os "guardiões" do bem-estar de seus funcionários, se viram forçados a demitir essas pessoas – isso violou o modo como encaravam a própria função. A culpa que esse conflito interno criou, juntamente com o fato de que as demissões provocadas pelo processo não são estanques, mas ocorrem de maneira repetida, contribuiu ainda mais para sua sensação de fracasso. Responsabilizando-se pela falta da capacitação necessária para resolver os problemas da empresa, esses executivos já não viam a si mesmos como indivíduos competentes; eles perderam seu senso de realização. O resultado foi uma queda na autoestima. No final, todos esses sentimentos conflitantes deram origem à fadiga.

AS TÁTICAS PARA O *DOWNSIZING*

Vimos até aqui uma grande variedade de padrões reativos típicos entre indivíduos afetados pelo *downsizing*. Porém, independentemente de como esse processo – definido como "um corte isolado e extensível a todos os funcionários", não como demissões normais que façam parte da transformação contínua da empresa – é implementado, sempre deixará feridas. A despeito do quão humano o executante tente ser, pessoas sairão machucadas; e, com isso, a própria empresa será negativamente afetada. Implantar um processo restrito de *downsizing* é difícil, se não impossível. De fato, como uma medida de conveniência e eficiência o processo inevitavelmente provocará mais danos que benefícios. Somente se aplicado em seu senso mais amplo o resultado de um enxugamento poderá ser mais positivo.

Mais ainda, mesmo que uma organização sobreviva a um processo limitado de achatamento, isso não garantirá seu sucesso no futuro. O dilema crucial permanece: as pessoas precisam acreditar na nova organização para que ela funcione, contudo, para acreditar nela terão de se certificar de que ela realmente funciona.

Muitos executivos somente têm contato com suas próprias reações emocionais e também com as de seus subordinados quando já estão profundamente envolvidos nas atividades do processo de enxugamento. Até mesmo os executivos que tiverem em mãos planos estratégicos detalhados geralmente tropeçarão no momento de implantarem o sistema, pois falharam em considerar um dos determinantes mais significativos do sucesso ou do fracasso de seus esforços: o comportamento dos envolvidos. Todavia, ao tomar conhecimento desde o início que o *downsizing* é um processo impregnado de emoções para todos os envolvidos, e ao preparar a si mesmo e aos funcionários cuidadosamente para as várias reações psicológicas que provavelmente emergirão durante o processo, os executivos conseguirão limitar as possibilidades de um desastre.

Promover ou não o *downsizing*

Como já observado, o *downsizing* provoca considerável sofrimento no ser humano. E como demonstrado pelas descrições até aqui, nenhum participante do processo escapa dessa dor. Embora os custos de um enxugamento organizacional em sua forma mais limitada tenham se comprovado maiores que os benefícios alcançados, as sombras estatísticas que sustentam essa visão não parecem capazes de deter as inúmeras empresas que optam por esse tipo de achatamento (às vezes de maneira repetida). As questões fundamentais a serem consideradas são: levando-se em consideração o fator humano, caso uma organização decida, a despeito dos riscos óbvios, ir adiante com um esforço limitado de *downsizing*, qual seria a melhor maneira de implantá-lo? E o que é possível fazer para evitar as armadilhas clássicas do processo?

Em primeiro lugar, é preciso lembrar que cada esforço no sentido de implantar o enxugamento é uma tentativa de mudar tanto os indivíduos como a própria organização. Tal fato possui ramificações. Alguma forma de sofrimento é sempre necessária para uma mudança efetiva. A dor é um motivador primário e também um estímulo para que as pessoas busquem uma nova ordem. Porém, os estudiosos do comportamento humano também sabem que a dor, por si só, não é suficiente. Sem a presença do fator "prazer" na equação, a dor simplesmente torna as pessoas deprimidas. Portanto, outro ingrediente fundamental para o processo de mudança é a esperança. É a esperança por um futuro novo e excitante que impulsiona as pessoas afetadas a seguirem em frente.

Como já verificado, um dos erros básicos e comuns nos primeiros esforços de enxugamento era a tentativa de usar o processo para remediar custos excessivos (muitas vezes a única razão percebida para a ineficiência da empresa) por meio da redução drástica do número de funcionários da organização. A ideia de seletividade – baseada em uma visão excitante de um novo futuro – simplesmente inexistia no início desses esforços (e ainda permanece elusiva nos dias de hoje). Todavia, como já enfatizado várias vezes, quaisquer estratégias de corte de funcionários tenderão a fracassar se estiverem desacompanhadas de ajustes em outros componentes da organização. Implantar um processo de *downsizing* de modo indiscriminado é o mesmo que realizar uma cirurgia com um bisturi completamente cego. Como já indicado, as demissões, caso sejam consideradas necessárias, precisam fazer parte de um abrangente processo de mudança dentro da cultura organizacional – uma mudança que é às vezes descrita como "reengenharia" – alcançada parcialmente pela saída de funcionários que não dispõem das habilidades e/ou da flexibilidade necessárias e pela entrada de novos colaboradores entusiasmados que possam oferecer criatividade e energia suficientes para reinventar a empresa. O investimento em capital humano pela disponibilidade de acesso à educação e a treinamentos, e na compra de equipamentos e maquinário, são ações que emitem um forte sinal de que a gerência acredita no futuro da organização. Essas práticas diminuem a culpa abrigada pelos sobreviventes e limitam padrões disfuncionais no modo como as pessoas lidam com a situação.

Uma consideração importantíssima em qualquer esforço de *downsizing* é o redesenho da distribuição do trabalho. Uma reclamação frequente entre os sobreviventes de organizações que enfrentaram um processo de achatamento diz respeito ao fato de que a demissão de funcionários resultou em um aumento substancial de trabalho, o que coloca um fardo adicional sob indivíduos que já se encontram ansiosos e desorientados. Para evitar esse tipo de pressão desnecessária, é essencial que a administração defina os novos papéis, as novas responsabilidades e tarefas de cada empregado.

A dinâmica das demissões

Uma das tarefas executivas essenciais que precedem a implantação de um processo dessa natureza é o desenvolvimento de uma estratégia coerente de argumentação. No passado, quando o *downsizing* começou a ser implantado, os funcionários eram geralmente demitidos em massa ou encorajados a deixar a empresa por meio de planos de aposentadoria prematura ou do recebimento de altas indenizações. Sem ter realizado qualquer seleção prévia, a administração ficava feliz em ver o maior número possível de funcionários deixando a empresa. Esses cortes irrestritos geralmente provocavam a perda da estrutura organizacional, na forma de conhecimento e memória. Vale ressaltar que, no pior cenário, a saída de elementos-chave chegava inclusive a provocar o fechamento da companhia. Ao agir de maneira organizada, ou seja: 1º) prevendo desde o início e de modo talhado o futuro da empresa; 2º) escolhendo cuidadosamente os funcionários que serão fundamentais para administrá-la; e 3º) reconstruindo o novo organograma em torno desse pessoal (oferecendo-lhes um cargo melhor ou um salário mais elevado, mesmo que a diferença seja pequena), as empresas poderão evitar erros caros que resultarão na necessidade de reciclagem dos sobreviventes, na recontratação de antigos empregados (o que poderá custar caro) e na contratação de consultores externos.

Uma importante consideração a ser feita quando as demissões são consideradas inevitáveis para a sobrevivência da empresa, diz respeito à velocidade com a qual elas ocorrem. Embora o *downsizing* deva fazer parte de um processo gradual e contínuo de renovação corporativa – a implantação paulatina de um novo estilo de vida – a administração deve considerar que um ambiente de trabalho relativamente estável é crucial para o bem-estar psicológico tanto das vítimas como dos sobreviventes. Em geral, os seres humanos têm um baixo nível de tolerância a altos graus de incerteza. Na verdade, o trabalho de se preocupar com o que poderia acontecer pode se tornar mais estressante do que a ocorrência propriamente dita. Quando ameaçados com incertezas, as pessoas tentam apaziguar sua ansiedade agindo de maneira impulsiva e destrutiva na medida em que tentam estabilizar seu equilíbrio psicológico. Mantendo a possibilidade de demissão pairando sobre a cabeça dos sobreviventes por semanas, ou até meses, resultará em uma atmosfera de medo e paranoia que levará a níveis mais baixos de produtividade e poderá ainda desencadear a paralisação da empresa.

A importância da comunicação – A comunicação é um dos aspectos mais significativos do processo de *downsizing*, entretanto – como já mencionado –, em geral, os executivos reduzem a comunicação durante o processo. Há inúmeras razões para isso. No topo da lista estão limitações temporais: os executivos enfrentam pressões cada vez maiores – muito a fazer em pouco tempo – quando se envolvem em transformações corporativas radicais. Além disso, eles se sentem **relutantes** em confrontar as pessoas c**om notícias ruins**, sem perceber que oferecer falsas esperanças aos empregados poderá causar consequências nefastas (Sem receber os devidos sinais de alerta, empregados que tentam lidar com a situação por meio da negação não se empenham em buscar novas oportunidades de trabalho. Neste caso, todos serão pegos de surpresa quando se der o inevitável).

Conforme já verificado, executivos envolvidos no processo de *downsizing* tendem a se afastar do resto dos funcionários e a concentrar-se em aspectos técnicos, justamente por temerem não apenas suas próprias reações, mas também as de seus colaboradores. Tais profissionais veem a comunicação como "conversa fiada," ou seja, como perda de tempo, e não percebem que a falta de acessibilidade poderá resultar em crescente desconfiança por parte dos trabalhadores. Eles também não se dão conta de que ao se mostrarem abertos sobre o dilema e demonstrar que não estão indiferentes à questão adotam atitudes que irão naturalmente desencadear simpatia e, desse modo, um maior desejo por parte dos empregados em cooperar e em fazer com que a empresa vença as dificuldades enfrentadas.

Outra razão para a comunicação insuficiente é o temor dos executivos em compartilhar informações perturbadoras que possam causar prejuízos ao moral e à produtividade da empresa. Mesmo assim, como já mencionado, é precisamente a falta de dados realistas que poderá provocar os maiores danos. Os empregados geralmente sabem mais do que a gerência imagina; além disso, quando não dispõem de dados completos, eles conseguem rapidamente reunir informações truncadas oriundas de vários departamentos. Isso dá espaço a rumores – em geral, exagerados – que distraem os empregados e causam sérios danos ao moral. Um dos meios mais eficazes para os executivos manterem a credibilidade e a confiança é manter a comunicação aberta, contínua e detalhada. Ao se mostrar acessível e interagir com os funcionários, a gerência consegue oferecer apoio aos que precisam, esclarecer situações e ser honesta e aberta em relação às possíveis consequências.

Lidando com as vítimas – Um dos fatores mais cruciais para o sucesso do *downsizing* é o comportamento dos executivos em relação às vitimas. O cuidado com aqueles que forem demitidos beneficiará a organização e também os funcionários desligados. Como já observamos, os sobreviventes costumam reagir fortemente àquilo que consideram como um tratamento injusto para com os que deixaram a empresa. O comportamento, o moral e a produtividade desses sobreviventes serão, portanto, claramente afetados pelo modo como as demissões forem administradas. Ao oferecer às vítimas serviços de apoio (consultoria especializada em recolocação e aconselhamento psicológico e profissional), com o objetivo de ajudá-los a encontrar novos empregos e de assisti-los neste momento de transição, os executivos conseguirão lidar melhor com essa situação tão complexa.

CONCLUSÃO

Embora eu espere sinceramente que este capítulo contribua para uma melhor compreensão do impacto causado pelo *downsizing* no indivíduo, este estudo exploratório também deixa claro que muito mais precisa ser feito antes que todos os parâmetros fundamentais do processo sejam de fato entendidos. Como tentei demonstrar, o achatamento empresarial é um processo que revela uma miríade de reações emocionais malcompreendidas. Vimos que o enxugamento, quando feito de modo inadequado (particularmente quando interpretado de modo restrito), pode se tornar um instrumento perigoso – algo que provocará profundos danos nos sistemas de valores e crenças das pessoas envolvidas, causando nelas grande estresse. Portanto, assim como estabelecer estratégias construtivas para lidar com o problema, monitorar o nível de estresse nos diferentes grupos é essencial.

No centro do processo de *downsizing* está o modo como as pessoas lidam com as mudanças.

Somente aqueles que conhecerem os processos de mudança individual e transformação corporativa poderão lidar de maneira sólida com o *downsizing*. De fato, seria bem melhor se abandonássemos de vez o uso dessa palavra e optássemos por **"transformação corporativa"** – o processo de continuamente alinhar a organização com o ambiente e formatar uma cultura organizacional em que o constante encorajamento para a assunção de novos desafios tenha caráter central. Renomear esse processo dando-lhe maior abrangência oferecerá a todos a oportunidade de visualizá-lo de maneira mais construtiva. Aqueles que estiverem prontos para se unir ao processo de busca contínua por desafios e aprendizado poderão se sentir ainda mais encorajados pelas palavras do filósofo francês Montaigne: **"O que nos ilumina é a jornada, não o destino."**

CAPÍTULO 7

INDO ALÉM DE SOLUÇÕES TEMPORÁRIAS: A PSICODINÂMICA DA TRANSFORMAÇÃO ORGANIZACIONAL E DA MUDANÇA[1]

"Não há nada constante em nosso mundo, exceto a inconstância."
— Jonathan Swift

"Tudo mudou, exceto nosso modo de pensar."
— Albert Winstein

"Como todos os homens fracos, ele fazia questão de não mudar seu modo de pensar."
— W. Somerset Maugham

---

[1] O material deste capítulo já apareceu na forma impressa em: Kets de Vries, M.F.R. e Balazs, K. (1998) *Beyond the quick fix: The psychodynamic of organisational transformation and change* (Indo além de soluções temporárias: a psicodinâmica da transformação organizacional e da mudança), *European Management Journal* 16(8), pg. 611-22.
    Kets de Vries, M.F.R. e Balazs, K. (1996b) *Transforming the mindset of the organisation: a clinical perspective* (Transformando a mentalidade da organização: uma perspectiva clínica), *Administration & Society*, 31(2), pg. 101-111.

Conta-se uma história sobre um enorme lúcio (um peixe de rios e lagos da Europa que chega a ter 1,5 m de comprimento) que certa vez foi colocado em um grande aquário. O recipiente fora dividido em duas partes, sendo que uma delas foi ocupada pelo gigante carnívoro e a outra por inúmeros peixinhos decorativos. No momento em que viu os pobres peixinhos, o lúcio imediatamente empenhou-se em capturá-los. O problema é que toda vez que tentava acaba batendo contra a proteção de vidro. Isso fez com que o lúcio desistisse de seu objetivo, pois concluiu que seria impossível alcançá-los. Quando finalmente a proteção de vidro foi retirada, o lúcio continuou a ignorar os peixinhos. O lúcio se viu preso a um **padrão comportamental** que, aparentemente, não conseguiria **desaprender**.

Mudar não é fácil. O ser humano tem uma forte tendência a manter **padrões disfuncionais**, independentemente do quão **ilógicos** eles possam parecer, e não consegue alterar sua perspectiva de vida sem investir enorme esforço nesse processo. Há inúmeros obstáculos no caminho das mudanças pessoais e eles operam tanto em nível consciente quanto inconsciente.

O mesmo problema prevalece dentro das organizações. Enquanto o mundo ao seu redor muda diariamente – com avanços na tecnologia competindo com os aprimoramentos nas comunicações – muitas empresas preferem entrincheirar-se na segurança do *status quo*. Portanto, nessa **era de descontinuidade**, as empresas que sobreviverão ao longo das próximas décadas serão aquelas que conseguirem responder de maneira eficaz e eficiente às exigências de um ambiente que muda de maneira constante. Mas como os líderes corporativos poderão agir de maneira proativa no sentido de instigar o processo de mudança organizacional? Seria possível utilizar nossos conhecimentos sobre as dinâmicas da transformação pessoal dentro do meio organizacional? Ambas as perguntas se tornaram absolutamente críticas, em especial no momento em que essas mudanças já não representam a **exceção**, mas a **regra** para todos os **empreendedores** que quiserem manter seus negócios vivos e alcançar o sucesso.

Baseando suas teorias nas descobertas realizadas por especialistas nas psicologias do desenvolvimento e clínica, alguns psicólogos organizacionais argumentam que uma vez que as empresas são formadas por uma gama de pessoas diferentes, a implantação bem-sucedida das mudanças organizacionais depende de uma compreensão das reações individuais ao processo de mudança como um todo. Estes profissionais sugerem inclusive que a falta de atenção às experiências internas dessas pessoas em relação às mudanças poderá até mesmo provocar o abortamento do processo.

Enquanto os psicólogos clínicos e os da área de desenvolvimento ampliaram sua visão ao observar o indivíduo em toda sua diversidade, muitos psicólogos organizacionais optaram por uma perspectiva mais estreita, partindo do pressuposto que o **ser humano é uma criatura racional e lógica**. Utilizando esta abordagem simplista do comportamento humano, as recomendações oferecidas por esses especialistas em transformação empresarial tendem a ser superficiais, temporárias e a causar pouca influência no ambiente. Porém, os agentes de mudança que estiverem atentos às ricas dinâmicas inerentes às mudanças individuais conseguirão ir além do mero alarde e transformar o processo em um esforço mais realista.

Os profissionais da psicologia do desenvolvimento e os psicoterapeutas clínicos ostentam visões variadas sobre o grau de mudança que é possível implantar. A maioria dos pesquisadores na área do desenvolvimento de personalidade concorda que, embora a vida adulta não produza as alterações dramáticas e revolucionarias que o ser humano enfrenta na infância, algum nível de mudança ainda é possível.

Neste capítulo, meu objetivo é demonstrar que é perfeitamente possível tecer paralelos entre os processos de mudança individual e organizacional se observarmos os diferentes estágios das mudanças individuais a partir de uma perspectiva clínica. Sugiro também que se aplicarmos o conhecimento obtido com o processo de mudança do indivíduo àquele das transformações organizacionais, conseguiremos promover intervenções organizacionais e mudanças com mais rapidez e facilidade.

Método

A orientação clínica desse capítulo é derivada de dados coletados durante um grande número de intervenções em empresas. O material foi ainda ampliado com uma séria de entrevistas detalhadas com executivos envolvidos em processos de transformação.

A RAZÃO PELA QUAL A MUDANÇA É ALGO TÃO DESAFIADOR

Os principais obstáculos para as mudanças do ser humano (e, por conseguinte, das organizações) são as várias forças prevalentes em cada indivíduo que se opõe a elas. Por exemplo, a ansiedade associada à incerteza de estar se engajando em algo novo (ou de novamente ser exposto a velhos perigos e riscos) geralmente faz com que as pessoas resistam a mudanças. Em um esforço para reduzir tal ansiedade, os indivíduos permitem que um **padrão comportamental de evitação** — por meio do qual protegem a si mesmo de situações aterrorizantes — se enraíze profundamente. A repetição de comportamentos passados, a despeito da dor que isso possa causar, é uma técnica bastante comum do ser humano para superar situações traumáticas. Além disso, o medo de ter de admitir que a situação presente não é positiva poderá também contribuir para uma **postura de congelamento**. De um modo bastante irônico, em várias situações parecemos preferir o que é **familiar**, a despeito do quão **doloroso**, àquilo que é **desconhecido**, por mais que seja **promissor**. Nesse sentido, as pessoas preferem lidar com situações extremamente **insatisfatórias** que tomar uma atitude para **transformá-las**. E não só isso, é comum que indivíduos resistam a mudanças em função dos **"ganhos secundários"** — benefícios psicológicos como a **simpatia** e a **atenção** — que poderão advir da manutenção dos padrões disfuncionais.

OS PRERREQUISITOS PARA AS MUDANÇAS PESSOAIS

Há uma espécie de sequência lógica no processo de mudança pessoal. Ele começa com uma **emoção negativa** e passa pela identificação do **evento focal** e pela **declaração pública de intenção**. Todas essas etapas desempenham um papel fundamental na facilitação do processo de transformação e, ao mesmo tempo, representam passos preliminares da **jornada interna** que contribuirá para a **internalização da mudança**.

1º) Passo - A emoção negativa

Se a tendência humana é resistir a mudanças, como então o processo ganha vida? Por que razão essa resistência começa a enfraquecer? Considerando a relativa estabilidade da personalidade humana, colocar o processo de mudança em andamento exige um forte elemento indutor — que aparece na forma de **dor** ou **sofrimento**. Em poucas palavras, o desconforto capaz de superar o prazer dos "ganhos secundários" é, em geral, o catalisador das mudanças.

Tal desconforto pode se manifestar de várias maneiras:

- Estudos sobre mudança pessoal indicam que o elevado nível de estresse é um dos principais indutores de mudanças no indivíduo. O estresse pode ser causado por tensões familiares, problemas de saúde, sanções sociais, acidentes, sentimentos de isolamento que levam a um estado de insegurança e desamparo, comportamento problemático, incidentes perturbadores envolvendo pessoas próximas e discussões/frustrações diárias.
- Entre as pessoas por mim entrevistadas que reportaram mudanças, a maioria mencionou o fato de ter enfrentado emoções desconfortáveis – ansiedade, raiva, tristeza ou frustração, por exemplo – no período que antecedeu a alteração comportamental. Em geral, todas essas mudanças foram precipitadas por um dos estressores mencionados anteriormente. Essas emoções negativas trouxeram para o nível consciente as várias consequências ruins da continuidade dos padrões comportamentais disfuncionais.
- Os indivíduos que reportaram as maiores mudanças descobriram que se tornara cada vez mais difícil manter o status quo. Eles se perceberam presos a situações que os deixavam psicologicamente instáveis. Suas emoções negativas – e as consequências que eles previam caso elas continuassem – os levaram a pesar os prós e contras (um processo não necessariamente consciente) do problema enfrentado em um esforço para encontrar uma solução. Nas entrevistas, eles se recordaram de sentir que algo precisava ser feito em relação ao impasse encontrado.

Quando os indivíduos descritos anteriormente perceberam que os "dias" ruins haviam se transformado em um **"ano" ruim** – que aquela ocorrência aparentemente isolada de descontentamento ocasional se tornara um **padrão regular de infelicidade** – já não conseguiam mais negar que algo precisava ser feito. A partir desse ponto, cada novo distúrbio passou a ser reconhecido como parte do **padrão geral de insatisfação**. Ocorreu uma espécie de cristalização, que transformaria todas as reclamações em uma entidade coerente. Gradualmente, todas as características indesejáveis das circunstâncias da vida passaram a conspirar para criar um quadro bastante claro da situação. Foi então que muitas pessoas reportaram uma experiência de espanto e, ao mesmo tempo, de satisfação – um momento em que finalmente foram capazes de interpretar corretamente o que estava acontecendo. Eles perceberam que nem a passagem do tempo nem as pequenas mudanças comportamentais iriam melhorar sua vida – e que, na verdade, as coisas provavelmente ficariam bem piores se nenhuma atitude drástica fosse tomada.

Porém, tal percepção (*insight*) – de que medidas radicais eram necessárias – nem sempre foi suficiente para promover ações imediatas por parte dos envolvidos. Todavia, ela pelo menos desencadeou algum tipo de processo mental por meio do qual eles se mostraram mais dispostos a considerar alternativas para as adversidades enfrentadas. Quando finalmente essas pessoas fizeram a transição entre a **negação** e a **admissão** de que nem tudo ia bem, depararam com o início de um processo de **reavaliação** que provavelmente foi acompanhado de fortes sentimentos de **confusão** e (no início) de **protesto**. Cada opção para a realidade parecia mais assustadora que o *status quo*. Gradualmente, porém, uma alternativa preferível para o impasse passou a se cristalizar, embora os obstáculos ainda parecessem insuperáveis.

2º) Passo - O evento focal

Para os executivos que entrevistei, aceitar a necessidade de mudança em geral não foi o suficiente para que dessem um passo rumo à mudança da situação. Eles precisavam de um **empurrão**, na forma do que poderíamos descrever como um **"evento focal"**. Embora esta expressão possa sugerir um acontecimento significativo que desencadeia mudanças, a realidade é, com frequência, bastante diferente. Os eventos focais são, em geral, comparativamente menores, mas na maioria das vezes eles se transformam nos catalisadores de um processo de mudança, pois ocorrem no momento em que o indivíduo está pronto para iniciá-las.

Entre os entrevistados, muitas vezes o evento focal foi algo que aconteceu a outra pessoa – alguém importante para o indivíduo em questão. Por exemplo, para uma das executivas, o evento focal foi a morte repentina de seu chefe e mentor; naquela morte ela pode ver uma reprovação de sua própria excessiva dedicação ao trabalho. Aquele evento focal não apenas simbolizou e atraiu sua atenção para um problema que de fato existia, mas forneceu-lhe o ímpeto necessário para mudar.

É nesse ponto do processo que o indivíduo realmente está pronto para agir. Onde havia somente um senso de impotência e desesperança, já se consegue vislumbrar novas possibilidades. A energia emocional é transferida das "preocupações" do passado (como, por exemplo, os comportamentos disfuncionais) para aspectos do presente e do futuro. O indivíduo se sente livre do pesado fardo até então carregado e mentalmente preparado para enfrentar um futuro mais construtivo.

3º) Passo - A declaração pública de intenção

Um bom indicador de que existe um alto grau de compromisso com a mudança é a expressão pública da **intenção** de mudar. Embora o indivíduo possa ainda não saber exatamente como mudar, tampouco a forma que tal mudança irá adotar, o ato de comunicar de maneira pública o que se pretende fazer indica uma aceitação do fato de que existe um problema e, ao mesmo tempo, demonstra o desejo de ver a situação com outros olhos.

O compromisso público é importante porque potencializa o ímpeto demonstrado pelo indivíduo: ele influencia tanto a pessoa como o ambiente em que ela se encontra. Ao cientificar amigos e colegas sobre o desejo de mudar, o próprio indivíduo que enfrenta o sofrimento da mudança se conscientiza de que o cenário mudou e o que era até então aceito como natural já não se aplica. Ao mesmo tempo, ao pronunciar seu desejo (e sua intenção) de mudar eles dão a si mesmos um ultimato: **vá em frente ou fique desacreditado**. Tomemos como exemplo o ato de beber em excesso. Se alguém demonstra o desejo e a intenção de parar de consumir bebidas alcoólicas, aqueles que aprovarem sua decisão provavelmente não lhe oferecerão esse tipo de bebida e até criticarão caso o indivíduo decida quebrar sua promessa. Portanto, tornar públicas suas intenções aumenta a determinação do ser humano e atrai o apoio do ambiente, que se transforma em um forte lastro para o processo de mudança.

4º) Passo - A jornada interna

As resoluções pessoais de um indivíduo abrem espaço para a **jornada interna**, que se caracteriza pela cristalização do descontentamento, pelo surgimento de novas percepções e pelo aumento do nível de autoconhecimento.

5º) Passo - A internalização da mudança

O resultado de todo esse processo psicológico pode ser resumido neste passo 5, quando a mentalidade do indivíduo já mudou e uma nova maneira de ver as situações já está devidamente internalizada (ver Figura 7.1).

NAVEGANDO PELA TRANSFORMAÇÃO ORGANIZACIONAL

1. **Emoção negativa**
   - Frustração diária

2. **Evento focal**
   - Ameaça externa ao bem-estar (equilíbrio pessoa, emprego)
   - Observação de consequências negativas envolvendo outras pessoas

3. **Declaração pública de intenção de mudança**
   - Reavaliação de objetivos
   - Percepção de novas alternativas
   - Mudança de ambiente

4. **Jornada interna**
   - Cristalização do descontentamento
   - Surgimento de novas percepções
   - Aumento do nível de autoconhecimento

5. **Internalização da mudança**

Figura 7.1 – O processo individual de mudança

Como disse anteriormente, acredito que seja possível tecer vários paralelos entre as maneiras como indivíduos e organizações se transformam. Assim como ocorre com os seres humanos, as mudanças no ambiente empresarial também obedecem uma sequência. O processo começa com um grande desconforto no corpo organizacional. O estresse dentro do sistema funcionará como a principal **"alavanca"** para colocar em andamento um processo de mudança. Contudo, acionar esse mecanismo não é exatamente uma tarefa fácil, pois assim como nas transformações individuais, haverá inúmeros fatores de resistência que precisarão ser abordados.

Resistência organizacional a mudanças

Para muitas pessoas dentro de uma organização, as mudanças implicam na perda da segurança envolvida em uma tarefa específica. Em algumas pessoas, essa insegurança causa ansiedade e reforça o impulso no sentido de manter os velhos padrões comportamentais. Outras – aquelas que acreditam que a mudança exigirá que elas aprendam novas tarefas ou que trabalhem ainda mais – talvez acreditem não dispor da habilidade ou do vigor necessários para enfrentar o processo. Um terceiro grupo teme que as boas condições de trabalho e até mesmo um senso de liberdade prevalentes deixem de existir. Há aqueles que têm medo que as mudanças impliquem na perda de responsabilidades e de autoridade e, por conseguinte, na perda de *status*, dos direitos e dos privilégios pessoais. Existem ainda os que interpretam as mudanças como uma espécie de censura às ações por eles realizadas até então. Eles veem quaisquer tentativas de alteração como um ataque contra seu próprio desempenho e, desse modo, reagem de modo defensivo. As mudanças também ameaçam alianças, pois implicam na perda de importantes amigos e contatos. O medo de ter de abandonar pessoas conhecidas e um ambiente familiar pode causar grande resistência. Para funcionários que lidam com orçamentos, existe ainda a questão dos custos irreversíveis: esses indivíduos podem relutar em aceitar mudanças que signifiquem abrir mão de volumosos investimentos. Por fim, as pessoas resistem às mudanças por temer a redução nos próprios ganhos.

A menos que os responsáveis pelos esforços de mudança consigam administrar a resistência dos funcionários, o processo não alcançará o sucesso desejado. As pessoas envolvidas precisam compreender também as consequência de sua inércia e o preço que terão de pagar pela própria estagnação – nesse sentido, manter o *status quo* criará mais problemas que enfrentar o desconhecido.

Criando a insatisfação

Assim com o desconforto em relação a situações vigentes é o mecanismo impulsor das mudanças pessoais, o **estresse** é o que **promove as mudanças organizacionais**. Ao estudar organizações que enfrentam processos dessa natureza, podemos claramente observar pressões no sistema organizacional que indicam a necessidade de algum tipo de adaptação. Porém, muitos processos altamente necessários para as empresas são interrompidos por causa de rotinas defensivas.

Se tais rotinas continuarem a se manifestar por toda a organização, independentemente do extremo desconforto provocado, podemos assumir que a resistência por parte dos principais detentores do poder ainda está intacta e que a necessidade de mudanças ainda não foi interiorizada por esses líderes. Presos a padrões comportamentais que outrora se mostraram eficientes, esses indivíduos ainda não perceberam que as circunstâncias mudaram. Contudo, alterar a mentalidade dessas pessoas nunca é um processo fácil e geralmente demanda a aplicação de um choque suficientemente forte para que elas finalmente despertem. Aqueles que são favoráveis às mudanças talvez precisem pressionar os mais céticos para que estes reconheçam que o *status quo* já não é viável e que já não existe um perfeito alinhamento entre a organização e o ambiente em que ele opera.

Pressões que provocam mudanças – Em geral, o reconhecimento da necessidade de mudanças ocorre quando surgem pressões internas e externas.

Entre os **fatores externos** que podem causar desconforto estão:

- ameaça por parte dos concorrentes;
- queda nos lucros;
- perda de fatia no mercado;
- escassez de recursos;
- desregulamentação do setor;
- impacto tecnológico;
- problemas com fornecedores e grupos de consumo.

Entre os **internos**, estão:

- liderança ineficiente;
- falta de motivação profissional;
- alta rotatividade dos funcionários mais capazes;
- absenteísmo;
- problemas com a força de trabalho (greves, por exemplo);
- aumento do comportamento político dentro da empresa;
- brigas territoriais internas.

Todos esses fatores exercem um efeito negativo sobre a mentalidade das pessoas dentro da organização. O mal resultante corrói a cultura corporativa e impacta na tomada de decisões. Uma vez que provocam frustrações diárias, tais perturbações não podem ser ignoradas, pois, caso contrário, um profundo senso de insatisfação com a situação vigente vai surgir e crescer entre diversos indivíduos. Gradualmente a maioria numa organização percebe que algo precisa ser feito ou o futuro da empresa estará em risco; isso é o equivalente organizacional da **cristalização do descontentamento**. Aqueles que são favoráveis às mudanças precisam desenvolver rapidamente uma atitude mental compartilhada caracterizada por ambições coletivas, pelo compromisso e pela motivação, e estabelecer não apenas um senso de urgência quanto à necessidade de ação, mas também um foco externo.

Engendrando esperança

Nesta fase do processo de mudança, a esperança (na forma de uma nova visão e de uma nova missão, e ofertada por meio de um agente de mudança) torna-se essencial para quebrar o **círculo vicioso da deses-**

perança. No melhor dos dois mundos, o agente que defender mudanças terá uma posição-chave de poder dentro da organização – idealmente, este indivíduo é o CEO ou alguém que ocupa um cargo equivalente. Embora pessoas em outros níveis da empresa também possam (e às vezes até devam) tomar a iniciativa, considerando-se a realidade na dinâmica do poder, os membros da coalizão dominante (em especial, o CEO), são os mais eficientes e eficazes para dar início ao processo. Sua autoridade, controle de recursos e o modo como suas relações de dependência são construídas dentro da organização influenciarão fortemente seu poder para efetivar as alterações necessárias.

Os líderes ocupam uma posição mais privilegiada, que lhes permite: 1º) identificar os desafios enfrentados pela empresa, 2º) apontar a origem do problema e 3º) apresentar as consequências negativas da inércia. A comparação constante (*benchmarking*) com outras organizações é uma boa maneira de ilustrar as lacunas em termos de desempenho e os resultados que elas poderão provocar. Ao articular a realidade da situação, os líderes conseguem definir com precisão o grau de desconforto enfrentado. Porém, eles devem ser bastante cuidadosos para manter tal desconforto em um nível tolerável, do contrário as pessoas poderão se tornar indiferentes aos problemas por causa do medo. Para se proteger contra o **estresse excessivo**, os líderes devem apresentar uma alternativa viável para a situação vigente. Será preciso desenvolver uma ambição coletiva que permita a criação de um plano de ação. Nesse momento será crucial que os seguidores percebam o programa como algo realista e não como um alvo impossível de se alcançar.

Ao elaborar o esboço de um processo de mudança, os líderes responsáveis precisarão reenquadrar as linhas de orientação cultural com as quais as pessoas da organização já estejam acostumadas e, ao mesmo tempo, demonstrar claramente os aspectos positivos de todo o esforço de mudança. Eles terão de manter nos funcionários o **senso de orgulho** pela história da organização, mas também demonstrar a eles como esse mesmo orgulho será capaz de ancorar a empresa no passado. Ao se referir às grandes realizações da companhia enquanto apresentam uma nova maneira de agir, os líderes criarão um **senso de esperança** – uma dupla abordagem que promoverá uma **sensação de recomeço**.

Um importante fator que precisa ser identificado e solucionado é o medo que as pessoas têm em relação ao futuro da própria carreira. Para apaziguar essas inevitáveis preocupações, os líderes terão de esclarecer para cada um desses indivíduos as implicações pessoais que terão de enfrentar caso optem por manter tudo exatamente como no passado e ignorar ameaças do ambiente. Ao mesmo tempo, eles precisarão enfatizar as oportunidades que surgirão caso decidam enfrentar tais perigos. Um novo **contrato psicológico** – que implique em obrigações e compromissos mútuos entre empregados e empresa – terá de ser estabelecido. Os novos valores necessários para garantir que todo o esforço de transformação seja bem-sucedido terão de ser claramente apresentados para que se consiga obter o consentimento e o apoio de todos para o processo. A repetição da mensagem de mudança é fundamental, portanto, cada oportunidade deverá ser aproveitada para transmiti-la de modo verbal e visual.

Para oferecer um **foco**, apresentar as questões de uma maneira compreensível e obter o apoio dos seguidores, os líderes terão de criar símbolos que representem a nova organização e, ao mesmo tempo, demonstrar uma **continuidade** entre o **velho** e o **novo**. Fazer com que todos embarquem nesse projeto exigirá um pouco de **"teatro"** – ou **"ação simbólica"** – no sentido de esclarecer objetivos e atrair mais pessoas para o processo.

O impacto de tais ações foi bem ilustrado pelo CEO de uma empresa de bens de consumo, que passou a realizar visitas regulares nos pontos de venda e a conversar com os clientes. Esse foi o método por ele escolhido para enfatizar que os novos valores abraçados pela empresa, cujo foco era, acima de tudo, no cliente, não serviam apenas como um *slogan* vazio. Sua obsessão pela satisfação dos consumidores rapidamente se alastrou e reverberou por toda a companhia. Outro CEO à frente de uma transformação corporativa pediu a todos os seus executivos que escrevessem uma carta de demissão da **"antiga" empresa** e outra solicitando um emprego para a **"nova"**. Essa atividade, que fez com que todos pensassem no que estava errado com a companhia e refletissem sobre a melhor maneira de torná-la uma organização de alto desempenho, exerceu um forte impacto no processo. A eficácia dos gestos simbólicos em fazer com que os empregados se envolvam nas iniciativas de mudança não deve ser subestimada.

Toda vez que a mensagem de mudança for comunicada, os líderes deverão se concentrar em apresentar **razões claras** e **convincentes** para que as alterações sejam implantadas. Os funcionários precisam perceber que todo o processo foi inspirado em uma **visão do futuro**, e estimulado por **sólidos valores corporativos**. Todos devem ser capazes de perceber que o principal objetivo das mudanças não é apenas construir ou manter uma vantagem competitiva, mas também atender às necessidades individuais de cada trabalhador afetado por elas. Por último, todos precisam ter certeza de que o esforço proposto possui parâmetros claramente definidos.

INDO ALÉM DE SOLUÇÕES TEMPORÁRIAS

O ato de dedicar-se à comunicação honesta, focada e persuasiva valerá à pena para todos os que estiverem no comando desse esforço. Com o tempo, a maioria dos funcionários terá pelo menos uma consciência básica sobre a existência de problemas e, a partir daí, estará preparada para aceitar a necessidade de ação (a despeito de uma hesitante e persistente resistência).

Colocando em prática a transformação

Depois que os líderes já tiverem convencido sua força de trabalho sobre a necessidade de mudanças, eles deverão montar uma arquitetura organizacional adequada para possibilitar que todos os participantes possam assimilar a nova visão organizacional. Os líderes precisarão construir coalizões com outras pessoas-chave da empresa, que também detenham o poder e sejam capazes de disseminar o compromisso e a ideia de cooperação entre os demais integrantes da empresa.

Para agilizar o processo de mudança, os líderes que estiverem no comando das alterações precisarão outorgar poder aos seus subordinados, compartilhando com eles informações e delegando-lhes responsabilidades. Esses líderes deverão evitar ao máximo quaisquer surpresas, delineando claramente expectativas e mantendo um dialogo que seja contínua e genuinamente (não superficialmente) de mão dupla. Além disso, eles terão de comunicar os novos valores estabelecendo exemplos de clareza e consistência.

A participação e o envolvimento dos empregados são fatores primordiais para o sucesso do compromisso organizacional. Indivíduos em todos os níveis da empresa – não apenas os que estão no comando – precisam **integrar o esforço de mudança**. Tal participação terá de ser recompensada: incentivos poderão ser oferecidos a todos os funcionários que apoiarem o projeto; isso sinalizará os benefícios das alterações. Nesse estágio, a construção das competências e das práticas corretas, e a criação de atitudes adequadas, serão atitudes absolutamente cruciais. Aqueles que estiverem dispostos a adquirir essas novas capacidades e habilidades deverão ser recompensados e até mesmo servir como exemplos para os demais.

Pequenas vitórias exercerão um **efeito propagador**, portanto, seria interessante que os líderes dividissem grandes mudanças em pequenos conjuntos de ações isoladas. Aprimoramentos visíveis – mais uma vez, as pequenas vitórias – ajudarão a convencer todos os envolvidos de que o esforço como um todo é factível. A Tabela 7.1 nos oferece uma visão clara de todo o processo de mudança corporativa.

1. **Criando uma mentalidade compartilhada** • Sensação de urgência. • Foco externo. • Ambição coletiva. • Compromisso e motivação.	2. **Alterando o comportamento** • Oferecendo poder às lideranças. • Voltando para o consumidor/processo. • Compartilhamento mútuo de informações. • Cooperação interfuncional. • Comparação (*benchmarking*) interna e externa. • Alinhamento da arquitetura organizacional.
3. **Construindo competências práticas e atitudes** • Capacitações. • Marketing. • Tecnologia. • Manufatura. • Estratégia. • Organizacional. • Global. • Conexões externas. • Inteligência emocional.	4. **Melhorando o desempenho do empreendimento** • Lucratividade. • Retorno sobre investimentos. • Fatia de mercado. • Cotação das ações.

Tabela 7.1 – O processo de transformação corporativo

Apresentação de um evento focal

Depois que os líderes já tiverem aplicado essas técnicas, é provável que a maioria dos empregados da empresa já tenha passado da fase de **contemplação** para a de **ação**. Eles estarão comprometidos em superar problemas existentes e em trabalhar na criação de soluções, alterando comportamentos pessoais e operando mudanças na estrutura, na estratégia e na cultura organizacionais. Entretanto, caso os líderes sintam a necessidade de agilizar o processo, eles poderão tentar imitar o processo de mudança pessoal ao promover um evento focal. Há várias maneiras de fazê-lo: **agendando uma reunião fora da empresa**, durante a qual a administração sênior anunciará os planos para uma nova organização; organizando uma série de *workshops*; realizando um **seminário**; ou convocando uma reunião que será conduzida por uma **consultoria externa**. Seja qual for o formato escolhido, esse evento deverá persuadir e estar focado nos diálogos estratégicos entre a alta gerência (particularmente o CEO e os membros do comitê executivo) e seus subordinados.

Funcionando como um fórum para a obtenção de *feedback* e críticas, o **diálogo estratégico** oferece a todos a oportunidade de promover um envolvimento amplo e mais concentrado em toda a empresa. Isso ajudará a diminuir a resistência que as pessoas sentem não apenas em relação a iniciar um processo de mudança, mas também em **serem** pessoalmente mudadas, pois dará aos integrantes um senso de controle sobre seu próprio destino. Uma vez que o diálogo estratégico se baseia em um contínuo retorno de informações para a administração sênior, ele permite uma discussão aberta e baseada em dados sobre os desafios com os quais a empresa se depara. Assuntos considerados como fora de discussão dentro do dia a dia do trabalho podem finalmente ser levantados e discutidos, o que diminuirá o nível de ansiedade dos funcionários (em especial entre aqueles que estão dispostos a mudar, mas têm medo de não possuir a capacidade e as habilidades necessárias).

Além disso, o diálogo estratégico oferece uma oportunidade para que todos: 1º) se despeçam das velhas maneiras de agir, 2º) se sintam nostálgicos sobre o passado e 3º) enfrentem o recomeço.

Tais eventos focais oferecem ainda a possibilidade para que várias questões importantes sejam sistematicamente discutidas:

1. Mesmo que a maioria das pessoas pareça estar convencida de que o presente estado da organização é insatisfatório, esse ponto crucial deverá ser mais uma vez enfatizado pelos líderes durante o diálogo estratégico.
2. Trata-se de uma oportunidade para reiterar a necessidade de um compromisso por parte de toda a organização em relação a uma visão corporativa redefinida, a uma nova missão e a novos valores culturais.
3. Os líderes precisarão trabalhar juntamente com os participantes do evento focal para determinar se a força de trabalho, os sistemas e o *design* organizacional mais adequado já estão em funcionamento.
4. Considerando a necessidade de mudança, será preciso que os líderes definam se a empresa possui, ou não, as competências fundamentais para o processo. Caso a resposta seja negativa, será que já existem treinamentos e programas de desenvolvimento montados para ajudar os empregados a adquirir as qualidades e habilidades necessárias (e/ou reforçar sua crença nas próprias aptidões para mudar)? Será preciso trazer especialistas externos para ajudar a organização?
5. Será necessário modificar os sistemas vigentes de avaliação e recompensa para encorajar o alinhamento dos padrões comportamentais em relação ás novas circunstâncias?

6. Os recursos adequados – até mesmo em termos de liderança – já estão disponíveis para dar sustentação ao tipo de mudança necessária? (Para um resumo desse processo de avaliação, ver Tabela 7.2.)

Assim como ocorre nos esforços de mudança de caráter pessoal, uma declaração pública do modo pelo qual as pessoas planejam contribuir para o processo de transformação organizacional também fortalece o compromisso para com as alterações na empresa. Todavia, uma declaração pública não é o suficiente, e precisa ser sustentada por um método de medição que permita avaliar o que foi anunciado. Em outras palavras, um processo de acompanhamento, talvez na forma de um plano de ação pessoal detalhado, precisa ser amarrado a essa declaração.

Um importante benefício de um **evento focal** é **erradicar** da empresa a ideia de que "somos todos inimigos" – culpar os outros por dificuldades atuais é **contraprodutivo**. O fato é que essas sessões poderão oferecer a todos a oportunidade de explorar a extensão pela qual os problemas poderão ser rastreados até as boas práticas do passado que hoje se encontram desalinhadas. Entretanto, o dialogo estratégico não deve ser predominantemente negativo. Os *workshops* deverão facilitar um processo de autodescoberta, tanto do que é **bom** como daquilo que é **ruim**; permitir que as pessoas reflitam sobre as medidas que tornaram a empresa em que trabalham tão **grandiosa**; e enfatizar que aquilo que foi tão **positivo** no passado talvez já não se aplique nos dias de hoje (considerando-se as novas circunstâncias). Uma vez que a oportunidade de lembrar e chorar pelo passado permite que as pessoas construam sobre o que é **"velho"** e criem o **novo**, o dialogo estratégico lhes permite expressar nostalgia e dor; ao fazê-lo, ele também encoraja expressões de entusiasmo pelo futuro. Contudo, este é um processo lento: leva um tempo considerável para que uma nova concepção da organização seja perfeitamente metabolizada e para que a adoção superficial de uma nova situação seja profundamente internalizada.

Tabela 7.2 – Avaliando o potencial para a transformação

Critérios	Pergunta a ser feita
Obstáculos para a mudança.	As pessoas dentro da organização reconhecem a necessidade de mudança?
Desencadeadores de mudança.	Estariam as forças externas e internas pressionando a organização?

Critérios	Pergunta a ser feita
Grau de insatisfação.	Estaria a empresa como um todo insatisfeita com o *status quo*?
Visão comum de cultura e missão.	Será que a organização possui expectativas, valores e objetivos compartilhados?
Estrutura e processos.	A organização já possui o *design* organizacional e os processos adequados?
Competências.	Ela tem a mistura certa de competências: habilidades, atitudes e conhecimento?
Alinhamento comportamental	As avaliações de desempenho e os sistemas de recompensa encorajam o comportamento adequado?
Capacidade de mudança	A organização possui a habilidade e os recursos necessários para lidar com o tipo de mudança necessária?
Liderança	Será que a empresa já possui a quantidade e a qualidade de líderes de que precisa?

Antes de tentar promover um evento focal – considerando seu impacto potencial sobre o processo de mudança – os executivos da empresa devem se debruçar sobre uma questão delicada: **o fato de a empresa possuir, ou não, a liderança certa para a mudança**. Isso se tornará um problema particularmente complexo se forem levantadas dúvidas quanto à capacidade do próprio CEO para colocar em prática as alterações necessárias. Se observarmos empresas que já experimentaram processos dramáticos e bem-sucedidos nesse sentido, veremos que, em geral, alguém de fora teve de ser contratado para se certificar de que o processo seria devidamente encaminhado. Esta é frequentemente a escolha mais comum, uma vez que os observadores externos estão menos ligados a determinados procedimentos que os funcionários da organização e, portanto, se sentem mais livres para dar andamento às mudanças.

Alterando a mentalidade corporativa

Abandonar velhos métodos não é essencialmente um processo cognitivo; é, acima de tudo, um processo emocional sequencial. Já observamos como as mudanças corporativas, assim como as de ordem pessoal, começam frequentemente em meio a grande desordem. Com a elevação no grau da ansiedade, às vezes a um nível de **absoluto pânico** (entre aqueles que temem por seus empregos, por exemplo), processos organizacionais normais geralmente param ou se tornam **ritualísticos**. As pessoas acabam retornando a rotinas familiares, utilizando-se de meios já conhecidos para lidar com as mudanças propostas. No início da mobilização, poucas pessoas estão prontas para aceitar que um **novo jeito de fazer as coisas** se tornou **inevitável**.

Como uma reação ao choque que estão experimentando por conta do que está acontecendo com eles, e também ao se redor, os funcionários poderão retornar a um estado de dependência ou até adentrar nos modos de fuga ou de luta.

- Aqueles que optarem pelo estado de dependência poderão desejar (e até imaginar que já possuem) um líder onipotente e capaz de resolver todos os problemas. Tal dependência também poderá se manifestar na forma de passividade, equacionada pela falta de iniciativa.
- Em geral, indivíduos que regressarem ao comportamento de luta que se caracteriza pelo surgimento da raiva, procurando culpar os outros pelo que está acontecendo e exibindo muita irritabilidade e amargura. Porém, normalmente tais emoções não serão direcionadas contra a empresa (ou contra as pessoas ou práticas dentro dela), mas contra **"terceiros"** – clientes, fornecedores, governo e concorrentes –, que poderão ser considerados como os **responsáveis pela situação**. As pessoas que lançarem mão de um comportamento de luta ainda não estarão prontas para ver a si mesmas nessa difícil equação. Em vez disso, elas desperdiçarão sua energia embrenhando-se em políticas internas e engajando-se em brigas territoriais, e, ao mesmo tempo, deixando de enfrentar seus problemas reais.
- Outros indivíduos regredirão ao modo de fuga. Alguns chegarão a deixar a organização ao perceberem os primeiros sinais de estresse, enquanto outros simplesmente se retrairão, deixarão de participar das atividades do escritório e redirecionarão seu foco.

Estes três modos comportamentais não continuarão por muito tempo sem incorrer em consequência perigosas para a corporação. Em empresas de muita sorte – cujos agentes das mudanças tiverem agido com astúcia e habilidade –, os empregados logo compreenderão que: 1º) não haverá milagres; 2º) resultados positivos acontecerão com aqueles que ajudarem a si mesmos; 3º) os passos necessários para reverter a situação deverão ser dados por eles próprios, não por terceiros; e 4º) mudanças promulgadas por meio de lutas serão de pouca utilidade. Conforme um número cada vez maior de pessoas dentro das organizações compartilhar tais pensamentos, a mentalidade corporativa começará a mudar. As resistências serão reduzidas e ocorrerão as primeiras explorações da nova realidade, mesmo que durante esse período de ajustes as pessoas ainda chorem por suas perdas.

Na próxima fase da transformação organizacional (a final), em que todos os ajustes já estiverem concluídos, as pessoas já terão aceito o novo modo de agir e reconhecido suas vantagens. Elas estarão, inclusive, colaborando com o processo e terão internalizado os novos valores e as novas atitudes, e adotado uma postura mais positiva em relação ao futuro.

Uma **liderança astuta** é essencial para uma organização que queira realmente promover uma **regeneração eficiente**. Os líderes envolvidos nesse processo precisam compreender que levará algum tempo até que velhos hábitos sejam abandonados em prol da adoção de novos métodos; que as pessoas que enfrentam mudanças organizacionais precisam de tempo para se lamentar por conta das mudanças. Especialmente durante períodos de mudança, uma liderança eficiente representa um grande equilíbrio dentro da empresa. Aquela que exerce seu papel de maneira adequada no sentido de prever acontecimentos, outorgar poderes e energizar seus comandados – e ainda adota uma postura como arquiteta organizacional, estabelecendo estruturas adequadas e sistemas de controle –, conseguirá avançar muito no processo de reestruturação da companhia.

TRANSFORMAÇÃO ORGANIZACIONAL: EXEMPLO DE UM CASO

Em 29 de outubro de 1993, pela primeira vez depois de vários anos de perdas, o chefe-executivo do conselho diretivo da Bang & Olufsen (B&O) conseguiu prever um lucro de 126 milhões de coroas dinamarquesas[2] para o exercício de 1993-1994. O preço das ações da empresa subira de maneira espetacular, passando de 325 coroas em 1990-1991 para 1450 coroas em 1994-1995. Esses números indicavam uma virada dramática para uma empresa que já cambaleava ao longo de muitos anos (Balazs e Kets de Vries, 1997).

A B&O era como a **joia da coroa** do setor tecnológico dinamarquês. A empresa era a única fabricante de sistemas audiovisuais de grande

---

[2] O equivalente a R$ 40.597.200,00 ou U$ 22.917.007,69 (em 18/11/2011) (N.T.)

fidelidade e alta tecnologia e de outro produtos relacionados em todo o país. Desde sua fundação, a companhia sempre estivera na vanguarda em termos de inovação em *design*, uma filosofia promovida por ambos os fundadores. Entretanto, esse pensamento original profundamente focado no *design* – e que garantira a fama e o respeito da empresa no mercado – carregava em si mesmo as sementes do fracasso. A importância da aparência passou a ser mais importante que todo o resto, inclusive os custos e as considerações dos consumidores. Dizer **"não"** para um novo produto oriundo do departamento de *design* era um verdadeiro tabu; ninguém que quisesse permanecer na empresa por muito tempo tomaria qualquer atitude nesse sentido. Infelizmente, enquanto a companhia amealhava um **prêmio de *design* depois do outro**, em **termos financeiros** ela ia de **mal a pior**. Na verdade, o balanço financeiro da organização já oscilava próximo da linha vermelha nos últimos 22 anos, um período inacreditável. Nas palavras do então CEO, Anders Knutsen, "Bang & Olufsen não tinha nenhum interesse em ganhar dinheiro, apenas em conquistar prêmios."

A despeito dos números ridículos da empresa, pouquíssimas pessoas na B&O pareciam se preocupar com a situação. A maioria dos empregados já estava acostumada com o fato de que a empresa não era lucrativa, mas eles nunca tiveram sérias dúvidas em relação à sua sobrevivência. A garantia e a tranquilidade dos funcionários sempre fora uma parte implícita de seu contrato de trabalho. Se por alguma razão uma dúvida surgisse na mente de um empregado sobre o futuro da organização, uma declaração tranquilizadora por parte da alta gerência logo tratava de acalmar o indivíduo. Como dizia Knutsen, "Todo as vezes em que enfrentamos algum problema, a culpa não foi de nossa empresa, mas do mundo que insistia em prejudicar a Bang & Olufsen."

Finalmente, quando ficou claro para todos que o exercício financeiro de 1990-1991 apresentaria um déficit de 135,5 milhões de coroas, a grave situação da empresa já não podia mais ser ignorada. O conselho supervisor da empresa decidiu tomar uma atitude e substituiu o CEO da época, que ao longo de dez anos dirigira a companhia ao seu bel prazer. Foi então que Anders Knutsen foi apontado para o cargo. Tendo iniciado sua carreira na B&O como gerente de marca e, desde então, ocupado vários outros cargos nas áreas de produção e desenvolvimento de produtos da empresa, o então diretor técnico conhecia profundamente a situação.

Knutsen sabia que precisaria de todo o poder para mudar a companhia, portanto, uma de suas condições para assumir como CEO foi justamente se tornar também o chefe-executivo do conselho supervisor.

Em 1º de julho de 1992, Anders Knutsen se tornou CEO da B&O, e, mesmo enfrentando grande oposição dentro e fora da companhia, promoveu uma **grande reorganização** tanto no conselho supervisor como na mesa diretora da empresa. Embora a oposição tivesse continuado, isso não o impediu de conseguir o apoio necessário dentro e fora da organização e, em setembro de 1992, Knutsen acabou sendo eleito também para o cargo de presidente do conselho supervisor, alcançando todo o poder de que precisava para agir.

A oposição externa às mudanças desejadas pelo novo CEO vieram primeiramente dos bancos aos quais a B&O era associada. Desde o momento em que Knutsen foi apontado para o cargo as instituições se opuserem às ideias por ele propostas. A maioria sequer se deu ao trabalho de lhe oferecer o benefício da dúvida, cancelando as contas da empresa e elevando as taxas de juros. Tais atitudes aumentaram a atmosfera de crise que já prevalecia dentro da organização.

Knutsen imediatamente demonstrou que possuía exatamente o que faltava dentro da B&O: **habilidades de um líder**. Ele começou estabelecendo uma visão clara para a empresa, assim como uma **declaração da missão** que expressava de **maneira cristalina** como a visão e os objetivos poderiam ser alcançados. Então, com a ajuda do *board* de diretores, ele elaborou um plano para a racionalização e a reestruturação da companhia e o denominou Ponto de Ruptura 93.

O primeiro passo foi uma análise cuidadosa dos valores culturais da empresa. Esta foi preparada pelos alto executivos da B&O e se baseava em uma avaliação profunda da situação crítica enfrentada pela companhia. Nesse momento, o intocável processo de aceitação de novos produtos foi colocado sob o microscópio. Tendo sido responsável por supervisionar a análise e já antecipando as grandes dificuldades que teriam de ser enfrentadas para inculcar novos valores na empresa, a mesa diretora decidiu contar com um consultor organizacional. Este preparou e apresentou um seminário centrado em liderança, cultura organizacional e transformação corporativa. O objetivo do seminário era funcionar como um ponto focal, mas seu propósito implícito era basicamente chacoalhar os funcionários. Knutsen abriu o evento de maneira explosiva, anunciando a necessidade de demitir um grande número de empregados das fábricas por causa do péssimo portfólio da empresa.

O que veio a seguir, segundo um empregado da B&O, foi uma **"atmosfera de caos e revolta"**. As pessoas, chocadas e desorientadas, sentiam-se completamente incertas quanto ao futuro – o próprio e também o da empresa. Todavia, a **terapia de choque** pareceu atingir o efeito desejado. Em uma tentativa de impor ordem sobre o caos que se estabelecera, os participantes atiraram-se de corpo e alma nas atividades do seminário e, a despeito dos riscos, experimentaram pela primeira vez o poder de realizar algo por sua própria empresa. Essas pessoas foram solicitadas a se engajar em um diálogo estratégico com a alta gerência, a ajudar a reestruturar a organização e a estabelecer um novo foco para ela. A possibilidade de participar da criação de um novo *design* para o futuro da companhia deu a todos um **senso de motivação**, **compromisso** e **propriedade**. Logo o **caos** começou a dar lugar para a **esperança**. Além disso, o seminário abriu caminho para o estabelecimento de um novo contrato psicológico dentro da organização. A garantia de emprego deixou de ser o principal pilar desse documento, sendo substituída pela prestação de contas e pelo desempenho.

O objetivo por trás do projeto Ponto de Ruptura 93 era radical: ele incluía uma completa racionalização e reorganização de cada função dentro da companhia. Em termos organizacionais, as mudanças exerceram um impacto gigantesco. A distância entre a alta gerência e o pessoal da fábrica foi reduzida com o corte no número de executivos e pela completa eliminação de duas camadas gerenciais; **712 funcionários foram demitidos**. Conforme a prestação de contas foi instituída em todas as linhas de trabalho, os empregados tiveram de desenvolver um senso de propriedade e de responsabilidade pessoal pela empresa em que trabalhavam.

Para globalizar a organização, um novo escritório comercial foi inaugurado em Bruxelas, capital da Bélgica. O **processo de liberação de produtos** – o antigo calcanhar de Aquiles da empresa – tornou-se bem mais **seletivo**. Isso foi considerado como o maior choque cultural experimentado durante a transformação da empresa, e deixou absolutamente claras as intenções da gerência.

Ao longo de dois anos, a B&O saiu de um déficit que ameaçava seriamente a sobrevivência da empresa e alcançou um superávit que excedia todas as expectativas. A primeira fase do processo de mudança chegou ao fim de maneira bem-sucedida – e a B&O **continua lucrativa**.

FATORES PRIMÁRIOS QUE FACILITAM A MUDANÇA

Tendo considerado as psicodinâmicas do processo de mudança, permita-me compartilhar algumas observações sobre os fatores que facilitam essa jornada. Estudos sobre esforços de mudança pessoal bem-sucedidos indicam a existência de dois fatores primários que influenciam os resultados:

1º) A presença de algum tipo de sistema de apoio social que facilite o processo de mudança;
2º) O tipo de personalidade do indivíduo envolvido.

Apoio social

Pessoas que experimentam um **senso de isolamento** consideram mais difícil mudar seus padrões comportamentais. Sem o apoio do ambiente, torna-se difícil superar a relutância em mudar. Mais do que isso, parece haver uma conexão estabelecida entre o **apoio social** (uma função crucial de alívio contra o estresse) e a **boa saúde física**. De fato, o apoio social é, geralmente, o fator isolado mais importante para ajudar indivíduos a superarem obstáculos às mudanças. As pessoas parecem sentir isso intuitivamente: aqueles que decidem embarcar em uma jornada de transformação buscam, em geral, por pessoas que possam oferecer-lhes o apoio necessário, seja ele instrumental ou emocional.

O apoio instrumental diz respeito às tarefas, e envolve atitudes como: 1º) apontar mais uma pessoa para ajudar em um trabalho que precisa ser realizado; 2º) obter assistência externa especializada para a realização de projetos mais desafiadores; ou 3º) oferecer autoridade juntamente com as responsabilidades. Em resumo, significa disponibilizar todos os recursos necessários para que o esforço se traduza em um grande sucesso. Em contrapartida, o apoio emocional está mais relacionado à manutenção e até mesmo ao reforço da autoestima individual. Tal sustentação pode advir do marido/da esposa, de outro membro da família, dos amigos, dos colegas de trabalho ou até mesmo de outras redes de relacionamento – um grupo de indivíduos capaz de restaurar a confiança, de oferecer direcionamento e também uma oportunidade para que os interesses sejam compartilhados.

Às vezes ambas as formas de apoio têm origem em uma mesma fonte. Pessoas que passam por um processo de mudança buscam, em geral, por indivíduos que já tenham experimentado situações similares. Elas procuram obter ajuda prática e aconselhamento, e, ao mesmo tempo, contrabalançar uma sensação de isolamento. Além disso, indivíduos que querem mudar se sentem motivados pelo sucesso de outros que já tenham finalizado o processo.

Durante um processo de transformação, o apoio social precisa fazer parte da cultura corporativa. Mas não só isso, ele precisa começar de cima. Os líderes mais eficientes parecem dispor de uma quantidade considerável de **inteligência emocional**. Eles oferecem a seus seguidores um **senso de segurança** e se certificam de que seus empregados saibam que suas **preocupações** estão sendo ouvidas.

Ousadia e *locus* de controle

O indivíduo que ostenta um *locus* de controle interno sente que está no comando de sua própria vida; ele percebe que seu destino é afetado por suas próprias decisões, não por outros fatores. Ele percebe uma forte relação entre suas ações pessoais e aquilo que acontece ao ser redor. A crença em si mesmo os torna:

- menos ansiosos;
- mais ativos, mais esforçados e mais realizadores;
- mais orientados para o futuro e para relacionamentos de longo prazo;
- mais proativos e inovadores (embora menos inclinados a se engajar em comportamentos de risco).

Essas pessoas também possuem um grau considerável de **autocontrole**. Elas tendem a ser mais motivadas e bem-sucedidas na vida, tanto acadêmica quanto profissionalmente, que indivíduos com um *locus* de controle externo. Sua forte crença em sua própria capacidade também faz com elas resistam a influências, tentativas de coerção e manipulação.

Um *locus* de controle interno permite que as pessoas assumam a responsabilidade e deem continuidade a enormes mudanças pessoais, com grande facilidade e autoconfiança. Sua crença de que estão no controle de seu próprio destino as impede de duvidar do resultado de um processo de mudança que elas próprias tenham iniciado. Uma vez que tenham percebido a necessidade de uma mudança, elas simplesmente seguem em frente, sem esperar por algum sinal ou agente externo que possa iniciá-la.

Já as pessoas com o *locus* de controle externo costumam ver as mudanças como ameaças. Pelo fato de não se sentirem no controle das forças que afetam a própria vida, elas adotam uma postura passiva em relação às mudanças. Além disso, sem a capacidade de dar passos decisivos em direção a transformações pessoais que elas próprias tenham idealizado, elas demonstram grande inclinação para **reações depressivas**.

O termo **"personalidade resistente"** foi cunhado para descrever pessoas caracterizadas por um *locus* de controle interno. Há mais sobre resistência, entretanto, que apenas o sentimento de estar no controle dos eventos que ocorrem na própria vida. Bastante curiosos e ávidos para iniciar novas experiências, essas pessoas percebem as mudanças como um desafio positivo para a continuidade do desenvolvimento. Indivíduos resistentes possuem um forte compromisso com o *self*, uma atitude vigorosa em relação ao ambiente e um senso de significância. Em contrapartida, pessoas não resistentes se sentem castigadas pelas ocorrências da vida, e demonstram uma forte tendência de observar mudanças como algo indesejável.

Aqueles que possuem uma personalidade resistente possuem habilidades afetivas, cognitivas e comportamentais que as tornam melhores sobreviventes em situações de estresse. A sensação de controle sobre o que acontece ao seu redor, assim como sua menor necessidade de segurança, faz com que os indivíduos resistentes tolerem mais a ambiguidade que os demais. Seu modo de pensar faz com que eles consigam prever e internalizar as mudanças que enfrentam. Em consequência de tudo isso, essas pessoas demonstram mais envolvimento no trabalho e se adéquam mais facilmente ao papel de catalisadores de mudanças. Não surpreende o fato de que as pesquisas indiquem que empresas inovadoras e proativas são compostas amplamente por pessoas com um *locus* de controle interno. Esse mesmo panorama positivo torna os indivíduos resistentes mais imunes ao estresse que os outros e também menos inclinados a se sentirem desamparados, deprimidos e fisicamente debilitados.

A orientação de um indivíduo – *locus* de controle interno ou externo – e o grau de resistência por ele demonstrado são características profundamente arraigadas e dificilmente influenciáveis. Empresa sujeitas a ambientes turbulentos – aquelas para as quais as **mudanças** são a **regra**, não a **exceção** – obteriam melhores resultados se selecionassem funcionários cujo *locus* de controle fosse interno.

CONCLUSÃO

Em um mundo corporativo que enfrenta mudanças constantes, as empresas precisam claramente ser capazes de adaptar seu comportamento se quiserem sustentar uma vantagem competitiva. Uma organização que se mantenha firmemente presa a padrões comportamentais do passado está condenada ao infortúnio. O paradoxo do sucesso que leva as empresas ao fracasso, ao criar um estado permanente de complacência e arrogância, é o maior desafio para líderes organizacionais. Considerando o ambiente em que vivemos, o entendimento das dinâmicas por trás das mudanças é uma competência fundamental para qualquer líder.

Atualmente, indivíduos em posição de liderança enfrentam um grande desafio: criar empresas em que a orientação para a mudança seja um valor essencial, ou seja, infundir uma cultura regenerativa na organização. Para evitar o estado de confusão que acompanha os processos de transformação, as empresas precisam passar por mudanças graduais e contínuas – que ocorrem naturalmente quando líderes e seguidores se perguntam sempre se o modo como estão agindo está de acordo com a realidade.

O maior desafio para o ser humano é criar uma mentalidade organizacional em que as aptidões exploratórias das pessoas sejam plena e continuamente utilizadas, e na qual as mudanças sejam bem-vindas e até desejadas. Como já observado, esta não é uma proposição fácil. Para impedir que seus funcionários fiquem demasiadamente presos às suas funções, os líderes precisam cultivar na empresa uma cultura de confiança e uma atitude organizacional que encoraje as pessoas a sempre desafiar os métodos preestabelecidos de se fazer qualquer coisa.

As organizações que conseguirem estimular uma atmosfera em que prevaleça o **conflito construtivo** – na qual as pessoas não partam do pressuposto de que todas as recomendações de seus superiores estejam absolutamente corretas; em que elas questionem o que seus líderes dizem; e na qual o diálogo estratégico seja a regra, não a exceção – serão justamente aquelas que se manterão alinhadas com o ambiente, independentemente do quanto e do quão frequentemente ele mude. As empresas caracterizadas por esse tipo de diálogo construtivo serão capazes de revelar oportunidades perdidas e informar os altos executivos sobre as preocupações de seus empregados. Quando tal mentalidade (pressuposto) prevalecer, isto será um alerta de que mudanças são necessárias. Essa constante verificação do *status quo* permitirá que as companhias realizem **manutenções preventivas** e criem uma atmosfera de aprendizado contínuo.

Contudo, uma vez que as mudanças seguem um caminho contrário ao conservadorismo inerente ao comportamento humano, transformar esse tipo de cultura organizacional em uma proposta viável exigirá um esforço prolongado. Afinal, mesmo quando velhas resistências são superadas, novas emergem a cada instante. Porém, os perigos da rigidez estão sempre presentes. Como disse certa vez o economista norte-americano John Kenneth Galbraith: **"Ao deparar com a escolha entre mudar a maneira de pensar e provar que isso não se justifica, praticamente todos se ocupam em buscar provas."**

As pessoas que compreenderem as dinâmicas por trás das mudanças e perceberem as enormes oportunidades existentes em uma postura proativa serão as grandes vencedoras neste mundo repleto de descontinuidades.

CAPÍTULO 8

A DINÂMICA DE EMPRESAS FAMILIARES[1]

"Aquele negócio foi construído especificamente para minha família. Qualquer um que queira fazer parte encontrará um lugar para trabalhar dentro dele. E se o empreendimento falir como resultado disso, que assim seja."
— Sam Steinberg

"Embora me sinta orgulhoso por todas as minhas conquistas, há um preço alto a pagar pelo excesso. As longas horas de trabalho. Tenho pouquíssimo tempo para passar com minha família, e, como se costuma dizer, praticamente não tenho a mínima condição de parar e sentir o perfume das rosas."
— Eli Broad

"Farei uma proposta que ele simplesmente não terá como recusar."
— Marlon Brando, no filme *O Poderoso Chefão*

"A cria de um tigre ainda é um tigre."
— Provérbio haitiano

---

[1] A maior parte do material deste capítulo se baseia no artigo: Kets de Vries, M.F.R. (1993) *The Dynamics of Family Controlled Firms: The Good and the Bad News* (A dinâmica de empresas familiares: as boas e as más notícias), *Organizational Dynamics*, 21 (3), pg. 59-70.

INTRODUÇÃO

Os empreendimentos familiares são responsáveis pela maioria dos empregos na maior parte da sociedade ocidental. E os números são ainda mais elevados em grande parte dos outros países. Considerando sua importância para as economias nacionais, surpreende o fato de que tão pouca atenção seja dedicada àquilo que afeta negativamente esse tipo de empresa.

Para os interessados em psicologia, empresas familiares nos oferecem uma enorme variedade de questões interessantes para discussão – como disse Leon Tolstoi em *Anna Karenina* (Itatiaia, 2007): "Todas as famílias felizes se parecem umas com as outras, mas cada família infeliz é infeliz à sua própria maneira." Neste capítulo discutirei duas questões fundamentais relativas ao gerenciamento de empresas familiares:

- O que contribui para os problemas que essas empresas enfrentam?
- Existem dinâmicas específicas que caracterizam empresas familiares?

ESTUDO DE CASO: A HISTÓRIA DA EMPRESA FAMILIAR

Era uma vez um ceramista que fazia os mais belos potes de cerâmica do mundo. Todos que viam seu trabalho imediatamente se apaixonavam e queriam comprar alguma de suas peças. Por causa disso, o empreendimento prosperou e se tornou conhecido em todos os lugares. Depois de algum tempo, a demanda por seus produtos cresceu tanto que o homem sozinho já não conseguia dar conta de todos os pedidos. Então ele abriu uma fábrica e contratou algumas pessoas para ajudá-lo. Conforme os anos se passaram, ele precisou contratar mais e mais funcionários. No final, o ceramista passava todo o seu tempo administrando a fábrica, e já não tinha mais nenhum tempo para criar e produzir seus potes. Às vezes ele sentia saudade dos velhos tempos em que tudo era tão mais simples e ele conseguia fazer tudo sozinho. O ceramista não gostava da ideia de depender de outras pessoas e, em contrapartida, poucos empregados conseguiam atender aos altos padrões por ele exigidos.

Felizmente, seus filhos já haviam crescido o suficiente para ajudá-lo e, com o passar do tempo, eles se tornaram cada vez mais hábeis no **gerenciamento do negócio**. Embora o ceramista estivesse um pouco relutante em abrir mão do controle, pouco a pouco ele percebeu que não tinha escolha. Sua saúde e resistência física já não eram as mesmas, mas ele definitivamente desejava manter o negócio nas mãos da família.

Ele gostava de ver o seu sobrenome escrito no topo do prédio e, além disso, para ele o empreendimento era um modo de manter sua família reunida. Oferecer aos filhos e à esposa uma vida melhor fora a única razão para aquele homem ter trabalho tanto ao longo de sua vida.

Quando o ceramista faleceu, ele deixou a empresa para os três filhos – dois rapazes e uma jovem. A fábrica e as lojas continuaram a prosperar sob a administração dos descendentes, e cada vez mais fábricas foram inauguradas. As operações expandiram além das fronteiras e a linha de produtos foi diversificada, incluindo agora vidros, cristais e até prataria.

Quando os filhos dos filhos se tornaram mais velhos, também foram atraídos para o negócio. Infelizmente, com tantos membros da família por perto, a situação da empresa começou a deteriorar. A coesão que prevalecera no passado já não existia. Havia períodos em que aqueles que conseguiam recordar-se dos velhos tempos em que o velho ceramista estivera no controle sentiam-se absolutamente nostálgicos. Naquela época, tudo parecia tão mais simples; todos sabiam quem estava no comando.

A realidade, agora, era bem diferente. Os primos e irmãos começaram a brigar por causa de dinheiro, ações, poder e responsabilidades: quem tinha o quê; quem fazia o quê. A inveja tomou conta do lugar e, no final, aquilo que havia começado como um mero bate-boca se transformou em uma verdadeira guerra. Os dois irmãos, a irmã, as esposas, o marido e os filhos investiam todo o tempo e a energia que tinham em brigas. Os empregados se viam obrigados a escolher um lado na disputa e apoiá-lo. Logo os funcionários mais aptos começaram a deixar a empresa. A qualidade dos produtos começou a cair e os clientes deixaram de comprar.

No final, a disputa levou a empresa à falência e provocou a perda das fortunas pessoais dos membros da família. Eles acabaram com o sonho do ceramista. Em apenas três gerações a família conseguira sair da pobreza, alcançar o sucesso e retornar à penúria!

O fato é que os personagens desse conto de fadas não viveram felizes para sempre. Este, aliás, é um cenário bastante comum em muitos empreendimentos familiares, já que essas empresas possuem um calcanhar de Aquiles: a interação de dois sistemas que não são necessariamente compatíveis – a família e o negócio. Não é difícil encontrar exemplos de destrutivas disputas familiares. Basta pensar em como as *vendetas* (vinganças), as brigas entre os acionistas e os processos legais dividiram a família Gucci, um dos maiores impérios da Europa. Há também a disputa feroz entre as irmãs Steinberg (as herdeiras do enorme *shopping* canadense), que acabou destruindo o empreendimento. A disputa por dinheiro, pelo poder e pela honra também arruinou uma das editoras de maior prestígio na França, a Gallimard.

Embora as estatísticas variem, parece que somente três em cada dez empresas familiares conseguem sobreviver à segunda geração, e somente um décimo superam a terceira. Analistas estimam que a média de vida de um empreendimento familiar é de apenas 24 anos, ou seja, o período durante o qual seu fundador permanece associado ao negócio.

Mas, afinal, por que tanta preocupação com empresas familiares? A verdadeira ação não estaria nas corporações públicas? Pelo contrário, acredito que aqueles que menosprezem a importância de empresas familiares estejam cometendo um enorme erro. De acordo com algumas estimativas, 80% de todos os empreendimentos do mundo são controlados por famílias, no sentido mais amplo da palavra – a família tem poder significativo sobre a direção estratégica da empresa e na indicação de um novo CEO (Kets de Vries, Carlock e Florent-Treacy, 2007[a]).

O argumento de que esses números não são confiáveis porque se aplicam basicamente a lojas pequenas também não se sustenta. Nos EUA, por exemplo, mais de um terço das empresas que compõem a lista da revista Fortune 500 são controladas por famílias.

AS BOAS E AS MÁS NOTÍCIAS SOBRE AS EMPRESAS FAMILIARES

Vantagens

Uma das vantagens mais óbvias em se trabalhar para uma empresa familiar é a sensação de estar no controle do próprio destino. Administrar uma companhia pela qual se tem um interesse pessoal certamente dá ao proprietário um sentimento de independência. Os prazeres narcisistas derivados disso não devem ser subestimados: é sempre bom ver o próprio nome em um prédio, principalmente se esse nome representar uma marca bem conhecida. Isso poderá inclusive gerar alguns efeitos colaterais positivos. Como disse certa vez um dos integrantes de uma família proprietária de um conglomerado da mídia: "Meu sobrenome certamente me ajudou a ter acesso a alguns dos mais importantes executivos de outras empresas, pessoas que em circunstâncias diferentes certamente teriam mantidos suas portas fechadas para mim." Também não devemos subestimar os possíveis benefícios financeiros, afinal, sempre existe a possibilidade de uma empresa se tornar realmente bem-sucedida. Contudo, esses privilégios representam apenas a ponta do iceberg.

A perspectiva de longo prazo – No geral, empresas familiares tender a ostentar uma visão de longo prazo do empreendimento, uma vez que normalmente não representam negócios temporários. Gerentes que são também proprietários de uma companhia podem também possuir uma visão bastante diferente em relação a seus empregados, seus clientes, à comunidade e outras pessoas interessadas no negócio. Isso poderá afetar positivamente a qualidade de seu produto. O fato de os donos terem seu nome no prédio também os torna mais conscientes de sua posição na comunidade, e, ao mesmo tempo, mais zelosos por sua reputação.

Em muitas ocasiões, a empresa e seus produtos afetam inclusive a identidade dos membros da família. Afinal, estar associado a produtos deficientes ou de qualidade inferior poderá refletir no próprio *self*. Sendo assim, é bem provável que a família não considere nada atraente a ideia de optar por ganhos financeiros de curto prazo caso isso contribuía de algum modo para manchar o nome da empresa. Quando uma família publica livros ao longo de várias gerações, como os Bonnier, da Suécia, ou está no setor de mídia, como os Rothermere, da Grã-Bretanha, seus membros querem se sentir orgulhosos de seus produtos.

Mais ainda, comparadas a empresas públicas, as familiares não são escravas de Wall Street, tampouco são assombradas pela obrigação de apresentar seus balanços trimestrais. Elas não sofrem tanta pressão externa nem ficam à mercê do escrutínio público. Além disso, essas companhias também são mais independentes em suas ações. O fato de as empresas familiares não serem obrigadas a divulgar tantas informações como outras empresas privadas pode inclusive se transformar em uma vantagem competitiva: não é tão fácil para seus concorrentes descobrirem seus planos e suas intenções para o futuro. Qualquer um que já tenha tentado obter informações sobre companhias familiares famosas, porém, discretas, como a norte-americana Mars (fabricante dos confeitos M&Ms), a francesa Michelin (fabricante de pneus) ou a holandesa C&A (loja de roupas e acessórios), conhece bem as dificuldades envolvidas no processo.

Ademais, empresas familiares se preocupam menos com ameaças de transferência do controle societário ou com a necessidade de criar esquemas elaborados como **"pílulas de veneno"**[2] ou **"paraquedas dourados"**.[3] Os executivos podem utilizar suas energias em outras causas.

---

[2] O termo em inglês é *poison pills*. Em economia, esse é um mecanismo de proteção acionária utilizado pelos donos de empresas para garantir a dispersão do capital no mercado. O objetivo é evitar eventuais aquisições hostis. (N.T.)

[3] O termo em inglês é *golden parachute*. Trata-se de um pacote de bônus e indenizações, incluído no contrato de trabalho, e oferecido aos diretores mais importantes da empresa no caso de demissão. (N.T.)

Por último, companhias familiares tendem a ser mais resistentes em tempos difíceis, pois estão preparadas para reinvestir seus lucros no próprio empreendimento.

A cultura familiar – Essa perspectiva de longo prazo pode ser reforçada pelo fato de todos os envolvidos terem mais certeza sobre o tipo de liderança que prevalecerá no futuro. Com um plano de sucessão eficiente (um assunto que será discutido em mais detalhes ainda neste capítulo), todos sabem de antemão quem será o próximo a assumir o comando da organização. Isso poderá representar **mais paz de espírito** para todos e, consequentemente, um comportamento menos político dentro da empresa.

Os valores familiares expressos pelos proprietários criam um propósito comum para todos os funcionários e ajudam a estabelecer um senso de identificação e compromisso. Em empresas familiares bem comandadas, os empregados se sentem parte da família. O acesso à administração sênior é mais fácil e, em geral, há menos burocracia, portanto, as decisões são tomadas com maior rapidez e eficiência.

O tipo de cultura corporativa que permeia a empresa fabricante de móveis norte-americana, Herman Miller Inc., tornou-se lendária. Essa companhia, que já apareceu várias vezes entre as mais bem dirigidas dos EUA, foi fundada em 1923 por D. J. De Pree e então comandada por seu filho Hugh e, posteriormente, pelo neto, Max. Na Herman Miller Inc, encontramos um grupo de indivíduos fortemente comprometidos com as crenças e ideias dos membros sênior da família, em especial com as de Max De Pree. Os funcionários compartilham a mesma visão em relação aos serviços oferecidos aos clientes, à qualidade dos produtos e também à produtividade. Esse é um pacto que funciona bem para os dois lados. A família acredita muito no potencial das pessoas e tal crença é sustentada por um conjunto de direitos que determinam o contrato psicológico entre empregados e patrões. Entre as regras fundamentais para se trabalhar na Herman Miller Inc, estão vários direitos, como os de ser necessário, de ser envolvido, de compreender, de afetar o próprio destino, de ser responsabilizado e o de apelar.

Na verdade, o foco nos direitos é levado bem à sério – e afeta o bolso de todos. Ao longo de muitos anos a empresa se utiliza do "Plano Scanlon,"[4] que garante que seus funcionários recebam uma parte dos ganhos financeiros resultantes de sugestões para o aprimoramento de projetos e processos, dos serviços aos clientes, da qualidade e da produti-

---

[4] Trata-se de um plano desenvolvido em 1935 por Joseph Scanlon, membro do Sindicato dos Funcionários de Empresas Siderúrgicas dos EUA. (N.T.)

vidade. Quando a Herman Miller Inc. abriu seu capital, a gerência estabeleceu um plano de opção de compra de ações. Desde então, todos os funcionários regulares da empresa que já estejam contratados a mais de um ano, sem exceção, possuem ações da companhia. Além dos já conhecidos "paraquedas dourados", a empresa oferece também os "paraquedas prateados", uma garantia oferecida a todos os funcionários para o caso de uma transferência de administração inesperada e não amistosa.

A Hermam Miller Inc, também é uma empresa menos burocrática que suas pares públicas. A cultura familiar torna a companhia bem menos impessoal. O ato de encorajar os empregados a se sentirem como parte da família facilita o acesso dessas pessoas à alta gerência. Nem mesmo os trabalhadores de nível hierárquico mais básico encontram dificuldades em bater à porta de Max De Pree. Esse tipo de atmosfera agiliza a tomada de decisões e promove uma grande flexibilidade em termos de procedimentos e ações.

O conhecimento do negócio – Outra vantagem competitiva importante pode ser observada no profundo conhecimento dos proprietários sobre o funcionamento dos negócios. Afinal, essas pessoas já estão envolvidas com o processo desde a infância. O café da manhã, o jantar de família, os passeios, as reuniões familiares e os empregos temporários, todas essas ocasiões se mostraram oportunidades perfeitas para que os membros da família aprendessem mais e mais sobre a empresa.

Esse tipo de conhecimento, e também o fato de os treinamentos começarem desde cedo, poderão dar aos integrantes da família uma vantagem em relação aos demais executivos contratados e até explicar a indicação de indivíduos muitos jovens para altos cargos na organização. De fato, essas indicações teoricamente "não apropriadas" poderão causar um efeito benéfico na empresa, pois promoverão uma espécie de rejuvenescimento em um grupo de executivos possivelmente arteriosclerótico.

As más notícias

É óbvio que não existem apenas boas notícias. Do lado negativo, as dificuldades práticas que podem prejudicar empresas familiares surgem na mente quase de maneira imediata. As taxas governamentais relativas a heranças, por exemplo, poderão gerar problemas que ameacem a continuidade da empresa. Outro problema clássico é o fato de companhias familiares terem mais dificuldades em ter acesso ao mercado de capitais, o que poderá inibir seu crescimento.

A organização interna de empresas familiares frequentemente assusta o observador externo por se mostrar confusa e desordenada. O grau de autoridade e as responsabilidades não parecem questões claramente definidas; as tarefas individuais podem sobrepor-se umas às outras; os mesmos executivos exercem várias funções diferentes. A hierarquia na tomada de decisões é muitas vezes totalmente ignorada – existindo unicamente para ser desconsiderada.

Porém, ao entrevistar indivíduos de empresas familiares é possível descobrir rapidamente que muitos dos principais problemas da organização são de ordem psicológica. Estes se concentram em questões como:

- A compatibilidade entre o estilo de liderança dos executivos de nível sênior e o estágio de desenvolvimento da própria empresa.
- A abundância de conflitos familiares dentro dos negócios.
- Políticas de coalizão entre membros da família (que difamam a substância do empreendimento).
- E por último, mas não menos importante, a questão da **sucessão**.

Todos esses problemas poderão se transformar em questões dramáticas. Em certas ocasiões, o cotidiano de uma empresa familiar nos faz sentir como se estivéssemos em uma novela mexicana ou em uma tragédia grega.

O nepotismo – A lógica familiar com frequência sobrepuja a racionalidade dos negócios. Em muitas situações, membros da família são contratados independentemente de sua habilidade para contribuir de maneira mínima com o empreendimento. Em geral, administradores de nível sênior demonstram enorme capacidade para fechar os próprios olhos diante das fraquezas e inabilidades de seus amados filhos.

Trabalhar sob o comando de indivíduos incompetentes coloca os funcionários que não fazem parte da família em uma posição pouco atraente. Um forte desequilíbrio entre a contribuição e o crédito – a falta de uma verdadeira meritocracia – poderá minar um dos principais pilares da cultura corporativa: a necessidade de confiar. A falta de confiança influenciará o clima da empresa e afetará a satisfação, a motivação e o desempenho no trabalho.

Tal situação torna-se particularmente irônica quando os membros da família exigem um alto grau de comprometimento dos funcionários que não são parte da família – o que, aliás, é bem comum em empresas familiares. Veja que tais exigências serão perfeitamente aceitáveis se a administração der aos não membros o devido crédito pelo trabalho bem realizado. Porém, elas se mostrarão inaceitáveis se houver um claro favorecimento a membros da família que em nada contribuem para o crescimento da empresa. Neste caso, torna-se difícil atrair bons administradores – algo que, com o tempo, poderá prejudicar o futuro da organização.

Consideremos o exemplo de uma bem conhecida empresa global do setor de roupas. O presidente dessa companhia (encorajado pela esposa) era totalmente cego diante da incompetência de seu único filho. Depois de sobreviver a um ataque cardíaco, ele decidiu colocar seu filho – que, aliás, havia fracassado em todas as faculdades em que fora matriculado – em um alto cargo executivo. O comportamento do rapaz azedou o clima na empresa. Um dos piores hábitos desse indivíduo era culpar os outros por quaisquer erros que ele próprio tivesse cometido (como, por exemplo, esquecer compromissos; não oferecer o atendimento necessário aos clientes; alocar recursos de maneira equivocada etc.) – nada disso era culpa dele, nunca! No final, muitos dos funcionários mais competentes acabaram não suportando mais a situação e deixaram a empresa. Quando o jovem (desconsiderando todos os conselhos) comprou uma empresa cujas linhas de produtos estavam completamente superadas e o maquinário obsoleto, a empresa passou a operar com déficit, o que finalmente abriu os olhos do pai presidente. Este percebeu o que de fato estava acontecendo e reassumiu o controle.

Síndrome da criança mimada – A história a seguir ilustra outro aspecto ruim das empresas familiares – a **criança mimada**. No cenário mais típico, o protagonista dessa narrativa é o empreendedor dedicado e completamente obcecado pelo trabalho. Esse tipo de comportamento profissional tende a provocar um sentimento de culpa no próprio empreendedor, que então tenta lidar com sua amargura subornando os membros da família – trata-se de um tipo de recompensa por não estarem emocional ou fisicamente disponíveis para os filhos. Esses pagamentos podem começar com um belíssimo ursinho de pelúcia quando as crianças ainda são pequenas e se transformar em carros esportivos, joias deslumbrantes, férias caríssimas e até mesmo apartamentos luxuosíssimos. Infelizmente esses presentes jamais substituirão a atenção que faltou durante a infância. Ao mesmo tempo, para aquele que presenteia, o ato se transforma em uma maneira de compensar as dificuldades que ele próprio tenha enfrentado no passado. Ele oferece aos filhos aquilo o que sempre quis, mas nunca teve a chance de possuir.

A disputa na família Steinberg, que ocupou as manchetes de vários jornais, nos oferece um ótimo exemplo de tal comportamento. As filhas de Sam Steinberg, que construiu um verdadeiro império de centros comerciais, batalharam ferozmente pelo controle dos negócios. Em seu livro *Steinberg: The Break-up of a Family Empire (Steinberg: A Quebra de um Império Familiar)* (1990), os jornalistas Ann Gibbon e Peter Hadekel concluíram, a partir de entrevistas com as duas irmãs, que ambas eram **"completamente mimadas"**. Ao longo da vida, as duas haviam ganhado carros, roupas e apartamentos na Florida. De acordo com Gibbon e Hadekel: "Quando o assunto era as filhas, os bolsos do senhor Steinberg estavam sempre abertos; não havia absolutamente nada que ambas não pudessem ter. Elas jamais teriam de encarar a vida difícil que o pai enfrentara ao crescer em um apartamento lotado e sem aquecimento em Montreal."

A despeito dessa aparente generosidade, era visível que o senhor e a senhora Steinberg haviam dado pouca atenção às necessidades menos tangíveis de suas filhas. Nenhum dos dois parece ter dado a devida importância a questões como educação, valores familiares, ética no trabalho, treinamento profissional e responsabilidade social. O conceito de que a autoridade e a responsabilidade deveriam ser outorgadas somente em reconhecimento às realizações de um indivíduo simplesmente não se aplicava aos membros da família Steinberg. Um senso de direito adquirido parecia prevalente. Como as filhas exerciam enorme poder como acionistas principais, seu pouco entendimento dos negócios e seu comportamento disfuncional tiveram consequências catastróficas sobre os negócios. Mais ainda, a rivalidade entre ambas, que fora controlada enquanto o pai ainda era vivo, tornou a situação ainda pior e acabou provocando a falência da empresa.

A guerra das Rosas[5] – A **indisponibilidade emocional** de um dos pais pode ter repercussões graves e duradouras nos filhos. Estes poderão começar a brigar por qualquer "tempo valoroso" ao qual tenham acesso, por menor que seja, e logo se tornarão especialistas em julgar quem – entre ele e seus irmãos – tem a preferência na **"equação do amor"**. Esses sentimentos iniciais de inveja e ciúmes não são facilmente resolvidos e provavelmente continuarão a se mostrar problemáticos ao longo de toda a vida adulta.

---

[5] O subtítulo faz uma referência velada à série de guerras civis ocorridas na Inglaterra entre os anos de 1455 e 1485. Durante o longo conflito, duas famílias rivais, os Lancaster e os York (cujos brasões ostentavam respectivamente uma rosa vermelha e outra branca) disputaram o trono inglês. A vitória final coube a Henry Tudor, que derrotou Ricardo III e se casou com Elizabeth de York, unindo as duas famílias. A casa dos Tudor governou a Inglaterra e o País de Gales por 117 anos. (N.T.)

No processo de crescimento, os irmãos geralmente se separam e escolhem diferentes rumos. Com o tempo e a distância geográfica as explosões de raiva e os ressentimentos típicos de uma infância problemática tornam-se menos prováveis. Porém, em alguns casos, quando esses irmãos decidem trabalhar juntos em uma empresa, esse padrão de separação é quebrado. Em alguns casos, os pais poderão inclusive utilizar-se de chantagem emocional para induzir os filhos a participarem do empreendimento familiar. De qualquer maneira, membros de uma mesma família poderão se sentir presos uns aos outros, como se estivessem em uma armadilha. Neste caso, todos poderão se encontrar em um círculo vicioso em que os conflitos se repetem constantemente – será como reviver os velhos jogos emocionais da infância.

Companhias privadas talvez não sejam paradigmas de comportamento racional, todavia, considerando a grande probabilidade de dramas emocionais, e as familiares certamente não o são. As decisões em empresas familiares são geralmente tomadas de modo emocional, e não de acordo com um sólido senso profissional.

Um ótimo exemplo de conflito fraterno foi a saga dos irmãos Horvitz, herdeiros de uma das maiores fortunas norte-americanas: um império de 700 milhões de dólares acumulado por meio de um jornal, uma TV a cabo e empreendimentos imobiliários. Depois que o pai faleceu, teve início uma grande disputa para decidir quem ficaria no controle da empresa. A briga, que durante algum tempo foi mediada pela mãe, tornou-se ainda mais intensa com a morte da senhora Horvitz. Começaram então as acusações e contra-acusações. Os socos faziam parte das contendas. Vários processos levaram a anos de disputas legais. Como disse certa vez o filho de um dos irmãos: "As decisões do presente se baseavam no modo como cada um (dos irmãos) se sentiu na época em que tinha 12 anos de idade."

Lutas partidárias podem se tornar extremamente complexas em empresas familiares que tenham sobrevivido ao longo de várias gerações e sejam comandadas por grandes famílias. É óbvio que manter uma família unida se torna mais difícil conforme surgem as novas gerações. O perigo é de que muito tempo seja desperdiçado em atividades conspiratórias e que ninguém dê a atenção necessária à substância do próprio empreendimento. Quando a inveja supera a razão, a política de sucessão pode se transformar no passatempo principal.

Relações parentais – Assim como são danosos os efeitos causados pela indisponibilidade emocional de pais empreendedores (fenômeno mais comum entre os homens), o mesmo se aplica quando os pais adotam um comportamento dominador. Não é nada fácil viver à sombra de um líder dos negócios, e, em geral, é o filho mais velho quem acaba tendo de carregar o fardo mais pesado dessa agressividade empreendedora. As crianças que surgem mais tarde, ou oriundas de um segundo casamento, tendem a desfrutar de períodos mais tranquilos. O empreendedor não as vê como uma ameaça ao seu poder, mas como um símbolo de sua força e vitalidade.

Em sua autobiografia *Pai, Filho e Cia: Minha Vida na IBM* (Best Seller, 1990), Thomas Watson Jr., da IBM, se recorda de voltar para casa chorando depois da escola (diga-se de passagem, ele não era um excelente aluno), dizendo que simplesmente não conseguiria fazê-lo – o garoto se referia ao fato de que, sendo o filho mais velho, todos esperavam que ele assumisse os negócios do pai, Thomas Watson Sr. O problema é que o jovem sempre considerara praticamente impossível atender às expectativas do pai e estava convencido de que não possuía as habilidades necessárias nem a confiança para ocupar a posição do pai.

Watson Jr. também se lembrou dos surtos depressivos que costumava ter durante sua infância, geralmente acompanhados de fortes crises de asma. Suas experiências tornaram-se ainda piores quando começou a perceber que todos pareciam se dobrar diante do pai, tentando de algum modo agradá-lo. Ele costumava comparar seu próprio pai a um enorme cobertor, que a tudo cobria e abafava. Ambos tiverem brigas horríveis, que frequentemente os levaram quase a se afastar definitivamente um do outro.

Depois que o Watson pai faleceu, o então presidente da IBM, Watson Jr, criou um ritual que se repetiria em todos os aniversários da morte de seu progenitor: ele preparava um relatório sobre tudo o que sua empresa havia realizado ao longo do ano e então dizia à sua esposa que havia conseguido superar mais um ano sozinho. Muitos empreendedores do sexo masculino parecem ter experimentado algum tipo de vitória edipiana simbólica ao ganhar a maior parte do amor e da afeição da mãe e conseguir superar o pai. Porém, esses homens não permitirão o mesmo tipo de triunfo por parte dos próprios filhos. Em vez disso, alguns desses empreendedores farão todo o possível para aviltar seus filhos, minimizando sua importância. Consequentemente, alguns filhos poderão desistir de lutar, obtendo resultados ruins na escola e/ou agindo de maneira irresponsável. Eles se tornam a antítese do pai, seja em caráter temporário ou permanente. É preciso ressaltar, obviamente, que tais processos psicodinâmicos não ocorrem sempre de maneira consciente. Entretanto, de um modo ou de outro, a experiência por si só é emocionalmente devastadora.

O primeiro Henry Ford e seu filho Edsel mantinham um relacionamento particularmente destrutivo, caracterizado por extrema ambivalência. Henry Ford tinha o péssimo hábito de incentivar e aplaudir seu filho em determinados momentos, apenas para humilhá-lo no instante seguinte. Uma das maiores frustrações de Edsel vinha justamente da contínua rejeição demonstrada pelo pai em relação aos planos cuidadosamente concebidos por ele (o filho) para aprimorar os produtos e as condições dentro da companhia. Em vez disso, Henry Ford preferia dar ouvidos a pessoas que costumavam agir com brutalidade no ambiente de trabalho. Edsel nunca teve coragem para enfrentar o pai, que preferia descrever o próprio filho como um homem fraco, incompetente e, segundo as palavras do senhor Ford, "era um amante da bebida e do estilo de vida decadente do East Side" A tensão desse relacionamento causou problemas de saúde em Edsel. Aliás, o estresse provavelmente contribuiu bastante para o surgimento de uma úlcera estomacal e também para sua morte prematura. De acordo com a biografia escrita por Robert Lacey, *Ford: The Men and the Machine* (1986) (*Ford: Os Homens e a Máquina*), quando Edsel morreu, sua esposa teve um surto de fúria e disse ao sogro que ele havia matado o próprio filho.

O exemplo dos Ford não é único, embora nem todas as relações entre pai e filho terminem da maneira tão trágica. Em comparação, os relacionamentos do tipo pai/filha, mãe/filha e mãe/filho parecem menos inclinados a enfrentar conflitos em ambientes profissionais. Todavia, por causa da escassez de exemplos de empresas comandadas por mulheres, talvez seja melhor não julgarmos essa questão, pelo menos por enquanto.

Governança autocrática – Como já mencionado, os fundadores (refiro-me especificamente aos do sexo masculino) de empresas tendem a ostentar personalidades autoritárias. Afinal, sem tal domínio e persistência a empresa jamais teria saído do papel. Sua presença e seu comportamento dão à companhia seu sabor único. Em muitas organizações desse tipo, poderá prevalecer uma atitude paternalista. Mas aquilo o que começou com boas intenções, poderá se tornar uma característica sufocante e, em certas ocasiões, até mesmo distorcida.

Um bom exemplo é caso da família Krupp, uma dinastia de 400 anos que armou a Alemanha durante quatro grandes guerras. Por várias gerações, os membros foram comandados pela *Generalregulativ*, uma constituição criada por Alfred Krupp em 1874. Esse documento detalhava todas as obrigações dos *Kruppianer* (empregados de Krupp), incluindo uma declaração de que a casa Krupp deveria contar com a energia total, a pontualidade, a lealdade e o amor pela ordem de todos os seus funcionários. Além disso, qualquer *Kruppianer* que incorresse em dívidas seria demitido; qualquer trabalhador que se envolvesse em confusão seria também sumariamente demitido e jamais recontratado; e qualquer homem que se atrasasse cinco minutos sofreria um desconto relativo a uma hora de trabalho. Entretanto, os *Kruppianer* também tinham vários direitos, como: serviços de saúde, fundo emergencial, pensão, moradia de baixo custo, pontos de revenda sem fins lucrativos e até lares para idosos. Em termos de política social, os Krupp estavam definitivamente na vanguarda, contudo, essa atitude paternalista transformou-se em uma dissimulação grotesca durante a Segunda Guerra Mundial, a empresa conscientemente utilizou quase cem mil prisioneiros de guerra e dos campos de concentração como escravos.

A dinastia Krupp pode ser um exemplo radical de uma governança paternalista autocrática. Porém, exemplos menos extremos não são difíceis de encontrar. É possível sugerir que as pessoas que aceitem trabalhar sob tais condições possuam várias características de uma personalidade dependente. Empresas desse tipo irão contratar homens que sempre dizem **sim** – dificilmente o tipo de empregado que contribuirá para o crescimento da companhia.

Tais organizações são frequentemente misteriosas, conservadoras e tradicionais. Em consequência disso, podem se tornar bastante introspectivas, ignorando os desenvolvimentos ocorridos no ambiente. É óbvio que esse tipo de atitude não estimula mudanças e pode ameaçar seriamente a sobrevivência da empresa.

Ordenhando o negócio – Quando vários empregados que são membros da família acrescentam pouco ou nenhum valor à empresa, corre-se o risco de que esta se transforme em uma **instituição de caridade**. Neste caso, a companhia ocupa as pessoas com atividades sem, contudo, engajá-las em funções produtivas. A maioria das organizações não pode se dar ao luxo de ter muitos "colaboradores" desse tipo. Além das pressões financeiras, indivíduos não produtivos poderão causar sérios problemas no moral da empresa.

Havia uma empresa de bens de consumo na qual três dos cinco membros da família que estavam empregados recebiam altos salários, utilizavam os serviços do motorista da empresa, os carros e aviões da companhia, e viviam em apartamentos de luxo financiados pela própria organização. Contudo, as horas que esses indivíduos ocasionalmente passavam no escritório causavam mais problemas do que traziam soluções. Na verdade, eles passavam a maior parte do tempo aproveitando o livre acesso à academia de ginástica ou à quadra de tênis, ambas pagas pela empresa, que trabalhando. Quando a crise econômica se instalou, a companhia começou a se tornar deficitária, mas essas pessoas se recusaram a aceitar a nova realidade – a despeito dos avisos de um consultor especializado. Quando a situação piorou a empresa simplesmente faliu.

Tabela 8.1 – Vantagens e desvantagens de empresas controladas por familiares

Vantagens	Desvantagens
Orientação de longo prazo.	**Acesso limitado ao mercado de capitais poderá restringir o crescimento.**
Maior independência em suas ações. • Menor pressão pelo mercado de ações. • Risco menor (ou inexistente) de transferência de controle societário.	**Organização confusa.** • Estrutura desorganizada. • Inexistência de uma divisão clara de tarefas.
Cultura familiar como uma fonte de orgulho. • Estabilidade. • Forte identificação/compromisso e motivação. • Continuidade na liderança.	**Nepotismo** • Tolerância a membros da família despreparados em cargos de gerência. • Sistemas de recompensa desiguais. • Maior dificuldade em atrair profissionais de nível gerencial.
Maior resiliência nos tempos difíceis. • Disponibilidade para reaplicar lucros na empresa.	**Síndrome da criança mimada.**
Menos burocrática e impessoal. • Maior flexibilidade. • Tomada de decisões mais rápida.	**Conflitos destrutivos.** • Disputas entre familiares invadem o ambiente de trabalho.
Benefícios financeiros. • Possibilidade de grande sucesso.	**Governança paternalista/autocrática.** • Resistência a mudanças. • Grande discrição. • Atração de personalidades dependentes.
Conhecer o negócio. • Treinamento desde cedo para membros da família.	**Pressão financeira.** • Ordenha do negócio pelos membros da família. • Desequilíbrio entre a contribuição e a compensação.
	Problemas de sucessão.

A Tabela 8.1 resume as vantagens e desvantagens de empresas familiares. Na próxima seção, discutirei um dos maiores problemas em empresas desse tipo: a sucessão.

O ENIGMA DA SUCESSÃO

De todos os problemas associados a empresas familiares, os mais insidiosos se concentram na questão da sucessão. E de todos os obstáculos para um plano de sucessão, um dos piores é a dificuldade que as pessoas têm em aceitar que são mortais. Não é fácil, afinal, confrontar a maior ofensa ao narcisismo: a desintegração do próprio corpo. Alguns presidentes de organizações familiares (em especial os que fundaram e ainda são os proprietários de suas empresas) agem como se a morte fosse algo que acontece somente com todos, não com eles próprios. Falar sobre este assunto é um tabu – levantar a questão é considerado um ato hostil, podendo inclusive ser interpretado como uma demonstração de desejo pela morte de alguém. Embora as crianças, em algum momento de raiva possam ter desejado a morte dos pais (o que, aliás, possivelmente tenha resultado em um forte sentimento de culpa), como adultos, eles devem ser plenamente capazes de suprimir ou reprimir tais pensamentos.

Essa conspiração em defesa do silêncio pode ser exacerbada pelo medo do abandono. As crianças podem se perguntar se terão condições de enfrentar a vida sem os pais ao seu lado. Se existirem muitas crianças, talvez elas se preocupem em definir quem será o *primus inter pares*.[6] Algumas poderão temer – e por razões óbvias – o surgimento de conflitos quando os pais já não estiverem presentes para controlar a situação. Todas essas questões talvez signifiquem que elas irão preferir deixar as coisas acontecerem naturalmente que enfrentar o problema da sucessão de frente. A Tabela 8.2 apresenta um resumo dos obstáculos mais comuns em um **plano de sucessão**.

O valor simbólico da empresa também pode agravar problemas de sucessão. Para muitos administradores-fundadores, a companhia se torna parte de sua própria identidade. Eles dependem da organização para medir sua autoestima e podem sentir-se extremamente ansiosos em descobrir se o seu sucessor respeitará seu legado ou destruirá o que foi

---

[6] Trata-se de uma expressão latina que pode ser traduzida como **"primeiro entre iguais"**. Ela indica que um determinado indivíduo possui mais experiência (conhecimento, capacitação etc.) entre outras pessoas do mesmo nível ou que trabalham em um mesmo setor. (N.T.)

cuidadosamente construído. A tragédia de Shakespeare, *Rei Lear*,[7] dramatiza perfeitamente essa crise.

Escolher entre os filhos um único sucessor pode ser uma tarefa bem difícil, uma vez que vai contra a ideia de que todas as crianças são iguais. Optar por uma única pessoa poderá, portanto, provocar discórdia. Ao deparar com a necessidade de fazer uma escolha, muitos administradores-fundadores preferem deixar a questão de lado, adiando-a.

Tabela 8.2 – Obstáculos para o planejamento da sucessão em empresas familiares

Administrador/fundador	Família
Ansiedade por causa da morte.	**Morte como um tabu.** • Discussão do tópico é ato hostil. • Meda da perda/do abandono.
Empresa como símbolo. • Perda de identidade. • Preocupação com o legado.	**Medo da rivalidade entre irmãos.**
Dilemas de escolha. • Atritos por causa da igualdade.	**Mudança da posição do cônjuge.**
Inveja entre gerações. • Perda de poder.	

Também é bastante difícil para as pessoas que estão no comando abrirem mão do poder intrínseco ao cargo. Talvez elas tenham se acostumado com todos os benefícios tangíveis e intangíveis inerentes à posição que ocupam. Um bom exemplo disso é o francês Serge Dassault, da Dassault Enterprises, um construtor de aviões que já tinha 61 anos quando assumiu o comando da empresa que até então estava nas mãos do pai. Outro bom exemplo é o de Thomas Watson, Sr. da IBM, que somente transmitiu o controle da companhia para o filho quando já estava com 82 anos. O já falecido Armand Hammer, da Occidental Petroleum, também nos serve de exemplo de alguém que

---

[7] Referência à história do rei da Bretanha, um homem bastante idoso que decide abrir mão do poder em favor de suas três filhas, Goneril, Regan e Cordélia. Para isso, ele pede a cada uma delas que expresse o amor que sente por ele. As duas primeiras não economizam adulações, enquanto a última (até então a favorita), mostra-se bem mais fria que o esperado, e acaba sendo deserdada e entregue ao rei da França. (N.T.)

pareceu ter encontrado grande dificuldade em encontrar um herdeiro para sua coroa.

No processo de abrir mão do comando, o fenômeno da inveja entre gerações (aquela que os pais sentem em relação às emergentes habilidades de seus filhos) não deve ser subestimado. Muitos administradores/fundadores demonstram um talento todo especial para encontrar razões de pressionar ou até de humilhar seus próprios filhos. No cerne desse processo – como já mencionei no contexto de rivalidade edipiana – está sua preocupação com o desvanecimento de sua força física. Todos eles se assemelham, portanto, ao *Rei Lear*, escrito por William Shakespeare, e a situação nos faz lembrar o destrutivo processo de sucessão enfrentado pelo monarca, assim como as danosas consequências enfrentadas.

Em alguns casos, não é apenas o CEO que enfrenta dificuldades em deixar o cargo, mas também o cônjuge, que pode ter se acostumado demais aos benefícios e ao reconhecimento indireto inerentes à posição.

Forças facilitadoras

Felizmente, várias forças poderosas operam contra tais obstáculos, sendo que uma delas é a legislação tributária. Para impedir que as propriedades se tornem alvo dos altos impostos cobrados sobre heranças – o que poderá inclusive dificultar a continuidade da empresa – é melhor tomar medidas preventivas e transferir os títulos de posse para a próxima geração assim que possível.

Outra força bastante efetiva (embora nada atraente) é o próprio processo de envelhecimento e os problemas de saúde que o acompanham. Os cínicos costumam dizer que não há nada mais eficaz para resolver impasses relativos à sucessão que um infarto leve. Afinal, quando se está deitado em uma cama de hospital torna-se difícil negar a possibilidade de uma morte iminente. Em tais situações, o cônjuge, algum confidente ou até mesmo um membro da mesa diretiva poderá dar o empurrãozinho necessário para ajudar o administrador líder a abandonar o cargo.

Já uma força mais positiva é o desejo do próprio fundador de ver seus filhos dando continuidade ao empreendimento. Em teoria, isso parece óbvio, contudo, agir no sentido de concretizar tal desejo é outra história. Na verdade, isso exigirá muita maturidade e sabedoria.

Será preciso adquirir um senso de generatividade – em vez de demonstrar inveja pela geração seguinte, o fundador precisará ter a capacidade de sentir prazer em ver os mais jovens agindo por conta própria.

Fazendo uma escolha

Diante da necessidade de tomar uma decisão quando à sucessão, existem várias opções disponíveis para uma empresa familiar. Porém, cada qual apresenta suas próprias complicações. Deveria a regra de primogenitura ser aplicada? E se o mais velho não for o mais capaz ou não estiver realmente interessado no negócio? Se algum tipo de nepotismo for inevitável em empresas familiares, será preciso pelo menos escolher o melhor membro da família que estiver disponível.

As filhas devem ser cogitadas? Optar por uma filha poderá tornar a situação um pouco mais complicada, uma vez que o marido dela talvez queira participar do processo. Se a filha e o genro já trabalharem na empresa, o verdadeiro problema surgirá no caso de um divórcio. Existe ainda a questão do sobrenome. Uma filha casada provavelmente terá adotado o sobrenome do marido, o que talvez prejudique o valor simbólico e emocional que muitas pessoas dão aos nomes e também a própria identidade da empresa (Por causa dessas questões, no passado filhas e genros costumavam não ser bem-vindos como funcionários em empresas familiares. Contudo, tal situação já está mudando).

Uma solução criativa para resolver problemas de sucessão, embora nem sempre muito prática, é optar por um sistema de gerenciamento compartilhado ou em rodízio. É fato que a implantação de tal estratégia poderá significar uma paralisia organizacional, entretanto, se funcionar bem, o uso de diferentes indivíduos com habilidades complementares poderá gerar enormes benefícios para a companhia. Todavia, a implementação de sistemas de compartilhamento ou rodízio exigirá muita confiança entre todos os membros da família.

Existem ainda as soluções interinas, sendo que a mais comum é colocar um funcionário confiável por algum tempo no comando. Esse indivíduo poderá ser indicado como um administrador temporário do legado da família e somente ficará no comando até que um membro da família esteja devidamente preparado para assumir o poder. Outra solução, mas extrema, é contratar um administrador profissional para o cargo. Em algumas ocasiões, somente alguém que esteja de fora e seja completamente neutro será capaz de equilibrar os interesses entre todas as facções da família.

Considerando a possibilidade de que os conflitos familiares possam afetar a companhia, outra solução bastante popular e eficiente é dividir o empreendimento. Uma estratégia nesse sentido é colocar cada um dos filhos como chefe de uma divisão ou departamento. Já em uma abordagem mais draconiana, a organização é dividida em empresas distintas e, cada qual entregue a um herdeiro. Vale ressaltar que, neste caso, o valor agregado é com frequência bem mais elevado. E não só isso, esta é uma ótima solução para manter separados familiares que adoram discutir. Há ainda outras opções, como a venda do empreendimento, a abertura do capital ou a liquidação do negócio.

É claro que a última questão é a quem caberá escolher o sucessor. Será que esta deveria ser uma tarefa do atual presidente, de um conselho familiar, da diretoria da empresa ou de todas as partes envolvidas? Será que os filhos deveriam ter a chance de escolher entre si o candidato ideal? Não há solução perfeita neste caso, porém, uma vez que processos psicológicos poderosos serão capazes de afetar o julgamento do atual presidente, é importante certificar-se de que ele não seja o único a decidir.

Garantindo a sobrevivência

Um conselho composto por membros da família pode exercer um papel crucial no sentido de impedir que uma empresa familiar se torne vítima dos próprios dramas familiares. Essa entidade será responsável por definir as regras do jogo para toda a família e estabelecer critérios específicos para a seleção do futuro líder da companhia.

Infelizmente, políticas de coalizão, rapidez e tomada de decisão eficiente não são elementos que combinam muito bem. Embora esse tipo de conselho seja o fórum mais adequado para discutir certas questões fundamentais, chegará o momento em que será necessário tomar uma decisão. Na vida empresarial, mais do que em qualquer outro ambiente, a velocidade é uma vantagem competitiva. Além disso, a menos que exista um membro dominante (por causa da personalidade ou da experiência) ou uma coalizão prevalente que apresente complementaridade de interesses, sempre haverá o perigo de que o conselho familiar se torne parecido com partidos políticos às vésperas das eleições, o que fará com que o candidato que fizer os melhores acordos assuma o controle da empresa.

Em um conselho familiar eficiente, a primeira tarefa dos membros é decidir o que cada um deseja realizar. **Qual é a visão familiar?** Todos desejam dar continuidade ao regime de comando vigente? Eles preferem abrir o capital da empresa? Desejam vender a empresa? Dividi-lo, talvez? Todas essas questões precisarão ser devidamente discutidas e decididas. O conselho também poderá articular algumas regras básicas, levantando algumas perguntas, do tipo: como lidar com membros da família que não sejam ativos na empresa? Como as pessoas poderão deixar o empreendimento e receber sua parte? Será instituída alguma cláusula de preferência de aquisição com direito a inversão de oferta para garantir um preço justo no caso de desavenças mais sérias entre as partes?

Um programa de desenvolvimento gerencial cuidadosamente elaborado será capaz de facilitar o processo sucessório. Esse tipo de programa leva dois importantes elementos em consideração: o que a empresa necessitará no futuro e o que os membros da próxima geração esperam para si mesmos.

Nesse contexto, o conselho poderá encontrar respostas para importantes perguntas. Por exemplo:

- Quando tempo irá demorar até que um membro da família assuma uma posição sênior?
- Que tipo de experiência essa pessoa precisará possuir antes de fazê-lo?
- Qual será sua compensação?
- Será necessário que futuros empregados adquiram experiência externa antes de entrar para a empresa da família? Isso será valiosíssimo para a elevação da autoestima do indivíduo, uma vez que provará a ele próprio, e a todos os envolvidos, que ele é plenamente capaz de caminhar com as próprias pernas e não está assumindo um cargo apenas por causa de suas conexões.

A **empresa familiar** também poderá aprender importantes lições com as práticas adotadas em outras empresas privadas e até as governamentais. Para evitar a miopia organizacional, é uma condição sine qua non que a companhia receba de braços abertos e confie nas pessoas trazidas de fora da empresa. Afinal, sem uma ajuda externa, a força de trabalho logo se tornará frágil e insuficiente. Em consequência disso, o sistema de recursos humanos de uma empresa familiar deve ser compatível com o existente nas outras organizações. Por questões de justiça, e também para evitar a cobiça destrutiva, é fundamental que a empresa elabore um bom sistema de incentivos para atrair funcionários que não façam parte da família.

Outras práticas-padrão também precisarão ser observadas. O planejamento estratégico, por exemplo, deveria se tornar um procedimento natural. Papeis, responsabilidades e limites deverão estar claramente definidos e bem estabelecidos, pois isso evitará conflitos.

A administração familiar precisará lutar para construir uma cultura corporativa que se mantenha relativamente aberta. Ela também terá de se manter pouco política. Preferencialmente, a cultura deveria garantir que ninguém tivesse medo de dizer o que pensa e que todos, mediante delegação de responsabilidades, tivessem certo grau de controle sobre a própria vida. O verdadeiro gerenciamento profissional somente irá ocorrer quando as pessoas sentirem que funcionários que não são membros da família também estão aptos a assumir cargos de chefia.

Uma mesa diretora independente também será necessária para manter a empresa no caminho certo. Consultores e conselheiros profissionais também se mostrarão fundamentais, pois poderão assumir o papel de "guardiões do limites" da companhia, certificando-se de que dramas familiares fiquem longe da empresa – manter a separação entre os negócios e a vida pessoal de cada envolvido pode se transformar em uma tarefa hercúlea em empresas familiares.

Qualquer um que já tenha alguma experiência com organizações desse tipo sabe exatamente que, quando a situação vai bem, tudo corre muito bem – mas o oposto se aplica com o mesmo vigor. Para consultores, conselheiros e terapeutas organizacionais, este é um campo em que ninguém jamais se arrisca a ficar entediado.

PARTE 3

MUDANDO PESSOAS E ORGANIZAÇÕES

INTRODUÇÃO

Em vários dos capítulos anteriores deste livro já discorri sobre o tema **"mudança"**, mas, a partir de agora, este se tornará meu principal tópico. Ao longo da Parte 2, vimos como mudanças impostas afetam tanto a psicodinâmica individual como a organizacional; na terceira e última parte, analisarei mais de perto os mecanismos que podem ser utilizados para facilitar tanto as mudanças pessoais como corporativas.

Mudança significa, ao mesmo tempo, ruptura, instabilidade, contradição e paradoxo; essa palavra também denota entusiasmo, esperança, reenergização e foco no futuro. Processar e lidar com todos os diferentes aspectos desse termo representa um desafio para pessoas em qualquer nível hierárquico da empresa. Isso exigirá alta capacidade em termos de adaptabilidade e tolerância a incertezas, o que, aliás, será descrito no Capítulo 12 como **zen organizacional**, e, acima de tudo, uma cultura organizacional que prepare as pessoas para lidar com as mudanças e ofereça a elas os meios necessários para que possam enfrentar ambientes em mutação.

No Capítulo 9, discuto especificamente o significado de *coaching* de liderança. No *coaching* clínico de liderança, diferencio três tipos de processos de intervenção: o individual (de um para um); o de equipe (especificamente para grupos que trabalham juntos); e o sistêmico (ou organizacional/cultural). Particularmente, advogo pelo cultivo de uma cultura orientada para o *coaching* e descrevo como iniciativas nesse sentido poderão beneficiar a empresa, tanto no que diz respeito aos indivíduos como também aos grupos.

Em sua essência, o *coaching* de liderança reza sobre adaptação e transformação pessoal. Considero que a mudança pessoal possa provocar o início de um processo mais amplo de reforma organizacional. Com o surgimento de empresas totalmente interligadas que precisam operar em ambientes ambíguos e complexos, faz-se necessária a implementação de algo bem diferente do modelo tradicional de liderança hierárquica. A cultura do *coaching* opera em um nível profundo. Uma vez que os membros de uma empresa experimentem esse processo, eles terão condições de praticar os métodos sozinhos – realizando autoanálises, aprendendo pela observação e, o mais importante, praticando suas habilidades de ouvir e refletir. Quando tais métodos estiverem estabelecidos e difundidos em toda a organização – por meio da **interação** entre funcionários, do *coaching* de grupo e da comunicação vertical em ambos os sentidos – os efeitos sobre a cultura e a estrutura organizacionais poderão se tornar super poderosos e ser demonstrados de várias maneiras tangíveis: retenção de pessoal, alto desempenho e maior lucratividade. Todavia, independentemente do quanto isso pareça fantástico, começar pelos efeitos tangíveis não é o mais adequado. São os elementos intangíveis, e mais difíceis de definir, que precisam ser endereçados primeiro, e, para isso, será necessário contar com instrumentos adequados.

No Capítulo 10, convido o leitor a ocupar uma posição de observador e acompanhar um de meus programas de *coaching* para executivos do primeiro escalão, somente para ver como funciona. O capítulo descreve como o programa se desenvolve, indo desde o processo de seleção até os resultados finais, passando pela implantação e a participação dos integrantes. Nesse mesmo capítulo, acompanharemos o caso de um dos participantes para compreender a dinâmica do grupo em relação à extração de informações, à identificação e análise de problemas, e à aplicação de técnicas de *coaching* com o intuito de evidenciá-los e resolvê-los. Como o próprio título sugere, as mudanças sempre são possíveis, contudo, o fator crítico para que elas ocorram é a disposição do indivíduo para mudar. Muitos interessados procuram meus programas pelo fato de terem alcançado um ponto de transição na vida. Isso pode significar algo relativamente inocente – um sentimento de uniformidade ou tédio, ou a sensação de estar preso a um padrão comportamental específico – ou talvez um pouco mais sério – um problema de saúde, o término de um relacionamento ou até uma demissão. O que quer que tenha desencadeado o processo, todos perceberam a existência de um problema que precisa ser resolvido para garantir o bem de sua própria vida e também daqueles que os rodeiam, assim como a felicidade de todos.

Tenho conduzido esses programas ao longo de muitos anos. Eles têm se mostrado uma excelente fonte de informações para minhas pesquisas e até mesmo para o design do próprio programa. Um recente estudo, por exemplo, foi possibilitado pelas inúmeras respostas repetidas que obtive dos participantes quando estes foram questionados sobre o que afinal desejavam da vida. Praticamente todos disseram a mesma coisa: "sucesso"! Isso até faz sentido, mas o que será que essas pessoas querem dizer exatamente com a palavra sucesso? Por meio de novas perguntas foi possível fazer com que todos pensassem um pouco mais sobre o assunto, porém, no final, as respostas ainda se resumiram ao seguinte: "Ter um bom emprego e ganhar mais dinheiro". Depois de inserir os dados obtidos em um instrumento de pesquisas para finalmente ter acesso a informações mais precisas, percebi que os resultados foram surpreendentes, conforme será demonstrado no Capítulo 11. Para um número significativo de participantes, o sucesso que eles haviam perseguido ao longo de toda a vida se transformara em uma fantasia. Na verdade, seu verdadeiro conceito de sucesso estava em outro lugar; a maior parte do atual desconforto que sentiam estava relacionada ao fato de ainda não terem percebido que estavam no lugar errado, fazendo algo que de que não gostavam e perseguindo objetivos que não eram deles.

No Capítulo 12, discorro sobre algumas maneiras pelas quais as pessoas responsáveis pelo desenvolvimento de indivíduos dentro de uma organização conseguirão ter certeza de estar fazendo exatamente o contrário do que foi mencionado anteriormente e alocando as pessoas certas nos lugares adequados e, assim, perseguindo objetivos corretos. Como afinal podemos identificar claramente futuras estrelas em nossa empresa? E depois de fazê-lo, como poderemos desenvolvê-las? Como especialista em desenvolvimento de liderança e em líderes, acredito fielmente que estes não nasçam prontos, mas que possam ser criados. E uma vez que tenhamos identificado potencial em um indivíduo, é nossa responsabilidade nos certificarmos de que este seja cultivado, não dissipado.

A maioria de nós não tem dificuldades em identificar as estrelas que já trabalham conosco – as pessoas que seguem diretamente rumo ao topo. Elas possuem uma qualidade que não pode ser facilmente capturada ou sequer definida, mas que é instantaneamente reconhecida. Isso já foi descrito como **gravitas**,[1] autoridade, força pessoal ou autoconfiança. Indivíduos de alto desempenho parecem se sentir bem, independentemente das circunstâncias enfrentadas. Outras pessoas se sentem atraídos para eles e gostam de trabalhar ao seu lado. Eles parecem possuir uma fórmula mágica que garante seu sucesso, seja qual for a atividade em que se envolvam. Para as estrelas, nenhum obstáculo é intransponível, nenhuma dificuldade é insuperável. Essas pessoas têm uma incrível habilidade para ir além das expectativas – e em levar consigo aqueles que estiverem ao seu lado. É óbvio que qualquer empresa ficaria feliz em possuir várias pessoas com tais características.

Embora não acredite em fórmulas mágicas para se atingir o estrelado enquanto líder, creio firmemente que as estrelas que irão brilhar nesse mundo em que vivemos, que muda com tamanha velocidade,

---

[1] Ao lado de outras virtudes prezadas pela antiga sociedade romana, como *dignitas* (dignidade), *pietas* (dever ou devoção) e *iustitia* (justiça), o termo *gravitas* pode ser traduzido literalmente como **"peso"**. Porém, na atualidade, a palavra é usada para descrever uma personalidade ética e séria, que ostenta profundo respeito à honra e ao dever. (N.T.)

tenham de fato uma qualidade distinta – uma familiaridade com a ambiguidade e com a incerteza, que os ajuda a alcançar um estado de zen organizacional. Comparo esses futuros líderes, e também o comportamento por eles ostentado, a kõans perfeitamente incorporados. Considero que esses indivíduos serão as chaves que nos ajudarão a compreender as contradições e inconsistências que caracterizam esse ambiente em constante transformação.

Entretanto, a grande dificuldade está justamente em descobrir como identificá-los. Estrelas nascentes não brilham tanto como aquelas que já encontraram seu caminho ascendente. Para complicar a situação, elas compartilham de várias características que também são apresentadas por pessoas que costumo descrever como "pseudoestrelas", o que exige que aprendamos a distingui-las rapidamente. Inicio o processo de reconhecimento examinando esses traços como ferramentas de identificação, e, em seguida, apresento três métodos de desenvolvimento que poderão ser utilizados dentro de um contexto organizacional que possua uma cultura de *coaching* para ajudar indivíduos de alto potencial.

Concluo este livro retomando vários dos temas apresentados nos primeiros capítulos e fazendo uma avaliação daquilo que constitui um indivíduo saudável e, por extensão, uma organização sadia. Se, como demonstrado na introdução da Parte 2, pessoas doentes criam organizações doentes, o reverso também se aplicaria perfeitamente. Porém, as coisas não são tão simples. Os ingredientes certos – cultura, estrutura, estratégia e visão – precisam ser combinados para criar o tipo de empresa que atraia, retenha e desenvolva indivíduos sadios. Chamo a esses lugares de organizações autentizóticas, locais onde as pessoas se sintam autênticas e completamente vivas, e sejam produtivas. Minha esperança para o futuro da vida organizacional é de que mais líderes aprendam essas lições e que possamos ver listas cada vez maiores de **"melhores empresas para se trabalhar"**. Citando as palavras de Friedrich Von Schiller:

> *"Com nossos lábios proferimos palavras, mas é com a alma que sonhamos*
> *Com dias melhores e mais justos;*
> *Enquanto isso, nossos dias no presente se esvaem e evaporam na busca desse único objetivo.*
> *E independentemente de o mundo se tornar mais velho ou mais jovem,*
> *'melhor' ainda é a palavra que permanecerá para sempre em nossa mente."*[2]

---

[2] Tradução livre de um trecho do poema *Hope* (*Esperança*) do poeta, filósofo e historiador alemão Frederich von Shiller. (N.T.)

CAPÍTULO 9

COACHING DE LIDERANÇA PARA A TRANSFORMAÇÃO ORGANIZACIONAL

"Um princípio profundamente verdadeiro e crucial de nossa vida, mas, ao mesmo tempo, paradoxal, é o fato de que a maneira mais provável de atingirmos um importante objetivo é justamente não estarmos tentando alcançá-lo, mas estarmos concentrados em outros ainda mais ambiciosos."

– Arnold Toynbee

"Um bom treinador fará com que seus jogadores vejam como poderão ser no futuro, não aquilo que são no presente."

– Ara Parasheghian

"É possível motivar o indivíduo por meio do medo ou da recompensa. Porém, ambos os métodos têm efeito temporário. A única motivação duradoura é a automotivação."

– Homer Rice

"Provavelmente minha melhor qualidade como coach é levantar várias perguntas desafiadoras e deixar que as pessoas encontrem as respostas."

– Phil Dixon

INTRODUÇÃO

Depois de passar por um período de relativa estabilidade, vivemos hoje em uma era de permanentes mudanças – e o ritmo dessa transformação é implacável. Contudo, a organização tradicional do passado não desapareceu. Estruturas verticalizadas –influenciadas pelo poder da Internet – foram substituídas pelas horizontais. Em nossa sociedade fundamentada em conhecimento, estamos abandonando um modelo altamente hierárquico para nos concentrar em outro, voltado totalmente para a comunicação em rede. Lideranças autocráticas foram substituídas por modelos dominante-autênticos. As pessoas já não ocupam posições para toda a vida. O contrato psicológico entre empregador e empregado mudou dramaticamente e o conceito de indivíduo corporativo é apenas uma relíquia do passado. Com o advento de modelos de reestruturação como o *downsizing*, o *rightsizing* e o *resizing*,[3] a lealdade organizacional simplesmente deixou de existir. As empresas podem até oferecer oportunidades, mas as pessoas precisam assumir a responsabilidade por suas carreiras. Mais ainda, como todos vivemos mais tempo, carreiras proteanas, de portfólio[4] ou sequenciais tornaram-se a regra no lugar da exceção. Espera-se, portanto, que o indivíduo exerça várias diferentes carreiras ao longo de sua vida.

Nesse clima de instabilidade e confusão, reter funcionários – algo que é às vezes descrito como "guerra por talentos" – se tornou um problema real e bem sério. A dificuldade em se manter funcionários tem sido comparada à tarefa de prender sapos em um carrinho de mão: eles sempre poderão pular para fora a qualquer momento. O talento humano é agora o recurso mais escasso em organizações que tentam sobreviver dentro de mercados altamente competitivos (Michaels, Handfield-Jones *et al.*, 2001). Porém, com as mudanças pressionando por todos os lados, é preciso encontrar meios de manter os sapos ideais dentro do carrinho – persuadindo-os de que se sairão melhor se não pularem para fora – e, ao mesmo tempo, conduzir o tal carrinho na direção correta. As pessoas precisam aprender a se adaptar à nova realidade apresentada por um mundo em constante mudança ou encontrar novas oportunidades. O que faz mais sentido afinal: mudar as pessoas ou coletar um novo conjunto de sapos diferentes para preencher o carrinho de mão? Talvez a tarefa não seja fácil, mas as organizações precisam ajudar seus funcionários a se adaptar a esse ambiente em constante transformação.

---

[3] O significado dessa palavra inglesa é "redimensionamento". (N.T.)

[4] Trata-se de uma carreira composta de trabalhos simultâneos e/ou sucessivos. Entre os profissionais que exercem carreiras de portfólio estão, normalmente, os músicos, os professores e os consultores. (N.T.)

Para fazer com que os funcionários se tornem mais eficientes ao lidar com mudanças, sejam elas contínuas ou intermitentes, a trajetória desses indivíduos dentro da empresa em termos de aprendizado se tornou mais importante do que nunca. Todos precisam ser mantidos atualizados em relação às mudanças que ocorrem ao seu redor. Um novo contrato psicológico, bem diferente do que existia no passado, precisa ser estabelecido e se concentrar basicamente na continuidade da aprendizagem. Para que as pessoas criem um forte vínculo com a organização em que trabalham, é necessário estabelecer uma cultura que as ajude a lidar com essa nova realidade. Parâmetros culturais como abertura para mudança, criatividade, aprendizado, respeito mútuo, confiança e voz própria terão papel fundamental na retenção de pessoal. Inevitavelmente, tornar tudo isso uma realidade implicará na criação de uma cultura orientada para o *coaching*. A adaptação e a transformação pessoal estão no cerne do *coaching* de liderança, uma vez que ambas as ações poderão exercer papéis fundamentais no sentido de ajudar indivíduos, equipes e toda a organização a lidar com mudanças, transformando-as de obstáculos em ótimas oportunidades, e fazendo com que a prontidão e o desejo de mudar façam parte do DNA de cada funcionário.

SENDO EFICIENTE E EFICAZ EM UM MUNDO REPLETO DE PARADOXOS

Em face de um mercado competitivo que muda de maneira dramática e constante, o maior desafio enfrentado pelas empresas é obter o melhor de seus funcionários; fazer com que eles trabalharem coletivamente para atingir objetivos comuns, e, desse modo, alcançar performance com propósito. Com frequência, o ato de enfrentar novos desenvolvimentos de mercado demandará mudanças estratégicas, o que, por sua vez, exigirá uma dramática transformação organizacional. Em meio a essas permutas supercompetitivas, as empresas precisam se mover com rapidez rumo a apresentação de novos produtos e serviços no mercado. E na medida em que as companhias necessitam realizar mudanças, mas não têm certeza sobre a melhor maneira de implementá-las, elas seguem quebrando barreiras funcionais e se organizando em torno de processos criadores de valores e voltados para o consumidor. Comandar empresas direcionadas para a conectividade difere bastante de governar as caracterizadas pelo tradicionalismo, pela funcionalidade e pela hierarquia. Considerando o aumento no grau de complexidade e de ambiguidade no ambiente em que vivemos, isso exigirá formas organizacionais e de lideranças bem mais criativas.

Em organizações nas quais prevalece um elevado grau de interdependência entre as várias funções, crescem dramaticamente as pressões sobre executivos e empregados para que todos alcancem soluções satisfatórias. Portanto, os líderes que quiserem trabalhar em organizações desse tipo terão de se mostrar colaborativos, saber solucionar problemas e demonstrar grande capacidade de influenciação – eles precisarão: 1º) saber exatamente como analisar processos intrincados e compreender a complexidade da cadeia de valor da companhia; 2º) saber lidar com a ineficiência e reconhecer interdependências com outros interessados pelo bem-estar da empresa; e 3º) estar preparados para construir posições que motivem e outorguem poder aos empregados para que estes possam alcançar o máximo desempenho (Kets de Vries, 2001; Kets de Vries, 2006a; Kets de Vries e Korotov, 2007; Kets de Vries, Guillen et al., 2010). É óbvio que a criação de uma organização desse tipo irá demandar enorme energia e esforço, além, é claro, de muito tempo. Infelizmente, inúmeras empresas não dispõem de indivíduos suficientemente talentosos para fazer com que isso aconteça.

Embora as **mudanças** historicamente desencadeiem sentimentos de agonia, medo, apreensão, ansiedade e outros tipos de resistência, elas também significam novas chances para o crescimento e o desenvolvimento. Um ambiente que se transforma abre caminho para oportunidades criativas. Tal observação se aplica tanto às grandes quanto às pequenas mudanças. Enquanto as primeiras podem levar a empresa a um rejuvenescimento, aquelas de caráter individual e, portanto, menores, podem funcionar como pontos de partida para ajudar as pessoas a se reinventarem. E como um catalisador de mudanças, o *coaching* de liderança pode se mostrar extremamente benéfico no sentido de colocar esses processos em andamento.

Em um nível macro, o *coaching* de liderança poderá ajudar a transformar a cultura e os padrões de tomada de decisão de uma empresa. Já em um nível micro, ele contribuirá para aumentar o grau de satisfação no trabalho e também em casa; o *coaching* poderá resultar também em níveis mais baixos de estresse, em menos frustração e no aumento da autoestima e da satisfação pessoal (Flaherty, 1999; Hudson, 1999; Hund e Weintraub, 2002). Essa congruência entre a vida no trabalho e a particular poderá ajudar os executivos a adquirirem um maior senso de autenticidade ao lidar com seus públicos, o que contribuirá para o surgimento de melhores locais para as pessoas trabalharem. A partir dessa perspectiva, um *coaching* de liderança eficiente pode ser observado como uma parceria progressiva que ajudará os participantes a produzir resultados gratificantes tanto em sua vida pessoal quanto profissional.

Mas afinal, o que é um *coaching* de liderança? Particularmente, eu o defino (Kets de Vries, 2005a; Kets de Vries, Korotov e Florent-Treacy, 2007) como um serviço individualizado ou em grupo oferecido a executivos e projetado para criar organizações mais eficientes e saudáveis. Quando essas pessoas aprimoram seu próprio desempenho ao encontrar métodos mais criativos de lidar com seu ambiente de trabalhão, ocorre uma espécie de contágio que beneficia toda a empresa – portanto, expor executivos de nível sênior a processos de *coaching* cria a oportunidade para a disseminação dessa cultura por toda a companhia. Ao fazer tal observação, é fundamental ressaltar o que o *coaching* de liderança não é, ou seja, o fato de que ele não representa um processo de orientação profissional nem de consultoria; de que não se trata de aconselhamento nem de treinamento. Os *coaches* não necessariamente oferecerão respostas, apenas levantarão questões – na verdade, a habilidade desses profissionais está justamente em fazer as perguntas certas, em ajudar as pessoas a pensar e em encorajá-las a compartilhar suas próprias ideias e a encontrar suas próprias respostas.

Também é preciso enfatizar que o *coaching* de liderança não visa identificar o que "está errado" nem ajudar a recuperar executivos disfuncionais. Seu objetivo é aprimorar profissionais eficientes, tornando-os ainda melhores. Nesse sentido, em vez de concentrar a atenção na ampliação das disfunções existentes, uma abordagem mais construtiva será focar em soluções e no movimento contínuo à frente – avaliando onde os executivos estão e aonde desejam chegar, incluindo então as lacunas que precisam ser eliminadas. O desafio dos *coaches* especializados em liderança é estabelecer uma abordagem sistemática para promover mudanças reais, criando: 1º) estruturas para a determinação de objetivos, 2º) padrões de responsabilidade e prestação de contas e 3º) um foco no quadro global. Tudo isso enquanto oferece aos participantes um *feedback* honesto e cristalino.

O desafio do gerenciamento do talento

Ao longo dos últimos dez anos, as empresas removeram camadas gerenciais, construíram redes de comunicação, aumentaram os raios de controle e confiaram cada vez mais em equipes interfuncionais e virtuais para garantir o aprimoramento de seus processos. Entretanto, trabalhar com times virtuais e altamente diversificados criou seus próprios desafios para as organizações. Embora a diversidade tenha um efeito positivo sobre a criatividade, isso tem um preço. Permitir e facilitar a colaboração nessa complexa constelação de diferentes indivíduos exige desde o início um alto investimento emocional e cognitivo para evitar a manifestação de pensamentos paranóicos e outras formas de comportamento disfuncional. Se esse tipo de padrão comportamental tiver a oportunidade de se instalar, processos grupais regressivos poderão surgir e resultar em culturas organizacionais tóxicas e em empresas neurotizadas. O pior é o fato de que quando tais padrões disfuncionais prevalecem dentro da empresa, eles acabam por destruí-la (Kets de Vries e Miller, 1984). Além, não é preciso dizer que organizações em que prevaleçam o medo, a ansiedade e a desconfiança, é bastante improvável que os executivos consigam se utilizar de todo seu potencial.

Não há como ser suficientemente claro com a administração sênior de uma empresa sobre os consideráveis custos envolvidos no subdesempenho profissional, e vale dizer que vários alto executivos já me ouviram falar sobre isso. Isso explica a razão pela qual o setor de *coaching* de liderança tem crescido tanto. Empresas que instituem boas práticas de desenvolvimento de na área de liderança – organizações que levam a sério o gerenciamento de talentos – consistentemente produzem mais os resultados desejados a longo prazo. Para essas empresas, a frase "as pessoas são nosso principal ativo" não é apenas um *slogan* vazio, mas a expressão de um compromisso sério. A alta gerência dessas empresas utiliza o *coaching* de liderança como uma ferramenta para tornar seus executivos mais eficientes. Com o processo de *coaching* realmente se poderá desenvolver as qualidades que comprovadamente estão associadas ao sucesso, isto é, tornar bons funcionários ainda melhores.

O *coaching* de liderança visa ajudar executivos a identificar e definir seus objetivos específicos e então organizá-los de modo a encontrar meios de atingi-los. Nesse sentido, o *coaching* se utiliza do conhecimento, dos recursos e da inteligência de seus participantes para ajudá-los a se tornarem mais eficientes. O processo cria impacto ao atuar sobre as habilidades dos próprios executivos, encontrando melhores maneiras para essas pessoas se comunicarem e esculpindo nelas um estilo de liderança, de tomada de decisão e de resolução de problemas. O *coaching* de liderança efetivo ajuda a desenvolver agilidade cognitiva, capacidade emocional, motivação, habilidades, conhecimento e especialização. Ele faz com que os participantes consigam refinar seus objetivos e estratégias, desafia e reavalia suas concepções e aprimora seus estilos de liderança. Além disso, esse tipo de *coaching* também encoraja as pessoas a ser mais eficientes no gerenciamento de equipes de trabalho, a buscar soluções construtivas de conflitos, a criar um ambiente de comprometimento e em fazer com que seu pessoal assuma responsabilidades e preste contas de seu trabalho, o que contribui para resultados melhores (Palmer e Whybrow, 2007).

Mais ainda, o *coaching* de liderança se transforma em uma chave para **"liberar"** o potencial de cada indivíduo, aprimorando sua capacidade de concentração, de aprendizado e de inovação. Porém, o mais importante em todo esse processo de desenvolvimento é o fato de o *coaching* ajudar executivos a se sintonizarem com sua própria inteligência emocional, a estarem mais conscientes do impacto que exercem sobre as pessoas ao seu redor e a terem uma melhor compreensão de suas próprias forças e fraquezas, trabalhando sobre seus pontos positivos. O *coaching* ajuda executivos a compreenderem que o desenvolvimento da própria carreira se tornou uma responsabilidade individual, e o processo de aprendizado permanente, uma questão fundamental. As pessoas que não continuam a aprender simplesmente perdem espaço no mercado.

O *coaching* de liderança também deveria ser visto como um processo interativo no qual a inovação, o ajuste e a correção são alcançados por meio dos resultados produzidos. É isso o que torna esse processo algo tão ativo, e também é isso o que contribuiu para gerar criatividade e inovação dentro das empresas. Esse tipo de *coaching* se baseia no conceito de que indivíduos aprendem mais a partir da aplicação diária de suas habilidades; ao tentar o novo por meio da prática. Quando o *coaching* de liderança se torna um elemento efetivo do portfólio de desenvolvimento de liderança da organização, os resultados comerciais visíveis aparecem na forma de aprimoramentos de longo prazo, e podem ser medidos pela lucratividade ou pela contenção de custos, ou até por ambos.

O desafio organizacional

O fato de as exigências de desempenho internas e externas estarem em contínua mudança significa que qualquer organização que queira sobreviver e prosperar terá de aprender como crescer e se adaptar às transformações que ocorrerem em ambos os ambientes – interno e externo. Em vários casos, gerenciar o crescimento significa substituir estratégias que exijam mudanças amplas e profundas na empresa. A diferença entre o sucesso e o fracasso depende não apenas de ajudar os executivos a se adaptarem às mudanças, mas também em criar um ambiente que estimule a criatividade, a inovação, o crescimento e o desenvolvimento profissional. Um *coaching* de liderança efetivo acelera o progresso da organização ao fornecer-lhe não apenas um foco mais amplo e claro, mas também maior consciência sobre as várias forças organizacionais que a levarão a uma tomada de decisões mais eficiente. Uma cultura de *coaching* dentro da companhia cria um fórum onde indivíduos terão condições de discutir desafios, preocupações e ações adequadas. Os *coaches* de liderança poderão se mostrar especialmente eficazes no sentido de ajudar os participantes a criar equipes de alto desempenho.

O *coaching* de liderança mudou o modo como várias empresas em evolução veem o crescimento e o desenvolvimento profissional e pessoal. Em um ambiente comercial dinâmico e complexo, faz pleno sentido engajar-se em *coaching* estratégico durante momentos críticos de transição e crescimento. Ao alinhar o desenvolvimento individual com os resultados dos negócios, o *coaching* de liderança se torna um investimento para a futura prestação de serviços – construindo um **reservatório de talentos** dentro da organização e criando uma mentalidade aberta para as mudanças (Crane e Nancy Patrick, 2002).

Superando resistências – Indivíduos e grupos resistem a mudanças quando as percebem como uma ameaça à sua base de poder (Press, 2005). Alguns indivíduos também ficam em dúvida se conseguirão alcançar sucesso em realizar as mudanças necessárias. Contudo, se as pessoas tiverem a oportunidade de adquirir as habilidades fundamentais para lidar com as transformações, estas já não serão mais temidas. O gerenciamento bem-sucedido das mudanças implica em encontrar novas maneira de observar a situação. Isso requer a implantação de programas de desenvolvimento de liderança transformacionais e inovadores que abriguem um componente de *coaching*. A educação jamais deve terminar, portanto, o processo de busca por informações deve se manter contínuo. E é justamente por causa dessa necessidade de aprendizado permanente que o *coaching* de liderança se tornou uma força tão poderosa.

Quando uma organização apoia seus executivos por meio de programas de *coaching* de liderança, tanto os indivíduos como a própria empresa se beneficiam. O *coaching* complementa programas de desenvolvimento de liderança já existentes e pode contribuir bastante para o sucesso de qualquer iniciativa de mudança. Além disso, o *coaching* de liderança que levar em consideração não apenas comportamentos conscientes, mas também os inconscientes, facilitará o aumento do autoconhecimento individual e também o entendimento do tipo de obstáculos que as pessoas terão de enfrentar em sua jornada ao longo da vida. Isso ajudará as pessoas a se tornarem capazes de observar e examinar problemas em sua vida pessoal e organizacional. Essa jornada interna ajuda a oferecer respostas aos **enigmas existenciais** que **cada um de nos enfrenta de tempos em tempos**. Independentemente de esses dilemas serem conscientes ou não, o *coaching* de liderança poderá ajudar os executivos a: 1º) alcançar sucesso no gerenciamento de suas responsabilidades do dia a dia, 2º) a atingir seus objetivos, 3º) a reconhecer quando estão em uma encruzilhada e 4º) e o mais importante, a criar para si mesmos uma vida gratificante.

Um método socrático

O *coaching* de liderança é mais uma **arte de descoberta** que propriamente uma tecnologia de difusão de informações. O processo, por sua própria natureza, ostenta uma qualidade socrática – envolve o levantamento de uma série de perguntas a respeito de um determinado assunto e a tentativa de obter respostas satisfatórias por meio da troca de informações. O uso de perguntas e do diálogo faz com que o *coaching* adote desde o início uma posição de humildade e curiosidade, não de autoridade e conhecimento absoluto. Os *coaches* são guias, não sargentos rabugentos encarregados do treinamento de um bando de soldados – eles funcionam como catalisadores na jornada de seus clientes em busca do autoconhecimento. Para que o processo de indagação seja eficaz, é fundamental que o *coach* aceite sem discussão o conhecimento e a *expertise* de seus clientes. O modelo inquisitivo é construído sobre a crença de que o verdadeiro crescimento se dará a partir do interior de cada indivíduo.

O *coaching* de liderança realizado por meio da inquirição ajuda indivíduos a descobrir no que eles são realmente bons. Ele faz com que essas pessoas desenvolvam suas características positivas (ao mesmo tempo percebendo que a exposição exagerada desses atributos poderá se tornar um calcanhar de aquiles), percebam suas fraquezas, desenvolvam flexibilidade e prontidão para mudanças, se conscientizem das próprias limitações e se comprometam com o autodesenvolvimento e a autor-realização. O processo de *coaching* deveria ser visto, portanto, como uma espécie de parceria entre o *coach* e seus clientes – como um método intelectualmente instigante e criativo de inspirar essas pessoas a aprimorarem sua eficiência enquanto líderes, tanto em sua vida profissional quanto privada. Além disso, com esse tipo de *coaching*, as pessoas também terão a oportunidade de melhorar sua qualidade de vida. O trabalho de um *coach* é oferecer o apoio necessário para que o indivíduo possa manifestar habilidades, criatividade e recursos até então não totalmente percebidos. Com a aplicação do método socrático, os clientes conseguem estabelecer objetivos mais claros, agir de maneira mais efetiva, tomar melhores decisões, conduzir equipes melhores, adotar uma visão mais holística da organização em que trabalham e usufruir mais completamente dos dons e talentos naturais que já possuem. Ainda mais importante é o fato de que as percepções oferecidas pelo *coaching* de liderança poderão oferecer a essas pessoas a chance de viver uma vida mais gratificante e rica.

Infelizmente, em um número excessivo de empresas, os líderes ficam bastante frustrados e desperdiçam tempo e energia demais em exemplos típicos de drenagens de recursos e ineficiências organizacionais – alta rotatividade de funcionários, empregados problemáticos, baixa produtividade, serviço ao cliente fraco e até medíocre, esforços fracassados de mudança, conflito entre equipes de trabalho, guerras territoriais, falta de cooperação entre funcionários, sobrecarga de trabalho, conflito de papéis, alto nível de estresse, baixo moral e outros fatores que induzem desconforto emocional (Kets de Vries e Miller, 1984). Os *coaches* são capazes de ajudar líderes a se concentrarem naquilo que é realmente essencial para o sucesso da companhia. Para isso, eles conseguem tirar do caminho questões menos relevantes e adotam um papel de facilitadores do processo de mudança. Isso, por sua vez, promove resultados positivos: uma transição mais tranquila entre a situação atual e aquela desejada. O *coaching* eficiente poderá ainda contribuir para que os executivos operem sempre em um nível de máximo desempenho.

Todavia, há situações em que a intervenção de um *coach* será uma tarefa hercúlea. Em empresas caracterizadas pela falta de confiança, pelo medo e por uma cultura de culpabilização; naquelas em que prevalecem estruturas de recompensa de curtíssimo prazo; e também nas empresas onde as pessoas são vistas como bens descartáveis, quaisquer esforços de *coaching* gerarão apenas resultados insignificantes. Organizações neuróticas não representam exatamente um terreno fértil para se operar. Em alguns casos, tentar mudar empresas desse tipo poderá se tornar um grande desafio e, na maioria das situações, isso talvez represente até mesmo uma receita para o fracasso.

O *coaching* de liderança também poderá oferecer uma espécie de cinto de segurança correcional para necessidades de desenvolvimento de longo prazo. Intervenções inteligentes executadas no momento adequado poderão impedir que executivos e novos líderes acabem sabotando suas próprias carreiras. Elas também poderão ajudar esses indivíduos a se encaixarem melhor na empresa – assumindo novas posições executivas com o menor grau de dificuldade possível. Embora o processo de *coaching* não necessariamente elimine a possibilidade de fracasso, ele talvez consiga permitir que o sucesso seja alcançado mais rapidamente. A conexão entre a redução do período de desenvolvimento e os objetivos organizacionais poderá contribuir para agregar valor às empresas se conseguir impedir que elas tomem cursos equivocados.

O quadro holístico: cultura e organização

No entanto, para alterar a estratégia de maneira eficaz e se tornar uma organização de alto desempenho, não basta apenas que as empresas atentem para questões relativas ao indivíduo e aos grupos de trabalho. Será preciso que elas adotem uma perspectiva mais ampla. Como já mencionado no Capítulo 4, é fundamental prestar atenção à cultura corporativa vigente (Schein, 1985). *Coaches* especializados em liderança precisam compreender o impacto que poderão causar na empresa caso atinjam ótimos resultados simplesmente aprendendo como utilizar aspectos da própria cultura organizacional para aumentar a criatividade, a produtividade e a motivação humana. Afinal, uma cultura empresarial que: 1º) aceita de braços abertos a comunicação, 2º) recompensa a criatividade, 3º) sabe como diferenciar a si mesma dos concorrentes, 4º) constrói relacionamentos duradouros com os clientes e 5º) estimula práticas de liderança sólidas, sem dúvida é capaz de transmitir uma experiência única a todos os seus membros.

Entender o papel que a cultura corporativa exerce na definição de oportunidades disponíveis para uma organização é como ter acesso ao próprio paraíso. *Coaches* de liderança competentes possuem uma visão interna capaz de fornecer às empresas condições de alterar tanto a cultura como os comportamentos organizacionais, de modo que estes reflitam um ambiente inclusivo que respeite a **diversidade de pensamentos**, a **personalidade**, o **estilo de vida** e a **consciência** étnica de todos os integrantes. Os profissionais que estiverem familiarizados com as vicissitudes das mudanças culturais e souberem conduzir auditorias culturais por meio de pesquisas, entrevistas e/ou do método de grupos focais, descobrirão como estabelecer uma base para a transformação cultural. A partir dos dados coletados, esses *coaches* poderão propor e conduzir intervenções no sentido de identificar e articular os elementos mais importantes de uma cultura organizacional que poderão ajudar no desenvolvimento e na introdução de comportamentos positivos e construtivos.

Uma empresa que ofereça *coachings* regulares cria um ambiente onde os comportamentos e práticas necessárias para o aprendizado contínuo, ou seja, a troca dos conhecimentos explícitos e tácitos, o *coaching* recíproco e o desenvolvimento da autoliderança, são amplamente encorajados e até facilitados. Uma cultura baseada em *coaching* contribui para criar um senso de propriedade mútua, um *networking* mais eficiente, práticas de liderança mais eficazes e maior comprometimento, criando assim melhores resultados em toda a organização.

Porém, independentemente de se tratar de uma nova estratégia, de um processo de reestruturação, de uma fusão ou aquisição, a mudança ou transição certamente cobrará seu preço. Para que uma transformação real ocorra, será necessário adotar uma estratégia de múltiplas abordagens – usando simultaneamente vários instrumentos de intervenção. O apoio de um *coach* de liderança que saiba como operar ao mesmo tempo nos níveis micro e macro, e que tenha experiência suficiente em mudanças e transformações organizacionais, poderá contribuir enormemente para o sucesso desse esforço de transição.

Sendo um bom modelo

Em qualquer organização, o comportamento da liderança é crucial para o sucesso de uma intervenção de *coaching*. Espera-se que os líderes criem a motivação necessária ao obter o melhor de seus funcionários; espera-se também que esses líderes possuam integridade. Estabelecer o exemplo e segui-lo corretamente são gestos simbólicos poderosíssimos. A eficácia de uma cultura de *coaching* dependerá do quanto os alto executivos de uma empresa tiverem internalizado esse tipo de comportamento. A confiança é como uma flor muito frágil – leva tempo para cultivá-la, mas basta um instante para que ela murche. A cultura de *coaching* começa pelo topo da empresa, portanto, executivos de nível sênior deveriam aproveitar toda e qualquer oportunidade para demonstrar seu compromisso com ela e, inclusive, estabelecer sanções caso tal cultura seja transgredida.

Quando uma cultura de *coaching* se torna parte do DNA da organização, isso significa que dentro dela prevalece um ambiente em que as pessoas têm um desrespeito saudável pelo chefe; onde as pessoas sabem que possuem voz dentro da organização e que sua opinião realmente conta (Kets de Vries e Balazs, 1999). Nesse sentido, as maiores contribuições que um líder pode oferecer, são: 1º) valer-se da comunicação clara de suas ideias, 2º) agir como um bom modelo para seus seguidores,

3º) influenciar aqueles que estão ao seu redor e 4º) inspirar outros a se unirem para alcançar objetivos comuns. Mesmo assim, não devemos esquecer que quanto mais alto um líder estiver, mais longe ele estará da possibilidade de receber e oferecer *feedback* construtivo; neste caso, a possibilidade de que ocorram graves problemas de comunicação é real.

Oferecer *feedback* é algo difícil para a maioria das pessoas. Se não forem cuidadosos, muitos líderes se colocarão em uma posição de isolamento em relação à realidade. Além disso, eles contarão com subordinados que têm medo de fornecer informações francas – e o medo é um antídoto para a inovação e a criatividade. Empresas que falam sério em sua intenção de criar culturas de *coaching*, não caem nesse tipo de armadilha, pois mantêm seus pés firmemente presos ao chão. Quando bem gerenciada, uma cultura de *feedback* honesto é um ótimo ingrediente para a criação de líderes mais eficientes que possam se adequar ao ritmo desse ambiente que se transforma tão rapidamente.

O ABC da terminologia de *coaching*

Como já mencionado, utilizo o termo "*coaching* de liderança" como uma expressão geral para descrever um tipo específico de intervenção que pode ser usado de maneira estratégica com indivíduos, equipes ou até mesmo com a organização como um todo (Flaherty, 2005; Kets de Vries, 2005a; Orem, Binkert *et al.*, 2007). Seu objetivo é dirigir, instruir ou treinar uma pessoa ou um grupo de indivíduos para que busquem um objetivo determinado mutuamente. Considerando esses elementos de reciprocidade, o *coaching* poderá acelerar o processo ao oferecer a todos um senso de foco e consciência. É como buscar ajudar todos integrantes a alcançar seu **máximo potencial** – um ponto em que eles não apenas conheçam a si mesmos, mas no qual se sintam plenamente confortáveis em saber quem e o que são de fato.

O *coaching* de liderança poderá ser um relacionamento profissional contínuo que ajude as pessoas a produzirem resultados extraordinários na própria vida, na carreira e também na organização. De certo modo, os *coaches* agem como um espelho; ele ajudam as pessoas a alcançar o que desejam, a perceber no que são realmente boas ou aquilo em que não são tão competentes, e a saber como e de que modo poderão se desenvolver. Eles oferecem aos clientes um espaço de transição seguro. *Coaches* de liderança bem-sucedidos afetam as mudanças transformacionais ao criar um ambiente onde essas pessoas possam experimentar novas perspectivas e novos planos de ação (Winnicott, 1951) – eles os fazem depositando nesses indivíduos confiança suficiente para que possam lidar com questões até então consideradas "indiscutíveis." Em geral, a possibilidade de confrontar questões "indiscutíveis" abre caminho para discussões novas e altamente producentes, e desbloqueia o processo de tomada de decisão.

O que está por trás de um nome? – Dentro de um contexto organizacional, o processo de *coaching* recebe vários nomes ou pseudônimos: os termos *coaching* de negócios, corporativo, de desempenho, pessoal, profissional e de liderança geralmente aparecem em um mesmo grupo. Contudo, há distinções que precisam ser feitas. Os *coachings* de competências ou de desempenho incluem técnicas que ensinam como fazer algo, desenvolvimento de habilidades e o alcance de objetivos ampliados (Kilberg, 2000). Em um plano um pouco mais elevado, está o *coaching* de liderança/comportamental, que diz respeito à inteligência emocional ou ao desenvolvimento de um estilo de liderança mais eficaz. Depois disso vem o *coaching* pessoal ou direcionado à transição profissional, que se concentra no crescimento pessoal ou no desenvolvimento da carreira e, finalmente, o *coaching* voltado para mudanças organizacionais/de estratégia, no qual a orientação está em introduzir novas iniciativas de mudança. A transição de uma forma para outra é relativamente fluida – e isso sequer leva em consideração as diferenças (às vezes bastante sutis) entre aquilo o que se deseja dizer com os termos *coaching*, *counseling* (orientação), *mentoring* (aconselhamento), *consulting* (consultoria) e psicoterapia.

Além disso, as empresas poderão empregar *coaches* internos e externos, ou até mesmo uma combinação de ambos. *Coaches* internos são funcionários da própria empresa, enquanto os externos são contratados para trabalhar junto com a organização. Embora os internos estejam mais familiarizados com todos os detalhes da companhia, a questão da confidencialidade torna-se crítica. Para que o processo seja mais eficaz, deverá existir total confiança entre as partes envolvidas. Isso significa que os indivíduos que estiverem passando pelo *coaching* deverão ter a certeza de que o que estiverem revelando ao *coach* permanecerá confidencial e não irá alterar sua empregabilidade ou seu status dentro da organização. Considerando a cultura de algumas empresas, seria um *coach* interno capaz de estabelecer e manter essa espécie de "muralha chinesa"?

INICIATIVAS DO PROCESSO DE *COACHING*

Existem literalmente centenas de tipos diferentes de iniciativas de *coaching*. Basicamente, elas se encaixam em duas categorias principais: as de **pequena escala**, cuja intervenção é única ou isolada, e as de **grande escala**, caracterizadas por intervenções de longo prazo (envolvendo *coaching* individual, de equipes ou até mesmo promovendo uma intervenção completa e sistêmica). Em vários programas, seja qual for a iniciativa escolhida, opta-se pela utilização de uma avaliação com *feedback* de 360 graus para quebrar o gelo entre os participantes. Tal instrumento pode ser de propriedade da própria empresa que estiver passando pelo processo ou pertencer àquela que está implementando o programa. Ele pode incluir avaliações para medir *feedback* múltiplo sobre o estilo de liderança de um determinado indivíduo, uma verificação dos ingredientes que compõem a cultura corporativa e várias formas de avaliação de personalidade. Por exemplo, particularmente, já utilizei várias vezes o *Global Executive Leadership Inventory (Inventário de Liderança Executiva Global)* (Kets de Vries, 2004; Kets de Vries et al., 2004) *Personality Audit (Avaliação de Personalidade)* (Kets de Vries, 2005b, 2005c; Kets de Vries et al., 2006), o *Leadership Archetype Questionaire (Questionário do Arquétipo de Liderança)* (2006c, 2006d), *o Internal Theater Inventory (Inventário do Teatro Interno)* (Kets de Vries, 2010c) *e o Organizational Culture Audit (Auditoria de Cultura Organizacional)* (Kets de Vries, 2010a, 2010b). Na próxima seção, falarei um pouco mais sobre os tipos de intervenções com base clínica que eu e vários de meus colegas adotamos no INSEAD Global Leadership Center (IGLC), no European Institute of Management e Technology (ESMT) e também no Kets de Vries Institute (KDVI).

O *COACHING* DE LIDERANÇA CLÍNICO

Esse tipo de *coaching* é composto de três tipos de processos de intervenção: o individual (de um para um), o de equipe (em especial com grupos que naturalmente trabalham juntos) e o sistêmico (organizacional/cultural). Uma característica específica do *coaching* clínico é o fato de que a maior parte do processo (não todo) ocorre na forma de trabalho em grupo, em uma estratégia deliberada para exercer mais pressão sobre os participantes, para que todos se sintam forçados a agir. De acordo com nossa experiência profissional, muitos executivos abrigam muitos sonhos sobre aquilo o que desejam realizar, porém, no momento de colocar essas ideias em prática, muitos desses sonhos simplesmente evaporam. Quando a discussão ocorre em grupos (aqueles que em geral trabalham juntos) existe maior possibilidade de que algo de fato aconteça, uma vez que outros membros sempre terão algo em jogo em relação ao plano de ação do indivíduo que está sendo discutido. (O *coaching* entre colegas exerce um papel fundamental na implementação de planos de ação.) Isso pode levar a uma declaração pública de intenções, a um plano de ação e até mesmo à indicação dos nomes dos indivíduos que ficarão responsáveis por ajudar a assegurar o alcance dos objetivos estabelecidos. E para acrescentar ainda mais pressão ao ímpeto de agir, nos meses seguintes haverá seções de acompanhamento em que cada responsável terá de discorrer sobre o que já foi alcançado. Às vezes fico feliz em dizer que minha eficiência se baseia em 3 fatores: embaraço, culpa e esperança. Utilizo os dois primeiros para manter os participantes nos trilhos. Quanto à esperança, procuro mantê-la em segundo plano, na expectativa de que todos alcancem um futuro melhor que inclua crescimento pessoal e criatividade.

O paradigma clínico

A maior parte de nosso trabalho nas organizações se baseia no paradigma clínico, o que significa que permanecemos "próximos do leito do paciente," ou seja, perto da realidade de cada caso específico, e, então, utilizamos conceitos que já se comprovaram impactantes em outros processos similares. Embora não tenhamos uma orientação ideológica, costumamos aplicar ideias contidas na psicanálise (particularmente na teoria das relações de objeto), na psicoterapia, na psicologia do desenvolvimento, na **teoria dos sistemas familiares**, na intervenção paradoxal, na investigação apreciativa, na entrevista motivacional, nos conceitos comportamentais e na cognição para compreender o comportamento das pessoas dentro da organização (Kets de Vries, 2006a). Uma questão central neste caso é a orientação psicodinâmica/sistêmica. O paradigma clínico consiste de várias premissas.

A realidade é apenas uma ilusão – A **irracionalidade** está fundamentada na **racionalidade**. O comportamento "irracional" é um padrão comum em nossa vida, embora sempre apresente uma "lógica," ou seja, um significado. Nada do que fazermos acontece ao acaso. Elementos de determinismo psíquico são um fato em nossa vida. É fundamental que compreendamos essa lógica ao tentarmos decifrar o "teatro interno" das outras pessoas, assim como o nosso próprio – os temas centrais que afetam nossa personalidade e nosso estilo de liderança.

O que vemos não é necessariamente o que vamos receber
– A maior parte do que ocorre conosco está além de nossa consciência e percepção e a maioria do nosso comportamento é inconsciente. Para que possamos compreender melhor esses padrões inconscientes, precisamos explorar nossos desejos mais íntimos e nossas fantasias, assim como aqueles de outras pessoas; precisamos atentar para os temas e padrões repetitivos em nossa vida, e na vida daqueles que nos rodeiam.

O passado é a lente através da qual podemos entender o presente e dar forma ao futuro
– Todos nós somos um produto de nosso próprio passado. Independentemente de gostarmos da ideia ou não, há uma continuidade entre passado e presente. Sentimo-nos inclinados a olhar para o presente através do microscópio de experiências passadas. Como diz o ditado: **"A mão que balança o berço, domina o mundo."**[5] A estrutura de nossa personalidade é resultante do ambiente em que crescemos e modificada por dons genéticos.

Para compreendermos nosso comportamento, é preciso explorar nossa "história" interpessoal, incluindo nossos laços de relacionamento originais.

O significa de relacionamentos de transferência e contratransferência
– Por causa do forte processo de impressão que ocorre nos primeiros estágios da vida do ser humano, tendemos a repetir certos padrões comportamentais. Para entender o que nos faz agir de uma determinada maneira, precisamos explorar nossas relações interpessoais. Aspectos adaptativos e não adaptativos do nosso modo operacional serão afetados pela maneira como nossos laços de relacionamento originais – a relação com nossos primeiros cuidadores – se desenvolveram. Considerando que em nossa vida, assim como na vida dos outros, os temas se repetem, estes serão sempre reativados nos relacionamentos que mantivermos com as pessoas com as quais lidarmos no presente. Para compreender o nosso próprio comportamento, assim como daqueles que nos rodeiam, precisamos identificar estes temas e padrões recorren-

---

[5] Esta é na verdade uma expressão idiomática oriunda de um poema do autor norte-americano do século XIX, William Ross Wallace, cujo conceito é: aquilo que um indivíduo se torna em sua vida, começa com o que ele aprendeu de sua mãe. Portanto, segundo o autor, é a progenitora quem exerce a maior influência no futuro do ser humano. (N.T.)

tes. Os padrões de relacionamento problemáticos (que tecnicamente são descritos como reações de transferência e contratransferência) nos oferecem uma ótima oportunidade de explorar e trabalhar questões complexas aqui e agora. Explorar as relações entre o passado e o presente pode ser algo bastante esclarecedor, uma vez que isso permite que nós nos liberemos de comportamentos estereotipados impregnados.

Nada é mais central para aquilo que somos que o modo como expressamos e ajustamos nossas emoções. Contudo, o insight intelectual difere do emocional, que, aliás, nos afeta em um nível bem mais profundo. As emoções determinam muitas de nossas ações e a inteligência emocional desempenha um papel vital naquilo que somos e fazemos. Ao compreendermos a nós mesmos e às outras pessoas, é preciso prestar atenção especial às emoções humanas.

Todos nós possuímos "pontos cegos" – Existem muitas questões que não desejamos conhecer sobre nós mesmos. Costumamos utilizar processos defensivos e resistências para evitar aspectos problemáticos de nossas experiências. Muitos indivíduos extraviam-se do bom caminho por conta de pontos cegos em sua personalidade. Explorar tais esforços no sentido de evitar pensamentos e sentimentos dolorosos nos dará não apenas um quadro de nossa própria personalidade, mas também da alheia. É preciso perceber que tais resistências se evidenciam devido a conflitos internos; temos de aceitar que a discordância interior faz parte da condição humana. Também devemos reconhecer que a maioria das dificuldades psicológicas foram, em algum momento do passado, soluções adaptativas aos problemas enfrentados na vida.

Nosso passado determinada o nosso presente – O objetivo de se aplicar o paradigma clínico é ajudar as pessoas a: 1º) revisitar experiências passadas, 2º) expandir sua liberdade de escolha para explorar novos desafios na vida e 3º) se tornar mais conscientes de suas escolhas no aqui e agora. Para um funcionamento saudável, é essencial que deixemos de ser estranhos para nós mesmos. Para isso, precisamos nos livrar dos laços mantidos com experiências passadas e nos tornarmos capazes de explorar novos desafios na vida.

Aplicar o paradigma clínico ajuda a trazer à tona os principais papeis interpessoais nos quais os clientes se colocam, seja de maneira consciente ou inconsciente. O processo também nos ajuda a explorar os papeis complementares em que outras pessoas são alocadas em uma constelação de posições executivas. Ele nos auxilia na identificação de expectativas de **autodestruição** e de **autoavaliações negativas**, assim como de percepções já superadas de nós mesmos – padrões comportamentais que exerceram uma função útil em algum ponto no passado, mas que agora se mostram contraeficientes. Considerando o fato de que a vida organizacional diz respeito a indivíduos, prestamos muita atenção nas relações humanas e nas experiências interpessoais. Além disso, se possível, examinamos cuidadosamente as relações do presente entre nós mesmos e nossos clientes – a natureza dos relacionamentos de transferência/contratransferência pode ser uma ótima fonte de informações. No papel de consultor/*coach*, a atitude demonstrada em relação a nós é um sinal bastante revelador. Por exemplo, se um cliente é hostil, desconfiado, bajulador ou se sente rejeitado, tais reações podem ser consideradas como sinais de padrões comportamentais mais generalizados que valem à pena ser explorados.

Em nosso trabalho de *coaching* de liderança (se o momento for ideal) também costumamos atentar para atividades defensivas – tentativas de evitar pensamentos ou sentimentos dolorosos. Isso nos oferece uma janela para a personalidade do indivíduo. Também apontamos temas recorrentes ou padrões de comportamento pessoal – sinais bastante reveladores do teatro interno de cada ser humano.

FORMAS DE INTERVENÇÃO

Como já mencionado, em nossas intervenções gostamos de operar em três níveis distintos, oferecendo *coaching* individual, de equipe e organizacional. Embora nossa preferência seja por uma abordagem holística, nem sempre temos a oportunidade de adotá-la. Nesse caso, concentramos nossa intervenção nos níveis individual e de equipe.

Coaching individual

Em nossa abordagem individual não fazemos uma distinção clara entre os vários elementos de *coaching* anteriormente identificados, mas, em geral, ao realizar o trabalho deparamos com um alto grau de fluidez entre todos eles. Nos processos utilizados, facilitamos a exploração das necessidades, das motivações, dos desejos, das habilidades e dos processos de reflexão dos participantes com o intuito de ajudá-los a implementar mudanças reais e duradouras. Para nós, promover o *coaching* é como fazer uma parceria com nossos clientes na aplicação de um processo criativo e intelectualmente instigante que os inspire a maximizar seu potencial pessoal e profissional. O *coaching* individual promove um espaço em que self privado do cliente poderá ser ouvido, considerado e desafiado. Isso oferece a cada indivíduo a oportunidade de criar um espaço específico para sua própria visão, estabelecer objetivos claramente definidos para sustentá-la e observar os resultados tanto em sua vida pessoal quando na profissional.

O *coaching* individual ajuda as pessoas a:

- Tornarem-se mais eficientes e produtivas.
- Aprender a trabalhar de maneira mais inteligente, não com mais esforço.
- Encontrar meios mais claros de comunicação.
- Tornarem-se mais flexíveis, adaptáveis e bem-sucedidas em lidar com mudanças.
- Responder com mais rapidez e destreza a desafios e oportunidades organizacionais.
- Tornarem-se mais eficientes na solução de conflitos.
- Reconhecer pontos cegos e padrões defensivos.
- Transformar consciência pessoal em percepção, e esta por sua vez em ação.
-   Compreender melhor as percepções de outros membros da organização.
- Aprender a serem mais assertivos e autoconfiantes.
- Aprimorar relações já existentes entre superiores e subordinados.
- Aprender a galgar posições mais adequadamente.
- Tornarem-se mais eficientes em dar e receber *feedback*.
- Aprender a se tornar um ouvinte melhor (mais ativo).
- Encontrar mais prazer no trabalho.
- Encontrar meios de reduzir os níveis de estresse e de tensão na organização.
- Tornarem-se mais eficientes no gerenciamento do tempo.
- Aumentar o potencial para inovação dos indivíduos com os quais trabalham.
- Tornarem-se melhores na identificação de soluções criativas para problemas complexos.
- Tornarem-se mais eficientes ao lidar com situações paradoxais.
- Construir relações mais fortes e nas quais se possa confiar.
- Demonstrar um estilo de liderança mais autêntico.
- Alcançar sucesso em um novo papel.
- Acelerar o ritmo de desenvolvimento de novos e promissores executivos.

- Esforçar-se para prevenir que executivos saiam do caminho mais adequado.
- Trabalhar no desenvolvimento da inteligência emocional;
- Viver a vida mais intensamente, ter mais escolhas e também uma habilidade cada vez maior para inspirar os outros.
- Estabelecer relações mais fortes com os clientes.
- Ser mais cauteloso ao desenvolver um plano de desenvolvimento de carreira, realizando uma avaliação profunda e cuidadosa daquilo que está funcionando, ou não.
- Identificar objetivos significativos.
- Desenvolver novas capacidades de liderança, em especial para a realização de *coaching* ou de processos de desenvolvimento de outras habilidades interpessoais e de comunicação.
- Adquirir um maior senso de propriedade e responsabilidade por seu próprio comportamento e suas próprias ações.
- Ajudar as pessoas na criação de um legado.
- Adquirir um melhor equilíbrio entre a vida profissional e pessoal.

Coaching de grupo

Organizações bem-sucedidas são dirigidas por equipes eficientes. Em empresas como o IGLC, a ESMT e o KDVI, temos nos mantido na vanguarda do *coaching* direcionado a grupos, particularmente daqueles que já trabalham naturalmente juntos. Equipes bem-sucedidas confiam umas nas outras, se comprometem a participar de decisões e planos de ação, se responsabilizam pessoalmente pelo que fazem, se concentram em obter resultados coletivos e reconhecem como cada equipe pode contribuir para o sucesso da organização. Esses tipos de iniciativa visam ajudar as equipes dentro da organização a alcançar níveis mais elevados de colaboração e melhores resultados, tendo como foco desafios-chave para a empresa. Cabe ao *coach* do grupo facilitar uma interação mais aberta e simultânea entre as partes envolvidas, que frequentemente compartilham um ambiente em que prevalecem conflitos velados.

Já descobri que um processo interventivo de *coaching* também é ideal para estabelecer equipes virtuais realmente funcionais. No mundo completamente interligado em que vivemos cada vez mais grupos trabalham à distância. Contudo, se quisermos que eles operem de maneira adequada, é preciso mais que a troca de *e-mails* repletos de *emoticons*. Questões bastante desafiadoras como diferenças culturais, de gênero, de idade e de cenário funcional, precisam ser cuidadosamente enfrentadas e resolvidas. Certamente haverá mais problemas visíveis e ocultos a serem solucionados, portanto, nem é preciso dizer que um bom ponto de partida é identificar e promover uma grande compreensão dos diferentes cenários por trás dos membros da equipe. Grupos de trabalho eficientes representam a cura para guerras territoriais – em um contexto de equipe, as pessoas se mostram mais inclinadas não apenas a observar os diferentes pontos de vistas dos demais membros interessados, mas também a colaborar com esses indivíduos. Intervenções de grupo são uma ótima maneira de criar organizações sem fronteiras.

A gestão do conhecimento também é outra questão importante no contexto de grupo, e pode apresentar problemas: a ação implica em bem mais que simplesmente estabelecer uma base de dados. Embora o processo de gerenciamento de dados seja louvável, um ingrediente importantíssimo está em falta: a **confiança**. As pessoas somente estarão dispostas a compartilhar informações quando houver confiança e os vários membros da equipe se sentirem absolutamente confortáveis uns com os outros. Se tal confiança existir, todos os participantes se sentirão tranquilos em se engajar em processos de resolução de conflitos; eles se mostrarão mais comprometidos e mais confortáveis em serem responsabilizados por suas contribuições e a prestarem contas de seus atos. Em geral, o efeito dessa equação é a obtenção de melhores resultados pela empresa.

Quando um *coaching* de liderança é implementado em equipes, o processo cria uma interface igualitária e permeada pela lealdade que transcende as relações tradicionais entre superior e subordinado. A premissa básica no *coaching* de equipe é de que todos os membros desenvolvam uma percepção clara e verdadeira do real significado de "trabalhar para uma mesma empresa." A capacidade de construir equipes eficientes garante a qualquer organização uma enorme vantagem competitiva. Além disso, o *coaching* de equipe não apenas apoia e permite a colocação em prática do potencial de desempenho de cada grupo, mas também amplia a capacidade de cada equipe de promover um **desenvolvimento autossustentável**. Quando um grupo opera com toda sua capacidade, cada membro faz sua parte e pode ser responsabilizado por sua própria contribuição para o desempenho da equipe. Neste caso, cada item até então "indiscutível" vem à tona e pode ser debatido abertamente, de um modo em que a responsabilidade mútua se mantenha, ao mesmo tempo, implícita e explícita. Alcançar esse patamar exige bastante aprendizado e mudanças comportamentais por parte do líder e dos integrantes da equipe.

O *coaching* de equipe também é bastante recomendado para grupos que estejam implementando significativos esforços de mudança – a entrada de um novo CEO, por exemplo. O processo também se aplica a equipes recém-criadas que queiram começar uma nova vida, abreviando o caminho rumo ao alto desempenho. Os grupos que alcançam o maior sucesso são aqueles que se utilizam tanto do *coaching* individual quando do grupal para resolver simultaneamente questões específicas relacionadas aos integrantes e também as de caráter mais amplo que se aplicam à equipe como um todo. Isso poderá incluir trabalhos de desenvolvimento de grupo com foco específico em questões críticas, como: visão, missão, objetivos, papeis, cultura corporativa, apoio da equipe e desenvolvimento de liderança.

A dimensão terapêutica – A aceitação pelo grupo e o recebimento do apoio necessário são fatores terapêuticos essenciais dentro do *coaching* de equipe. A percepção do grupo de que questões difíceis podem ser resolvidas instila bastante esperança em todos os integrantes (Kets de Vries, 2002). Optar por revelar suas próprias dificuldades e seus próprios segredos e livrar-se de emoções reprimidas pode ser catártico e produzir uma sensação de **"purificação"**, **renovação** e **liberação de tensão.** Trazer questões inconscientes para o nível consciente é uma forma de alívio emocional. Estabelecer conexões – talvez entre experiências passadas ou questões não resolvidas e desconfortos presentes – poderá resultar no alcance de percepções profundas, no alívio de sintomas ou até mesmo na erradicação permanente de uma condição incômoda. Um exercício grupal dessa natureza é uma forma de educação. A transformação pessoal se dá pela observação dos exemplos oferecidos por outros indivíduos e pelo aprendizado que isso proporciona – uma experiência extremamente poderosa, uma vez que ela ajuda o ser humano a perceber que ele não está sozinho ao enfrentar determinados problemas. Conforme sugestões de mudança são apresentadas, as pessoas poderão alterar seu comportamento de acordo com as atitudes adotadas por outros. Tal processo ajuda o indivíduo a alcançar autoconhecimento e percepções mais intensas. O fato de o ser humano possuir um melhor entendimento dos problemas que o afetam ajuda no processo de aprendizado que lhe permitirá lidar com questões complexas – **pessoais** e **relativas** a outrem.

O *coaching* grupal ajuda as equipes a:

- Identificar as características de equipes eficientes.
- Alinhar desempenhos individuais aos objetivos do grupo.

- Esclarecer objetivos do grupo, identificar obstáculos para a mudança, explorar opções e desenvolver planos de ação adequados.
- Compreender melhor as dinâmicas dentro da equipe.
- Identificar o papel individual de cada integrante.
- Identificar conflitos evidentes e ocultos dentro da equipe.
- Ajudar o grupo a lidar melhor com conflitos.
- Ajudar na "assimilação do *coaching*" apresentando novos membros a uma equipe que funciona adequadamente.
- Manter diálogos de qualidade mais elevada.
- Criar um maior senso de confiança e respeito entre os integrantes.
- Desenvolver completamente a equipe tornando-a mais coesa, confiante, colaborativa e também uma unidade de alto desempenho.
- Desenvolver habilidades de liderança mais eficientes dentro da equipe.
- Fazer com que o grupo consiga tomar decisões melhores em conjunto.
- Aproveitar o *coaching* entre colegas dentro do ambiente de grupo.
- Alinhar normas de grupo a uma estrutura de assunção de responsabilidade.
- Assegurar que a estrutura de assunção de responsabilidades por parte de indivíduos e equipes se mantenha em cada tarefa e projeto.
- Ajudar a equipe que estiver enfrentando períodos de mudanças significativas e transições.
- Lidar com desafios inerentes a equipes virtuais e/ou interfuncionais.
- Assegurar que processos de *feedback*, de brainstormings ("toró de ideias") e de desafio a crenças preestabelecidas sejam práticas comuns dentro da equipe.
- Criar equipes eficientes em auto-organização.
- Aumentar a capacidade da equipe para alcançar o alto desempenho.
- Maximizar e potencializar as forças da equipe.
- Compreender as barreiras para o bom desempenho que possam emperrar o trabalho da equipe.
- Esclarecer os objetivos do grupo.
- Avaliar melhor as capacidades e os desafios do grupo.
- Estabelecer as regras fundamentais e a logística para aprimorar processos – frequência, local, regulamentações para as reuniões do grupo.
- Engajar-se em encontros voltados para a avaliação de processos regulares, visando a análise do quão bem-sucedidas têm sido as reuniões realizadas.

Coaching organizacional

O objetivo definitivo de um *coaching* clínico é realizar uma intervenção holística — transformar organizações inteiras por meio do *coaching* organizacional (cultural). O objetivo por trás de uma abordagem organizacional é criar uma cultura na qual todos os membros da empresa estejam aptos a se engajar em diálogos honestos, abertos e respeitosos sobre o modo como poderão aprimorar suas relações no trabalho e também seu desempenho individual e coletivo, sem ficarem restritos por relações de comunicação hierárquica.

Como já observado no Capítulo 4, a cultura de uma organização abriga as atitudes coletivas (conscientes e inconscientes), as crenças, os valores e os comportamentos que definem **"o modo como as coisas são feitas por aqui"**. Os líderes estabelecem os rumos, ditam o ritmo e definem as expectativas em relação à cultura da empresa, oferecendo aos seguidores um modelo daquilo que será esperado, desejado e/ou tolerado dentro da companhia. Todos os participantes aprendem a valorizar e a utilizar o *feedback* como um importante instrumento de aprendizado no sentido de produzir desenvolvimento pessoal e profissional, relações de trabalho baseadas em confiança, o aprimoramento contínuo do desempenho de tarefas e o aumento contínuo da satisfação do cliente. Criando uma cultura na qual os empregados tenham voz própria e possam fazer a diferença certamente irá melhorar o desempenho da empresa e de todos que nela trabalham. Em nosso trabalho de *coaching*, descobrimos que as empresas mais eficientes são aquelas que possuem habilidades de *coaching* dentro da própria cultura.

Uma organização que esteja impregnada com uma verdadeira cultura de *coaching* não apenas oferecerá a seus funcionários um processo formal de treinamento, mas também encorajará todos os seus colaboradores a valer-se de um comportamento adequado no sentido de gerenciar, influenciar e se comunicar uns com os outros. Tais empresas integram módulos de *coaching* em seu processo de desenvolvimento de liderança e também em sua forma geral de agir. Uma cultura desse tipo promove uma comunicação mais aberta, é mais transparente e constrói um ambiente de confiança e respeito mútuo. Introduzir competências dessa natureza dentro da organização é uma estratégia bastante poderosa se o seu objetivo for o de criar o tipo de empresa que estimula o aprendizado e o desenvolvimento. Não surpreende o fato de que companhias com uma forte cultura de *coaching* apresentem excelentes resultados: nível reduzido de rotatividade, alta produtividade e maior satisfação entre os funcionários. Esse modelo organizacional maximiza os recursos da companhia, realinha os relacionamentos e se concentra em estratégias de longo prazo. Essas empresas se diferenciam das demais ao apresentar uma forte identidade corporativa e uma força de trabalho comprometida. Todos os empregados estão alinhados com os objetivos da organização e sabem exatamente o que é preciso para alcançá-los. Criar uma cultura de *coaching* ajuda os líderes a pensar e planejar de maneira mais estratégica, a gerenciar riscos com mais eficiência e a criar e comunicar a visão e a missão da empresa com mais clareza.

Entretanto, o aspecto mais sutil de uma cultura de *coaching* é a maneira diferenciada como os funcionários percebem as si mesmos e o mundo. Esses indivíduos ostentam um senso de conexão; eles se sentem parte de um todo e assumem responsabilidades. Para eles não existe "nós" e "eles". Com um senso de propriedade dentro da organização, essas pessoas estão além dos "jogos de culpa" e têm a coragem de dizer o que pensam, sabendo que têm o direito de fazê-lo.

O papel da equipe executiva – Para que uma cultura de *coaching* funcione, ela precisará estar integrada com a estratégia do empreendimento. Porém, isso não é o suficiente. A organização precisará que todos os que **detêm poder** na empresa sejam adeptos das mudanças. Poucas iniciativas inovadoras são bem-sucedidas sem o apoio dos executivos de nível sênior que estejam comprometidos com a ideia. Se quisermos que uma cultura de *coaching* seja bem-sucedida, as primeiras pessoas a passarem pelo processo deverão ser os membros do comitê executivo. Se eles ficarem satisfeitos com os resultados, é mais provável que o processo atinja todos os níveis da empresa e se torne parte do tecido que compõe a organização.

Um exemplo – Vejamos uma ilustração desse tipo de intervenção. Uma empresa do setor energético fez um grande e valoroso esforço no sentido de criar uma cultura de *coaching* depois de quase ir à falência por conta de um **sistema "machista"** e extremamente **autocrático** que permeava toda a organização, resultando em ações extremamente arriscadas. Na época, investidores ladinos haviam perdido grandes somas de dinheiro e a situação se agravara ainda mais pela realização de péssimas aquisições. Foi então que alguns diretores não executivos conseguiram "forçar" a saída de vários membros do comitê executivo e trazer alguém de fora da organização para estabilizar a situação. A principal iniciativa do novo CEO foi implantar uma grande mudança cultural na empresa. Ele queria um **ambiente** em que as pessoas se sentissem encorajadas em **dizer a verdade** – e tivessem a coragem de fazê-lo –, em que a saída diante de más notícias era simplesmente **"matar o mensageiro"**. A transparência, a comunicação aberta, a honestidade e a possibilidade de as pessoas dizerem o que pensam e darem suas opiniões seriam características centrais desse novo ambiente de trabalho. Comportamento machista já não seria mais tolerado e todos que se mostrassem inclinados a agir desse modo foram solicitados a deixar a companhia. A realização de uma série de *workshops* (enfatizando principalmente o tema o *líder interior*) demonstrou aos funcionários o que uma verdadeira cultura de *coaching* realmente significava. Uma importante característica daquele conjunto de seminários foi o estabelecimento do *feedback* "multipartidário", ou seja, não somente envolvendo a opinião dos funcionários da empresa, mas também de seus amigos e familiares.

Esses *workshops* tiveram um efeito fantástico sobre o comportamento dos executivos. Alguns saíram ou foram demitidos, mas a maioria apreciou os benefícios de uma cultura mais aberta e dedicada ao funcionário. Porém, o processo não afetou somente os empregados: o efeito propagador alcançou também os vários números de desempenho da empresa. A mudança cultural foi acompanhada de uma grande reviravolta financeira. Outro efeito colateral bastante agradável foi o fato de a empresa deixar de ser considerada como um péssimo lugar para se trabalhar e se transformar em uma ótima opção enquanto empregadora.

Este é um exemplo um tanto radical dos efeitos positivos de se introduzir na empresa práticas de aprendizado contínuo, troca de conhecimentos explícitos e tácitos, *coaching* recíproco e autoliderança. A "nova" empresa passou a se caracterizar por relações de colaboração, confiança, direcionamento criterioso e foco na assistência contínua aos funcionários, visando obter o máximo potencial de cada um. O CEO mostrou-se extremamente bem-sucedido ao desbloquear o poder criativo, emocional e empreendedor de seus colaboradores. O fato mais interessante é que tal potencial sempre existira na companhia, mas por causa da antiga liderança permanecera soterrado.

Iniciando o processo – Uma cultura de *coaching* pode ser criada de diferentes maneiras. Além do trabalho de equipe agendado nos momentos adequados, o **aconselhamento** entre colegas é um elemento valiosíssimo para estabelecer boas relações em toda a organização e apoiar a comunicação, o crescimento, o aprendizado e a solução de problemas. O *coaching* entre colegas também garantirá aprimoramentos na produtividade e nas condições de trabalho.

Em um grande número de empresas, o *coaching* vertical é, com frequência, o mais difícil e desafiador para se instituir. O sucesso desse processo é bastante dependente da cultura organizacional. Em muitos casos, por exemplo, o grupo de executivos sênior poderá se mostrar muito entusiasmado em apresentar *feedback* aos seus colaboradores, mas bem menos aberto a receber opiniões de seus funcionários. Na verdade, em algumas culturas nacionais ou organizacionais, subordinados imediatos talvez não se sintam seguros em apresentar seus pontos de vista, já que estes poderão ser usados contra eles mesmos. Se este for o caso, para que se consiga instituir um diálogo aberto entre executivos e empregados a natureza da relação entre ambos terá de ser radicalmente transformada.

A introdução de uma cultura de *coaching* em qualquer organização representará os mesmos desafios comuns a qualquer outro tipo de programa que vise implementar mudanças culturais. Sendo assim, não será suficiente apenas anunciar os planos, fornecer informações básicas e partir do pressuposto que tudo ocorrerá tranquilamente. Toda e qualquer iniciativa exigirá um bom planejamento. É fundamental que custos e benefícios sejam devidamente analisados e que todos os envolvidos estejam preparados para eventuais resistências às mudanças.

Uma cultura de *coaching* poderá ajudar a:

- Criar um espaço transicional em que as pessoas possam expressar-se de maneira clara e franca.
- Desencadear a criatividade e a inovação.
- Cultivar e promover um ambiente em que a motivação e o aprimoramento contínuo do desempenho ocorram cada vez mais.
- Criar valores organizacionais significativos.
- Proporcionar um ambiente de trabalho dinâmico que seja visto como o "melhor lugar para se trabalhar".
- Transformar a organização em um empregador que atraia cada vez mais o interesse de novos funcionários.
- Alcançar novos objetivos estratégicos.
- Desenvolver um verdadeiro portfólio de talentos de liderança na empresa.
- Ensinar os envolvidos como gerenciar dentro de uma cultura completamente interligada.
- Tornar os envolvidos mais capacitados para esclarecer interconexões.
- Identificar grupos organizacionais saudáveis e neuróticos.
- Criar um sistema que permita a supervisão, o direcionamento e o apoio de *coaches* em toda a organização.
- Promover um treinamento de *coaching* contínuo.
- Implantar um plano de sucessão.

- Criar uma estrutura organizacional que apoie uma cultura de *coaching*, que esclareça os papeis dos envolvidos e sirva como um guia para o processo.
- Compreender a interligação existente no cerne de uma cultura de *coaching*.
- Colaborar para que empresas envolvidas em fusões e aquisições naveguem tranquilamente por novas culturas, se integrem a novas equipes e consigam alinhar suas divisões.
- Criar uma organização realmente voltada para o aprendizado, onde as novas descobertas sejam compartilhadas, reduzindo assim não apenas eventuais erros como tempo de ciclo.

UM MODELO CONCEITUAL

A Figura 9.1 apresenta os vários modelos conceituais usados para facilitar o processo de *coaching*, e inicialmente adotados no INSEAD Global Leadership Center em programas como **Desafios da Liderança e Consultoria e *Coaching* para Promover Mudanças**. Essas estruturas conceituais também são utilizadas em todos os demais programas de mudança. Elas incluem conceituações psicodinâmicas, particularmente as ideias extraídas da psicoterapia dinâmica breve (Mann, 1973; Malan e Osimo, 1992). Teorias de dinâmicas de grupo também desempenham papel importante no processo (Yalom, 1985). A abordagem de entrevista motivacional também pode exercer grande influência, uma vez que coloca sobre os ombros do responsável pelo processo de *coaching* a responsabilidade de defender as mudanças (Miller e Rollnick, 2002). Além disso, em situações nas quais encontro grande resistência, considero as ideias presentes no conceito de intervenção paradoxal (ou psicoterapia estratégica), uma forma de psicologia reversa (Watzlawick, Wekland et al., 1974), bastante úteis. Como sempre, a investigação apreciativa (Cooperrider, Whitney et al., 2008) e a reestruturação positiva são importantes para encorajar um senso de autoeficiência nas pessoas (Bandura, 1997). Por causa do fator de ação em nosso método de *coaching* de grupo, as intervenções comportamentais/cognitivas são úteis quando esboçam recomendações de ação. E, assim como em todas as formas de intervenção, será preciso adotar a linguagem normalmente utilizada pelo indivíduo com o qual estamos lidando de modo a garantir sua compreensão. É importante ainda o uso de termos administrativos para explicar os passos que precisam ser tomados.

Modelos conceituais que facilitam mudanças

- Conceituações psicodinâmicas (teoria psicanalítica/psicoterapia dinâmica breve)
- Intervenção paradoxal
- Reestruturação positiva
- Teorias de dinâmicas de grupo
- Intervenções comportamentais/cognitivas
- Investigação apreciativa
- Teoria da administração
- Entrevista motivacional

→ O cliente

Figura 9.1 – Modelos conceituais que facilitam mudanças

Espera-se que todo aquele que termine os programas Desafios da Liderança e/ou Consultoria e *Coaching* para Promover Mudanças consiga incorporar uma orientação sistêmica no lugar da individual, e se torne apto a liderar processos de mudança. Esses indivíduos terão de estar familiarizados com vários modelos de transformação organizacional e também com os modelos ou estruturas, explícitas ou implícitas, dentro dos quais a empresa esteja operando. Além disso, qualquer programa de *coaching* precisa ser adequado para as necessidades sistêmicas específicas da empresa em que será aplicado. Soluções genéricas já não são possíveis ou sequer aceitáveis no mercado.

Ao criar uma cultura de *coaching* dentro de qualquer empresa, o *coach* de liderança precisa criar um espaço transicional seguro no qual os executivos se sintam plenamente confortáveis ao falar sobre si mesmos. O estabelecimento de vários espaços seguros na organização facilitará o engajamento de todos em uma jornada de exploração e autodescoberta, e permite que outros executivos aprendam pela observação, o que validará a experiência. Nessas intervenções, os participantes não estarão apenas reunidos para um exercício de resolução de problemas (ou seja, realizando as ações recomendadas), mas também irão aprender a praticar suas habilidades como *coaches* de liderança junto aos próprios colegas. Esses processos de exploração mútua também fazem com que os participantes explorem as preocupações dos indivíduos que estão em evidência, alcançando soluções e tornando as mudanças comportamentais mais prováveis (para uma visão clara do processo, observar a Figura 9.2).

A EFICÁCIA DO *COACHING* DE LIDERANÇA

Os "guardiões" do desenvolvimento da liderança organizacional devem estar comprometidos a avaliar regularmente as iniciativas de *coaching* dentro da empresa – e aprender com elas. Ao fazê-lo, eles irão descobrir que os resultados das intervenções poderão assumir várias formas diferentes. Estas incluem reações afetivas positivas (as pessoas se sentirão melhor depois da experiência); novos aprendizados (a aquisição de novos conhecimentos e novas habilidades); mudanças comportamentais dentro do trabalho; e resultados para a empresa (efeitos positivos sobre a produtividade geral da companhia).

Coaching de Liderança de Grupo

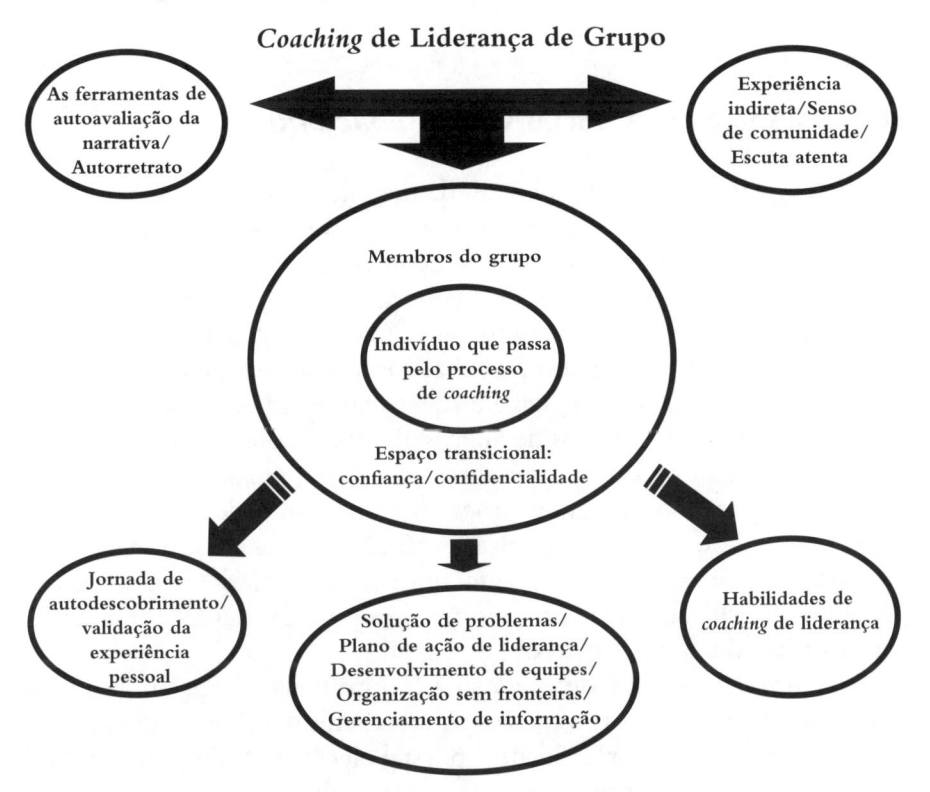

- As ferramentas de autoavaliação da narrativa/Autorretrato
- Experiência indireta/Senso de comunidade/Escuta atenta
- Membros do grupo
  - Indivíduo que passa pelo processo de *coaching*
- Espaço transicional: confiança/confidencialidade
- Jornada de autodescobrimento/validação da experiência pessoal
- Solução de problemas/Plano de ação de liderança/Desenvolvimento de equipes/Organização sem fronteiras/Gerenciamento de informação
- Habilidades de *coaching* de liderança

Figura 9.2 – *Coaching* de liderança de grupo

Contudo, diferentemente de outros aspectos do desenvolvimento de liderança, os líderes organizacionais raramente avaliam a efetividade ou o impacto do *coaching*. Portanto, antes de prosseguir com qualquer iniciativa de grande escala, é importante entender claramente a situação atual e saber exatamente o que precisa ser alcançado em termos de mudança.

A razão para esse alerta é o fato de que, sob a proteção de líderes-chave da organização, é comum que vários *coaches* de liderança criem infindáveis listas de práticas para os funcionários. Todavia, a despeito das boas intenções por trás disso, esse aumento no número de processos poderá representar um distanciamento em relação às estratégias de desenvolvimento de talento desejadas pela própria empresa. Recomenda-se, portanto, que a avaliação contínua seja parte integral do procedimento. Ao realizar essa avaliação, os assessores precisarão manter em mente que, embora o *coaching* individual possa produzir resultados positivos em curtos períodos de tempo, sua efetividade enquanto estratégia de desenvolvimento de liderança somente será determinada em longo prazo. Revisões regulares de todo o processo deverão questionar se o *coaching* está, de fato, fazendo diferença para a estratégia organizacional e para o aprimoramento do desempenho.

Os benefícios das iniciativas de *coaching*

Vale ressaltar que a avaliação fundamentada e consciente começa e termina com uma série de estudos em camadas. Não é suficiente perguntar aos recebedores dos serviços de *coaching* se eles ficaram satisfeitos com os resultados. Com grande frequência, embora os participantes se digam plenamente felizes e contentes com todo o processo, os que estão ao seu redor não conseguem perceber mudanças reais. Isso não significa que os esforços de *coaching* deverão ser abandonados se os resultados se mostrarem limitados depois de apenas algumas tentativas. A avaliação de um *coach* específico ou de uma intervenção em particular não servirão para demonstrar a eficácia do processo como um todo, entretanto, uma avaliação em 360 graus – envolvendo fornecedores, superiores, clientes e *coaches* – certamente fornecerá informações mais precisas sobre a experiência da empresa. Em resumo, o que realmente conta são os **resultados de longo prazo**.

Algumas empresas de *coaching* e consultoria alcançam resultados impressionantes em termos de estatísticas de retorno sobre investimento, contudo, é preciso ter cuidado ao estabelecer o ROI esperado para iniciativas de *coaching* de liderança. Uma avaliação qualitativa se torna problemática pelo fato de existirem inúmeros fatores capazes de afetar o aprendizado, o desempenho e os resultados obtidos. O *coaching* de liderança é uma atividade humana complexa e repleta de variáveis difíceis de regular. Aliás, o fato de não vivermos em um mundo estático torna qualquer experimento controlado extremamente complicado. Nesse sentido, o resultado de um *coaching* de liderança não pode ser auferido da mesma maneira como se faz na venda de outros produtos.

Alerta aos interessados

Embora muitos profissionais optem por se tornar *coaches* apenas pelo desejo de ajudar o próximo a alcançar sucesso, existem no mercado inúmeros charlatões empunhando seus próprios cartões de visita e currículos apenas para ganhar algum dinheiro. Por causa disso, talvez um aviso do tipo "alerta aos interessados" se fizesse necessário. Independentemente da certificação externa, aqueles que contratam *coaches* de liderança deveriam realizar uma investigação cuidadosa e checar seus candidatos para conhecê-los melhor e obter informações a respeito de sua capacitação profissional. É bem comum encontrar no mercado afirmações absurdas e totalmente desprovidas de embasamento sobre os custos e benefícios na implantação de programas de *coaching*. Porém, uma avaliação mais atenta demonstrará apenas o talento de alguns indivíduos para realizar verdadeiras acrobacias numéricas – divulgando ROIs fantásticos, porém, sem qualquer fundamentação técnica.

TORNANDO-SE UM PROFISSIONAL REFLETIVO

O desafio do *coaching* de liderança é fazer com que os clientes se tornem profissionais mais mediativos – indivíduos que não apenas realizem seu trabalho, mas que tenham a capacidade de ouvir e ponderar a respeito do que fazem (Schon, 1983). Como disse o filósofo grego Epiteto: "O fato de termos dois ouvidos e uma só boca nos permite ouvir duas vezes mais e dizer apenas o necessário." Em todos os diálogos o *coach* e a pessoa em treinamento terão de fazer várias perguntas uma para a outra, sendo que as mais importantes são: "Como você se sente ao escutar essa pessoa?" e "Que efeito esse indivíduo exerce sobre mim?"

Muitas pessoas vivem sob a ilusão de que entendem perfeitamente o que está sendo dito a elas. Isso, porém, não é o mesmo que ter certeza de que aquilo que escutamos é de fato o que o interlocutor quer nos dizer. Muitas tentativas de comunicação são anuladas pela nossa tendência de falar demais. Conforme diz um antigo ditado chinês: "A capacidade de ouvir é tão poderosa e importante quanto a de falar bem, além de essencial a qualquer diálogo verdadeiro."

No livro anterior dessa série,[6] lembro-me de ter escrito sobre o ato de "escutar com o terceiro ouvido" – como *coaches* e também executivos emocionalmente inteligentes deveriam utilizar seu próprio inconsciente como um órgão receptivo para o inconsciente transmitido pelo cliente. Devemos aprender a identificar reações de transferência e contratransferência. Essa confusão em termos de tempo e espaço é comum em intervenções. As pessoas precisam perceber que comportamentos que se mostraram eficientes no passado se tornaram obsoletos e, com isso, evitar desempenhar um papel que já não se mostra adequado (Kohut, 1971).

Os *coaches* de liderança, assim como outros agentes de mudança, precisam ajudar seus clientes a adquirir a habilidade de escutar sua própria voz interior. A compreensão em plena ação é uma qualidade essencial que os executivos têm de aprender a desenvolver. Se o fizerem terão uma ideia clara a respeito de si mesmos e se tornarão mais hábeis em reconhecer o que realmente importa para si próprios. Se o desejo de alcançar um determinado patamar é suficientemente forte, o indivíduo como um todo, ou seja, seu self consciente e inconsciente, trabalhará com afinco no intuito de descobrir o que significa atingir tal objetivo.

É justamente aí que um *coach* de liderança eficiente poderá desempenhar um papel essencial. Baseado no paradigma clínico, e com o reconhecimento das necessidades inconscientes, o método de intervenção de *coaching* de liderança grupal que desenvolvi ao longo dos anos, nos leva em uma jornada durante a qual compreenderemos quem realmente somos. O *coaching* de liderança nos ajuda a nos tornarmos cônscios não apenas em relação aos nossos pensamentos conscientes, mas também aos nossos preconceitos, propensões e hábitos inconscientes. Segundo as palavras de um recente participante do programa Consultoria e *Coaching* para Promover Mudanças: "Esse programa (ensina) as pessoas muitas coisas sobre elas mesmas. Isso as ajudará a influenciar outros indivíduos ao permitir que elas os compreendam melhor."

---

[6] Kets de Vries, M.F.R. (2009) *Reflections on Leadership and Career Development (Reflexões sobre Liderança e Desenvolvimento Profissional)*. Chichester: John Wiley & Sons Ltd, pg. 59-74.

CAPÍTULO 10

SERÁ QUE OS LÍDERES CONSEGUEM MUDAR? SIM, MAS SOMENTE SE ASSIM O DESEJAREM

"Somente os homens mais sábios e os mais estúpidos nunca mudam."
– Confúcio

"Considere sempre o último dia. Não conte nenhum mortal com um homem feliz até que ele tenha ultrapassado o limite derradeiro de sua vida completamente alheio à dor."
– Sófocles, *Édipo Rei*

"Somos todos como balões que dançam em um mundo repleto de alfinetes."
– Anthony Montague Browne, *Long Sunset (O Longo Pôr do Sol)*

Embora o leão estivesse plenamente convencido de seu domínio no reino animal, certo dia ele resolveu verificar se todos os outros animais sabiam que ele era o verdadeiro rei da floresta. Ele estava tão seguro que resolveu não conversar com as criaturas menores. Em vez disso, foi diretamente conversar com o urso, perguntando: "Quem é o rei da floresta? O urso olhou e disse, "É claro que não existe outro a não ser você, meu senhor." O leão deu um forte rugido de aprovação e foi embora. Então ele encontrou o tigre e repetiu a mesma pergunta: "Quem é o rei da floresta?" O tigre não perdeu tempo e respondeu: "Todos nós sabemos que você é o rei." O leão rugiu novamente demonstrando satisfação. O próximo a ser questionado foi o elefante, com o qual o leão deparou na margem de um rio, onde repetiu mais uma fez a pergunta: "Quem é o rei da floresta?" O enorme animal grunhiu, levantou a tromba, ergueu o leão do chão e atirou-o em pleno ar, esmagando-o contra uma árvore. Depois se dirigiu até o enorme felino, arrancou-o do meio dos galhos, arremessou-o contra o chão e, em seguida, para dentro do rio. Posteriormente o elefante partiu para cima do leão, arrastou-o pela lama e finalmente o deixou dependurado sobre alguns arbustos. O leão completamente imundo, surrado, demolido e repleto de hematomas, custou a se colocar de pé, mas, quando finalmente conseguiu, olhou para o elefante com os olhos tristes e resmungou: **"Veja bem, só porque você não sabe a resposta, não há razão para ficar tão irritado."**

Alguns líderes agem exatamente como o leão – **testes de realidade** não estão entre seus pontos fortes. Esses indivíduos não são muito bons em compreender *feedbacks*. Pelo contrário, eles costumam criar sua própria realidade e ver somente aquilo que apreciam. Eles não estão abertos a mudanças. O que essa história ilustra é que a mudança não é um processo simples, tampouco confortável. Desaprender padrões habituais poderá provocar nessas pessoas muita ansiedade. Assim como o leão, muitos executivos com os quais já encontrei se sentem inclinados a manter uma lógica específica, a despeito do quanto esta se pareça totalmente ilógica aos olhos alheios. Essas pessoas não querem mudar e preferem ficar presas à sua miséria atual. A razão pela qual tantos executivos se agarram tão fortemente ao status quo é difícil de determinar, mas é isso que eles fazem, sem considerar o provérbio que alerta: **"Tudo muda, e nós também mudamos."**

No caso dos executivos de nível sênior, manter padrões comportamentais disfuncionais pode se mostrar uma atitude devastadora. Considerando o poder que essas pessoas detêm, suas atitudes poderão exercer um efeito espiralado decrescente sobre a organização, contribuindo para a criação de uma cultura corporativa tóxica, a um processo falho de tomada de decisões, a problemas motivacionais e a uma alta rotatividade de executivos (Kets de Vries e Miller, 1984; Morgan, 1986; Kets de Vries e Miller, 1988; Hamel e Prahalad, 1989; Pfeffer, 1998). Pouquíssimos CEOs percebem que estão sempre no palco central de suas organizações. Cada um de seus atos, por menores que sejam, serão atentamente observados, analisados e discutidos. Como disse certa vez um alto executivo durante um de meus *workshops*: "Cada vez que entro na empresa sou capaz tornar miserável a vida de dez mil empregados, e isso não é difícil. Essa é uma enorme responsabilidade. Preciso me lembrar constantemente do papel que desempenho na organização."

Considerando o poder que os altos executivos têm de influenciar a vida de um número tão grande de pessoas, torna-se mais importante que nunca – na era da descontinuidade – ajudá-los a tomar as decisões corretas. O que poderemos fazer para ajudar executivos de nível sênior a cumprir seus papeis da maneira mais exemplar? O que podemos fazer para que eles sejam mais eficientes? Como seremos capazes de ajudá-los a criar organizações mais saudáveis e sustentáveis? E se as mudanças em seus padrões comportamentais são aconselháveis, o que eles deveriam fazer para se aprimorar naquilo que fazem?

Liderar não é uma tarefa fácil e pode inclusive se transformar em algo intimidante. Muitos executivos não se sentem apenas perplexos diante das responsabilidades que vêm com o emprego, mas também bastante confusos em relação ao papel que terão de desempenhar. Eles precisarão de muita ajuda para fazer com que as coisas funcionem adequadamente e também para conseguir extrair o máximo de seu pessoal – para criar **"elasticidade"**. Para assegurar esse esforço extra, eles terão de ser capazes de: 1º) falar à imaginação coletiva de seus funcionários; 2º) articular os valores compartilhados que criarão uma identidade de grupo e 3º) persuadir todos a acreditarem e se envolverem no sonho que eles próprios – como CEOs – têm para o futuro da organização que comandam (Kets de Vries, 2001).

Indivíduos que percebem a responsabilidade inerente à posição que ocupam estão no comando de companhias que funcionam bem. Eles são guiados por colaboradores que sabem exatamente o que significa ser líder – pessoas que colocam os interesses da empresa à frente dos particulares; que estão realmente comprometidas em tornar suas empresas ótimos lugares para se trabalhar; que veem tudo através de perspectivas claras (Collins e Porras, 1994; Pfeffer, 1995; Greenleaf e Spears, 1998; Kets de Vries e Balazs, 1999; Collins, 2001; Kets de Vries, 2001). Para que organizações se mantenham saudáveis por muito tempo, precisamos de líderes que não tenham medo de enfrentar a realidade como ela é, não como gostariam que fossem – indivíduos que estejam comparativamente bem ajustados.

POR QUE MONTAR EM UM CAVALO MORTO?

Já tive a oportunidade de encontrar inúmeros executivos de nível sênior que se mantêm presos a padrões comportamentais disfuncionais, ignorando quaisquer sugestões construtivas que tentem lhes mostrar como agir de maneiras distintas. Eles continuam a fazer as mesmas coisas a despeito das consequências desastrosas. Isso me faz imaginar que aquilo que os **impulsiona a continuar** é a **esperança de que os resultados serão diferentes**. Essas pessoas obviamente desconhecem o antigo ditado Sioux:[1] "Quando você descobre que está montado em um cavalo morto, a melhor estratégia é desmontar."

Até mesmo as pessoas que alegam acreditar no valor da transformação podem fazê-lo sem o devido entusiasmo. O que elas de fato querem dizer é que desejam que os outros mudem. Há uma tirinha da série *Calvin e Haroldo*[2] que ilustra essa ideia perfeitamente. Em uma das histórias, Calvin diz: "Adoro mudanças." Então Haroldo replica completamente surpreso: "Como assim? Hoje você quase teve um ataque no café da manhã quando sua mãe passou menos geleia em sua bisnaguinha que ontem!" Daí Calvin contra-ataca: "Eu adoro fazer com que as outras pessoas mudem."

Às vezes não se trata de as pessoas resistirem às mudanças, mas de ficarem absolutamente desnorteadas por elas. Muitos indivíduos têm o desejo de mudar, mas não dispõem das habilidades necessárias para fazê-lo, e precisam de ajuda para navegar pelo processo. Pela minha experiência, os **seres humanos não resistem exatamente às mudanças, mas ao fato de serem mudados por outros**.

Sendo assim, como líderes corporativos conseguirão comandar suas organizações de maneira proativa? O que eles podem fazer para lidar com transformações contínuas e descontínuas? O que eles precisam fazer para tornar suas empresas não apenas sadias, mas ótimos lugares para se trabalhar? Como poderiam obter o máximo de seus colaboradores? É importante lembrar que quando companhias vão mal, os problemas geralmente começam pelo topo (Kets de Vries e Miller, 1988) – ou, como dizem os mais espirituosos, "o gargalo ou a obstrução sempre ocorre na parte obstruída". Mas se os altos executivos não estiverem dispostos a se colocar em uma posição um pouco mais vulnerável, tampouco preparados para reavaliar suas ações, como poderão esperar que seus funcionários ajam de modo diferente?

O primeiro passo para nos tornarmos mais eficientes enquanto líderes é **aprimorarmos** nosso **autoconhecimento**. Para que possamos nos

---

[1] Comunidade indígena que ocupava a região central dos EUA e era conhecida por sua agressividade contra os brancos. (N.T.)

[2] Famosa série conhecida nos EUA como *Calvin & Hobbes* e escrita e ilustrada pelo norte-americano Bill Watterson. Os personagens principais são Calvin, um garoto de seis anos, e seu grande amigo Haroldo, um tigre de pelúcia. (N.T.)

transformar em pessoas mais capazes, precisamos começar a olhar para nós mesmos com mais seriedade e atenção. Se quisermos nos reinventar ou renovar, temos de olhar para dentro de nós mesmos e explorar nosso teatro interno. Como disse Sócrates: "Uma vida não explorada não vale à pena ser vivida." O desejo de se engajar em um processo de autoexploração – estando pronto para mudanças pessoais – é uma condição *sine qua non* para indivíduos que ocupam posições executivas.

Desistindo da tramitação rápida

Como já testemunhei muitas vezes, os homens que são "destruídos pelos deuses" são justamente os até então considerados "mais promissores". Muitos executivos de nível sênior fracassam quando se tornam cheios de si; eles se deixam enredar no próprio **narcisismo**. Seu comportamento egocêntrico encoraja as pessoas ao seu redor a dizerem somente aquilo que eles desejam escutar. Surgem então o excesso de confiança e o orgulho, e suas próprias ilusões acabam contribuindo para o insucesso.

É claro que o narcisismo não é a única razão pela qual os líderes fracassam (Zaleznik, 1966; McCall e Lombardo, 1978; Kouzes e Posner, 1995; Pfeffer, 1998; Collins, 2001; Kets de Vries, 2001, 2006a). Sempre que observo o malogro de executivos de nível sênior uma observação óbvia e recorrente é sua **falta de visão**. Aceitemos ou não, **visão é fundamental**. Em geral, a habilidade para agir de maneira não convencional e **quebrar regras faz toda a diferença** entre se tornar um executivo **supercompetente** ou **medíocre**. Como diz o ditado: "Se você não tem ideia de para aonde está indo, poderá acabar chegando a outro lugar." A capacidade de manter uma visão panorâmica da situação – que permita pensar de maneira estratégica, distinguir o que realmente importa e atentar para o futuro – é um diferencial que tornará o líder ainda mais eficaz e eficiente (Jaques, 1989).

Mas será que o pensamento anticonvencional pode ser aprendido? Isso é improvável. Com frequência, quando chegamos à vida adulta nossa sorte já está lançada. Isso pode até soar um pouco pessimista, mas os psicólogos costumam dizer que pouco pode ser feito para se adquirir mais eficácia no desembaraçamento de situações cognitivas complexas (Heatherton e Weinberger, 1994; Hogan, Johnson *et al.*, 1997), portanto, precisamos aprender a viver com as características cognitivas que já possuímos. Contudo, o fato de percebermos que não somos muito eficientes em reduzir a "poluição sonora" no ambiente em que vivemos já nos será bastante útil. Esse tipo de autocompreensão nos encorajará a pedir ajuda de outras pessoas que possam contrabalançar nossas próprias competências. Isso poderá nos propiciar uma interessante constelação de executivos em que cada profissional desempenhe um papel complementar, eliminando assim eventuais lacunas (Kets de Vries, 2006b).

Entretanto, há outros fatores que também contribuem para o fracasso de uma carreira executiva: ter a capacidade de ver um problema, mas não tomar a atitude necessária, é como ter sede no deserto, encontrar um oásis e não tentar beber água. Ou seja, alguns líderes tropeçam simplesmente por não serem bons em seguir em frente. Eles não demonstram interesse pelos detalhes que compõem o processo administrativo, tampouco outorgam responsabilidades aos funcionários. Esses indivíduos apenas deixam que as coisas aconteçam e tenham consequências desastrosas. Outras armadilhas frequentes na trajetória dos executivos são o microgerenciamento e a escusa a conflitos, mas a lista continua.

Depois de observar centenas de CEOs, reparei que um dos fatores preponderantes no fracasso desses profissionais é a **falta de inteligência emocional** (Salovey e Mayer, 1990; Goleman, 1995; Goleman, 1998; LeDoux, 1998; Gardner, 1999; Matthews, Zeidner *et al.*, 2002). É perfeitamente possível tomar alguma atitude em relação a essa deficiência nos estágios mais avançados da vida. Pelo que sabemos, o **quociente intelectual** (QI) já está relativamente estabelecido quando chegamos à fase adulta, porém, a **inteligência emocional** (IE) é mais maleável. Por IE, refiro-me à capacidade de compreender e gerenciar nossas próprias emoções, de reconhecer as emoções alheias e de lidar com relacionamentos. Em lideranças exemplares, o autoconhecimento e a empatia são características fundamentais na diferenciação entre executivos eficientes e medíocres. Associados a esses aspectos da IE (e também à efetividade na liderança) estão a habilidade de reenquadrar situações complicadas dando a elas aspectos mais positivos, a coragem de se manter presente mesmo quando o cenário se torna complicado, a capacidade de trabalhar bem em grupos, e, finalmente, o talento para construir equipes.

O que os executivos de nível sênior podem fazer para desenvolver tais competências? O que podem fazer para mudar? Como eles serão capazes de modificar padrões comportamentais disfuncionais? Como abandonar a rotina? Para esclarecer tal processo é preciso que observemos mais de perto aquilo que faz com que as pessoas ajam de um determinado modo. **Que tipo de teatro interno impulsiona nosso comportamento e nossas ações?** Neste capítulo, tentarei fornecer respostas para essas questões.

O triangulo da vida mental

Para simplificar processos que na realidade são bastante complexos, podemos observar o comportamento humano como se este fosse composto de um triangulo de forças distintas: a **emoção**, a **cognição** e o **comportamento**. Esse "campo de força" determinará o tipo de roteiro que adotaremos em nosso teatro interno. Tal *script* é escrito em resposta aos sistemas de necessidades motivacionais sobre os quais a escolha está fundamentada (Freud, 1933; Sullivan, 1953; Bowlby, 1969; Lichtenberg, Lackmann *et al.*, 1992). Os sistemas de necessidades se tornam operacionais na infância e continuam a funcionar por toda a vida (embora sejam alterados pela idade, pelo aprendizado e também pelo amadurecimento do indivíduo).

Triângulo da vida mental

EMOÇÃO — COGNIÇÃO
SELF
COMPORTAMENTO

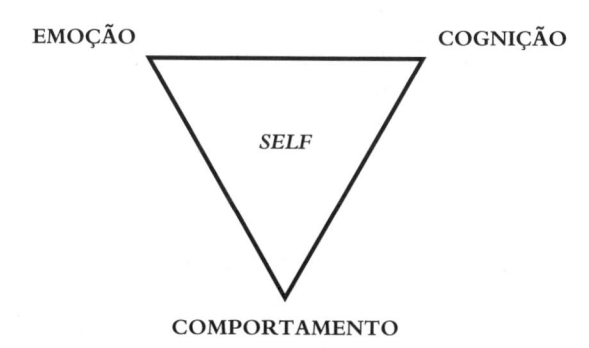

Figura 10.1 – triângulo da vida mental

Arriscando incorrer em uma simplificação exagerada, o sistema de necessidades primárias é composto de exigências fisiológicas, tais como comer, beber, eliminar resíduos, dormir e respirar; em seguida temos a necessidade de prazer físico e (posteriormente) de excitação sexual; por fim temos as reações adversas (como antagonismo, retraimento e agressão) a certas situações. Porém, além dos já mencionados, existem dois outros sistemas que impactam de maneira direta e poderosa o ambiente de trabalho: as necessidades de afiliação/conexão e de exploração/afirmação. Assim como um motor é impulsionado por algum tipo de combustível, os padrões emocionais e cognitivos que se desenvolvem a partir desses sistemas de necessidades são responsáveis por reabastecer nosso comportamento e nossas ações. Esse sistema de necessidades motivacionais forma o triângulo da vida mental (ver Figura 10.1).

Estabelecendo esse triângulo como ponto de partida, torna-se claro que para o sucesso de qualquer esforço de mudança os executivos precisarão ser influenciados tanto em termos **cognitivos** quanto **emocionais**; em outras palavras, a **cabeça** e o **coração** precisarão ser afetados para que o comportamento se altere. Ainda que intelectualmente, precisamos observar as vantagens que um esforço de mudança irá proporcionar; a cognição por si só não será suficiente, pois também precisaremos ser tocados emocionalmente. Os três lados desse triângulo da **vida mental** estão, portanto, **intimamente conectados**.

Batendo a cabeça contra uma parede de tijolos

No início de meu trabalho como educador, psicoterapeuta e consultor, costumava me valer de longos discursos na tentativa de explicar aos executivos o caminho errado pelo qual haviam optado ao tomar decisões equivocadas que provocavam o funcionamento inadequado de suas empresas. Em geral, fazia todo o possível para argumentar o que precisariam mudar e a razão para fazê-lo. Utilizava-me de todo o tipo de lógica para mostrar-lhes porque não deveriam continuar agindo como no passado. Entretanto, embora intelectualmente eu pudesse estar absolutamente correto, minhas intervenções nunca fizeram a menor diferença para aquelas pessoas. A maioria daqueles executivos concordava com tudo o que eu tinha para dizer, porém, continuavam a agir da mesma maneira. Finalmente percebi que bater com a **cabeça contra a parede não resolvia** o problema e que precisava encontrar outra abordagem. Na verdade, eu estava prolongando um discurso totalmente baseado em lógica quando a própria lógica não se fazia suficiente para resolver a questão. Eu precisava urgentemente alcançar aquelas pessoas de outra maneira.

Em um de meus *workshops*,[3] um executivo em especial recebeu uma grande quantidade de *feedback* dos demais participantes e de outros acadêmicos. Isso ocorreu por conta de sua tendência de se manter emocionalmente indiferente durante situações difíceis, usando a distância como um mecanismo de defesa. Quando se sentia estressado, ele costumava apenas se retrair e não reagir. Em termos cognitivos, é bem possível que ele estivesse consciente do problema, porém, reconhecê-lo apenas em sua cabeça não era o suficiente. Seria preciso que ele apren-

---

[3] Todos os exemplos foram devidamente disfarçados.

desse a vivenciar aquilo em seu "estômago." Era óbvio que alguma "munição extra" seria necessária para forçá-lo a mudar sua atitude interpessoal. **Mas o que eu poderia fazer para "fisgá-lo"?** Como eu deveria agir para causar naquele indivíduo um efeito real? Como parte do exercício de *feedback* de 360 graus, decidi obter informações de pessoas que estivessem emocionalmente próximas daquele indivíduo e que fossem importantes para ele. Durante a segunda semana do *workshop*, apresentei-lhe inúmeros *feedbacks* que haviam sido obtidos não apenas junto ao pessoal do escritório, mas também com os amigos, a esposa, os filhos e outros membros da família. Foi então que percebi que os comentários começaram a mexer com ele. Na verdade, o que mais o balançou foi uma declaração bastante emocional por parte de sua filha de 19 anos. Com lágrimas nos olhos, algo bastante atípico, ele compartilhou com o grupo um recado escrito por sua filha que reclamava do modo como ele sempre se mostrava inacessível. Ela discorreu sobre seu desejo frustrado de conseguir se aproximar mais do pai e manter com ele um relacionamento real. A jovem inclusive se referiu aos vários esforços que fizera no passado para alcançar tal objetivo. Aquele bilhete se transformou em um **ponto de virada na vida daquele executivo**. A partir daquele momento, todos os participantes perceberam uma mudança em seu comportamento. Ele ficou completamente envolvido nas discussões que ocorreram no resto do seminário, e finalmente escutou a percepções dos demais participantes. As apresentações seguintes começaram a tocar-lhe de maneira emocional. Porém, o mais importante foi o fato de ele ter passado a experimentar outros comportamentos quando em situações de estresse. Eventualmente ocorreriam lapsos, é claro, mas sempre que ele retornava aos antigos padrões, seus colegas o ajudavam a lembrar-se do comentário de sua filha. Os demais participantes funcionaram com uma "comunidade de aprendizado" para reforçar o comportamento desejado. Gradualmente, ao longo de aproximadamente seis meses, aquele comportamento novo e mais expressivo tornou-se quase instintivo para o executivo.

 Esse incidente me ajudou a observar os processos de mudança pessoal de um jeito diferente. O ocorrido ajudou a ilustrar o poder que vários diferentes públicos exercem no sentido de ampliar o esforço de mudança. Sem esquecer o impulso gerado pela recém-criada comunidade de aprendizado, ao atrair indivíduos de fora do *workshop* (familiares e colegas do escritório) cujas opiniões eram importantes na vida pessoal e profissional daquele indivíduo, consegui fazer com que todos os envolvidos participassem ativamente do esforço, reafirmando o processo de experimentação por meio da diferente abordagem das situações.

ONDE QUER QUE EU ME SENTE, ESTAREI NO COMANDO

Para ajudar os altos executivos a mudarem, tenho me empenhado bastante ao longo de vários anos para encontrar um formato que estimule o processo de mudança. Tentei lidar com a questão de como auxiliar executivos de nível sênior a se tornarem mais eficientes, tanto no trabalho quanto em casa. Mas como afinal poderia fazer com que eles abandonassem a rotina? O que poderia ser feito para que esses indivíduos reinventassem a si mesmos?

Os psicólogos que atuam no campo do desenvolvimento estimam que na idade dos trinta anos, entre dois terços e três quartos da personalidade de cada indivíduo já esteja formada (McCrae e Costa, 1990). A compreensão de que as pessoas possuem mais plasticidade nos primeiros estágios de vida não descarta a possibilidade de elas mudarem quando atingirem estágios mais avançados. Porém, para possibilitar que um indivíduo que se encontra no topo de sua carreira inicie um esforço de mudança e se reinvente, será preciso ajudá-lo a dar os primeiros passos nesse sentido. Para isso, algumas condições específicas terão de ser atendidas. Essa, aliás, é uma questão bastante oportuna, já que muitos CEOs com os quais tive a oportunidade de conversar parecem enclausurados em uma espécie de prisão mental. Eles simplesmente não sabem como agir de maneiras diferentes. O processo de aprendizado está paralisado, a jovialidade desapareceu e o prazer já não existe mais. Há muito tempo descobri que possuir saúde mental significa ter escolha. Contudo, muitos líderes consideram a ideia de ter de optar muito complicada e difícil. Essas pessoas certamente precisam de ajuda para sair desse autoaprisionamento, porém, não estão dispostas a se voltar para demorados procedimentos terapêuticos – elas buscam métodos mais eficientes de reinventar-se.

Como psicanalista, psicoterapeuta e *coach* de liderança (e ao mesmo tempo educador na área de administração e consultor) estou impregnado de métodos tradicionais para promover mudanças de personalidade. O pensamento psicanalítico mais tradicional dita que o principal caminho rumo à percepção e as mudanças duradouras é alcançado por meio de longos tratamentos envolvendo entre duas a cinco sessões semanais. É desnecessário dizer que essa alternativa não parece nada atraente para altos executivos, pessoas que não dispõem nem da paciência nem do tempo necessários para se envolver em um programa tão monumental. Muitos executivos de nível sênior tendem a ser bastante egocêntricos e a apresentar intervalos de atenção bastante curtos. Meu desafio, portanto, seria trabalhar com um grupo de indivíduos que se considerava o centro do universo. Eu teria de encontrar um procedimento que atraísse sua atenção rapidamente, logo na primeira semana do programa, do contrário eles não permaneceriam engajados.

Minha tarefa seria desenvolver um método de intervenção que acelerasse e condensasse o processo terapêutico mais tradicional, mas que, ao mesmo tempo, permanecesse fiel aos princípios clínicos mais básicos. Foi preciso buscar um meio menos tradicional de superar resistências a mudanças e confrontar problemas que em geral tinham a ver com a consciência – problemas pré-conscientes ou inconscientes. Tive de mobilizar processos mentais inconsciente para atingir resultados terapêuticos. Além disso, o desafio também envolveria criar mudanças reais nos padrões comportamentais que não se revelassem apenas paliativos – períodos transitórios de euforia –, como normalmente é o caso nas "curas" miraculosas prometidas por muitos **"profissionais"** da área que praticam a psicologia do **"elixir milagroso"**. Mas, afinal, que conceituações e mecanismos eu poderia utilizar para dar início a um processo de mudança?

Uma abordagem teórica que pareceu consideravelmente promissora no sentido de acelerar o processo de mudança foram os experimentos realizados pela **psicoterapia dinâmica de curto prazo** (Freud, 1893-5; Balint, Ornstein *et al.*, 1972; Winnicott, 1972; Mann, 1973; Malan, 1976; Sifneos, 1979; Mann e Goldman, 1982; Horowitz, Marmar *et al.*, 1984; Strupp e Binder, 1984; Gustavson, 1986; Crits-Christoph e Barber, 1991; Malan e Osimo, 1992; Davenloo, 1994; Molnos, 1995; Groves, 1996; McCullough Vaillant, 1997; Luborsky e Crits-Christoph, 1998; Davenloo, 2000; Rawson, 2002). Essa abordagem terapêutica oferecia um caminho diferente para ajudar as pessoas a adquirirem uma percepção mais rápida dos eventos da vida e das experiências que contribuíam para seus problemas. Os profissionais que usavam essa técnica descobriram que intervenções mais focadas e de natureza mais direta, combinadas a uma sólida dose de empatia e apoio psicológico, frequentemente resultavam em grandes melhorias no estado mental dos pacientes. A elucidação das reações defensivas – partindo da análise cuidadosa dos problemas e de sua colocação sob um foco mais claro – também pareciam contribuir para mudanças comportamentais. O problema apresentado se tornava mais explícito e os pacientes passavam a compreender melhor as forças psicológicas que afetavam seu próprio comportamento.

Depois de experimentar a psicoterapia dinâmica de curto prazo em sessões individuais realizadas com executivos (e de obter resultados modestos), percebi que isso não seria suficiente para criar mudanças duradouras em seus padrões comportamentais. O *coaching* individual apresentava resultados limitados (Balint, 1957), portanto, eu precisaria ampliar a **zona de desconforto** dos participantes. Foi então que descobri que se conseguisse criar uma situação de grande intensidade e envolvimento total estabelecendo uma comunidade de aprendizado – em que cada membro tivesse seus próprios interesses em criar uma experiência emocional corretiva para os demais – o processo de mudança seria acelerado (Alexander e French, 1946). Minhas pesquisas também demonstraram que eu teria de criar algum tipo de **"espaço transicional"** para os participantes – um em que, protegidos da realidade do mundo externo, eles pudessem experimentar novas formas de interação em total segurança (Winnicott, 1951; Bion, 1962; Winnicott, 1971).

Depois de várias tentativas e erros, estabeleci uma comunidade de intenso aprendizado ao combinar alguns dos métodos usados na psicoterapia dinâmica de curto prazo e algumas intervenções derivadas de dinâmicas de grupo, e acrescentar no processo conceitos retirados das teorias organizacional e de liderança (Freud, 1921; Foulkes, 1975; Scheidlinger, 1982; Rosenbaum, 1983; Yalom, 1985; Kaplan e Sadock, 1993; Harwood e Pines, 1998; Scott Rutan e Stone, 2001). Usando os princípios mais eficazes dos dois primeiros, consegui montar o cenário adequado para um esforço de mudança mais intenso. O resultado foi um programa (já mencionado anteriormente) criado para um grupo bastante seleto de CEOs e altos executivos, cuja duração total – dos **quatro módulos** – é de um ano (Esse programa se tornou o modelo para vários outros que foram desenvolvidos posteriormente). Como ele funciona e o que o torna diferente? Permita-me então mostrar-lhes o que está por trás do programa Desafio da Liderança: Criando Líderes Reflexivos e brindar-lhes com um rápido panorama do que acontece dentro do espaço seguro de aprendizado que desenvolvi para os participantes.

O SEMINÁRIO DE "RECICLAGEM" PARA CEOS

Uma vez por ano, 20 altos executivos (a maioria deles CEOs) têm a oportunidade de participar do programa Desafio da Liderança. Esses profissionais se inscrevem por várias diferentes razões. Talvez eles estejam diante de problemas aparentemente insolúveis, sentimentos negativos sobre si mesmos ou percepções equivocadas do mundo e de outras pessoas que tendem a fazer com que seus planos e suas realizações pareçam inalcançáveis. Tipicamente, tais dilemas não se encontram claramente articulados na mente dos interessados quando resolvem fazer a inscrição. Para ser aceito, cada participante em potencial precisa preencher um formulário complexo. As informações fornecidas me permitem realizar uma primeira avaliação para me certificar de que o indivíduo se encaixa no programa. Além disso, cada futuro participante – independentemente de onde esteja – é entrevistado ao vivo ou pelo telefone para que eu possa ter certeza de que ele tem as características necessárias para passar por esse *workshop*, no qual o estudo da "vida" do indivíduo é a fonte principal de material interpretativo. Na entrevista, procuro por traços da tendência psicológica do indivíduo, pela capacidade de ele se mostrar aberto e responsivo e também pelo nível de interesse em compreender melhor a si mesmo. Cada *workshop* consiste de três períodos de cinco dias com dois intervalos de aproximadamente sete semanas entre eles. A expectativa é de que durante cada semana os participantes aprendam mais sobre si mesmos, assumam um "contrato" no qual esteja estipulado no que irão trabalhar quando estiverem de volta ao escritório e também à própria casa – e, portanto, longe do *workshop* – e retornem para aprofundar sua compreensão. Os "trabalhos de casa" são monitorados pelos demais colegas participantes. Aliás, o *coaching* mútuo também faz parte do programa.

Para dirigir esse seminário específico conto com a ajuda de um colega bem próximo que, além de antropólogo clínico, é também psicanalista e novelista. O fato de existir uma segunda pessoa no *workshop* permite uma visão mais completa e integral do que acontece no grupo e protege os responsáveis de eventuais "pontos cegos." Além disso, o fato de existirem duas pessoas no comando o tempo todo, dá a ambas a oportunidade de adotar modos de observação mais ativos ou passivos. O intercâmbio entre os dois líderes também fornece aos participantes um modelo de como se relacionar uns com os outros e lidar com conflitos. Mais ainda, a oportunidade de ver duas pessoas no comando dá aos integrantes uma compreensão mais rica dos fenômenos humanos mais complexos.

Embora o material básico do *workshop* seja o estudo da "vida" de cada indivíduo, a primeira semana é bem estruturada. Parte do tempo é investida em várias palestras interativas sobre empresas de alto desempenho, liderança (as mais exemplares e disfuncionais), o ciclo de vida profissional, administração intercultural e cultura e estresse organizacional. Entretanto, o modelo central da atividade e organização psicológica é a história pessoal. Em algum ponto, cada participante se tornará um voluntário para sentar na **"cadeira da verdade"**. Tal experiência é extremamente importante. Conforme os participantes narram sua própria história de vida, as experiências e ações se tornam mais organizadas. A apresentação se transforma em um processo de autodescoberta e ajuda os demais a compreenderem seus próprios problemas, na vida pública ou privada.

Durante a segunda semana, algum tempo é devotado para a produção de vários instrumentos de feedback. Uma parte fundamental dessa atividade é o uso do Inventário de Liderança Executiva Global, um instrumento que permite o fornecimento de *feedbacks* em 360 graus. Esse mecanismo – desenvolvido por mim mesmo – consiste de **doze dimensões de análise** e contribui bastante para a eficácia na liderança (Kets de Vries, Vrignaud *et al.*, 2004; Kets de Vries, 2004). Além disso, a Avaliação de Personalidade contém *feedback* reunido junto ao cônjuge/parceiro e/ou outras pessoas que sejam significativas na vida dos participantes (Kets de Vries, 2005b; 2005c; Kets de Vries *et al.*, 2006). Informações adicionais são coletadas com outros membros da família e bons amigos. Esses dados fornecem a base para um plano de ação mais refinado no intervalo entre a segunda e a terceira seções. O foco principal da terceira semana é a consolidação das percepções adquiridas, a internalização das mudanças necessárias e os planos de ações futuras. Esse processo é encorajado com o uso de um terceiro instrumento: o Questionário do Arquétipo de Liderança (Kets de Vries, 2006c, 2006d). Um quarto módulo é programado para seis meses depois, como um meio de descobrir se todos os bons objetivos foram internalizados pelos participantes.

Além das sessões plenárias, os participantes também passaram um tempo considerável trabalhando em pequenas equipes dentro e fora da sala de aula. Tais interações são extremamente valiosas, pois servem para consolidar novos padrões comportamentais recém-adquiridos. No final, os vinte participantes se transformam em uma comunidade de intenso aprendizado em que cada membro fornece aos colegas *feedback* construtivo sempre que percebem a adoção de padrões comportamentais dos quais esses indivíduos desejam se livrar. O *coaching* entre colegas é, portanto, uma parte essencial do processo. É possível dizer que já na terceira semana de *workshop* os integrantes já se conhecem melhor que alguns dos próprios membros da família. Nesse ponto o intercâmbio durante as sessões plenárias já se tornou bastante fluido, e a necessidade de intervenção por parte dos orientadores, cada vez menor. O grupo se transformou em uma comunidade de autoanálise. Comparados ao que demonstravam na primeira semana, considerando a qualidade de suas intervenções todos os membros apresentam um fantástico nível de IE. Em vários casos, o programa contará ainda com uma sessão subsequente de *follow-up*, após um ano do seu término (em alguns casos, esses encontros ocorrerão ano após ano), o que oferecerá aos orientadores uma oportunidade de avaliar o quanto certos padrões comportamentais foram realmente interiorizados.

UM OBSERVADOR PRIVILEGIADO

O coquetel que antecede o início do programa ostenta a mesma artificialidade de outras situações similares. Ao som do tilintar dos copos, as pessoas perambulam pelo salão compartilhando risos nervosos e esforçando-se para conhecer os colegas e iniciar conversações. Alguns parecem desconfortáveis e constrangidos. Parece haver uma grande responsabilidade no ar. **Falar sobre o quê? Como me relacionar com os demais participantes?** Os assuntos vão desde eventos políticos até viagens e piadas sobre diferenças culturais. Seria este somente mais um encontro casual entre altos executivos? Na verdade este não é o caso. A despeito das aparências, esse ritual é cuidadosamente coreografado e tem um propósito real. Independentemente do embaraço causado, trata-se de um passo fundamental para colocar todo o processo em andamento.

Os participantes oriundos de várias partes do globo tentam agora descobrir um pouco mais sobre o ambiente em que estão. Especialistas em comportamento de grupo chamam a esse momento de **"fase de se mostrar educado"**. Os membros lutam para se sair bem em questões de inclusão e exclusão. Todos estão tentando descobrir mais sobre os colegas. Quem foi selecionado para este programa? Como serão os outros participantes? De que países eles vêm? O comportamento dessas pessoas demonstra, ao mesmo tempo, grande entusiasmo e bastante ansiedade. Um expectador vindo de Marte certamente acharia essa mescla de indivíduos bastante interessante: vários homens poderosíssimos parecendo peixes fora da água. Pela primeira vez em muito tempo eles: 1º) não estão no controle da situação, 2º) não sabem o que esperar e 3º) não são os "mestres do universo" – outra pessoa está no comando. Além disso, não há ninguém para eles comandarem. Em vez de tudo isso, são eles que precisarão se apresentar e iniciar diálogos superficiais. Alguns se mostram embaraçados e não sabem como se posicionar no grupo. Isso faz com que outros falem sem parar. Existem ainda aqueles que para conseguir lidar com a ansiedade acabam bebendo demais. Contudo, em um nível subliminar, todos estão plenamente conscientes de que será bem mais difícil para qualquer um ali manter sua máscara, diferentemente do que ocorre dentro das respectivas empresas. Todos estão em uma situação totalmente desconhecida que traz consigo fantasias específicas e provoca reações defensivas. Muitos pensamentos povoam a mente de cada participante. Por que não permaneci no escritório? Por que deixei para trás um terreno familiar? Deve haver outra maneira de aproveitar meu tempo. O que afinal lucrarei com tudo isso?

Será que todo esse programa não é apenas uma perda de tempo? O que estou fazendo aqui? O que estou fazendo comigo mesmo?

Embora, ao longo dos anos, o boca a boca por parte de ex-participantes tenha sido o maior responsável por trazer interessados para o programa, para muitos executivos, o processo teve início quando seu vice-presidente de RH, ou algum outro colega, lhes forneceu um prospecto detalhado. Aquilo parecia algo bastante interessante. O próprio desenho do programa provocava curiosidade e estimulava fantasia. Alguns viam o *workshop* como uma oportunidade de fazer algo diferente – como uma pausa na rotina da vida no escritório e uma maneira de fazer algo por si mesmos. O fato é que, para essas pessoas, a vida perdera sua característica de novidade nos últimos tempos. O trabalho já não parecia mais o mesmo. O entusiasmo desaparecera e o trabalho se tornara uma rotina. Eles não tinham a oportunidade de fazer nada novo. O que havia acontecido com seu interesse por novas descobertas? O que ocorrera com toda a sua criatividade? Quando foi a última vez em que experimentaram uma sensação de envolvimento total? O fato é que esses indivíduos já não se empenhavam tanto em suas atividades. Em vez disso, todos pareciam fazer o mesmo todos os dias. A sensação original de terem alcançado o topo da pirâmide já havia desaparecido completamente.

Segundo os executivos, completar o complexo formulário de admissão foi bastante entediante. O documento fazia inúmeras perguntas de caráter pessoal e respondê-las era doloroso. De acordo com sua percepção, talvez as questões fossem adequadas para alunos ou iniciantes, mas havia dúvida se eram adequadas para profissionais de nível sênior. Ainda assim, algumas perguntas os deixavam confusos – não eram iguais àquelas formuladas por jornalistas ou analistas de investimento. Quem gosta de escrever sobre coisas nas quais não são bons? Como responder quando questionado sobre riscos que assumiu em sua vida? Independentemente da irritação ostentada nessa fase, o tipo de perguntas no formulário já demonstrava que aquele não seria mais um programa executivo tradicional, o que, aliás, eles não desejam, uma vez que já haviam testado cada um deles.

Houve ainda a entrevista telefônica. De repente havia essa pessoa – aparentemente o líder do *workshop* – do outro lado da linha fazendo perguntas um tanto bizarras. Por que você merece uma vaga neste programa? No que você contribuiria? Que tipo de reclamações seu cônjuge tem sobre você? O que o deixa nervoso? Por que essa pessoa do outro lado da linha deseja saber sobre suas fantasias? O que tudo isso tem a ver com alguém se tornar um líder mais eficiente? A despeito de toda a estranheza, quando perguntados – no final das entrevistas – se ainda desejavam um lugar no programa, todos disseram sim. É claro que, sem que percebessem, naquele momento o *workshop* já havia começado.

Depois do coquetel houve uma breve introdução durante a qual foi apresentado o cronograma diário. Em seguida todos fizeram uma pequena turnê pelo campus e finalmente, para encerrar as formalidades, se dirigiram para o jantar – a última oportunidade para conversações delicadas e polidas. Naquele momento, todos já sabiam que estavam experimentando um momento de tranquilidade antes da tempestade que os aguardava.

No dia seguinte o seminário teve início. Na sessão de abertura o nível de ansiedade estava bem elevado; as pessoas pareciam apreensivas e olhavam com grande expectativa para o líder do *workshop*, que ministrou uma pequena palestra sobre inteligência emocional e comportamentos irracionais dentro das organizações. Em seguida, essa pessoa reiterou a premissa básica do evento – o estudo da "vida" dos participantes. A apresentação dos casos seria o principal instrumento de aprendizado. Cada caso específico representaria uma situação única em termos de contribuição para o processo de aprendizagem. Ele explicou que não deveria haver "interpretação sem associação": os participantes obteriam tanto do workshop quanto estivessem dispostos a investir nele. Ele deixou claro que havia conversado com cada um dos integrantes do grupo e que todos haviam aceitado as regras para trabalhar em um determinado número de problemas significativos – **profissionais** e **privados** – que necessitavam de solução.

A partir desse momento teve início o workshop propriamente dito. O modo como cada participante lidaria com a ansiedade emergente dependeria de sua estrutura em termos de personalidade, de seus mecanismos de defesa e da dinâmica específica desenvolvida com o grupo. Os dados de cunho comportamental que surgissem imediatamente no grupo seriam usados como base para a exploração de materiais conscientes e inconscientes e de operações defensivas. Depois disso foi iniciado o estudo do primeiro caso.

OPTANDO PELA ESTRADA MENOS GALGADA

O que os executivos poderão esperar ao seguirem essa jornada de autoconhecimento? Como é o processo? Como as pessoas mudam? Que obstáculos elas precisam superar para "serem donas de suas próprias vidas?

Desafio 1 - Preparar-se para a jornada

Uma importante pré-condição para mudar é justamente estar disposto a fazê-lo. É preciso estar motivado. Contudo, outras condições também precisam ser atendidas antes que possa partir nesse tipo de empreitada. Somente indivíduos comparativamente saudáveis possuem a força psicológica necessária para participar de um seminário tão intensivo. Em termos de personalidade, nem todos possuem a constituição adequada para isso. **Quais então seriam as condições?**

Critério de seleção – Ao decidir "tomar posse de sua própria vida," terá primeiramente de se perguntar qual é o seu **nível de motivação** para fazê-lo. Você está preparado para olhar para dentro de si com seriedade? Está disposto a realizar o trabalho necessário ou apenas em busca de uma solução rápida e temporária – uma pílula mágica que resolva todos os seus problemas imediatamente? Você tem a capacidade de ser **aberto e responsivo**? Você está disposto e consegue se abrir com e diante de outras pessoas? Isso nos leva à habilidade de estabelecer relações. Você possui a habilidade e o desejo de se engajar em significativas **interações emocionais**? Ter a capacidade de falar sobre pensamentos e sentimentos bastante pessoais torna o processo de mudança bem mais fácil. A experiência nos mostra que pessoas que possuem um histórico de relação recíproca com vários indivíduos que ocupam posição importante em suas vidas são mais propensas a mudanças. O modo como **administra suas emoções** é outro fator significativo dentro da receptividade para mudanças. Você consegue tolerar a ansiedade que surge quando se coloca em uma posição mais vulnerável? Como é vida emocional? Ela é passional ou desprovida de sabor? Quando outras pessoas compartilham com você seus próprios altos e baixos, esse tipo de narrativa mexe com você? Você costuma chorar em filmes? A **tendência psicológica** é outro traço fundamental. Você se sente curioso em relação à sua vida interior? Você **gostaria de aprender** mais sobre as razões pelas quais age dessa maneira? Você consegue olhar sob a superfície e observar o significado emocional de um comportamento que não se adapta? Consegue verbalizar seus pensamentos, seus sentimentos, suas fantasias e sua vida pessoal interior? Você possui a **capacidade de introspecção**? Tem a habilidade de reconhecer como processos psicológicos contemporâneos estão integrados a experiências e relacionados passados? Compreender a **conexão entre passado e presente** é uma variável importante na equação de mudança. Suas

respostas às observações feitas por outros também são bastante relevantes. Você é receptivo às interpretações alheias? Você costuma se tornar defensivo? Você compreende o que as pessoas estão tentando lhe dizer? Finalmente, a **flexibilidade** e **adequabilidade** de suas reações em relação a certas intervenções estressantes é outro indicador de receptividade para mudanças.

Voltemos agora ao *workshop* para observar como toda essa preparação funciona ao lidarmos com um estudo de caso dentro do contexto do programa.

Durante uma sessão inicial, **uma alto executiva** provocou o desconforto de todos os demais participantes ao iniciar sua apresentação compartilhando o fato ter sido uma **criança indesejada** – uma criança gerada de maneira tardia depois que os pais já haviam criado outros quatro filhos. O desalento de seus colegas era compreensível: o workshop havia apenas começado e todos esperavam escutar problemas relacionados somente ao trabalho. A CEO relatou que ao longo de toda sua infância testemunhara a decepção da mãe por causa de seu nascimento não programado. Segundo a progenitora, se o nascimento de outro filho tivesse sido planejado o casal teria preferido um garoto. A executiva expressou sua profunda tristeza com os comentários maternos e explicou que aquele tipo de atitude se tornara o tema de sua vida – o fato de ser indesejada sempre a assombrou. Ela também discorreu sobre o pai, que não era uma pessoa muito presente em sua vida. Segundo a CEO, o homem era médico especialista em um hospital local e mesmo quando estava fisicamente próximo, mantinha-se extremamente distante; era dificílimo atrair sua atenção. Sempre que a filha tinha uma discussão com sua mãe sobre algum comportamento considerado inadequado pela última (e tais incidentes eram bastante comuns), ele se colocava do lado da esposa, de modo que ela jamais pôde contar com o apoio dele e sempre se sentiu excluída. Ela também descreveu o quanto sua árdua luta pela atenção do pai havia feito com que sua segunda irmã mais nova sofresse com sua competitividade. A executiva revelou como certa vez havia conseguido colocar nos ombros dessa irmã a culpa por danos causados no automóvel da família. Ao fazê-lo, ela acidentalmente mencionou que era muito boa em transferir responsabilidades, de modo que outros sempre fossem acusados por seus erros.

A CEO percebia que o objetivo principal de sua vida sempre fora provar para os pais sua importância e seu valor. Para atrair a atenção deles, tornara-se não apenas uma ótima aluna, mas também uma ótima esportista. Em contrapartida, ela fez questão de enfatizar que não fora protegida entre os professores. De fato, havia outro lado bastante interessante em sua vida: ela sempre possuíra uma rebeldia velada que, durante os anos da adolescência, se fizera notar pela promiscuidade.

 Depois da formatura no colégio, com o intuito de impressionar seu pai, ela optou por cursar engenharia. Ela sempre gostara de lidar com computadores e depois de obter seu diploma universitário na área desejada ela decidiu encontrar um emprego no setor. Foi nessa época que nasceu sua filha e seu primeiro casamento fracassou. Depois de lutar bastante (por ser uma mulher ela teve de enfrentar vários obstáculos em sua carreira) ele se tornou CEO em uma bem-sucedida empresa de softwares. O preço que teve de pagar por isso não foi baixo: dois casamentos fracassados, uma relação complicada com sua única filha e uma longa lista de sintomas relacionados ao estresse. Ao comentar sobre seu estilo de liderança, ela percebeu que era bastante temperamental. Na brincadeira, ela comentou: "Diga alguma coisa quando está furiosa e certamente terá proferido palavras das quais se arrependerá." Ela sentia que dentro da empresa as pessoas tinham sentimentos extremos em relação à chefe: elas a **amavam** ou a **odiavam**. Acostumada a estabelecer padrões elevadíssimos para si mesma, se tornara uma chefe muito difícil e, por causa disso, acabou perdendo vários profissionais gabaritados. Entretanto, a saída da ultima vítima (outra mulher de grande potencial) havia irritado um dos diretores não executivos, que foi taxativo em relação á necessidade de a CEO trabalhar seu estilo de liderança. Na época, ela até ouviu a sugestão, mas não deu muita atenção. Na verdade, o que de fato a motivara a pensar mais seriamente sobre sua vida fora o aparecimento de um nódulo no seio, que posteriormente se mostrou benigno. Considerando que uma parenta já havia morrido por causa de câncer de mama, a descoberta a deixara amedrontada. Sua decisão de se inscrever no programa fora, portanto, uma resposta a todas essas ocorrências simultâneas.

 Sua franqueza logo no início dos trabalhos fez com que todo o grupo (cuja maioria sempre consistira de homens) se soltasse. Muitos se sentiram tocados pela intensidade com a qual ela narrara suas experiências. Por causa da força de sua apresentação, todos puderam visualizar as dificuldades que ela tivera de enfrentar. Muitos dos tópicos mencionados ecoaram temas comuns na vida dos outros participantes. Para vários deles, a narrativa despertou memórias dormentes.

 A partir da história compartilhada por aquela executiva, estava claro que ela estava profundamente motivada a tomar alguma atitude a respeito de sua situação atual. Ele percebera que sua vida pessoal estava uma verdadeira bagunça e que precisava urgentemente trabalhar seu estilo de liderança. Ela também concluiu que continuar daquela maneira não era uma opção atraente. Ao apresentar seu caso, seus olhos várias vezes se encheram de lágrimas. Pelo pouco que havia visto naquela mulher, interação emocional certamente não seria um problema. A despeito de ser uma chefe difícil no trabalho ela se relacionava bem com as pessoas. Sua tendência psicológica também não seria um obstáculo, pois ela estava claramente interessada em compreender a si mesma melhor. Minhas perguntas deixaram claro que ela seria capaz de fazer conexões entre seu comportamento presente e suas experiências passadas. Ela parecia pronta para dar o salto necessário e tentar mudar alguns de seus padrões comportamentais.

Catalisadores para a mudança — Se a tendência humana é justamente resistir a mudanças, como então o processo de transformação se inicia? O que enfraquece a resistência do ser humano? Como já discutido no Capítulo 8, e como podemos observar no caso da CEO que participou do workshop, colocar o processo de mudança em andamento exige uma forte indução na forma de **dor** e **agonia** — um desconforto que supera os prazeres oferecidos por "ganhos secundários" (benefícios psicológicos como a simpatia e a atenção) garantidos pela manutenção da situação atual. Entre os fatores desencadeadores estão: tensões familiares, problemas de saúde, sanções sociais, acidentes, sensação de isolamento que provoca um sentimento de desamparo e insegurança, comportamento problemático no trabalho, incidentes dolorosos com pessoas conhecidas e até frustrações e discussões diárias. A executiva em nosso exemplo certamente possuía a motivação para fazer algo a respeito de sua vida. Ela reconhecia que acabaria se tornando uma pessoa solitária se continuasse agindo da mesma maneira.

Entrevistas com indivíduos que enfrentaram grandes mudanças internas confirmam que todos experimentaram altos níveis de emoções desconfortáveis no período que antecedeu o processo — geralmente precipitado por um dos estressores apresentados anteriormente. Essa emoção negativa, que traz ao nível consciente as várias e sérias consequências negativas que podem ser esperadas caso os padrões comportamentais disfuncionais continuem, torna a manutenção do status quo cada vez mais difícil.

Quando percebemos que alguns dias ruins estão se transformando em um ano inteiro ruim — em outras palavras, que o descontentamento ocasional está se tornando um padrão regular de infelicidade — fica mais difícil negar que algo precisa ser feito. A partir daí, cada nova perturbação é vista como parte do padrão geral de insatisfação. Muitas pessoas experimentam um momento em que finalmente conseguem interpretar o que está acontecendo com elas. Elas percebem que nem a passagem do tempo nem as pequenas mudanças irão mudar a situação como um todo – de fato, as coisas provavelmente se tornarão ainda piores se nada for feito.

O fato é que nem mesmo a percepção de que medidas drásticas são necessárias nos compele a agir, porém, ela já coloca em andamento um processo mental que faz com que passemos a considerar alternativas. Todos nós temos um desejo consciente e inconsciente de aliviar nosso sofrimento, e isso pode se transformar em um dos motores que impulsionam a transformação. Depois de fazer a transição entre o estado de negação e aceitar o fato de que nem tudo vai bem, estamos prontos a iniciar um processo de reavaliação. Inicialmente, todas as alternativas para a situação atual parecem mais assustadoras que o status quo. Entretanto, gradualmente uma alternativa mais adequada começa a emergir. Embora surjam obstáculos no caminho, finalmente é possível ver a luz no final do túnel.

Aceitar a necessidade de mudança é um primeiro passo fundamental. No entanto, isoladamente ele não garante que qualquer atitude seja tomada. As pessoas precisam de um empurrão, na forma de algum tipo de crise. No Capítulo 7, em que discuto o processo de mudança organizacional, descrevo essa crise como um **"evento focal"** (ver página 190). Como demonstrado anteriormente, embora costumemos pensar em crises como situações agudas e óbvias, o evento focal que desencadeia mudanças é, em geral, relativamente sem importância – trata-se da proverbial gota d'água que faz com que o indivíduo dê o tão esperado primeiro passo – e somente em caráter retrospectivo será encarado como um marco. No caso recém-mencionado, a executiva tinha várias questões com as quais se preocupar. Os problemas no trabalho, a expectativa de estar com câncer e as dificuldades que enfrentava no relacionamento com a filha não foram os únicos catalisadores: as três situações serviram apenas como um alerta para que ela reavaliasse seu estilo de vida. Porém, quando o *chairman* da empresa se uniu ao grupo dos que exigiam mudanças, ela finalmente decidiu que estava pronta para agir.

Desafio 2 - Identificar o problema

Para que se possa mudar é preciso ser capaz de descrever claramente o que se **deseja** mudar e estabelecer um o **problema focal**. Sem uma pauta clara e objetivos explícitos é muito difícil avaliar qualquer progresso. Felizmente, ao ouvir a história de um **"candidato à mudança"**, geralmente conseguimos detectar um tênue linha vermelha que se estende desde um ponto no passado até o presente. O maior desafio é saber a que se refere essa linha. Isso implica em escutar a narrativa cuidadosamente e decifrar o que está por traz dela.

Com muita frequência, as histórias que relatamos sobre nós mesmos estão relacionadas a dilemas aparentemente insolúveis, a autoconceitos negativos ou a uma percepção equivocada do mundo e das outras pessoas dentro dele. Tudo isso contribui para a infelicidade e a falta de realização pessoa, assim como para eventuais problemas no trabalho. De forma geral, todavia, tais dilemas não estão claramente conceituados em nossa mente. Eles são frequentemente de caráter pré-consciente e somente são experimentados de modo vago. O que sentimos claramente é uma clara combinação entre desamparo e desesperança. Nesse ponto, o maior desafio é estabelecer um alvo específico. Dentro do contexto de nosso *workshop*, é preciso que a pessoa que estiver ocupando a **"cadeira da verdade"** e os demais participantes cheguem a um acordo a respeito do(s) dilema(s) básico(s) que precisará(ão) ser abordado(s). Isso representará a base de um "contrato" entre o indivíduo e o restante do grupo.

Temas mais importantes – Observando as centenas de CEOs e outros altos executivos que já participaram de meu *workshop* de liderança, vários temas já foram abordados. Um deles pode ser resumido em uma única palavra: **perda** – seja ela relacionada ao passado, ao presente ou ao futuro (iminente) (Bowlby, 1969; Parkes, 1972; Bowlby, 1969, 1973; Marris, 1974; Dietrich e Shabad, 1993). Independentemente da forma assumida, as consequências de uma perda poderão se arrastar por meses, e até por anos, na forma de reações depressivas, conforme as pessoas sofrem pelo modo como as coisas poderiam ter sido ou com a falta de sorte com a qual foram "brindadas" (Solomon, 2001). Entre os exemplos mais dramáticos de perda está a separação de alguém que nos é fundamental, seja pelo afastamento físico, pelo divórcio ou por causa de sua morte. Esse tipo de perda pode provocar enormes repercussões. Outra perda monumental é a de saúde e do bem-estar, provocado por doenças. A incapacitação física causa mudanças bastante profundas nas pessoas.

Dentro do ambiente profissional, podemos mencionar a perda do emprego, e, por conta disso, da comunidade à qual o indivíduo pertencia. Problemas e obstáculos na carreira, como o rebaixamento de posto ou a aposentadoria, também podem ser vistos como perdas. Uma questão frequente nesse caso é o desequilíbrio entre as expectativas de uma pessoa e suas realizações. Todas as pessoas alcançam um ponto em que é preciso enfrentar a probabilidade de que seus sonhos originais não irão se concretizar – elas não se tornarão o presidente da empresa em que trabalham, tampouco um membro do conselho diretivo. Como então elas lidarão com essa grande frustração? O desafio é sair desse ciclo depressivo, reenquadrar a situação e adotar uma perspectiva mais positiva e esperançosa da vida. As pessoas precisam perceber que existem alternativas e novas possibilidades em termo de recomeço. Elas têm de ser encorajadas a buscar novas oportunidades.

Outra área de dificuldade que pode ser um catalisador para ingressar nesse programa é a intensificação de **conflitos interpessoais**. Esse tipo de situação pode ocorrer em relacionamentos mais íntimos – familiares e amigos – ou em disputas entre colegas. Em um ótimo exemplo, um executivo descreveu o quão estressado se sentia por causa de uma batalha exaustiva que se arrastava entre ele e um membro não executivo do conselho diretivo. Para encontrar uma solução para o impasse, ele procurou a ajuda dos demais participantes do grupo. Em outro caso, um executivo sênior no comandando de uma empresa familiar procurava um meio de resolver uma longa disputa com um de seus irmãos – uma situação que ameaçava o destino da empresa. Em um terceiro exemplo, o CEO de uma empresa em pleno processo de fusão buscava uma solução para problemas de **incompatibilidade cultural** (e também intercultural).

Vários participantes do seminário sofriam de absoluto tédio, uma condição que pode causar consequências sérias para a própria saúde mental (sintomas depressivos) e também para a saúde da organização. Um membro do grupo chegou a admitir que se engajara em uma verdadeira farra de aquisições apenas para acalmar seu **estado de tédio**. Por algum tempo ele até que conseguiu se safar com essa prática, porém, chegou o momento em que os responsáveis pelas finanças da empresa interromperam o processo e pediram a ele que se demitisse. Uma das razões para ele estar no grupo era justamente tentar encontrar um meio de renovar-se sem se tornar destrutivo para a organização em que estivesse.

Já nas relações de caráter pessoal, em geral os conflitos surgem quando indivíduos ostentam diferentes expectativas em relação a suas interações e relações. Isso inclui disputas conjugais, brigas entre pais e filhos, conflitos com a família estendida e com a rede de amigos. Com frequência o cerne dessas questões é a falta de competências interpessoais. Alguns executivos não conseguem iniciar relacionamentos por não possuírem as habilidades necessárias para manter relações interpessoais

(Sullivan, 1953). Outros até são capazes de iniciar uma relação, mas não conseguem mantê-las pelo fato de elas exigirem comprometimento, intimidade, fidelidade e lealdade.

Em algumas ocasiões, a linha vermelha que determina a área do problema é mais **sintomática** e, portanto, mais fácil de identificar. Isso poderá incluir uma grande variedade de sintomas potencialmente incômodos, incluindo distúrbios comportamentais, disfunção sexual, promiscuidade e várias fobias. Um número substancial de executivos sofre de problemas com álcool e drogas. Outros têm pavor de participar de situações sociais ou de falar em público, demonstram grande medo de voar ou sofrem de insônia. A origem desses sintomas varia, mas o fato é que muitos são desencadeados por experiências aterrorizantes há muito esquecidas. Mas seja qual for a origem, tais sintomas podem se tornar tão severos que passarão a interferir no funcionamento diário do indivíduo, se tornando uma fonte significativa de agonia.

Outra questão que emerge regularmente é o desequilíbrio de desenvolvimento, o que significa que certas expectativas em relação á vida permanecerão não realizadas (Erikson, 1963; Vaillant, 1977; Levinson, 1978; Sheehy, 1995; Sheehy, 1998; Stassen Berger, 1998). Um bom exemplo de desequilíbrio de desenvolvimento é quando alguém percebe que todos ao seu redor já encontraram um parceiro, menos ela própria. A solidão de tal situação é muitas vezes agravada pelo desejo de ter filhos. Pessoas que não conseguirem lidar bem com essa transição poderão apresentar reações depressivas. O workshop poderá ajudá-las a descobrir um modo de enfrentar o problema estabelecendo novas conexões e explorando novos relacionamentos.

Por exemplo, durante um dos workshops de liderança, um executivo se referiu inúmeras vezes ao fantástico relacionamento que mantinha com sua namorada, sem poupar esforços para descrever como era maravilhoso o tempo que passavam juntos. Contudo, as perguntas que foram surgindo revelaram que aquela relação já se estendia há mais de sete anos e que a namorada em questão já estava ficando exasperada pela falta de compromisso de seu parceiro. Outros membros do grupo descobriram que a antiga namorada desse rapaz havia desistido dele pelo mesmo motivo. Durante a discussão, os problemas que ele enfrentava em termos de comprometimento se tornaram cada vez mais óbvios. O casamento dos pais terminara em um doloroso divórcio, um fator que parecia exercer um papel importante em sua relutância de seguir adiante com sua namorada. Ao mesmo tempo, ele gostava de falar como o prazer que sentia em brincar com seus sobrinhos – e sobre como ele havia se tornado o tio favorito das crianças. Sua falta de comprometimento também acabou afetando sua vida no escritório. Ele era um grande **procrastinador** que precisava ser pressionado para tomar decisões. Esse padrão comportamental havia inclusive retardado a progressão de sua carreira. Não surpreende o fato de que os outros participantes tenham ressaltado toda a injustiça da situação, o que acabou fazendo com que ele tomasse uma atitude e se casasse.

O **equilibro na vida** é, inevitavelmente, um tema recorrente na maioria das apresentações (Sheehy, 1995; Sheehy, 1998; Hochschild e Machung, 2003). Conforme a vida passa e as crianças crescem, muitas pessoas se sentem como se estivessem vivendo uma vida "hipotecada." Elas sabem que está cada vez mais difícil encontrar tempo para a família, em especial tempo de qualidade, e sentem falta dos momentos importantes na vida das crianças que não puderam (e não podem) compartilhar. Esses indivíduos se sentem cada vez mais distantes dos filhos, mas, ao mesmo tempo, se sentem presos às próprias ambições. Eles gostam da ideia de alcançar sucesso rapidamente, mas se sentem culpados pelo que isso causa à família. Eles buscam maneiras de reorganizar suas prioridades e alcançar equilíbrio na vida. Esses indivíduos estão desesperados por conselhos. Um CEO participante chegou a me dizer que o momento-chave para que ele decidisse dar mais atenção a esse equilíbrio foi quando teve de ficar sozinho com sua filha de sete anos e percebeu que não tinha absolutamente nada a dizer para ela. Foi uma sensação absolutamente desconfortável – a garotinha havia se tornado uma perfeita estranha para o próprio pai. Foi um momento de percepção.

Por fim, muitos executivos presentes levantaram questões sobre o **significado** da vida, do trabalho etc. (Frankl, 1962; Frankl, 1967; Kets de Vries, 2002, 2009a). Para alguns, a busca de significado pode ter sido um tema importante ao longo de toda sua carreira. Para outros, trata-se de algo mais recente e está relacionado à idade. Depois de terem alcançado sucesso na carreira, essas pessoas têm uma forte necessidade de retribuir algo. Mas como fazê-lo? Será que isso pode ser alcançado dentro do contexto do trabalho? Ou será que terão de olhar para fora da empresa para encontrar esse tipo de gratificação? Como esses indivíduos poderão causar o maior impacto? O que seria mais adequado considerando a personalidade individual de cada um deles?

Triângulo do conflito

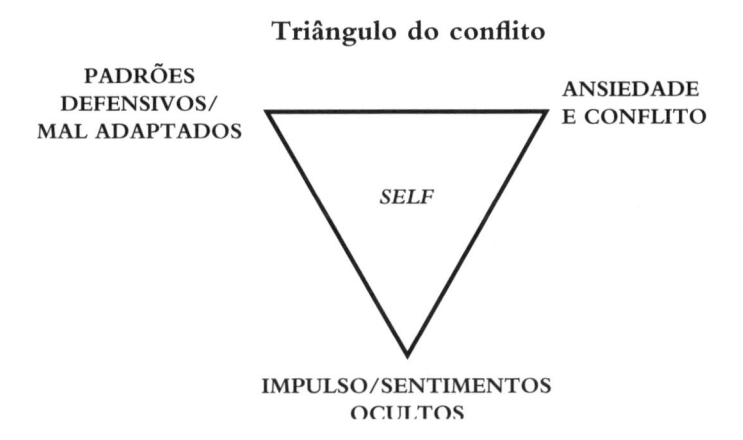

```
        PADRÕES                          ANSIEDADE
       DEFENSIVOS/                       E CONFLITO
      MAL ADAPTADOS

                        SELF


                  IMPULSO/SENTIMENTOS
                        OCULTOS
```

Figura 10.2 – o triângulo do conflito

O triângulo do conflito – Para compreender as razões por traz do surgimento de um problema focal ou tema central na vida de um indivíduo é preciso observar o **"triângulo do conflito"** (Figura 10.2), que faz parte da condição humana (Freud, 1933; Menninger, 1958; Malan e Osimo, 1992). Indivíduos experimentam conflitos que surgem de sentimentos inaceitáveis ou impulsos que criam ansiedade e provocam reações defensivas. Ironicamente, tais processos defensivos criam apenas uma vaga compreensão sobre aquilo do que estão se defendendo, uma vez que a natureza exata dos pensamentos e desejos inaceitáveis nem sempre alcançam o nível consciente. Ainda assim, eles evocam ansiedade. O comportamento defensivo é um meio de se evitar a consciência ou a experimentação de pensamentos e sentimentos desconfortáveis. Uma indicação simples de comportamento defensivo ocorre quando alguém rapidamente muda de assunto quando um tema específico é levantado. Nossa tarefa enquanto investigadores psicológicos é descobrir do que esses indivíduos estão tentando se defender. Quais são as fantasias subliminares que impulsionam as ações dessas pessoas?

O desafio para os participantes do *workshop* é identificar questões centrais. Tal esclarecimento por parte dos líderes e membros do seminário levará a um trabalho mais específico (Greenson, 1967; Balint, Ornstein *et al.*, 1972; Kets de Vries e Miller, 1984). Por exemplo, no caso de nossa primeira CEO, os integrantes perguntaram-lhe sobre a qualidade de sua interação com outras mulheres e pediram-lhe que dissesse algo sobre sua própria filha. Esse tipo de esclarecimento coloca o problema em foco. A CEO também foi indagada sobre a possibilidade de enfrentar, ou não, problemas específicos ao comandar funcionárias. Será que elas tinham exigências diferentes das apresentadas por homens? O esclarecimento exerce um efeito apoiador na medida em que mostra para o indivíduo que ocupa a **"cadeira da verdade"** que os outros compreendem o que está acontecendo. Ele também ajuda a resolver relações de causa e efeito e a fazer uma conexão entre padrões passados e atuais, preparando o cenário para várias interpretações. Além disso, a clarificação também confronta a pessoa na "cadeira da verdade" com questões conflituosas.

O trabalho de associação realizado pelos membros do grupo depois de uma apresentação cria os fundamentos para uma reavaliação cuidadosa e detalhada dos objetivos de cada indivíduo e para a experimentação de novas alternativas em relação ao status quo. Ideias e planos tornam-se mais claros e definidos. O objetivo dessa jornada interna, às vezes dolorosa, é o aprimoramento do autoconhecimento e o encontro de um novo começo. Maior consciência do tema central da própria vida reduz ambiguidades e promove maior paz de espírito nas pessoas.

Além disso, o processo de esclarecimento – o modo como o grupo alcança o indivíduo que ocupa a "cadeira da verdade" e consegue obter tantas informações em tão pouco tempo – faz com a pessoa se sinta realmente apoiada. O suporte, a validação e a provisão de relações seguras e encorajadoras com os membros do grupo tornam-se elementos cruciais durante essa jornada.

Quando se confronta alguém com questões tão importantes, a empatia expressa pelos demais integrantes do grupo faz uma enorme diferença (Rogers, 1951; Rogers, 1961; Kohut, 1971; Kohut e Wolf, 1978). Nesse sentido, o papel da equipe torna-se mais importante que o do líder. O ocupante da "cadeira da verdade" percebe que os demais participantes não estão amedrontados, deprimidos ou indignados com aquilo que estão aprendendo com ele. Pelo contrário, todos oferecem ajuda e se mostram bastante tolerantes e otimistas em relação ao futuro. Por causa dessa atitude de grupo, o indivíduo que está no centro do estudo sente grande gratidão e confiança.

Retornando à nossa primeira CEO, e relacionando sua história ao triângulo do conflito, uma questão subjacente que afetava sua vida era a raiva que sentia de sua mãe. Segundo ela, em alguns momentos ela sentia que "poderia matá-la." É claro que expressar tal pensamento ainda na tenra infância seria uma proposição repleta de conflitos, principalmente considerando sua total dependência em relação a sua progenitora. O próprio pensamento já causava enorme ansiedade. Ele teria de reprimir tais pensamentos e retirá-los da percepção consciente. Vale lembrar que ela também tinha raiva do pai por não defendê-la e apoiá-la. Porém, ela continuava a negar esse sentimento ao fazer de conta que tudo corria bem. Para se defender da ansiedade causada pela raiva que sentia da mãe (um processo não necessariamente consciente) ela passou a usar não apenas a repressão, mas também o **deslocamento**, redirecionando sua raiva para pessoas menos **"perigosas"** que sua mãe: suas irmãs, amigas e, finalmente seus amigos e colegas. Ela também sofria com sintomas de conversão (conflitos psíquicos transformados em sintomas somáticos), que apareciam na forma de enxaquecas.

Desafio 3 - Usando "falsas conexões"

O processo interpretativo torna-se ainda mais complicado por conta de um terceiro triângulo, o de **relacionamentos**, que aponta para o fato de existirem dois tipos de relações em cada situação. Em primeiro lugar, há aquela **"real"** entre o indivíduo e os outros. Este se torna o cenário, ou contexto, para outra: a relação de transferência (Freud, 1905; Greenson, 1967; Erchegoyen, 1991). Já escrevi bastante sobre isso em outra parte dessa série de livros.[4] De modo breve, a transferência assinala confusão – de pessoas, tempo e espaço. Nenhuma relação é nova; todos os nossos relacionamentos são "coloridos" por outros que mantivemos com nossos primeiros cuidadores. Conforme revivemos inúmeras vezes essas relações iniciais, primárias, agimos com as pessoas no presente como se elas pertencessem ao nosso passado. Gostando ou não, essas relações passadas se transformaram em temas de organização na estrutura de nossa personalidade. Atitudes mal-adaptadas, pensamentos e respostas emocionais emergentes estão diretamente relacionados a processos interpessoais prevalentes em nossas experiências iniciais.

Durante o *workshop*, sentimentos intoleráveis que foram originalmente experimentados em relação aos membros da família no passado distante são repetidos com pessoas do presente e direcionados aos outros participantes e também ao líder do seminário. Esse triângulo de relacionamentos (Figura 10.3) nos oferece uma estrutura conceitual para avaliarmos esses padrões transferenciais de resposta (Malan, 1963; Luborsky, Crits-Christoph *et al.*, 1988; Malan e Osimo, 1992;

---

[4] Kets de Vries, M.F. R. (2009c) *Reflections on Leadership and Career Development* (Reflexões sobre Liderança e Desenvolvimento Profissional). Chichester: John Wiley & Sons Ltd, pg. 64-8.

McCullough Vaillant, 1997). Qualquer um que tenha a esperança de compreender os encontros interpessoais precisa entender esses processos tranferenciais.

Triângulo de relacionamentos

O TERAPEUTA/*COACH*/
PESSOA(S) SIGNIFICATIVA(S)
DO "PRESENTE"/ OUTROS
PARTICIPANTES DO SEMINÁRIO

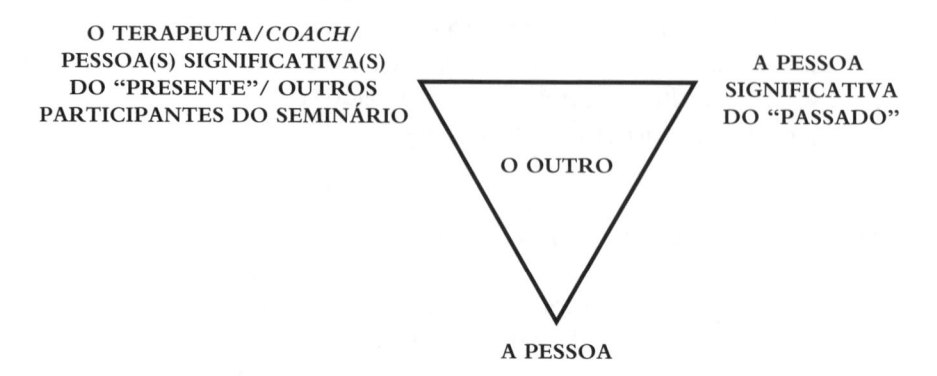

A PESSOA
SIGNIFICATIVA
DO "PASSADO"

O OUTRO

A PESSOA

Figura 10.3 – O triângulo de relacionamentos

Conectando o passado ao presente – No caso de nossa primeira CEO, os demais participantes do *workshop* foram capazes de apontar semelhanças entre sua relação com a mãe e aquela que mantinha com suas executivas do sexo feminino – uma comparação que fez pleno sentido para ela. Seus irritantes surtos de raiva diante de comentários aparentemente inócuos, assim como sua concepção de que "todos os homens são fracos," foram percebidos como reações transferenciais relacionadas aos sentimentos que mantinha pela mãe detestável e pelo pai que não a apoiava em nada. Ambos os temas eram familiares para os demais integrantes do seminário. Quando, sem qualquer motivo, ela foi ríspida com outra executiva que participava do *workshop*, tal realidade se tornou ainda mais explícita. No momento em que os outros a confrontaram com tal conexão ela finalmente percebeu o padrão comportamental disfuncional no qual estava preso – um comportamento de sobrevivência que adotara na infância e que já não mais se aplicava em sua vida adulta.

Vejamos outro exemplo para ilustrar o modo como a transferência funciona. Um CEO participante de outro *workshop* de liderança descreveu seu pai como um indivíduo autocrático que sempre exigira que tudo fosse feito ao seu modo. Ainda uma criança naquela época, esse alto executivo percebeu que a melhor maneira de lidar com o pai era evitando confrontos (já que isso somente provocava conflitos violentos) e acatando suas determinações. Agora, entretanto, esse mesmo executivo descrevia para os demais integrantes do seminário o quão irritado ele ficava consigo mesmo quando permitia que seus colegas e funcionários agissem como desejavam, mesmo quando não concordava com suas decisões. Em certas ocasiões, ele achava que as pessoas simplesmente se impunham sobre dele. Sem compreender a razão (reações transferenciais ocorrem em um nível subconsciente), ele se sentia furioso por não ser capaz de enfrentar esses indivíduos e defender seu ponto de vista. Além disso, ele também se via incapaz de explicar seu próprio comportamento. A apresentação desse CEO dizia respeito aos problemas que estava enfrentando com o presidente do conselho diretivo de sua empresa, que simplesmente passava por cima dele e de suas decisões. Ajudando-o a compreender até que ponto seu comportamento passado influenciava o presente, assim como a origem de seu modo de agir, fez com que ele desse o primeiro passo no sentido de perceber que possuía uma escolha: ele poderia permanecer em "piloto automático" e continuar agindo da mesma maneira ou simplesmente interromper aquele processo e dizer: "Deve haver outra maneira de resolver essa situação."

Desafio 4 - Criando um "ambiente de apoio"

Mudanças são tão difíceis que, mesmo com as melhores intenções, raramente conseguimos administrá-las sozinhos. Sendo assim, o próximo passo no processo de mudança é envolver outras pessoas naquilo que gostaríamos de alterar. Fazer um compromisso público de transformação é crucial, pois duplicará nosso ímpeto: ele envolverá tanto a pessoa que sugeriu e anunciou o plano como os demais membros do grupo. Juntos, todos criarão um "ambiente de apoio", ou seja, um espaço transicional capaz de conter as experiências emocionais de todos os participantes. Ao assumir uma postura pública,[5] as pessoas dão a si mesmas um ultimato: vá em frente ou ficará desacreditado. No caso de nossa CEO, seu compromisso público com os demais membros do *workshop* se baseava em encontrar novos meios de lidar com seu próprio temperamento. O sucesso seria facilmente indicado por melhores relacionamentos no ambiente de trabalho, pelo aprimoramento nas relações com sua filha e pela habilidade em estabelecer uma nova ligação afetuosa significativa.

---

[5] Ver o Capítulo 7 para uma análise mais detalhada sobre compromisso público de mudança.

Reestruturando o teatro interno – A partir de uma perspectiva conceitual, os três triângulos (**comportamental**, de **conflito** e de **relacionamentos**) esclarecem a dinâmica do processo de mudança. Quando aplicamos os *insights* derivados desses três triângulos, exercemos pressões sobre o indivíduo para que este trabalhe em três diferentes frentes de reestruturação: **defesa**, **afeto** e **autopercepção** (Wachtel, 1982; McCullough Vaillant, 1997).

O primeiro desafio na reestruturação da defesa é identificar os padrões em termos de comportamento defensivo, entender a razão pela qual eles emergem e então erradicá-los. Para ilustrar a situação, não demorou muito para que identificássemos o uso de defesas específicas por parte de nossa CEO: tendência para negar sua responsabilidade pessoal por algumas de suas ações; esquecimento de tarefas mais desconfortáveis; redirecionamento de sua ira para outros membros da equipe; apresentação de sintomas de conversão (enxaquecas incapacitantes) quando colocada sob estresse.

Como este caso demonstra, muitas reações defensivas que hoje parecem não adequadas à realidade, podem ter sido absolutamente perfeitas no passado, quando foram aprendidas e implementadas. A negação de responsabilidade o esquecimento sempre foram mecanismos de sobrevivência bem-sucedidos na família. As enxaquecas, por sua vez, mostraram-se uma boa maneira de atrair a atenção de seu pai, que era médico. Seu comportamento demonstra que existe uma tendência humana natural para alcançar gratificação por meios aprendidos no passado. Infelizmente, tais soluções deixam de funcionar depois de algum tempo e os problemas começam a emergir, ocasionalmente proporcionando resultados catastróficos em longo prazo. Para mudar, entretanto, é preciso que o indivíduo perceba esse comportamento defensivo, compreenda suas origens e construa mecanismos mais adequados para lidar com seus problemas.

Depois da identificação de reações defensivas específicas, o próximo passo é livrar-se delas. Mas o que acontece quando abrimos mão de nossas defesas? Como enfrentaremos as vicissitudes da vida?

Depois que a CEO de nosso *workshop* descreveu um incidente em que publicamente humilhou alguém e não assumiu responsabilidades pelas consequências, os participantes perguntaram: "E funcionou?", "Será que o fato de não pensar sobre o assunto faz com que você se sinta melhor?", "Você acredita ter sido eficiente ao não se desculpar pelo incidente?", "Você não poderia ter lidado com a situação de outro modo?". Se alguém realmente acredita que não pensar sobre um problema a faz sentir melhor do que o contrário, será bem difícil mudar esse padrão comportamental. O uso da **negação** como uma defesa pode ser uma atitude de fácil **adaptação**. No caso da CEO, porém, que ocupava uma posição proeminente na empresa, isso já não funcionava tão bem.

O segundo aspecto de se reconstruir nosso teatro interno diz respeito ao modo como experimentamos e expressamos nossas emoções. Na reestruturação emocional, precisamos explorar as tendências verbais, não verbais, fisiológicas e de ação dentro da fantasia. Reações emocionais podem ocorrer em nível consciente e inconsciente; elas podem receber um nome ou permanecer desconhecidas. Todas essas variações exigem que nos mantenhamos bastante atentos. É preciso que nos perguntemos sempre: que emoções são provocadas em mim por determinadas situações? Será que certos tipos de reações emocionais levam a conflitos? Como nos sentimos fisicamente quando expressamos certas emoções? Existem outras maneiras de expressar emoções? Seria possível dramatizar certas situações emocionais mais complicadas?

Poderíamos perguntar à nossa CEO se ela acredita que sua raiva atinja os resultados desejados, e então ela poderia responder: "É assim que eu sou. Não consigo agir de outra maneira." Contudo, uma resposta mais construtiva seria parar e refletir sobre as repercussões de sua fúria sobre o moral das pessoas com as quais trabalha. Tal discussão poderia fazer com que ela percebesse que é perfeitamente aceitável expressar raiva, desde que esta seja canalizada da maneira correta. Surtos de fúria (particularmente os que ocorrem em público) servem apenas para amedrontar as pessoas. Adquirir maior consciência dos efeitos dessas explosões emocionais sobre os outros já é o começo de um processo de mudança.

Uma terceira área de transformação é a reestruturação das percepções do *self* – **autoestima** e **autoimagem**. Ao longo do tempo desenvolvemos padrões habituais ou teorias sobre o modo como esperamos que as pessoas reajam a nós. Esse processo de organização de experiências em padrões de expectativa começa na infância. Tais padrões determinarão futuras interações de autoconfirmação junto aos outros. A criança tratada com respeito empático e compreensão provavelmente crescerá e se tornará um adulto que gosta de si mesmo, aprecia a interação humana e não apresenta dificuldades em estabelecer relações de apoio. Em contrapartida, é bem provável que crianças maltratadas e malcompreendidas desenvolvam um entendimento disfuncional das relações humanas e ajam frequentemente de um modo a atrair mais abusos e incompreensões. A maneira como construímos a realidade tende a criar justamente aquela com a qual deparamos. Portanto, se possuirmos um senso negativo de como os outros nos percebem e de como vemos as outras pessoas é bem possível que tenhamos de enfrentar sérios problemas interpessoais. Para interromper esse padrão de percepção disfuncional é preciso rastrear as origens desse sentimento e reconstruir as impressões que temos de nós mesmos e dos indivíduos que estão ao nosso redor (Vinnicott, 1951; Kohut, 1971; Vinnicott, 1975; Kohut, 1977; Kohut e Wolf, 1978; Basch, 1995). Todavia, não é fácil conseguir tudo isso sozinho, portanto, precisaremos contar com a ajuda de outras pessoas.

No caso da CEO, os participantes do *workshop* concluíram que, em seus relacionamentos com homens, ela estava envolvida em uma profecia autorrealizadora. Como ela percebia a si mesma com uma pessoa antipática (afinal, fora uma criança indesejada), acabava criando situações que faziam com que as pessoas não gostassem dela. Seus dois casamentos fracassados eram uma prova disso. Enquanto casada, ela costumava discutir com o marido – como se quisesse testar o quanto ele estava ligado a ela – até que ele já não mais aguentasse e partisse. Ao agir desse modo, ela comprovava sua teoria de que ninguém a amava. Portanto, o desafio em seu caso seria alterar sua percepção quanto a não ser amada. Pelo reconhecimento de tal padrão comportamental ela daria mais um passo rumo à mudança. O próximo seria confiar e aceitar o ponto de vista dos outros de que ela também poderia ser simpática e amada.

Técnicas de intervenção – Para criar um ambiente de apoio em que as pessoas se sintam relativamente confortáveis em falar sobre seus sentimentos, ansiedades e outras preocupações, utilizo várias técnicas de sustentação, como: o reenquadramento positivo, o encorajamento e a antecipação ou o preparo (ensaio) para enfrentar situações difíceis (Watzlawick, Weakland *et al.*, 1974; Winnicott, 1975; Weeks e L'Abate, 1982; Seltzery, 1986). O reenquadramento é uma técnica cognitiva utilizada para ajudar o indivíduo a difundir ou evitar situações dolorosas, elevando sua autoestima. O encorajamento inclui a tranquilização e o uso de elogios e de comentários empáticos que fazem com que as pessoas se sintam melhor. Entre eles estão: "Nossa, isso deve ter sido horrível;" "Acredito que você tenha ficado apavorado" e "Acho que você lidou muito bem com a situação." Por meio de técnicas de dramatização, a antecipação permite que as pessoas enfrentem situações difíceis de maneira hipotética. O ensaio das ações permite que elas decidam qual a atitude mais apropriada de encarar eventos futuros, o que contribuirá para expandir seu repertório adaptativo. Também considero importante que o cliente defenda as mudanças, não o contrário. Muitos dos conceitos da entrevista motivacional já se comprovaram bastante eficientes (Miller e Rollnick, 2002).

Todas essas intervenções terapêuticas foram usadas no caso de nossa CEO para ajudá-la a lidar com sua estrutura defensiva, suas emoções e sua percepção de si mesma. No final, fiquei particularmente interessado em observar como aquela profissional se comportaria depois de sua experiência na "cadeira da verdade" ao deparar com uma situação hipotética complicada. Um dos outros CEOs presentes no *workshop* apresentou a ela um dilema que estava enfrentando com um de seus subordinados e pediu-lhe que explicasse como lidaria com o problema. Em vez de partir para cima da pessoa responsável pela confusão (o que teria sido sua atitude habitual), a CEO afirmou que iria até o escritório desse indivíduo e tentaria buscar uma solução para a situação junto com ele. Ela explicou que descobrira um modo de controlar seu temperamento volátil – perguntando à pessoa a quem sua ira normalmente seria dirigida várias perguntas sobre o problema. Ele também esclareceu que aprendera a reconhecer os sinais de que estava prestes a ter outro surto de fúria – uma forte agonia no peito. Quando aquilo acontecia, ela já sabia que teria de se controlar.

Avaliando a situação – Perguntas que precisamos fazer a nós mesmos inúmeras vezes quando estamos engajados em um esforço de mudança:
- Que tipo de defesas eu costumo usar para lidar com situações estressantes? Existem padrões facilmente reconhecíveis? O que pode, ou deveria, ser mudado nessas defesas?
- Que tipo de emoções eu demonstro? Como poderia expressá-las de maneira mais eficiente?
- Como percebo a mim mesmo? Sinto-me seguro em relação a quem eu sou? O que acho que as pessoas pensam sobre mim? Costumo ver a mim mesmo em uma posição de inferioridade? Será que consigo me fazer um elogio sincero?

Tais questões são difíceis e precisamos de ajuda para obter as respostas. Isso inclui um comportamento investigativo e positivo daqueles que estão ao nosso redor. As mudanças exigem que nos livremos de nossas defesas, que expressemos nossas emoções de maneira honesta e que passemos a perceber a nós mesmos e aos outros de acordo com a realidade. Precisamos que os outros nos ajudem a lidar com as perdas que acompanham cada esforço de mudança e a reconhecer padrões de interação que reforcem de maneira contínua atitudes e sentimentos que não se adaptam. Quanto antes esse reconhecimento ocorrer, maior o potencial para mudanças. Não há como enfatizar mais o fato de que o aprendizado terapêutico se dá de maneira experiencial. As pessoas mudam conforme enfrentam cenários interpessoais emocionalmente dolorosos e engrenados, e na medida em que a interação com o grupo provoca resultados diferentes dos esperados, antecipados, temidos ou desejados.

Desafio 5 - Trabalhar no problema de maneira ativa

Grandes mudanças na personalidade podem ser alcançadas por meio da busca efetiva de um tema já identificado. Enquanto a confrontação e o esclarecimento estão dirigidos ao material de caráter mais consciente trazido pelo indivíduo, a interpretação tem por objetivo evidenciar conexões veladas. O *timing* para intervenções interpretativas é importante. Explanações não serão ouvidas, tampouco se mostrarão eficientes, quando as pessoas estiverem em meio a uma crise emocional.

É fundamental para esse processo que as pessoas que ocupam a "cadeira da verdade" percebam o grupo como um lugar seguro para fazer suas experiências, e que saibam que os membros dessa equipe, assim como o próprio líder do seminário, têm as melhores intenções. Se o clima tornar-se demasiadamente confrontador, alguns indivíduos poderão ficar muito ansiosos para "participar" e aprender. Quando os integrantes passam a confiar nos efeitos benéficos do exame colaborativo de padrões comportamentais disfuncionais, elas se tornam melhores em confrontar emoções e fantasias associadas a esses padrões. O resultado é cada vez mais liberdade para: 1º) modificar atitudes e comportamentos repletos de conflito e 2º) adotar respostas mais adaptativas e flexíveis para circunstâncias em plena mudança. A confiança é necessária para que as pessoas possam experimentar novas maneiras de agir.

O grupo como uma tela de projeção – Embora as interpretações do líder do seminário sejam impactantes, as realizadas pelos colegas são particularmente importantes. Em geral, os líderes demonstram menos resistência em aprender sobre si mesmos com indivíduos que se encontram em um mesmo patamar hierárquico que com outros que ocupam posição de autoridade. Por causa disso, um dos desafios para o **líder do seminário** é justamente resistir ao impulso de tecer sua própria interpretação e aguardando até que o grupo chegue às soluções necessárias.

O grupo oferece a essas pessoas um "espaço transicional," um conceito que já foi mencionado superficialmente no Capítulo 9. Tal espaço tem seu início no mundo transicional ilusório da infância (Winnicott, 1971). O espaço transicional funciona como uma incubadora de pensamentos criativos. Trata-se do lugar em que processos como a simbolização, a fantasia, a ilusão, o sonhar acordado, a brincadeira, a curiosidade, a imaginação e a curiosidade têm início. O desafio no *workshop* é recrear esse espaço ilusório de modo que os participantes se sintam encorajados a se expressar de maneiras incomuns.

O espaço transicional oferecido pelo grupo oferece aos participantes uma grande oportunidade de: 1º) facilitar o processo de abordagem, 2º) desenvolver a capacidade dos membros para examinar a si mesmos, 3º) compreender conflitos e áreas de vulnerabilidade, 4º) avaliar o próprio comportamento e 5º) desenvolver sistemas de defesa mais variados e flexíveis que consigam protegê-los de sua ansiedade (Scott Rutan e Stone, 2001). A autocompreensão se torna mais fácil conforme o indivíduo que está no centro de todas as atenções tem a oportunidade de experimentar novamente – no aqui e agora – relações problemáticas e adquirir percepções mais significativas que poderão levá-lo a uma maior liberdade de ação. Essa configuração de grupo dá aos executivos uma chance de: 1º) interagir com os outros em um nível de maior intimidade, 2º) tentar diferentes formas de comportamento e 3º) encontrar aquilo que perderam em seu próprio potencial criativo. Membros desse grupo compartilham de modo contínuo e em todas as ocasiões feedbacks sobre comportamentos e traços de caráter.

Processo terapêutico dentro do grupo – No espaço transicional oferecido pelo grupo, cada apresentador faz algo pelos demais participantes (e vice-versa), evocando reações inconscientes sutis conhecidas como "reações de contratransferência." Tais reações dão forma às observações de cada membro (Heimann, 1950; Racker, 1968; Etchegoyen, 1991). As respostas emocionais dos participantes a qualquer apresentação revelam a sensibilidade individual e oferecem evidências das tentativas do apresentador (conscientes e inconscientes) de evocar certas reações nos outros.

As reações de contratransferência variam de sutis a dramáticas. Por exemplo, os integrantes poderão demonstrar sensações leves de ansiedade, sonolência, tédio, inutilidade, desamparo ou desprezo. Contudo, suas reações também poderão ser mais fortes – raiva, intimidação, excitação sexual ou a descoberta de que simplesmente pararam de escutar o que está sendo dito. Já em situações extremas, as pessoas poderão extravasar, explodindo com um colega, saindo da sala bufando ou ficando paralisados pelo medo de perder o controle e causar danos. Com o tempo, os participantes tornam-se cada vez mais proficientes em traduzir esses sinais sutis (ou não tão sutis) em uma imagística provida de significado, e então aprendem a reparar não somente aquilo que é expresso de maneira verbal e não verbal, mas também o que é evitado.

Por exemplo, no caso de nossa CEO, toda vez que o lado mais áspero de sua personalidade aflorava, ela era relembrada dessa ocorrência. Um comentário sobre seu comportamento seria feito na sessão plenária, dentro dos grupos menores de trabalho e durante interações sociais. Portanto, cada atitude dentro e fora do seminário se tornava uma nova oportunidade de aprendizado. Cada encontro com outro participante oferecia uma nova ocasião para 1º) ganhar mais compreensão, 2º) tentar novos comportamentos e 3º) trabalhar problemas crônicos de personalidade. Em contraste com situações em que o trabalho ocorre de maneira individual, a configuração de grupo oferece aos participantes uma enorme quantidade de experiências no aqui e agora. Os membros têm mais oportunidades para reviver inúmeras manifestações de seus problemas atuais e para conectar percepções surgidas dentro do grupo com experiências reais e dados históricos.

Ao usar o grupo como uma tela de projeção, cria-se um encontro interpessoal extremamente complexo em que experiências do passado e do presente se entrelaçam. As pessoas estão tentando desemaranhar momentos do passado, situações da vida real e padrões transferenciais. Elas estão trazendo para o nível consciente sentimentos e desejos velados, reações defensivas e causas de ansiedade. Nesse processo, elas têm de integrar em sua mente e em suas emoções dados sobre o **passado** – **o que foi**; o presente – **o que é**; e o futuro – **o que será**. O "o que foi" consiste de memórias, conectadas, em sua maioria, a pessoas importantes em nossa vida. Ligadas a essas memórias estão os sentimentos. Uma vez que a memória está bastante associada ao conhecimento, conforme nos recordamos de nossas memórias nosso autoconhecimento aumenta. Ao encarar o passado, passamos a dominar melhor o presente e nos libertamos para dar forma ao futuro.

A mudança requer processamento conceitual consciente e inconsciente. Alcançar essa transformação demanda um grande número de repetições para que se possa reconhecer novas realidades e praticar novas maneiras de pensar e agir. Será preciso tentar e avaliar novos comportamentos. Este é um período demorado e caracterizado pelo aumento de criatividade que levará ao reinício do crescimento psicológico.

Desafio 6 - Consolidar a mudança

Neste ponto a tarefa mais importante para os participantes do *workshop* envolve a manutenção dos ganhos adquiridos. Todos terão de reestruturar seu teatro interno, uma transformação interior que ocorre somente quando um novo modo de observar as coisas já estiver internalizado. A internalização é um processo gradual durante o qual interações externas entre o indivíduo e os outros são substituídas por representações internas de si mesmas. O desafio está em manter as percepções adquiridas ao longo desse processo mesmo quando o grupo já não estiver presente para manter os membros no caminho certo. Esta nova maneira de se olhar para as coisas se tornou parte da estrutura psíquica interna do indivíduo. O ato de recontar a história pessoal e de ouvir as narrativas dos outros – reconhecendo similaridades – contribui para o processo de internalização (Pine, 1985).

Depois que esse processo de internalização já tiver ocorrido, será que as pessoas se sentem transformadas? É difícil dizer. Em geral, quando converso com os ex-participantes em sessões de *follow-up*, um ano depois do término do programa, eles dizem: "Basicamente sou a mesma pessoa." Mas é bem possível que acrescentem alto do tipo: "Sinto-me mais forte em relação àquilo que posso e não posso fazer. Tenho mais confiança em minhas habilidades. Antes eu sempre me sentia como se fosse um impostor dentro do escritório. Era como se estivesse desempenhando um papel. Agora tudo está diferente. Gosto do que faço. Acho que algo deve ter acontecido. Minha esposa já disse isso. Brinco muito mais tempo com meus filhos. Também percebo que minha visão do mundo é bem mais positiva agora. Não sou mais tão dogmático como no passado e considero bem mais fácil abrir espaço para os outros. Mas será que eu mudei? Não sei dizer."

A maioria das pessoas consegue manter o que aprendeu, embora esse conhecimento sofra alguma erosão com o tempo. O que é bastante interessante é o fato de que depois de adquirirem maior clareza em relação às questões com as quais precisam lidar, um número significativo de participantes decide contar regularmente com a ajuda de um *coach*, conselheiro ou terapeuta para se manter no caminho certo. Eles passaram a gostar da ideia de trabalhar com um parceiro que não precise andar na ponta dos pés ao seu redor.

Em geral, o principal indicador de um resultado positivo é uma melhor qualidade de vida. Esta pode ser avaliada em termos de elevação da autoestima, redução de ansiedade, um número menor de sintomas de estresse e uma melhoria no funcionamento adaptativo. Uma melhor qualidade de vida também pode ser indicada pela habilidade do indivíduo de participar. Mecanismos automáticos de defesa terão sido substituídos pela consciência de que existem escolhas. Além disso, sentimentos melhores sobre quem somos nos permitem ter uma visão mais ampla de nossas relações com os outros e propiciam maneiras diferentes e mais adequadas de responder.

FAZENDO O MELHOR POSSÍVEL, MESMO DISPONDO DE PÉSSIMAS CARTAS NO JOGO

O objetivo da maioria das formas de crescimento pessoal e desenvolvimento é encontrar autodirecionamento e autonomia. Paradoxalmente, a **autonomia completa leva ao caos**, enquanto o **controle total**

provoca o sufocamento. A sabedoria implica em perceber que não é possível ter os dois. Nosso desafio é nos sentirmos "livres" dentro de "arreios macios" – isso significa que estamos dispostos a subordinar nossas atitudes impulsivas a controles externos, que se desenvolvem transformando-se em autocontrole. Desde o início, nosso desafio é criar uma gama mais ampla de opções. É disso que trata a saúde mental.

A jornada percorrida no *workshop* visa educar as pessoas para que consigam um excelente nível de liberdade pessoal, sempre levando em consideração as exigências da realidade e da sociedade. Nosso desafio é reconhecer nossos impulsos e ações e nos tornarmos donos de nossa própria vida.

No *workshop* de liderança, os participantes aprendem que para desenvolver uma forte compreensão de quem são, para atingir crescimento e maturidade, eles precisam primeiro estar aptos a confiar nas pessoas que as guiarão em sua jornada interior. A confiança promove nas pessoas a disposição de se abrirem internamente e também obterem o aprendizado. Ajudadas pelos outros enquanto contam suas histórias, as pessoas ganham uma melhor perspectiva de seu passado, presente e futuro; de seus desejos e sonhos. Eles também descobrem novos padrões comportamentais mais adequados à realidade atual, adquirindo mais controle sobre as suas ações, de modo que novas situações possam ser abordadas com mais flexibilidade. Eles fazem um esforço para superar padrões comportamentais e pensamentos autodestrutivos. Um diálogo novo e internalizado se desenvolverá e os tornará mais resistentes a estressores internos e externos. Essas pessoas adotam uma maneira mais madura, flexível e autodiretiva de lidar com os outros. O resultado é mais liberdade para modificar atitudes e comportamentos conflituosos no sentido de obter respostas mais adaptativas e flexíveis para circunstâncias que mudam todo tempo; a criação de oportunidades realistas para satisfazer necessidades interpessoais. O workshop ajuda os participantes a perceber que eles têm escolhas, portanto, em vez de responder a uma nova relação da maneira antiga, eles possam parar, pensar e optar por outras maneiras de responder.

Uma das lições que aprendi ao escutar altos executivos é que todo o **sucesso externo** precisa ser acompanhado de **sucesso interior**. Para sermos bem-sucedidos em tudo que tentamos fazer precisamos ter fé e confiança em nossos poderes. Precisamos compreender que viver uma vida completa – **reinventando a si mesmo** – não se trata apenas de receber uma boa mão de cartas. Pelo contrário, é nossa habilidade de fazer o melhor possível mesmo dispondo de péssimas cartas no jogo. A receita (se é que existe tal coisa) para viver uma vida completa é **rir com mais frequência, se divertir, apreciar as coisas belas ao seu redor, possuir bons amigos, sentir-se bem com a família** e **gostar do que se faz**. É a **jornada** – ou a **vida** – que conta, **não** o **destino**. O modo como encaramos os inevitáveis obstáculos que encontramos pela frente irá determinar a riqueza de nossa jornada. E, como descobriremos ao realizar essa jornada de autoexploração, a maioria dos obstáculos são feitos por nós mesmos. **Se quisermos, poderemos mudá-los. Podemos aprender com nossa própria experiência.**

CAPÍTULO 11

AS VÁRIAS NUANCES DO SUCESSO: O QUE OS EXECUTIVOS REALMENTE DESEJAM DA VIDA?

"Somente você mesmo é capaz de minar seu próprio sucesso."
– Ralph Waldo Emerson

"O dinheiro pode nos servir para muitas coisas, mas não para o que nós é mais essencial. Ele nos proporciona comida, mas não o apetite; remédios, mas não a saúde; conhecidos, mas não amigos; servos, mas não homens fiéis; dias alegres, mas não a paz e a felicidade."
– Henrik Ibsen

"Acredite quando digo que nunca sabemos quando realmente alcançamos o sucesso."
– Miguel de Unamuno

"Oitenta por cento do sucesso está em se fazer notar."
– Woody Allen

Reunir líderes em um mesmo ambiente – em um espaço seguro – que enfatize a confiança, a cooperação, o *feedback* construtivo nos leva a discussões dinâmicas, principalmente quando eu lhes pergunto o que desejam da vida. A resposta imediata é: **"Ser bem-sucedido"**. Quando os pressiono sobre o que o sucesso realmente significa, a variedade das respostas demonstra que sucesso é uma metáfora para várias coisas, compostas de inúmeras combinações de padrões, valores e ideias. A resposta mais comum para essa pergunta é: "Ter um bom emprego e ganhar muito dinheiro." Contudo, se a pressão continuar, outras respostas poderão ser obtidas. Quando consigo fazer com que esses líderes se abram e digam o que sentem, descubro que não existem algoritmos conhecidos para se determinar o **sucesso** – ele **não é mensurável**. E para complicar ainda mais a situação, o sucesso possui um aspecto negativo que alguns dolorosamente já descobriram.

Para a realização desse projeto de pesquisas, entrevistei 160 altos executivos utilizando-me de um método semiestruturado e adotando duas configurações distintas – **individual** e de **grupo**. Entre as perguntas formuladas, estão:

- O que você deseja da vida?
- O que o sucesso realmente significa para você?
- Você sabe de onde vem esse desejo de se tornar bem-sucedido?
- Em ordem de prioridade, liste aquilo que você considera importante para se sentir bem-sucedido.
- O que você precisa fazer para se sentir bem-sucedido?
- Você acha que precisa pagar algum preço para ser bem-sucedido?
- Do que você estaria disposto a abrir mão para perseguir sua própria definição de sucesso?
- O quão longe você estaria disposto a ir para enriquecer?
- Você estaria preparado para fazer coisas que odeia para ganhar enormes somas de dinheiro?
- Você estaria preparado para sacrificar sua saúde/seus princípios para se tornar bem-sucedido?
- Você precisa de um público que reconheça seu sucesso?
- Quem seriam essas pessoas?
- O que você faria em sua vida se não pudesse fracassar?

Muitos dos que responderam a essas questões estavam participando de um dos dois programas oferecidos ao longo do ano, no INSEAD: Desafio da Liderança: Criando Líderes Reflexivos (descrito no Capítulo 10), ou Consultoria ou *Coaching* para Mudanças, projetado para consultores, profissionais do RH e executivos. Como já descrito anteriormente, ambos os programas contêm uma forte dose de psicoterapia dinâmica, o que dá aos participantes uma compreensão profunda dos processos psicológicos e os ajuda a estar mais bem preparados para lidar com complexas situações humanas dentro das organizações.

O benefício de tais programas para líderes se baseia nas palavras entalhadas há mais de dois mil anos no tempo de Apolo, em Delfos: "**Conhece-te a ti mesmo**."[1] Se pudermos compreender o que nos motiva e nos impulsiona, poderemos encontrar meios não apenas de aprimorar nosso desempenho, mas de melhorar a performance de nossas organizações. Para fazê-lo, temos de observar várias definições da palavra sucesso e então relacioná-las às experiências que já sentimos. Temos de entender como nossos sentimentos de sucesso são validados, interna e externamente. Também precisamos compreender os roteiros que norteiam nosso teatro interno e determinam como percebemos e experimentamos o sucesso. Armados dessa informação, podemos aplicar técnicas para assegurar que aquilo que buscamos é, de fato, nosso verdadeiro norte e, assim, atrair outros para que sigam o mesmo caminho.

DEFININDO O SUCESSO

O sucesso toca a todos, desde o trabalhador braçal até o mais alto executivo. Para a maioria de nós, trata-se de uma experiência altamente emocional, que pode nos causar momentos de euforia, mas, também, de tristeza. Para muitos de nós, nossa definição de sucesso é aquilo que nos dá um ponto de referência na vida; ele aponta para a direção que deveríamos seguir. Nossa percepção de sucesso influencia o modo como medimos nossos dias e nossos desejos.

Mas o que é o sucesso, afinal? Observemos duas pessoas bastante diferentes e, ao mesmo tempo, muito bem-sucedidas: o bilionário oligarca russo, Roman Abramovich, e a ganhadora do prêmio Nobel e ativista ambiental e dos direitos humanos, a professora Wangari Muta Maathai, falecida em setembro de 2011. O primeiro é atualmente um dos homens mais ricos do mundo. Seu sucesso, entretanto, não é apenas financeiro; ele também é bem-sucedido na política (embora de maneira relutante) – foi membro da Duma[2] e, até 2008, governador da pequena cidade de Chukotka, ao norte do país – e no setor esportivo – é proprietário do Chelsea, um conhecido time de futebol da Inglaterra.

---

[1] Trecho da mensagem inscrita no templo de Apolo, em Delfos, na Grécia: *"Homem! Conhece-te a ti mesmo e conhecerás o universo e os deuses."* (N.T.)

[2] Referência à Assembleia Nacional da Rússia, restabelecida em 1991 com a queda do Estado soviético. Ela é atualmente composta por 450 deputados eleitos por quatro anos. (N.T.)

Em 2004, a professora Maathai se tornou a primeira mulher africana a receber o prêmio Nobel da Paz, por "sua contribuição nas áreas de desenvolvimento sustentável, democracia e paz." Ela fundou o Green Belt Movement (Movimento Cinturão Verde), uma organização ambiental e não governamental responsável pelo plantio de mais de 40 milhões de árvores em todo o Quênia para prevenir a erosão do solo. Maathai tornou-se conhecida pelos afetuosos apelidos de "Mulher Árvore" ou "Mãe das Árvores na África" A professora também foi bastante ativa nas questões relativas às mulheres. Seu estilo único ajudou a atrair a atenção das pessoas para a opressão política, dentro e fora do continente africano – ela inspirou muitas pessoas em sua luta pelos direitos democráticos e encorajou mulheres a lutar pela melhoria da situação.

Quando pensamos em Abramovich e Maathai, vemos que o enorme sucesso de um está ligado ao dinheiro, enquanto o do outro, a significado. Suas conquistas completamente distintas nos sugerem o grau de dificuldade em definirmos o termo "sucesso". Dentro desse contexto, pense em um atleta, uma dona de casa, um cirurgião ou em um ator. A ideia que um desses profissionais tem do sucesso significará bem pouco para outro.

O que complica ainda mais a equação do sucesso é o fato de que aquilo o que percebemos como sucesso em um estágio de nossa vida poderá não ser mais relevante em outra fase. O sucesso é um conceito bastante fluido. Entretanto, seja qual for seu significado, o sucesso é a engrenagem que faz com que o mundo continue a funcionar. Ele nos ajuda a dar um propósito à nossa vida, o que é extremamente importante para todos nós. Alguém não disse certa vez que o propósito da vida é ter uma vida com propósito?

Muitos dos 160 executivos por mim entrevistados desejavam que suas vidas não fossem meramente comuns, mas extraordinárias. Contudo, uma investigação mais cuidadosa revelou que por "extraordinária" eles queriam dizer "bem-sucedida", o que, aliás, não nos deixou mais próximos de uma boa definição de sucesso. Então eu pedi a todos que listassem, em ordem de prioridade, tudo o que consideravam importante para sua própria ideia de ser bem-sucedido. Os maiores indicadores de sucesso que emergiram a partir desse exercício aparecem aqui de acordo com a frequência com a qual foram mencionados: família, riqueza, trabalho/carreira, reconhecimento/fama, poder, vitória/superação de desafios, amizades e propósito. Vale ressaltar que a maioria dos respondentes mencionou mais de um tópico.

A família

A despeito do fato de muitos dos participantes dessa pesquisa serem viciados em trabalho, em termos de frequência, o principal balizador mencionado foi a "família". Independentemente de como as outras pessoas percebiam o sucesso de um indivíduo – riqueza, bens ou carreira –, o fato de a pessoa ser bem-sucedida foi descrito como ser capaz de manter um bom relacionamento com a família. Para elas, a felicidade não pode ser comprada com dinheiro.

"Para mim sucesso significa ser um bom pai para os meus dois filhos e vê-los se tornar adultos responsáveis," disse o diretor de operações de uma empresa de tecnologia. "Eu também gostaria de dar a eles oportunidades que não tive em minha infância." Tal ideia foi mencionada em inúmeras ocasiões: muitos dos executivos que entrevistei descreveram o fato de terem crescido em famílias disfuncionais e afirmaram estar decididos a proporcionar um ambiente diferenciado para seus filhos. Todos queriam que as crianças fossem felizes.

Porém, nem todas as pessoas que crescem em lares disfuncionais se tornam executivos bem-sucedidos. A importância da família para estes respondentes se mostrava em seus valores, que determinavam o modo como tratavam os que estavam ao seu redor e também as escolhas que haviam feito à luz de suas próprias experiências. Onde o sucesso foi definido como tendo contribuído para a criação de uma família mais próxima, podemos perceber que aqueles que não cresceram em famílias desse tipo tomaram decisões conscientes no sentido de agir de maneira diferente.

"Minhas próprias ambições profissionais precisam ficar em segundo plano," disse o diretor de operações. "Para mim, a principal prioridade e me manter conectado a minha família", complementou.

A riqueza

Tornar-se rico foi o segundo principal indicador de sucesso. Para um grande número de participantes, a segurança financeira era uma prioridade absoluta – ela determinara sua trajetória de vida até o presente (e assim deverá ser no futuro...). Tal definição de sucesso se traduzia na busca contínua pelo dinheiro, no cuidado financeiro e no controle das dívidas. Um executivo do setor de roupas e acessórios esportivos comentou: "Cresci em uma família que não dispunha de muito dinheiro e meus pais se preocupavam muito com a situação financeira. Quando completei sete anos, decidi que não queria enfrentar a mesma situação que eles."

Não surpreende o fato de que o sucesso signifique segurança financeira para os que cresceram com pouco dinheiro, contudo, como disse o próprio CEO, o alcance de seu objetivo pode se tornar uma vitória vazia. "Gastar todo o dinheiro que consegui amealhar levará não apenas uma vida inteira, mas várias. No entanto, ironicamente, em vez de isso me garantir paz de espírito, sinto-me cada vez mais motivado a ganhar mais. Já não me comparo aos meus pais, mas a outras pessoas muitas ricas, sempre desejando me tornar ainda mais rico do que elas. O dinheiro se transformou em minha própria maneira de comparar resultados. Embora seja uma benção, ele é também uma espécie de 'prisão perpétua' para mim", complementou o CEO.

Como indica essa afirmação, muitos dos executivos que equipararam o sucesso ao dinheiro também se sentiam ambivalentes em relação à sua busca contínua, uma vez que esse tipo de sucesso custava um alto preço. Foi então que levantei algumas questões importantes: O quão longe estariam dispostos a ir para acumular mais riqueza? Do que eles estariam dispostos a abrir mão para atingir o que eles próprios definiam como sucesso? Estariam preparados para fazer coisas que detestavam para ganhar "montantes" de dinheiro? Sacrificariam a própria saúde ou os princípios pessoais em nome do sucesso? Muitos dos entrevistados pareceram prontos para responder sim à maioria das perguntas; vários já estavam divorciados, tinham preocupações com os filhos ou enfrentavam problemas de saúde relacionados ao estilo de vida escolhido.

É óbvio que alguns desses executivos não haviam se dado conta de que o modo como investiam seu tempo talvez fosse mais importante que o tempo que gastavam ganhando dinheiro – erros relacionados ao dinheiro podem ser corrigidos, mas o tempo jamais será recuperado. Além disso, embora esses indivíduos pudessem imaginar a si mesmos como os donos do dinheiro, talvez a situação fosse inversa: era o dinheiro que os possuía. Eles não percebiam que a riqueza poderia representar outra forma de pobreza.

Uma ironia trágica é o fato de que geralmente alcançarmos independência financeira somente depois que a razão principal para termos nos empenhado tanto em sua busca já não existir mais. Depois de refletir um pouco, alguns dos respondentes comentaram que transformar a busca pela fortuna em seu objetivo primário talvez tenha sido o maior erro já cometido em toda sua vida – o dinheiro é capaz de comprar qualquer coisa, menos a chance de vivê-la novamente.

O trabalho/a carreira

Para um número considerável de participantes, o verdadeiro sucesso estava em encontrar o emprego que buscavam e amavam. Para esses indivíduos, possuir uma carreira que os preenchesse plenamente era bastante gratificante. Um dos respondentes afirmou que detestaria ter de acordar todos os dias sem querer ir para o trabalho; ela desejava despertar sempre com um sorriso nos lábios e acrescentou: "Acredito no princípio de que se trabalhamos naquilo que gostamos e esse trabalho nos recompensar, o resto virá naturalmente." Outro participante citou as palavras de Voltaire[3]: "O trabalho espanta três males: o vício, a pobreza e o tédio."

Em contrapartida, um bom número de respondentes via o trabalho como um mal necessário, e não reconhecia nele o fator "prazer". Embora este seja um conceito subjetivo, não é difícil compreender que executivos que julguem a si mesmos felizes no trabalho sejam possivelmente mais produtivos e obtenham melhores resultados que aqueles que admitem estar infelizes (a menos, é claro, que tenham disposição para o masoquismo).

Muitos dos participantes acreditavam muito na ideia de "trabalho árduo". Eles achavam que o único modo de alcançarem algo na vida era trabalhando duro. Como disse uma dessas pessoas: "Independentemente do que se faça na vida – seja você um pintor, ator, médico ou empresário –, o trabalho árduo faz toda a diferença. Não há outro jeito [...] a vida é como andar de bicicleta. É impossível manter o equilíbrio ficando parado." Para essas pessoas, o fato de terem feito um esforço, e se mantido honestos em relação a certos ideais, justifica a própria luta. Um banqueiro importante afirmou: "Quando vemos um homem no topo de uma montanha, é preciso lembrar que ele não simplesmente pousou lá em cima." Embora seja perfeitamente possível trabalhar sem obter quaisquer resultados, é bem improvável que se consiga obtê-los sem trabalho.

Reconhecimento/fama

Não é possível subestimar a importância do reconhecimento ou da fama como indicadores de sucesso. Os participantes que mencionaram o primeiro como primordial estavam motivados pela aceitação, aprovação e apreciação

---

[3] Referência a François Marie Arouet, famoso escritor, ensaísta e filósofo iluminista francês. (N.T.)

demonstrados por outros em relação a suas realizações. O *feedback* positivo mostrou-se extremamente importante para esses indivíduos.

Para algumas pessoas com disposição narcisista, a fama e o reconhecimento se resumem ao desejo de quererem ser mais que apenas membros sem rosto de uma comunidade; elas querem ser visíveis e notadas. Em seu extremo, tal tendência leva algumas celebridades a atitudes completamente amalucadas, uma vez que a fama, ou a notoriedade, eleva sua percepção de valor próprio. O problema é que quanto mais o mundo reage, mais tal comportamento é reforçado, o que provoca um fenômeno no qual a fama está apenas vagamente ligada à verdadeira realização – se é que está. Em longo prazo, a lógica nos mostra que a fama alcançada por meio de conquistas reais é bem mais duradoura e positiva: afinal, quem representa um modelo mais significativo: Paris Hilton[4] ou madre Tereza de Calcutá?

Mas por que algumas pessoas têm tanta necessidade de serem reconhecidas e de se tornarem famosas? A resposta mais comum, e também a mais óbvia, é a falta de apoio emocional e de reconhecimento durante a fase de crescimento. Assim como no caso dos respondentes cujo desejo de se tornar milionários advinha de infâncias pobres, os que citaram a fama como principal motivação estavam apenas tentando compensar déficits do próprio passado.

Mas nem todos os participantes entendiam essa questão. Um deles disse de maneira bastante ingênua: "Se você é famoso, torna-se livre. Alcançar a fama significa não ter de trabalhar duro e ser capaz de comprar o que quiser. Quando você é famoso, ninguém pode lhe dizer o que fazer. A fama lhe possibilitará manter amigos interessantes e ir a festas e lugares especiais!"

Porém, para a maioria, uma reflexão mais cuidadosa revelou que a fama está amplamente relacionada a "chegar a um determinado lugar," mas é ilusória: na "chegada", é bem possível que você perceba que não existe o tal "lugar". Também é possível que a fama desapareça quase que imediatamente. Isso foi demonstrado pelo diretor financeiro de uma bem-sucedida cadeia de restaurantes, que disse: "Finalmente percebi que a fama é um conceito bastante ilusório – ela existe no dia de hoje, mas amanhã já desapareceu completamente. Contudo, a despeito de estar ciente disso, sempre digo a mim mesmo que é melhor ser um ex-famoso do que jamais alcançar a fama, mesmo que de maneira breve."

---

[4] Referência à controversa atriz, modelo, cantora, empresária e *socialite* norte-americana, bisneta do fundador da rede de hotéis Hilton. (N.T.)

Para algumas pessoas estava evidente que elas continuavam a se sentir estimuladas pela necessidade de reconhecimento e fama, embora reconhecessem sua natureza efêmera. Um dos respondentes disse: "A fama é um monstro que se torna cada vez mais faminto e precisa ser continuamente alimentado. [...] O reconhecimento e a fama não produzem tranquilidade, apenas garantem a solidão." Outro participante esclareceu: "Obter o que desejo de outras pessoas somente me faz sentir bem por um momento. É exaustivo sempre tentar extrair dos que estão ao meu redor aquilo que eu gostaria de oferecer a mim mesmo."

O poder

Como um indicativo de sucesso, o poder não diz respeito apenas ao fato de possuí-lo, mas de sentir que ele ainda se torna cada vez maior. Nesse grupo, o tema "corrigir erros cometidos no passado" se mostrou bastante forte. Na verdade, muitos de seus participantes já passaram por situações em que não exerciam qualquer poder. Para muitos dos respondentes com os quais tive a oportunidade de conversar, o poder também simbolizava **liberdade**, **independência** e **imunidade**. A segurança oriunda do poder fazia com que eles se sentissem bem melhor em relação a si mesmos. O poder os ajudava a construir valor próprio e um senso de autoeficiência.

Mas a despeito da fascinação que sentiam pelo poder, alguns membros do grupo reconheciam sua influência corruptiva. Esses indivíduos estavam plenamente cientes sobre o lado negro da força e comentaram sobre os perigos de as pessoas usarem-na de maneira arbitrária.

Os executivos que identificaram o poder como um fator importante, achavam que ele poderia representar uma força bastante positiva, desde que usado de maneira seletiva e construtiva. Eles discutiram sobre a necessidade de combinar poder e responsabilidade. Como mencionou um dos entrevistados: "O poder pode ser usado para o bem ou para o mal. Meu desafio pessoal é usar o poder que detenho de modo inteligente, portanto, meus atos sempre devem estar acompanhados de escolhas morais." Contudo, ele acrescentou: "Se você está em uma posição de fazer com que as coisas aconteçam, se realmente detém tal poder, isso lhe proporciona inúmeras oportunidades."

De acordo com os respondentes, a eficiência e eficácia de um indivíduo dentro de um contexto organizacional sempre exigirão dele a aquisição e o uso do poder, assim como o reconhecimento disso por parte de todos. Eles deixaram bem claro que, assim como o poder absoluto, a fraqueza total também é capaz de corromper de maneira absoluta. Isso torna as pessoas dependentes. Segundo esses executivos, o poder usado de maneira positiva poderá aprimorar o compromisso organizacional e o trabalho em equipe dentro da empresa, além de elevar o moral dos funcionários. Sua percepção é de que se aqueles que ocupam posições de liderança não exercitarem seu poder, as pessoas na empresa provavelmente irão ignorar a necessidade de cooperar, participar e se engajar e até se mostrarão sujeitas a outras influências. Os entrevistados acrescentaram ainda que sem o poder, novas ideias até seriam geradas, mas nunca implementadas. Portanto, deter o poder de decisão dá aos executivos a oportunidade de fazer com que as coisas aconteçam na empresa.

Infelizmente, algumas pessoas parecem deter demasiado poder, embora não sejam capazes de administrá-lo de maneira positiva e acabem realizando pouco. Alguns respondentes afirmaram com tristeza que o poder é capaz de contribuir para a vilania interior e pode se tornar tóxico. Além disso, eles ressaltaram que, por mais que tenha se desenvolvido, o poder dificilmente é abandonado sem muito esforço. Com frequência aqueles que foram intoxicados por ele, e que de algum modo se beneficiaram por causa disso, demonstram enorme dificuldade em abrir mão dele. E quanto maior a força, maior o apetite despertado. Embora muitas pessoas amem o poder, aqueles que mais o desejam são, em geral, os menos preparados para detê-lo.

Então levantei uma última questão: a verdadeira liberdade não está em exercer poder sobre nós mesmos? Talvez o verdadeiro propósito de se obter o poder é estar apto para livrar-se dele.

A vitória/a superação de desafios

Quando questionado sobre o motivo pelo qual desejava comprar um time de futebol inglês, o oligarca russo Roman Abramovich respondeu: "O objetivo é vencer, não ganhar dinheiro. Existem inúmeras outras maneiras bem menos arriscadas de se ganhar dinheiro. Não desejo jogar dinheiro fora, mas, para mim, essa aquisição é um divertimento – isso representa sucesso e troféus." Talvez essa necessidade de desafiar a si mesmo ajude a explicar a razão para tantos executivos se tornarem obcecados pelo golfe.

Os desafios nos permitem descobrir coisas sobre nós mesmos que talvez jamais tenhamos imaginado de outro modo. Os respondentes descreveram isso como uma necessidade de encontrar meios de se expandirem. "Preciso competir sempre no nível mais alto para me sentir bem comigo mesmo," disse um banqueiro do setor de investimentos. "Para me sentir realmente vivo, preciso sair de minha zona de conforto. Para mim, competir é o mesmo que existir", finalizou seu racicínio.

O desejo de competir é uma necessidade básica do ser humano. A sociedade e o ambiente em que vivemos contribuem para a intensidade dessa competição – e, de fato, de certo modo, a competição pode se mostrar extremamente benéfica e contribuir para a excelência. O indivíduo com espírito competitivo está sempre ávido para seguir adiante, para experimentar coisas novas, para tomar a iniciativa e assumir novos desafios. Contudo, os problemas surgem porque uma vitória quase nunca é suficiente. **"Amo competir,"** disse um veterano representante do governo. "Adoro vencer. Sempre competi com todo mundo, e em relação a tudo. Não consigo evitar. Mas até mesmo quando venço, nunca é suficiente. Preciso partir para uma nova competição. E mesmo quando se alcança o topo, é preciso continuar a escalada", complementou.

Porém, a ênfase exagerada na necessidade de vencer continuamente poderá causar uma repercussão negativa no mundo dos negócios, sempre que a perseguição de objetivos de curto prazo for prejudicial para o alcance de benefícios de longo prazo. Líderes obcecados pela ideia de vencer poderão caminhar para o declínio econômico.

Outro problema com essa visão do sucesso emergiu quando vários respondentes mencionaram que o desejo de vencer tinha a ver não apenas com o desejo de expandir os próprios limites, mas de perceber a reação das pessoas. De acordo com as palavras do CEO de uma grande empresa de contabilidade: "Significa ser capaz de superar os outros e de causar-lhes inveja. Todos parecem concordar com o escritor Gore Vidal, que disse: 'Sempre que um amigo faz sucesso, uma pequena parte de mim morre.'"

Esse tipo de atitude indica uma visão prática e desolada da vida; um mundo em que existem apenas vencedores e perdedores, e no qual os últimos podem abrigar ressentimentos. A visibilidade e o poder associados com a vitória implicam no fato de que esse tipo de sucesso surge paralelamente com a forte necessidade de proteger a si mesmo; o desejo de competir pode se tornar uma busca tóxica e bastante destrutiva.

Nossa discussão nos levou a uma percepção mais profunda quando o representante do governo anteriormente mencionado declarou: "Talvez isso signifique que ainda tenho algo a provar. Pode ser que eu simplesmente não me sinta bem comigo mesmo ou que algo esteja faltando dentro de mim."

A amizade

"Minhas amizades são extremamente importantes para mim," comentou a CEO de uma empresa de telecomunicações. "O fato de ter bons amigos significa que sou bem-sucedida em minha vida; que tratei bem as outras pessoas." Então ela discorreu sobre a importância das amizades dentro do contexto da autoexpressão, afirmando: "Se você não se sente feliz e confiante consigo mesmo, você certamente achará muito difícil fazer amigos de verdade."

Aqueles que consideram o sucesso como a habilidade de fazer bons amigos e manter amizades profundas ao longo de toda a vida acreditam, inclusive, que sem elas jamais teriam sido capazes de alcançar seus sonhos e objetivos. Neste sentido, as amizades podem ser consideradas como um meio para se alcançar uma finalidade.

Alguns respondentes comentaram sobre o que costumam fazer para que suas amizades durem por muito tempo. Um deles falou sobre a necessidade de ser um "doador" em vez de um "recebedor". Para ele é fundamental não apenas compartilhar do sucesso de seus amigos, mas também demonstrar empatia quando as coisas não vão assim tão bem. A maioria enfatizou a importância de as pessoas continuarem realizando atividades em conjunto e de compartilharem novas experiências.

O propósito

Entre os participantes mais velhos, que já começavam a se perguntar se deixariam esse mundo melhor do que o haviam encontrado, a tendência foi conectar o conceito de sucesso à ideia de propósito. Será que cada uma dessas pessoas havia realizado ações realmente significativas em sua vida? A interpretação do sucesso por esses indivíduos, baseada mais na perspectiva como ser humano do que como líder organizacional, apresentava uma conotação bem mais ampla de sucesso. Ela se tornou evidente pela diferenciação dessas pessoas em relação às demais, por conta de sua habilidade de se engajar em comportamentos altruísticos.

Um determinado CEO, acostumado a se engajar em uma variedade de atividades aparentemente altruístas que incluíam até mesmo o apoio para a construção de uma escola na Tanzânia, reconheceu que suas ações às vezes eram vistas de maneira ambivalente e afirmou: "Sei que mesmo quando pareço agir de maneira altruísta podem, da fato, haver outras razões para o meu comportamento. Minhas ações podem ser observadas como uma maneira de garantir favores futuros ou de melhorar minha reputação. Mas sejam quais forem as razões, para mim o que realmente importa é o sentimento de estar agindo de modo não egoísta." A atitude desse executivo sintetiza o altruísmo recíproco, um padrão natural de interação social em que uma pessoa oferece um benefício a outra. Esse tipo de comportamento humano cria a expectativa de futura reciprocidade, uma situação em que as necessidades altruístas e egoístas precisam se unificar.

Em geral, o clássico exercício de escrever o próprio obituário faz com que as pessoas pensem no modo como definem o sucesso e o propósito de suas vidas. Sempre pergunto aos executivos com os quais trabalho se eles desejam ser "os cadáveres mais ricos do cemitério", o que, aliás, reflete muito bem o modo como alguns respondentes mais velhos observam o sucesso. Uma vez que as medições típicas de sucesso – prêmios, dinheiro, promoções, responsabilidades e elogios – nada significam depois que partimos, essas pessoas mais idosas passaram a considerar que seu sucesso deveria ser avaliado pelo número de pessoas e de vidas que tivessem sido capazes de tocar e melhorar. "Se depois que você morrer as pessoas se lembrarem de você pelas boas ações que praticou, ou se de algum modo você conseguiu fazer do mundo um lugar melhor para se viver, então eu diria que você não apenas foi bem-sucedido, mas o fez de maneira significativa," disse um alto executivo.

Para esse grupo de participantes, era importante agregar valor à vida das pessoas que viriam a seguir – os colegas mais jovens no trabalho, as crianças em casa, ou até mesmo ambos. Minhas conversas com esse grupo deixaram bem claro que tais indivíduos atualizaram seus valores. Por meio de suas ações colaborativas eles ratificaram não apenas o tipo de pessoas que eram, ou queriam ser, mas também o mundo em que gostariam de viver. Para afirmar sua própria identidade como seres humanos, eles também satisfizeram um interesse humano fundamental ao dar forma ao mundo à luz de seus próprios valores. Como diz o antigo ditado: "As pessoas trabalham pelo dinheiro, mas morrem por uma causa."

O que se esconde sob a superfície

Se não podemos definir uma ideia universal de sucesso para o indivíduo, será que podemos descrever sua natureza e nos aproximarmos de uma melhor compreensão sobre de onde vêm nossos sentimento de sucesso? A partir de minhas discussões, parecem existir várias rotas para que as pessoas se sintam bem-sucedidas. Elas incluem a visualização de um plano e a ação de efeito recíproco entre fatores de validação internos e externos. Em última análise, nossas percepções de sucesso vêm de nosso roteiro interior, da internalização de tudo o que aprendemos desde o início de nossas vidas.

Uma trajetória de vida incomum, além de uma história extraordinária de sucesso, é a do fisiculturista, ator, empresário, político e ex-governador da Califórnia, o austro-americano Arnold Schwarzenegger. Ele começou a se envolver com o fisiculturismo bem cedo, tornou-se *Mister Universo* com apenas 22 anos e venceu o Mister Olympia um total de 7 vezes. Além disso, Schwarzenegger ganhou fama mundial como ícone de filmes de ação em Hollywood, tornando-se conhecido por seus papéis como protagonista em filmes como *Conan, o Bárbaro* e *O Exterminador do Futuro*. Ele também foi bastante bem-sucedido em sua carreira empresarial, estando ligado aos setores de manufatura de tijolos, de vendas por catálogo, de restaurantes, no ramo imobiliário, além de outros. Schwarzenegger tornou-se também um dos atores mais bem pagos da indústria cinematográfica. Ao longo de toda sua vida ele tem sido um prolífico estabelecedor de objetivos, escrevendo cada um deles no início de cada ano em fichas. Em 2003 ele foi eleito governador do Estado da Califórnia (EUA) e, em 2006, reeleito para o cargo.

As lembranças de infância de Schwarzenegger são interessantes, pois nos permitem conhecer a pessoa por trás da imagem pública. Aparentemente, ele tinha uma ótima relação com a mãe, mas o mesmo não se aplicava ao pai, um homem bastante autoritário, oficial da polícia austríaca, que parecia favorecer o filho mais velho. De acordo com Schwarzenegger, seu pai era do tipo que acreditava na ideia de que "quem economiza o cinto, estraga a criança" – as práticas de seu progenitor beiravam o abuso. Além disso, ele queria que o filho se tornasse um jogador de futebol, mas Schwarzenegger optou pelo fisiculturismo.

O tipo de dinâmica prevalecente em sua família nuclear talvez tenha induzido Schwarzenegger a tentar se sobressair em tudo que fazia. Seus comentários diante da imprensa revelam uma enorme determinação em não se deixar controlar pelo pai, além de uma grande necessidade de provar sua própria capacidade. Um de seus principais objetivos era justamente assumir o domínio sobre sua própria vida. Em 2004, durante uma entrevista para o *Daily Mail*, ele se recordou de sua infância:

> "*Meu pai costumava puxar meus cabelos e me bater com o cinto. Mas o mesmo acontecia com o filho do vizinho. Era assim que as coisas funcionavam na época. Muitas crianças que conheci eram cerceadas e brutalizadas pelos pais, mas esta era a mentalidade austro-germânica prevalente. Eles não queriam criar indivíduos, apenas fazer com que eles se conformassem às regras. Eu fui um dos que não*

aceitaram essa realidade e cujos desejos não puderam ser anulados. Acabei me tornando um rebelde. Toda vez que alguém me batia e/ou dizia 'você não pode fazer isso e aquilo,' eu respondia 'Esta situação não continuará por muito tempo. Logo sairei daqui. Quero ser rico. Quero ser alguém.'"

Schwarzenegger queria ser um vencedor. Ele sabia que estava destinado a ter um grande futuro. Desde cedo ele já sonhava em se mudar para os EUA e viu no fisiculturismo uma grande oportunidade de escapar da realidade de seu país. O esporte era um meio de canalizar seu espírito competitivo e nada poderia interferir nisso. A respeito de ser bem-sucedido em inúmeras atividades, ele comentou:

"Considero-me um especialista em focar em uma ideia específica e então persegui-la sem jamais tirá-la de minha mente [...] Todos possuímos força interior. É o poder da autoconfiança. Sem dúvida existe uma atitude vencedora, mas é preciso que as pessoas visualizem a si mesmas celebrando vitórias antes mesmo de as terem alcançado. É fundamental manter-se faminto. É necessário que se queira conquistar algo novo."

Schwarzenegger conheceu sua esposa, a jornalista Maria Shriver, durante um torneio beneficente de tênis. A família dela é composta por vários políticos (seu pai é Sargent Shriver e sua mãe Eunice Kennedy, irmã de John, Robert e Ted Kennedy) e sob a influência deles o próprio Schwarzenegger interessou-se pelos serviço público. De acordo com ele, o fato de fazê-lo deu à sua vida um novo significado. Infelizmente Arnold Schwarzenegger separou-se de Maria Shriver em 2011.

Plano para alcançar o sucesso

Como nos mostra o exemplo de Schwarzenegger, o planejamento é parte fundamental da equação de sucesso. Em termos etimológicos, a palavra sucesso vem do latim *successus* e significa "avanço, seguimento e resultado propício", e *succedere*, cujo significado é "vir depois". A palavra sucesso alude à ideia de vencer, conseguir algo ou até mesmo uma lista de realizações, portanto, diz respeito à conclusão de algo intencionado e planejado.

Sendo assim, fazer planos, e então dar sequência a eles, é um prenúncio de sucesso. Todavia, pela mesma linha de raciocínio, fazer planos, mas não dar continuidade a eles indica fracasso. Nossa suposição é de que sem um plano, ou tentativa de se alcançar um objetivo ou de colocar um desejo em prática, não podemos saber se realmente fomos bem-sucedidos. Tal pensamento, contudo, levanta às seguintes questões: seria o sucesso apenas o resultado final de uma ação ou o acúmulo de uma série de ações? Ainda é possível ser bem-sucedido mesmo se não alcançarmos o que desejamos, planejamos ou tentamos? Embora possamos nos sentir bem-sucedidos quando atingimos um alvo ou objetivo, podemos nos sentir indivíduos de sucesso ao longo do caminho? Seria o alcance de um resultado planejado o único critério para se avaliar o sucesso?

Claramente, as respostas para tais questões dependem do significado que damos à palavra sucesso. Se o considerarmos apenas como um resultado final, não nos sentiremos satisfeitos até atingirmos os alvos ou objetivos que tivermos estabelecido para nós mesmos. Tal fórmula, como, aliás, muitos de nossos respondentes já perceberam para seu próprio desalento, pode revelar que quanto mais nos aproximamos do topo, mais percebemos que o "topo" não existe. Talvez o sucesso devesse então ser medido pela nossa habilidade em obter satisfação com os passos que damos ao longo do caminho. A partir dessa perspectiva, alcançar um objetivo supremo torna-se menos importante. O sucesso, neste caso, é uma série contínua de realizações.

Quem está nos observando – e aplaudindo?

Seja o que for que planejarmos – e alcançarmos – sentimo-nos vazios a menos que tal conquista seja, de algum modo, validada. O sucesso não é considerado como tal até que seja devidamente medido ou reconhecido. Schwarzenegger tinha sua própria maneira de lidar com seus demônios internos. Cada um de nós tem seus próprios métodos. A partir de minhas discussões, ficou claro que muitos dos executivos que participaram desse estudo precisavam de uma plateia para que pudessem se sentir bem-sucedidos. Porém, as respostas desses indivíduos para a pergunta: "Quem é o seu público?", demonstraram que alguns deles sentiam que essa plateia era na verdade composta de uma única pessoa – eles próprios –, e que, portanto, a validação que eles precisavam era de caráter interno. Outros indivíduos precisavam de ratificação externa para confirmar suas conquistas, enquanto muitos necessitavam das duas formas de legitimação.

Certa vez o maestro de uma orquestra me disse: "Não vislumbro o sucesso nos aplausos da plateia; o triunfo se esconde na satisfação pessoal obtida em cada uma de nossas conquistas. Sei quando acabo de realizar um excelente trabalho. Embora seja ótimo ser apreciado, não preciso que outras pessoas me digam que me sai bem." O escritor Oscar Wilde foi ainda mais longe. Quando perguntado sobre como sua última peça fora recebida, ele respondeu: "A peça foi um grande sucesso, mas a plateia um completo fracasso." É óbvio que esses dois indivíduos não precisam de legitimação externa. Eles validam e confiam em seu próprio julgamento sobre o fato de terem ou não sido bem-sucedidos, e isso já é o suficiente para ambos.

Outra figura famosa do mundo das artes, a atriz Sarah Bernhardt, revelou as pressões em se buscar validação externa – "Depois que as cortinas se abrem o ator já não pertence a si mesmo, mas ao seu personagem, ao seu autor e ao seu público. A partir daí ele terá de fazer o máximo para se identificar com o primeiro, não trair o segundo nem desapontar o terceiro." Embora talvez não seja uma boa ideia observar a validação externa como sempre "fazer o impossível," o fato de precisarmos que outros, em especial estranhos, validem nossas sensações de sucesso produz um tênue equilíbrio psicológico.

Isso pode ser relacionado aos diferentes critérios de sucesso descritos anteriormente pelos executivos de nossa pesquisa. Aqueles que priorizavam a família e o propósito estavam em busca de validação interna, enquanto os que privilegiavam o dinheiro, a vitória etc., demonstravam uma tendência pela ratificação externa, paramentada com todos os ornamentos peculiares – o reconhecimento, a mansão, o carro esportivo caríssimo e o iate.

Quando nos sentimos positivos em relação a nós mesmos – quando possuímos um sólido senso de autoestima – não precisamos de tanta validação externa para nosso sucesso. Não são de fato os eventos que ocorrem em nossa vida que perturbam nosso equilíbrio psicológico; o que realmente importa é como os percebemos e os interpretamos. O que representa uma fonte de desespero para um determinado indivíduo pode significar um motivo de alegria para outro. É muito bom ser elogiado por algo que fazemos, contudo, se realmente não sentirmos em nosso âmago que merecemos tal enaltecimento, este não fará muita diferença. A questão, portanto, não é se alguma coisa parece boa para o mundo exterior, mas se nos sentimos bem internamente em relação a ela.

Uma alta dependência em relação aos outros sugere a falta de um sólido senso de autoestima, e, ao mesmo tempo, um alto grau de insegurança. Pessoas com tais necessidades precisarão ser continuamente apoiadas e ter sua confiança restaurada. Elas também necessitarão de aprovação externa para que possam se sentir bem-sucedidas.

Para a maioria de nós, a experiência de sucesso é determinada tanto por fatores internos quanto externos. Somente atingiremos nossos objetivos com a ajuda dos que estão ao nosso lado. Além disso, a única maneira de colhermos os frutos de nosso sucesso é com o apoio externo, seja ele ativo ou passivo. Se aceitarmos a ideia de dualidade intrínseca/extrínseca na equação de sucesso, a definição mais ampla desse termo será "atingir nossos objetivos pessoais". Sendo que o termo-chave neste caso é justamente "pessoal". A maioria dos respondentes concordou que uma vida bem-sucedida é vivida com base na compreensão e na busca de nosso próprio caminho, e não na perseguição de sonhos alheios. Não queremos ser enviados pelos nossos pais em uma verdadeira "missão impossível", na qual seremos obrigados a realizar os planos que eles próprios não conseguiram colocar em prática.

A ideia de contrastar o sucesso intrínseco e extrínseco significa que estamos nos comparando única e exclusivamente a nós mesmos, e a ninguém mais. No caso do sucesso intrínseco, a real competição em nosso mundo interno ocorrerá entre aquilo o que realizamos e o que acreditamos sermos capazes de concretizar. Os indicadores de sucesso intrínseco são nossas próprias avaliações quanto ao fato de termos, ou não, demonstrado autenticidade, sinceridade, verdade e bondade ao alcançar nossos objetivos. Em contrapartida, os objetos do sucesso extrínseco, tais como a riqueza, a fama e aparências externas, podem se mostrar extremamente superficiais.

Tudo depende de você

Ninguém nasce bem-sucedido, porém, nossa percepção daquilo o que constitui sucesso começa bem cedo, ou seja, assim que passamos a escrever nosso roteiro interno. Nos primeiros anos de vida, nossos principais cuidadores também colaboram nesse roteiro, influenciando o modo como nossas fantasias e sonhos de sucesso são interiorizados.

Existe um conto africano sobre um avô e um neto que estão sentados próximos de uma fogueira durante a noite, contemplando o significado da vida. O avô diz em voz calma: "Cada um de nós abriga uma guerra interna entre a hiena e a águia. Ambos os animais são guerreiros formidáveis e estão ávidos para combater o adversário. A hiena personifica a raiva, o ódio, a vingança, a maldade, o rancor, a tristeza e o desespero, enfim, várias emoções que podem destruir nossa alma. Em contrapartida, a água representa a esperança, a alegria, a fé, a generosidade, o otimismo, o crescimento, a resiliência, o riso e o amor. Todos sentimentos que permitem que nossa alma alcance o céu. Então o garoto perguntou: "Mas, vovô, qual desses animais sairá vitorioso no final?".

Então seu avô olhou-o fixamente nos olhos e disse: "Aquele que decidirmos alimentar."

O roteiro interno que cada um de nós escreve enquanto cresce pode incluir atitudes positivas em relação à vida – "sim, eu consigo seguir adiante!" –, ou negativas – posturas que limitam nossas crenças em relação a nós mesmos, nossas capacidades e as alegrias às quais achamos ter direito. Um roteiro negativo criará em nossa mente um mantra que se repetirá de maneira contínua para que jamais nos esqueçamos de que não merecemos o sucesso, somos incapazes de alcançá-lo e de sustentá-lo. Se dermos ouvidos a essas palavras, estaremos alimentando a hiena.

O predomínio de cada um desses animais em nossa personalidade também dependerá muito do tipo de apoio que recebermos de nossos pais, avós, irmãos, colegas, professores e amigos. Crianças "bem cuidadas" ao longo de seu crescimento adquirem um senso de segurança e de autoeficiência. Elas têm o dom do autoaperfeiçoamento. Em contrapartida, crianças que não são cuidadas adequadamente, por causa de estímulos exagerados ou abaixo do necessário e/ou de uma criação inconsistente, podem se tornar psicologicamente lesadas e menos aptas a alcançar o sucesso. Com frequência elas serão relembradas de que não têm valor e que, portanto, nunca serão ninguém na vida. É claro que alguns desses indivíduos terão diante de si um número suficiente de experiências positivas que lhes permitirão superar os aspectos negativos de sua criação e se tornar bem-sucedidos, a despeito de tudo o que já ouviram. Para tais pessoas, um dos maiores prazeres da vida estará em fazer exatamente aquilo que os outros lhes garantiram que seriam incapazes de realizar. Sua necessidade de superar a si mesmos, de sobrepujar sua insegurança interna e de controlar o próprio destino é simplesmente gigantesca. Esses indivíduos estão preparados para tomar as rédeas da própria vida; eles não culpam os outros por seus infortúnios, pelo contrário, eles se utilizam das ferramentas que possuem para resolver seus problemas. Essas pessoas alimentam a águia.

Entretanto, sempre haverá aqueles desprovidos de força de vontade suficiente para provar que seus "algozes" estão errados. Neste caso, eles serão responsáveis por construir sua própria prisão psíquica, ornamentada com *leitmotifs* (temas dominantes), como: autodestrituição, autoindulgência e autopiedade – ou esses indivíduos desistem antes de começar ou desenvolvem um debilitante senso de direito. É para essas pessoas que o sucesso se torna elusivo ou vago.

Infelizmente, alguns de meus respondentes parecem estar alimentando a hiena e se mostraram bastante confusos em relação ao significado de sucesso. Para eles, o fracasso em se tornar bem-sucedidos se tornou uma profecia autorrealizável. Essas pessoas até tentam perseguir seus sonhos, mas estão amaldiçoadas por sua própria negatividade e insegurança interna, o que desde o início já prenuncia o fracasso em suas empreitadas.

Mas, afinal, o que distingue aqueles que nutrem a águia dos que alimentam a hiena?

Foco

Como demonstra a história de Arnold Schwarzenegger, a chave para o sucesso para muitas pessoas está em realizar seus sonhos. Portanto, o primeiro passo essencial para cada uma delas é justamente decidir qual(is) é (são) esse(s) sonho(s) e o que de fato desejam da vida. A pior tragédia não está em não alcançar nossos objetivos, mas em simplesmente não possuí-los. Às vezes, por causa do grande poder dos processos inconscientes, leva algum tempo até que estejamos aptos a articular nossos sonhos.

Os executivos mais bem-sucedidos que tive a oportunidade de entrevistar geralmente demonstram uma considerável quantidade de percepção e imaginação. Eles se antecipam e criam um quadro mental daquilo que desejam alcançar, completando os detalhes conforme seguem adiante. Eles têm foco.

Persistência

Indivíduos bem-sucedidos também demonstram constância de propósito ao perseguir os próprios sonhos. Eles não esperam que o sucesso os alcance, mas o procuram ativamente. Como me disse certa vez um empreendedor: "O desejo é a chave para a motivação, mas é a determinação e o compromisso na busca pelos nossos objetivos que nos garantem o sucesso."

Todas as pessoas de sucesso com as quais já deparei se provaram extremamente persistentes. Elas jamais aceitaram "não" como resposta; elas nunca desistiram; elas possuíam a habilidade de se manter firmes mesmo quando todos os demais já haviam desistido. A persistência é crucial porque o sucesso em qualquer área exige muita prática. Por outro lado, não é apenas a prática que contribui para o sucesso, mas também o desejo de aprimorar esse talento e perseverar. Pesquisas recentes realizadas com indivíduos que alcançaram enorme sucesso demonstram que qualquer resultado positivo somente é obtido depois de dez mil horas de perseverança (Gladwell, 2009).1 A partir de minhas observações, indivíduos bem-sucedidos não apenas já sabem que terão de trabalhar duro, mas, com frequência, alcançam o sucesso por meio do fracasso – que, aliás, é um ótimo professor ao nos ensinar como fazer as coisas da maneira certa. Quando questionado sobre o fato de continuar tentando criar uma lâmpada mesmo depois de fracassar centenas de vezes, Thomas Edison respondeu: "Eu não fracassei em fazer uma lâmpada, eu fui bem-sucedido em descobrir centenas de maneiras de não fazê-la e, portanto, não precisarei tentá-las novamente." Então ele acrescentou: "Muitos fracassados são pessoas que desistiram sem se dar conta do quão perto estavam do sucesso." A vitória pertence aos mais persistentes!

O sucesso e o fracasso andam de mãos dadas e, na verdade, costumamos aprender mais com o fracasso que com o sucesso. Às vezes nos sentimos desapontados se fracassamos, mas certamente nos sentiremos pior se não tentarmos. Conforme escutava histórias de sucesso das pessoas, ficava evidente a frequência com a qual o sucesso estava associado com a habilidade de ir de fracasso em fracasso sem perder o entusiasmo. Em vários casos, o sucesso parecia uma questão de se manter na luta enquanto outros desistiam. "Não acho que teria me transformado no grande sucesso que sou atualmente se não tivesse sido demitido no início de minha carreira," disse um consultor administrativo de nível sênior. "É preciso que haja alguns desastres ao longo do caminho, ou perdemos o contato com a realidade."

A excelência é irmã da persistência. Indivíduos bem-sucedidos em geral fazem coisas comuns de maneira extraordinária. Elas abominam a mediocridade; querem ser as melhores no que fazem. Richard Branson me disse certa vez que desejava "se orgulhar do que fazia". Ele completou: "Costumo dizer aos meus colaboradores que não precisamos ser os maiores no setor, desde que sejamos os melhores. Quero que nossa empresa seja conhecida por seus produtos e serviços de qualidade. Onde quer que eu vá, sempre faço um esforço para transmitir essa mensagem. Tenho insistido bastante nisso."

Autocontrole

Benjamin Franklin disse certa vez: "Existem três coisas extremamente duras: o aço, o diamante e conhecer a si mesmo." Sem o autoconhecimento, ou seja, sem que compreendamos o modo como funciona nosso mundo interior, nos tornamos escravos de forças que estão além do nosso próprio controle. O sucesso real começa pelo autocontrole em relação aos nossos pensamentos. Embora nem sempre seja possível controlar o que acontece conosco, podemos monitorar nossas atitudes em relação ao que acontece conosco, e nos colocarmos em uma posição de autodomínio. Os vencedores são aqueles que acreditam que podem seguir adiante – ou que são bem-sucedidos em superar sentimentos de incapacidade.

A despeito de suas claras realizações, sejam elas de âmbito financeiro ou não, muitas pessoas bem-sucedidas já enfrentaram turbulências por causa de falta de autoconfiança e insegurança. Porém, elas foram preparadas para confrontar esse tipo de problema e fazer um esforço no sentido de atingir o autocontrole. "Tudo o que fiz em minha vida foi por temer a possibilidade de me tornar um joão-ninguém," comentou o CEO de uma empresa do setor de viagens. "O sucesso é, basicamente, um estado de espírito – se você quer se tornar bem-sucedido, precisa começar a pensar em si mesmo como um grande sucesso."

Em geral, a principal causa do fracasso humano está na falta de fé naquilo que podemos realizar. As pessoas podem se tornar extraordinárias quando começam a pensar que são capazes de grandes realizações. Barack Obama utilizou-se do poder desse artifício durante a campanha presidencial ao dizer aos cidadãos norte-americanos que a mudança era possível, independentemente do quanto a situação parecia ruim – a frase "Sim, nós podemos" não deixava espaço para dúvidas.

O PREÇO DO SUCESSO

Ironicamente, o sucesso já provocou o fracasso de muitas pessoas. Vejamos a seguir um exemplo do alto preço que um indivíduo teve de pagar por se tornar bem-sucedido.

> Bill Keenan,[5] CEO de uma empresa listada pela *Fortune 500*, era conhecido não apenas por ostentar uma atitude bastantes positiva – **'podemos fazer'** – como também por trabalhar de maneira compulsiva e raramente sair em férias. O fato de Bill lutar tanto pelo sucesso tinha a ver com seu verdadeiro terror pelo fracasso. Ele não queria ser igual ao pai, cuja carreira havia estagnado enquanto ocupava uma posição de média gerência em uma empresa de pequeno porte. A mensagem clara que Bill costumava receber de sua mãe, enquanto crescia era não se tornar como o pai, pois

---

[5] Nome disfarçado

seu cargo (de gestor médio) não era suficiente. O sucesso significava tornar-se o chefe de uma grande corporação. Às vezes Bill tinha a impressão que sua mãe o havia incumbido de uma missão impossível.

Depois de obter seu diploma, Bill foi contratado como estagiário por uma grande empresa multinacional. Logo ele foi considerado como uma estrela em ascensão, e, com apenas 30 anos, assumiu o comando de uma importante divisão da companhia. Em pouquíssimo tempo ele conseguir elevar a participação de mercado da empresa de 50 milhões de dólares para um bilhão de dólares. No final das contas, ele acabou se tornando o principal candidato para assumir o cargo do CEO que estava prestes a deixar a empresa.

Contudo, a despeito de todo esse sucesso, Bill sentia-se extremamente estressado. Ele estava se colocando sob imensa pressão para manter as aparências de que tudo ia bem, e, quando foi eleito para o cargo, seu nível de estresse cresceu de maneira exponencial. Para piorar a situação, depois de assumir a nova posição, ele experimentou uma sensação de desapontamento – era aquilo o que a vida tinha a lhe oferecer? Esse sentimento de vazio tornou-se mais um estressor para Bill, que passou a ter problemas para dormir e terríveis pesadelos. Ele enfrentava muita ansiedade sobre o fato de ser ou não bom o suficiente. Além disso, ele tendia a resistir de maneira obsessiva à ideia de lidar com o vazio interno. Será que a resposta estaria em adentrar uma nova competição? Haveria outro nível de sucesso que ele pudesse perseguir? Afinal, sempre haveria outros empregos de mais prestígio no mercado. Porém, será que isso implicaria em ainda mais pressão – e estresse?

Além do sentimento de vazio, Bill vivia em constante medo de perder o que havia conquistado. Às vezes ele até se perguntava se realmente era merecedor da posição que ocupava. Será que ele possuía as qualidades necessárias para o cargo? Seria ele capaz de exigir o respeito de seus colegas? Ele sabia que outras pessoas o invejavam e muitas gostariam de derrubá-lo.

O que à distância parecia um grande sucesso já não fazia com que Bill se sentisse confortável, e conforme o tempo passava, toda essa pressão começou a cobrar um alto preço do executivo. Bill se sentia cada vez mais vazio e exaurido. Ele estava praticamente no limite de suas forças, e pronto para cair em um abismo.

A única coisa que o ajudava a manter seu equilíbrio psicológico era eventualmente sair para passear com os três filhos – passar algum tempo com as crianças o ajudava a relaxar. Porém, ele se viu dramaticamente destituído desse alívio quando sua esposa anunciou que pediria o divórcio, decisão que, aliás, não o surpreendeu – Bill sabia que estivera envolvido demais consigo mesmo para dar ouvidos às reclamações de sua mulher. Depois de anos sendo ignorada, ela decidira que era hora de partir, afirmando que todo o dinheiro conquistado pelo marido não serviria como um substituto para falta de atenção. O que mais incomodava Bill era o fato de ela estar se mudando para o outro extremo do país, levando consigo as crianças.

Logo depois do anúncio, Bill sentiu palpitações no peito e sofreu um desmaio em seu escritório. Os médicos ordenaram-lhe que saísse em férias, então, Bill persuadiu os membros do conselho diretivo de que tivera um problema nas costas e que precisaria tirar dois meses de licença. Porém, isso não o ajudou. Ao retornar ao trabalho 60 dias depois, sua depressão também voltou. Os antidepressivos já não faziam muito efeito, então o clínico geral que o atendia sugeriu que Bill procurasse um psicoterapeuta. Embora inicialmente relutante, ele acabou percebendo que não teria outra escolha.

Bill considerou a oportunidade de conversar com alguém sobre seus medos e ansiedades extremamente útil. As sessões com o profissional o ajudaram a perceber o quanto sua identidade e autoestima haviam sido construídas sobre uma infinidade de sucessos percebidos. Ele finalmente compreendeu sua necessidade persistente e inconsciente de mostrar para sua mãe o quanto ele era bem-sucedido profissionalmente. Ele percebeu que ambos haviam conspirado para que ele alcançasse uma missão impossível que não lhe pertencia – tornar-se melhor que o pai –, mas que o impulsionava de maneira incessante.

Bill percebeu que precisava aprender o que era importante para ele, não para os outros. Encorajado por seu terapeuta, ele decidiu se inscrever em meu seminário para executivos de nível sênior. Estar ao lado de outros CEOs em um ambiente que enfatizava a confiança, a cooperação e o feedback construtivo ajudou Bill a compreender que ele não estava sozinho em sua angústia. Havia outras pessoas enfrentando problemas similares. O que também o auxiliou foi o fato de entender que nenhum sucesso ou fracasso é necessariamente permanente. O aprendizado por meio dos exemplos apresentados e a possibilidade de ouvir as palavras dos demais participantes tornaram-se uma poderosa experiência para ele, e o colocaram em uma jornada de recuperação. O intercâmbio com os colegas e com os responsáveis pelo seminário também ajudaram a esclarecer suas reais necessidades pessoais. Sua participação nos corajosos diálogos do evento contribuiu para elevar sua autoconfiança e fazê-lo acreditar que ele realmente era um profissional competente.

Como demonstrado na história de Bill, há certamente um lado ruim para o sucesso. Seja qual for o objetivo alcançado, para algumas pessoas isso não será satisfatório. Elas imediatamente estabelecerão novos alvos. "Não há um ponto em que se possa dizer, 'Bem, eu cheguei lá e posso agora relaxar,'" comentou um consultor de nível sênior. "Em contrapartida, a questão mais complicada em relação ao sucesso é o fato de você estar obrigado a seguir em frente. É como caminhar em uma esteira. Assim que alcança um objetivo é preciso estabelecer um novo.' George Bernard Shaw costumava dizer que temia o sucesso: "Tornar-se um homem bem-sucedido significa que você já terminou suas tarefas na terra. É como uma aranha macho que é imediatamente morta pela fêmea depois da cópula. Prefiro a transformação contínua, em que os objetivos estão sempre à minha frente, não às minhas costas."

De maneira interessante, outra consequência do sucesso pode ser o senso de fracasso que surge quando percebemos que já atingimos nosso objetivo: o que denomino síndrome de Fausto.[6]

A Síndrome de Fausto

De acordo com o poeta Joachim Du Bellay, "Felizes os homens que, como Ulisses, realizaram viagens tranquilas, ou, como os argonautas, recuperaram o velo dourado,[7] e então, providos de mais experiência e conhecimento, retornaram às suas casas para passar o resto de suas vidas com suas famílias!" Porém, a *Odisseia* de Homero não nos conta muito sobre o que aconteceu depois que Ulisses retornou. Como já questionado no último capítulo do volume 2 dessa série, será que ele ficou feliz em sentar-se em seu trono e passar o resto da vida sem nada o que fazer? Teria seu desejo de explorar novos destinos finalmente sido aplacado? Considerando as informações que temos a seu respeito, penso que não. Afinal, o fato de deixar no passado todas as suas aventuras, pode perfeitamente tê-lo deixado desiludido e deprimido – uma presa fácil para a síndrome de Fausto.

Tal condição se refere àquilo que Nietzsche descreveu como a **"melancolia da tarefa cumprida,"** que sugere um estado em que nos sentimos como se já tivéssemos alcançado tudo o que é possível, e já não existisse nada mais pelo que lutar. Tal estado evoca sentimentos melancólicos que, se não forem devidamente tratados, poderão contribuir para ações irresponsáveis na medida em que tentarmos evitar o surgimento de uma depressão. Atingidos simultaneamente por forças internas e externas, os executivos bem-sucedidos estão especialmente vulneráveis a essa síndrome.

---

[6] Também conhecida como "bulimia intelectual", essa condição está associada à necessidade de o indivíduo constantemente conhecer coisas novas. O nome síndrome de Fausto é uma alusão ao personagem Fausto, da obra de mesmo nome, e à sua amarga lamentação. (N.T.)

[7] Também chamado de **velocino de ouro.** Na mitologia grega, trata-se da lã dourada do carneiro alado Crisômalo, que, segundo a lenda, teria sido resgatado pelos argonautas durante sua expedição à Cólquida. (N.T.)

LIÇÕES DE SUCESSO

Compreender nossos próprios indicadores de sucesso poderá nos ajudar tanto em nossa vida pessoal como profissional. Ao examinar as várias facetas do sucesso, torna-se mais fácil compreender o que nos faz sentir bem-sucedidos. Analisando nossos roteiros internos e verificando como eles afetam nossos sentimentos de sucesso, podemos decidir se a direção que estamos seguindo representa realmente nosso próprio norte, ou se permitimos que outros escolham nossos caminhos. E uma vez que conheçamos a nós mesmos, poderemos começar a entender o que impulsiona outras pessoas, canalizando nossa energia de maneiras positivas.

Os respondentes desse estudo tiveram surpresas ao longo de sua trajetória para o sucesso. Em vários casos, ele não se materializou do modo como originalmente esperavam. Como essa discussão sugere, as pessoas encontram sucesso no trabalho, nas coisas materiais, nos relacionamentos, e/ou autoestima ou valor próprio. Alguns indivíduos sentiram-se bem-sucedidos ao ganhar dinheiro, enquanto outros perceberam o próprio sucesso somente quando tiveram a oportunidade de ajudar os menos favorecidos. Porém, no geral, os participantes pareceram mais motivados quando trabalhavam em prol de objetivos desafiadores, alcançáveis e de significância pessoal. Com o passar do tempo, a maioria descobriu que o sucesso não é um alvo fixo.

Em última análise, o verdadeiro sucesso para muitos desses executivos está mais ligado àquilo que fizeram pelos outros que a bens materiais que tenham conseguido para si mesmos. Ao buscarem a felicidade alheia, muitos desses indivíduos encontraram não somente o sucesso para si próprios, mas um profundo senso de satisfação e contentamento ao perceber que haviam feito alguma **diferença positiva em nosso mundo**. Esse forte sentimento de bem-estar pode significar que o sucesso de qualquer indivíduo somente poderá ser medido por meio do impacto causado sobre a vida dos outros. Há fortes argumentos que defendem a ideia de que ninguém é realmente bem-sucedido até que tenha feito algo por outra pessoa que não possa retribuir a ação.

Minha pergunta final no processo de entrevista objetivou descobrir o que os executivos fariam se não pudessem fracassar. Tal questão fez com que todos pensassem muito sobre o tema e, então, oferecessem inúmeras respostas. Muitos discorreram sobre arrependimentos – outras carreiras que teriam escolhido se não tivessem se sentido coagidos por familiares e pela própria sociedade a fazer escolhas diferentes. Outros fantasiaram sobre o que teriam feito e trouxeram à tona algumas ideias bem interessantes – algumas das quais, como também perceberam, ainda poderiam ser colocadas em prática. Embora ninguém tenha condições de voltar ao passado para recomeçar, é perfeitamente possível fazê-lo a partir do presente e obter um final completamente novo. Mas é claro que sempre poderemos seguir o velho conselho de Orson Welles: **"Se desejar um final feliz, saiba, é claro, que isso dependerá de onde terminar sua história."**

CAPÍTULO 12

O *COACHING* QUE LEVA AO ESTRELATO: COMO IDENTIFICAR E DESENVOLVER INDIVÍDUOS DE ALTO DESEMPENHO

"Para ser bem-sucedido na vida é preciso possuir duas características: ignorância e confiança."
— Mark Twain

"Tente não se tornar um homem de sucesso, mas de valor. Em nossos dias, considera-se bem-sucedido aquele obtém mais da vida do que aquilo que investe nela. Contudo, o homem de valor é aquele que oferece mais do que recebe."
— Albert Einstein

"Quero me manter o mais próximo possível da fronteira, sem cruzá-la. Afinal, a partir dali é possível ver tudo o que acontece no mundo, o que seria impossível se me mantivesse no centro."
— Kurt Vonnegut

"Kõan: substantivo masculino: Narrativa paradoxal ou enigma sem solução utilizado no zen budismo para demonstrar a inadequação do raciocínio lógico e conduzir à súbita iluminação intuitiva."
— Oxford English Dictionary (tradução livre)

O ZEN DO ESTRELATO

Sempre gostei de *kõans* – esses instrumentos de aprendizado tão desconcertantes, desafiadores, às vezes irritantes e sempre intelectualmente intrigantes que na tradição zen são o caminho para a iluminação. Talvez isso ocorra pelo fato de que, em meu papel como psicanalista, eu seja capaz de vislumbrar paralelos entre a relação mestre-aluno no zen budismo e o processo de intervenção psicanalítica. Por exemplo, uma dos *kõans* mais famosos é: "Qual é o som de uma mão batendo palmas?" É claro que a resposta é óbvia. Costumo utilizar o material que meus clientes me apresentam de maneira similar, embora eu provavelmente conduza-os de maneira mais evidente. Em uma intervenção, praticamente qualquer coisa pode ser usada como um *kõan* – partindo do significado essencial de um termo, quebra-cabeças ou enigma que contenha a chave para uma realidade mais profunda. Nos ensinamentos zen, os *kõans* são usados para abrir a mente das pessoas para alternativas em relação às respostas habituais para os desafios que enfrentamos no dia a dia.

Vejamos um exemplo. Uma cliente contou-me sobre os problemas que tinha de encarar com uma colega de trabalho. "O simples fato de estar na mesma sala que ela já me deixa irritada. Assim que ela abre a boca eu sinto que começo a ferver por dentro. Embora eu não seja a única a considerá-la uma pessoa desagradável, sei que minha reação é desproporcional. Sinto-me absolutamente enlouquecida quando estou ao lado dela", relatou essa cliente.

Então comecei com um pergunta conducente e direta: "O que tal situação a faz lembrar?" Ela revelou que a colega em questão é "preguiçosa," mas sempre "acaba se safando", enquanto seu próprio desempenho ("Jamais perco um único prazo e, além disso, a última vez que sai de férias foi há 3 anos") passa despercebido. "Talvez eu a inveje," disse.

Então perguntei: "Será que isso a faz recordar de alguma outra situação? Que papel a raiva desempenha em sua vida?" Estas perguntas criaram um *insight*. Ela percebeu que sua raiva desproporcional da colega ecoava o ódio que costumava sentir quando ainda criança por causa do aparente favoritismo que os pais demonstravam em relação a sua irmã charmosa, porém irresponsável. Neste caso, utilizei-me dos sentimentos de raiva e de inveja da própria cliente como uma espécie de *kõan*. Depois que ela conseguiu decodificar sua ira descomunal pela colega e chegar à verdadeira origem daquele mal, ela finalmente percebeu qual era a verdadeira fonte de seu sofrimento.

Alguns *kõans* tradicionais são irritantemente obtusos. Pode ser útil recontar uma história atualizando seu contexto. Veja, por exemplo, um dilema clássico intrigante apresentado por um *kõan*, em um cenário renovado. O presidente-executivo de uma empresa era notório por proteger excessivamente seu território. Ultrapassar suas linhas de defesa era uma ação muito perigosa. Sabendo disso, os altos executivos que trabalhavam na companhia o faziam por sua conta e risco; ao longo do tempo, vários tentaram e acabaram sendo demitidos. Porém, o presidente da empresa possuía um lado ao mesmo tempo brincalhão e sádico. Aqueles que ousassem transpor seu território seriam demitidos de maneira sumária, mas, de certa forma, podiam se arriscar a sair sem qualquer indenização ou receber um pacote indenizatório ainda melhor que o vigente (com vários benefícios). Isso dependeria do que dissessem e do modo como se expressassem. Se, por exemplo, eles mentissem em resposta a uma pergunta, seriam exonerados imediatamente sem receber nada. Contudo, se dissessem a verdade, teriam direito a sair em circunstâncias favoráveis. Ao encarar tal situação, a vítima mais recente pensou por algum tempo e disse: "Prefiro ser demitido de maneira sumária."

Diante de um enigma tipo *kõan*, o esperto executivo resolveu utilizar-se de outro para enfrentar o presidente. Como o presidente lidaria com a situação desconfortável que aquela resposta significava? Se ele demitisse o executivo na hora, suas próprias regras seriam quebradas, uma vez que o funcionário não mentiu. Todavia, naquela circunstância suas próprias regras também seriam desrespeitadas se o rapaz saísse com benefícios. Considerando a maneira como o executivo conseguiu reverter a situação e colocar o próprio presidente (chairman) em um dilema, talvez o melhor a fazer fosse manter aquele profissional que se mostrou tão capaz de lidar com charadas. Aquela era, sem dúvida, uma **estrela em ascensão**.

Ao longo do tempo tenho observado que, com frequência, estrelas organizacionais são um verdadeiro estudo de caso na arte do paradoxo. Elas demonstram inúmeros padrões comportamentais contraditórios; sem percebê-los de modo consciente, sendo verdadeiros mestres do *kõan*, uma vez que sua conduta é sempre mais complexa e repleta de nuances que o percebido inicialmente. Contudo, seu comportamento paradoxal é exatamente o que os torna tão bem-sucedidos. O *kõan* é o verdadeiro caminho para a profunda compreensão de como essas pessoas realmente são.

Entretanto, não é tão fácil identificar uma estrela nascente, até porque nem sempre temos certeza sobre o que de fato estamos buscando. Alguns podem nos impressionar como "larvas douradas", mas jamais se transformarão em borboleta. Outros conseguirão. Mas o que afinal transforma os que de fato se metamorfoseiam em criaturas tão especiais e bem-sucedidas? Que força misteriosa os torna profissionais tão bons? Seriam tais qualidades identificáveis ou estaríamos perdendo nosso tempo tentando encontrá-las? Seria pura sorte ou as conexões desses indivíduos que os levam ao topo? Seriam eles apenas as pessoas certas, no lugar correto e no momento adequado?

Através das lentes clínicas que utilizo para estudar milhares de executivos bastante bem-sucedidos, posso verificar que o estrelato não é meramente uma questão de sorte, mas de escolha; mais ainda, é uma questão de causa e efeito. Embora a sorte possa ser um fator a se considerar, ela não nos oferece uma explicação suficiente. Alcançar sucesso não é como jogar na loteria. Para as estrelas o velho ditado "Quanto mais trabalho mais tenho sorte" contém mais que uma pitada de verdade. A sorte é uma combinação entre preparo e oportunidade. As histórias que ouço dos profissionais de alto nível sugerem que sua "sorte" possa ser ajudada e aprimorada em conseqüência do seu próprio *modus operandi*, já que essas pessoas se arriscam mais e demonstram mais iniciativa. Elas geralmente elas se esforçam muito e se preparam bastante antes de se tornarem "sortudas." Milhares e milhares de horas de prática as ajudam a atingir o estrelato. Como disse o eminente cientista Louis Pasteur: **"A sorte favorece a mente preparada"**. Os profissionais de alto desempenho estão prontos para agarrar qualquer oportunidade que apareça em seu caminho. Ou como me confidenciou uma estrela: "Demorou vinte anos de trabalho duro para que eu me tornasse um sucesso da noite para o dia." Portanto, precisamos despertar nossa sorte!

O estrelato também não é meramente uma questão de possuir as conexões certas. Isso pode ser bastante útil, mas inúmeros indivíduos muito bem conectados acabam se mostrando bastante malsucedidos. O que essas histórias nos mostram é que o sucesso não é algo que se possa considerar como garantido, tampouco pelo qual se deva esperar de braços cruzados; ele precisa ser alcançado por meio do esforço. A maioria das estrelas atingiu o topo porque sabia exatamente como fazê-lo.

Particularmente acredito que o que diferencia as estrelas de outras pessoas é seu estilo operacional paradoxal. Esses indivíduos são contradições ambulantes; eles têm um talento todo especial para lidar com as incongruências e sabem como reconciliar lados opostos. Eles possuem a capacidade de administrar ideias e objetivos que, embora necessários, são conflitantes. Eles ostentam a habilidade criativa de conciliar orientações de curto e longo prazo, ações e reflexões, extroversão e introversão, otimismo e realismo, controle e liberdade, pensamentos holísticos e atomísticos, competências técnicas *(hard skills)* e sociais/comportamentais *(soft skills)*. Além disso, essas pessoas são ótimas em criar visões do futuro; elas possuem uma alta dose de inteligência emocional, assumem riscos calculados, se responsabilizam por suas ações, ostentam enorme tenacidade e energia e fazem o possível para manter algum tipo de equilíbrio entre a vida profissional e pessoal (embora, em geral, não alcancem muito sucesso nessa última empreitada).

As estrelas buscam sempre o que não é familiar – são curiosos, imaginativos e perspicazes; possuem uma grande variedade de interesses e estão abertos a novas experiências. Elas gostam de brincar com novas ideias e consideram a rotina entediante; elas toleram muito bem a ambiguidade e se sentem preparadas para tentar novos caminhos apenas por serem diferentes dos tradicionais. E o mais importante é o fato de seu comportamento ser contagioso – outros seguirão seus exemplos. Considerando o tipo de mentalidade das estrelas, pode-se dizer que essas pessoas oferecem àqueles que trabalham ao seu lado a oportunidade de experimentarem coisas novas, em vez de adotarem sempre as mesmas receitas. Elas estão dispostas a oferecer a seus colaboradores o benefício da dúvida e inúmeras chances para que demonstrem toda a sua capacidade. Mas, acima de tudo, esses indivíduos estelares são criativos e querem não apenas ter a liberdade para explorar, mas também a autoridade para avaliar e testar novamente o que quer que encontrem. As estrelas conseguem tomar decisões rapidamente, mas podem também se mostrar extremamente cautelosas. São ao mesmo tempo rebeldes e conservadores, travessos e responsáveis, ponderados e proativos. Elas gostam de ser sociáveis, mas sabem que precisam permanecer algum tempo sozinhos; são amplamente imaginativas, mas mantêm um sólido senso de realidade. Elas sabem como lidar com pensamentos convergentes e divergentes.

O **pensamento convergente** é aquele que envolve a solução de um problema bem definido e de caráter racional, cuja resposta adequada é única. Já o **pensamento divergente** não está voltado diretamente para a busca de soluções. Ele visa fazer com que as pessoas deixem suas zonas de conforto e rotinas confortáveis e procurem algo novo. Ambos os estilos de pensamento são usados na solução de problemas, e complementam um ao outro. A imaginação que acompanha o pensamento divergente é equilibrada pela crítica seletiva comum do pensamento convergente. As estrelas possuem a habilidade de mudar de um modo operacional para o outro, praticamente sem qualquer esforço. (Para uma descrição de um líder empresarial fora do comum, veja o Quadro 12.1).

> **Quadro 12.1**
>
> Mahatma Gandhi disse certa vez: "A melhor maneira de encontrar a si mesmo é colocar-se a serviço dos outros." Este pode ser o lema de Narayana Murthy, conhecido não apenas por ter construído o maior império tecnológico da Índia, mas também por sua grande simplicidade como ser humano. Com sua visão inovadora sobre o real significado de liderança, o principal mentor e chefe-executivo da Infosys consegue sobrepujar inúmeros outros líderes empresariais. Ele representa um modelo irrepreensível para a maioria dos líderes – um indivíduo de vários paradoxos. Embora Murthy talvez não goste de admiti-lo, ele certamente se encaixa na definição de estrela.
>
> Temos aqui um líder que sabe perfeitamente que as pessoas **trabalharão por dinheiro,** mas **morrerão por uma causa;** um homem que sabe como separar a necessidade da ganância, e não deseja se tornar o homem mais rico do cemitério; alguém que – a despeito de sua simplicidade, e talvez até por causa dela – foi considerado pela revista *Time* como um dos heróis asiáticos responsáveis pelas mudanças revolucionárias que ocorreram na Ásia nos últimos sessenta anos (A lista também inclui nomes como Mahatma Gandhi, o dalai lama e madre Tereza de Calcutá).
>
> Murthy fundou a Inflosys ao lado de seis outros profissionais do setor de software, e ocupou o cargo de CEO fundador ao longo de 21 anos. Sob sua liderança, a Infosys se tornou a primeira empresa indiana a encontrar uma colocação na bolsa de valores norte-americana. Todavia, Murthy pode ser tudo, menos um *nerd* da informática. Ele é um homem de várias facetas. Seu estilo de liderança é paradoxal. Ele é introvertido, mas pode se mostrar absolutamente passional ao deparar com algo em que acredite muito. Ele é cuidadoso ao assumir riscos, um homem de reflexão, mas também de muita ação, acostumado a pensamentos holísticos e atomísticos. Em sua mente os pensamentos convergentes e divergentes surgem naturalmente. Ele irradia positivismo e realismo. Como líder empresarial está comprometido com o capitalismo compassivo, não o parasita. Por causa de sua liderança, a Infosys mantém intocados valores específicos como: **trabalho árduo**, **práticas éticas** e **comprometimento**.
>
> Para criar confiança na liderança (algo que não é tão óbvio na sociedade contemporânea), Murphy advoga pelos seguintes conceitos: uma **vida simples**, **decência humana**, **respeito** e **justiça**. Ele sempre se mostrou comprometido em apresentar ao mundo algo que fosse meritório, exemplar e honesto. Ele sempre quis que a Infosys fosse um lugar em que pessoas de diferentes nacionalidades, raças, gêneros e religiões pudessem trabalhar lado a lado em um ambiente que, a despeito da intensa competitividade, estivesse envolto em harmonia, cortesia e dignidade, e agregasse cada vez mais valor

a seus clientes. Murthy também ostenta uma atitude incomum em relação à criação de riqueza. Ele distribuiu os lucros da companhia entre todos os empregados por meio de um programa de opção de compra de ações, e adotou o sistema de melhores práticas de governança corporativa. Ele acredita firmemente que a menos que a Infosys tivesse um mecanismo para transformar seus empregados nos maiores acionistas da empresa, seria difícil para a organização crescer. Seu principal objetivo sempre foi fazer da Infosys a empresa mais respeitada da Índia – não apenas criando riqueza, mas oferecendo um trabalho significativo.

A prioridade de Murthy foi criar um sonho valioso para todos; criar **significado**. Ele é atualmente uma das pessoas mais ricas da Índia, mesmo assim, não possui jato ou iate particular, e ainda mora na mesma casa em que vivia quando fundou a Infosys. Sua esposa afirma: "Murthy e eu nos sentimos absolutamente confortáveis com o estilo de vida que temos, portanto, não vemos necessidade de alterá-lo." Ambos alegam que a maior parte de sua riqueza não lhes pertence; grande parte irá para causas beneficentes e instituições filantrópicas.

Murthy acredita bastante na equação: **"ganhar, aprender e devolver"**. Ele se preocupa muito com o maior bem-estar de todos. Para ele, o comportamento ético é essencial – ele tem muita fé na vitória do moral sobre o imoral, e da verdade sobre a inverdade. Graças a seus esforços, tais fatores culturais fazem parte do DNA da própria Infosys. De acordo com Murthy, o **desempenho** leva ao **reconhecimento**. Este gera **respeito** que, por sua vez, expande o **poder**. A **humildade** e a **generosidade** que habitam o **poder** elevam a **dignidade** da **organização**.

Responsabilidade social também é um assunto importante para Murthy. Em 1996, a Infosys criou a Infosys Foundation (Fundação Infosys), dirigida por sua esposa, Sudha Murthy. O objetivo da fundação é oferecer apoio e encorajar setores menos privilegiados da sociedade. Para Murthy, o verdadeiro poder do dinheiro está justamente em poder distribuí-lo. Não surpreende o fato de Murphy ter sido agraciado com um número extraordinário de prêmios, incluindo mais de 26 títulos de doutorado honorário recebidos de universidades de todo o mundo. Por conta de suas contribuições para o mundo em que vivemos atualmente, ele tem se mostrado um excepcional agente de mudança.

Para que tenhamos uma ideia da filosofia de gerenciamento adotada por Murthy, veja a seguir o texto de um *e-mail* enviado por ele aos funcionários da Infosys em 31 de maio de 2008.

"São 20h30min, mas as luzes do escritório ainda estão ligadas [...] Os computadores e as máquinas de café ainda estão a pleno vapor [...] Mas quem está trabalhando? Alguns espécimes do gênero macho da raça humana

> [...] *Observando de perto, vejo que todos ou muitos são solteiros [...] Mas por que eles estão aqui até tão tarde? Trabalhando tão duro? Alguma ideia? Por que não perguntamos a um deles [...] Veja o que ele diz [...] O que há para fazer ao chegar em casa [...] Aqui podemos surfar na Internet, usar o telefone, comer, tomar café. É por isso que trabalho até tarde [...] Ah, o mais importante, o chefe não está! [...] Este é o cenário na maioria dos centros de pesquisa e das empresas de software do exterior. Mas, afinal, quais seriam as consequências de tudo isso? [...]Trabalhar até tarde logo se transforma em parte da cultura da empresa. Neste caso, os chefes estarão cada vez mais ávidos para apoiar os que adotam essa prática [...] Mas esses indivíduos não estão contribuindo [...] Logo os chefes começarão a esperar que todos os funcionários permaneçam mais horas no escritório. Portanto, meus caros solteiros, permitam-me que lhes diga algo importante: a vida muda quando nos casamos e, conforme temos nossa própria família [...] a empresa deixa de ser a prioridade [...] Agora é a família que vem em primeiro lugar [...] E é justamente aí que os problemas começam [...], pois o indivíduo começa a ter compromissos em casa também. Para o chefe, aquele funcionário que se mostrara tão aplicado até então passará a ser visto como o sujeito que não dá o sangue pela empresa, mesmo que ele tenha ficado uma hora depois do horário regular e realizado todo o trabalho que lhe cabia. Indivíduos que saem do trabalho na hora certa depois de terminarem suas funções são então taxados de "desertores" [...] Então qual seria o moral da história? É óbvio: Saiam no horário correto! Nunca permaneçam no serviço além do horário, a menos que isso seja 'estritamente necessário'. Não o faça de maneira desnecessária, pois acabará contribuindo para corromper a cultura da empresa, o que posteriormente poderá causar inconvenientes tanto para você mesmo quanto para seus colegas. Existem milhões de coisas para se fazer durante a noite. Aprenda música, estude uma língua estrangeira, dedique-se a um esporte. Mais importante, arrume uma namorada ou namorado e leve-a (o) para passear na cidade [...] Aceite a sugestão oferecida pela campanha da Smirnoff: 'A vida está chamando, onde está você?'* **As pessoas que regularmente ficam até tarde no escritório não sabem administrar o próprio tempo. Bem simples, não é!"**

Murthy é realmente um **homem de paradoxos**; ele sabe perfeitamente que, mais que qualquer doutrina, os exemplos são muito mais capazes de mover o mundo (Agrawal e Ket de Vries, 2006; Murthy, 2009a 2009b).

IDENTIFICANDO A QUALIDADE DE ESTRELA

A boa notícia para qualquer um que aspire ao estrelato, ou que esteja apenas observando as estrelas, é que indivíduos de alto desempenho podem ser criados, ou seja, eles não nascem prontos. Sem desconsiderar totalmente o poder da natureza, o aprendizado certamente exercerá influência significativa. As ações de desenvolvimento por parte dos melhores profissionais pesam muito em seu progresso pessoal. Isso não significa que se tornar uma estrela implica em embarcar em um processo de desenvolvimento tardio. É fato que quando somos jovens nossa personalidade é bastante maleável e as experiências que enfrentamos nessa fase são muitos fortes, contudo, desde que exista uma base sólida, atividades mais tardias também ajudarão a criar estrelas, afinal, muitos de seus fatores psicológicos e de suas características comportamentais podem ser aprendidas.

Nosso ponto de partida é compreender o que torna as estrelas diferentes. Quais são os fatores que as tornam profissionais de alto desempenho? Esclarecer esse ponto nos ajudará a projetar jornadas de aprendizado mais adequadas e a nos tornarmos mais eficientes em selecionar, atrair e treinar futuras estrelas.

Tenho estudado profissionais de alto desempenho ao longo de trinta anos. Particularmente, o seminário de um ano para CEOs desenvolvido no INSEAD (descrito no Capítulo 10) me ofereceu um quadro psicológico profundo e holístico desses indivíduos, além de garantir inúmeras informações valiosíssimas e a oportunidade de observar essas estrelas em um ambiente bastante pessoal. O uso de instrumentos de coleta de dados em 360 graus também me ajudou bastante no sentido de reunir informações (feedback oferecido por colegas de trabalho, familiares – incluindo crianças – e amigos) sobre a personalidade e os padrões comportamentais dos participantes do seminário.

Esse tipo de conhecimento é fundamental, já que um dos desafios do século XXI é justamente identificar e desenvolver indivíduos de alto desempenho que não apenas se mostrem bem-sucedidos na atualidade, mas que estejam aptos a criar e liderar as organizações de nível internacional no futuro. Embora alguns líderes saibam "intuitivamente" várias características importantes que diferenciam as estrelas dos demais empregados, eles geralmente partem do pressuposto de que o estrelato é inato. No entanto, é possível que minhas observações ajudem evidenciar alguns dos mitos comuns sobre as estrelas e, ao mesmo tempo, nos faça aceitar suas qualidades paradoxais, muitas das quais não surgem naturalmente. Sempre haverá pessoas com mais talentos que outras, porém, acredito que seja viável desenvolver todo ser humano, tornando-o cada vez melhor.

Como um alerta, devo acrescentar que não estou sugerindo que os líderes instalem uma espécie de cama de Procusto[1] para que todas as estrelas em potencial se encaixem nela. Executivos bem-sucedidos aparecem em várias formas e tamanhos. Embora indivíduos de sucesso tenham várias qualidades em comum, o contexto é muito importante. Assim como não existem bebês sem progenitoras, também não existem estrelas sem constelação. O estrelato depende muito da complexa interface que abriga essas estrelas, os vários tipos de pessoas com as quais elas trabalham e o contexto em que todos convivem (tais como a cultura organizacional e nacional, o setor, o ciclo de vida da empresa e a situação da economia). Porém, gostaria de tentar identificar algumas das qualidades paradoxais que distinguem estrelas de outras pessoas ao observar alguns conceitos específicos: o narcisismo, a extroversão, o autogerenciamento, a inteligência, a assunção de riscos, a tenacidade e a reflexão.

Narcisismo

Como já apontei nos dois volumes anteriores dessa série, o narcisismo tem recebido críticas ruins.[2] Mas será que ele é sempre nocivo? Não penso assim. Todos nós precisamos de um pouquinho de narcisismo para funcionarmos bem. Dois fatores que importam bem mais são a quantidade e a intensidade de nossa predisposição narcisista. Quanto seria considerado pouco ou demais? Portanto, como tudo em nossa vida, trata-se apenas de uma questão de grau.

O narcisismo é apenas um espectro da condição humana, que abriga o comportamento sadio em uma das extremidades e o disfuncional na outra. Do lado positivo, o narcisista é extrovertido e seguro; é o tipo de indivíduo que funciona bem sob pressão. Seu senso de valor pessoal e de autoestima o ajuda a reconhecer seus limites, suas vantagens e suas falhas, e a saber exatamente quando se expressar. O narcisista saudável mantém uma clara distinção entre o que ele é e aquilo em que deseja se transformar.

---

[1] Procusto, cujo significado é "o estirador," foi o apelido dado a Damastes, um personagem da mitologia grega. Segundo a história, ele vivia em Ática e tinha uma ideia fixa: todas as pessoas deveriam ter o seu tamanho. Ele costumava aguardar por viajantes cansados que passavam pelas estradas e os convidava para repousar em sua casa. Lá, ele os forçava a deitar em sua cama. Se a pessoa fosse mais alta, **cortava-lhe o excesso;** se fosse mais baixa, esticava-a até que alcançasse o comprimento desejado. (N.T.)

[2] Kets de Vries, M.F.R. (2009b) *Reflexões sobre Caráter e Liderança* (Artmed, 2010) Kets de Vries, M.F.R. (2009c) *Reflections on Leadership and Career Development (Reflexões sobre Liderança e Desenvolvimento Profissional),* Chichester: John Wiley and Sons Ltd.

Em contrapartida, o narcisista disfuncional praticamente não possuiu um senso natural de valor e autoestima. O motivo pelo qual se tornou dessa maneira está ligado à natureza do *feedback* que recebeu durante a fase de crescimento. Se esse *feedback* não é bom o suficiente, poderá causar sérias repercussões. Essa pessoa poderá então se tornar faminta de "suprimentos narcisistas." Sem um público que o aclame, esse indivíduo se sentirá morto por dentro, o que explica seus hábitos predatórios, sua incessante busca por gratificações narcisistas.

Sendo assim, enquanto certo grau de autoconcentração é comum entre os indivíduos altamente motivados, o **mito grego de Narciso** nos mostra que um caso de amor por si mesmo poderá levar a um fim trágico. O diagnóstico clínico do narcisismo elabora sobre esse ponto, descrevendo os narcisistas como criaturas extremamente egoístas, com um senso exagerado de presunção e uma necessidade exibicionista de atenção e admiração; eles contam ainda com um forte senso de direito, com uma tendência a explorar relações interpessoais e ainda com uma falta de empatia pelos outros.

Narcisismo construtivo e reativo – Como já descrito anteriormente, o desenvolvimento de uma disposição narcisista abriga uma história complexa. Em muitos de meus trabalhos anteriores fiz uma distinção entre o **narcisismo construtivo** (saudável) e o **reativo** (não saudável). O primeiro se desenvolve na criança em fase de crescimento como um resultado de pais que trabalham no sentido de criar um bom equilíbrio entre a receptividade dos filhos em relação aos outros e a atenção autodirecionada. Quando adultos, os narcisistas construtivos possuem as habilidades de distinguir entre a fantasia e a realidade, aceitar limites e identificar-se com os outros.

Em contrapartida, as formas reativas do narcisismo possuem uma origem bem diferente e podem causar resultados bastante distintos. Diferentemente do que ocorre com os narcisistas construtivos, os reativos recebem mensagens confusas e inconsistentes de seus pais. Portanto, não devemos nos surpreender se, depois de serem informadas do quanto são maravilhosas, essas crianças (e, posteriormente, esses adultos) começarem a se considerar absolutamente perfeitas. Contudo, tais mensagens de indução ao erro somente contribuem para um estado de confusão e ilusão. Do mesmo modo, quando crianças são protegidas do fracasso e das consequências de suas ações, elas podem passar a se considerar infalíveis, o que também lhes trará consequências bastante negativas.

Há também os pais que jamais dão aos filhos o devido encorajamento (ou o fazem da maneira bastante inconsistente). Esse estilo de criação poderá contribuir para gerar nas crianças uma predisposição para o narcisismo reativo. Os sentimentos de incerteza e insegurança poderão levar os infantes a um desespero constante de serem notados e reconhecidos. Seus sentimentos de merecimento poderão se tornar tão intensos e difusos que eles se tornarão indivíduos bastante **exigentes**, **egoístas** e até **agressivos**.

E apenas para tornar a situação ainda mais complexa, existe um grupo de narcisistas reativos que não acabam assim. Conforme essas pessoas crescem, elas são capazes de superar o espelho imperfeito ao qual foram expostas. Em um esforço para encontrar um caminho mais construtivo de lidar com as magoas da infância, esses indivíduos originalmente narcisistas reativos são capazes de refrear suas necessidades narcisistas, reduzindo-as a níveis mais realistas. Eles conseguem controlar seus sentimentos de inveja, ciúmes, raiva e também seu espírito vingativo, e ir de encontro à reparação.

O narcisismo como força motriz – Às vezes é difícil distinguir entre a autoestima saudável e o narcisismo disfuncional. Descobri que um número substancial de estrelas são narcisistas construtivos (ou reativos, que aprenderam a modificar o próprio comportamento). Com seu senso positivo de autoestima, eles se sentem bem como são, possuindo autoconfiança e capacidade. Essas pessoas possuem um senso próprio de limites e conseguem apreciar suas próprias realizações de maneira proporcional e realista.

Uma quantidades razoável de narcisismo serve, portanto, de combustível para o motor motivacional de indivíduos de alto desempenho: essas pessoas se sentem capazes de superar quaisquer obstáculos e de enfrentar quaisquer desafios. Porém, a despeito de seus sucessos elas sabem como controlar o próprio ego; por estarem perfeitamente cientes de que não sabem tudo na vida, elas mantêm um senso de humildade e se mostram eternos aprendizes. Quando recebem feedback, são capazes de atentar para suas falhas e agir no sentido de corrigi-las.

Do lado negativo, o narcisismo excessivo poderá levar as pessoas a tentar dominar o ambiente apenas para atender às necessidades do próprio ego. Em sua busca constante por glória e aplausos, os narcisistas reativos tendem a satisfazer-se com situações de faz de conta, sonhos e delírios de grandeza, o que poderá fazer com que eles percam o senso de realidade. Seu comportamento rígido e não adaptável poderá causar significativo desconforto e distúrbios funcionais, sendo exacerbado por um senso de merecimento. Esses indivíduos consideram que as regras somente se aplicam aos outros, nunca a eles próprios; eles somente escutam o que desejam; não conseguem lidar com feedback negativo, tampouco com críticas construtivas. Eles vivem cercados de pessoas que somente concordam com tudo o que lhes é dito. Não surpreende o fato de que os relacionamentos neste caso sejam de natureza exploratória – o egoísmo exclui a reciprocidade.

Narcisistas reativos podem se tornar predadores egocêntricos, preocupados somente em satisfazer seus desejos pessoais. Eles são determinados, implacáveis, incansáveis e podem ser inclusive cruéis. Para essas pessoas, o trabalho em equipe é um anátema. Entre suas formas de expressão, estão a impulsividade, a ira narcisista, o assassínio do caráter e mecanismos de defesa, como a projeção. Pelo fato de poderem se mostrar bastante intimidadores, em geral esses indivíduos costumam obter o que desejam – pelo menos temporariamente.

Pseudoestrelas – O sinal mais revelador de uma **pseudoestrela** é sua necessidade contínua de reconhecimento. As pseudoestrelas sempre precisam de uma plateia para aplaudi-las, reafirmá-las, aprová-las, admirá-las, adorá-las, temê-las e até mesmo para detestá-las. Infelizmente, esse tipo de mentalidade as torna incapazes de trabalhar eficientemente em grupo, ou até mesmo de se engajar em comportamentos de equipe tão essenciais nas complexas organizações contemporâneas. O modo pelo qual essas pseudoestrelas costumam enganar os outros é por meio da obtenção de excelentes resultados de curto prazo – embora a prova do verdadeiro estrelato esteja no longo prazo. No caso do verdadeiro estrelato devemos sempre nos questionar: **o que as verdadeiras estrelas (astros) deixam em seu rastro?** O quão bem seus sucessores costumam se sair em suas funções? Um dado importante a se considerar é o fato de que as pseudoestrelas não são capazes de desenvolver as habilidades de seus colaboradores. Suas atuações nas áreas de *mentoring e coaching*, assim como seus planos de sucessão, são ineficientes. Em contrapartida, sua auto-absorção tende a criar uma cultura organizacional tóxica, o que inevitavelmente se traduzirá em vários sintomas de estresse, alta rotatividade, absenteísmo e outras complicações que afetarão os resultados finais. Os melhores e mais brilhantes funcionários não permanecerão nessas empresas.

O comportamento humano pode ser comparado a uma gangorra: a humildade perde espaço para a arrogância e o orgulho; a abnegação é substituída pelo egocentrismo; a generosidade e sufocada pela ganância. O estilo de liderança – assim como a liderança em geral – pode ser mais facilmente descrito que definido, o que nos faz correr o risco de simplesmente listar uma série de adjetivos. Quando a liderança se torna tóxica, e o lado negro do narcisismo se evidencia, algumas estrelas são capazes de prejudicar a organização em que trabalham – e o fazem. Sua disposição narcisista (seja ela construtiva ou reativa) – originalmente um fator fundamental para sua eficiência – se torna um problema. Sua obsessão pelo sucesso – até então louvável – começa a atrapalhar. Com sua intensidade, esses indivíduos passam a intimidar os outros e a pressioná-los de maneira demasiada. Em sua incessante busca pela perfeição, eles paradoxalmente acabam colhendo apenas imperfeição.

Em geral essas estrelas se mostram seguras de si mesmas, aparentando autoconfiança e segurança. Mas será que isso expressa a realidade? De fato, a situação pode ser bem diferente.

Super-realizadores inseguros e impostores neuróticos –
Muitas estrelas podem ser tachadas de **"super-realizadores inseguros"**, ou **"impostores neuróticos"**, que, a despeito das aparências, não possuem uma autoimagem gloriosa. Em termos de narcisismo, embora eles dificilmente ocupem o extremo não saudável da balança, também não serão encontrados do lado totalmente oposto. Muitos se sentem como impostores, independentemente do sucesso alcançado. Alguns até mesmo acreditam que são farsas e que não merecem o sucesso. A cada passo eles repetem para si mesmos: "Eu tive sorte, consegui enganar a todos dessa vez, mas será que continuarei tendo sorte?", "Quando é que essas pessoas perceberão que não sou tão bom para o trabalho?", "Quando é que todo o mundo perceberá que sou um enganador?"

Essa maneira peculiar de pensar se deve ao perfeccionismo desses indivíduos, uma paixão que está sempre presente, embora raramente se mostre completamente desenvolvida. A despeito de ser um ótimo motivador, assim como o narcisismo, o desejo pela perfeição é ambíguo: o que realmente importa é o grau em que ele aparece. Em sua forma mais suave, o perfeccionismo contribui para grandes realizações. As pessoas fazem coisas comuns de uma maneira extraordinária. Porém, os impostores neuróticos (como já discutido no Capítulo 5 do volume 1)[3] são raramente complacentes em sua busca pelo perfeccionismo. Enquanto sua luta pela excelência pode se mostrar excitante, a batalha pela perfeição absoluta pode se mostrar extremamente humilhante. Os perfeccionistas "absolutos" tendem a estabelecer objetivos excessivamente elevados e irrealistas para si mesmos e então, quando não conseguem alcançá-los, passam a experi-

---

[3] Kets de Vries, M.F.R. (2009b) *Reflexões sobre Caráter e Liderança* (Artmed, 2010).

mentar pensamentos e comportamentos autodestrutivos. Embora para as pessoas de fora esses indivíduos pareçam estrelas, o que acontece em seu mundo interior é bem diferente. Eles são a quintessência do contraste, e são constantemente impulsionados pela crença de que não são suficientemente bons e que conseguiriam atingir melhores resultados se trabalhassem ainda mais. Essas pessoas desafiam a si mesmas de modo incessante e impões a si mesmos limites cada vez mais amplos, raciocinando que quanto maiores os obstáculos, maior o triunfo.

Tal tendência poderá transformar o trabalho na única preocupação do impostor neurótico, levando-o, às vezes, a um sentimento de autorrepressão. Torna-se impossível parar – o trabalho incessante é o modo como essas pessoas se livram do sentimento de baixa autoestima. Em casos desse tipo o tempo de lazer, de convívio social ou gasto com a família já não se distingue daquele investido no trabalho e o conceito de equilíbrio entre vida profissional e privada perde todo o sentido. No final, esses indivíduos não apenas enlouquecem a si mesmos, mas também aos outros. Independentemente do que seus subordinados, colegas e até superiores estejam fazendo, eles jamais se mostram satisfeitos – ninguém parece capaz de alcançar os níveis esotéricos estabelecidos por tais perfeccionistas.

Em geral, o único modo pelo qual essas pessoas conseguem permanecer livres de sua culpa é quando ficam doentes. Porém, tentar encorajar esses indivíduos a fazer uma pausa em vez de trabalhar até a morte pode se mostrar uma luta em vão – seu valor próprio não é extraído do **"ser"**, mas do **"fazer"**. Felizmente, com o passar do tempo alguns desses impostores neuróticos aprendem a aceitar e a aproveitar seus momentos de sucessos e a serem menos duros com eles próprios. Outros, em contrapartida, jamais atingirão esse estágio de desenvolvimento.

As verdadeiras estrelas não endossam esse tipo de comportamento compulsivo em relação ao trabalho – elas perseguem a harmonia entre sua vida pública e privada. Na verdade, esses indivíduos fazem o impossível para manter um equilíbrio entre o trabalho e a vida pessoal. Tão importante quanto isso, é o fato de eles perceberem a importância de se estabelecer um bom exemplo para as pessoas com as quais trabalham. Eles estão plenamente conscientes sobre os efeitos do vício no trabalho dentro do ambiente profissional. As verdadeiras estrelas não querem que seus funcionários se sintam exauridos.

Os pseudo extrovertidos – Talvez surpreendentemente, muitas estrelas não são indivíduos altamente extrovertidos. Pelo contrário, resultados de testes já demonstraram que funcionários de alto desempenho apresentam uma tendência à **introversão** (Kets de Vries, 2005b, 2005c;

Kets de Vries, et al., 2006). Porém, eles aprenderam a transmitir uma imagem de **pseudoextrovertidos** – o que, aliás, representa outro paradoxo. Essas pessoas reconhecem a importância de se aproximar dos outros e de construir uma rede social, afinal, habilidades sociais são úteis e podem ser aprendidas como quaisquer outras, embora o processo não seja tão fácil como para os **naturalmente extrovertidos**.

As verdadeiras estrelas se sentem tão confortáveis em casa, lendo um livro, como participando de eventos sociais e conhecendo pessoas novas. Elas sabem perfeitamente como contrabalançar seu lado introvertido e o extrovertido. Além disso – e para enterrar de vez o mito de que a maioria das estrelas possui uma personalidade exuberante – alguns ostentam características de depressão suave (algo que, aliás, é utilizado ao seu favor). Assim como o narcisismo, a depressão não deve ser considerada como algo totalmente negativo, pois é capaz de estimular nossas habilidades reflexivas, uma grande vantagem na hora de tomar decisões.

Alta energia – A atitude mental positiva das estrelas consegue torná--las estimulantes e entusiásticas. Elas sabem perfeitamente como **eletrizar** as pessoas com suas **ideias e ações**. Esses indivíduos alcançam seus objetivos trabalhando arduamente e atuando melhor que o resto da equipe. Eles reagem a novos desafios de maneira flexível e eficiente. Com frequência, as estrelas acreditam (e conseguem convencer qualquer um ao seu lado) que podem realizar qualquer coisa, seja qual for o esforço necessário. Essas pessoas também costumam encorajar seus colegas a buscar o impossível. A questão é que, ao tentar alcançar o que é aparentemente impossível, elas talvez consigam atingi-lo.

Autogerenciamento

As estrelas percebem que para alcançar grandes objetivos, elas têm de ultrapassar limites tradicionais; elas precisam sonhar. É necessário que elas encontrem as respostas para as perguntas que surgirão no amanhã. Seus sonhos as tornam arquitetos de seu próprio destino, e as ajudam a enfrentar seus medos em relação ao futuro. Essas pessoas sabem que atingir um alvo significa necessariamente o início do caminho para o alcance de outra meta. Ao enfrentar temas complexos, elas sabem a importância de se manter o propósito final sempre em mente. Objetivos de longo prazo as impedem de se sentirem frustradas por fracasso ao longo de sua trajetória. As estrelas também conseguem visualizar a melhor maneira de corrigir seu percurso ou de fazer com que as coisas aconteçam. Elas sabem que os sonhos podem ser contagiosos e acreditam que o sucesso é uma jornada, não um destino final.

Uma questão de controle – Indivíduos de alto desempenho gostam de controlar seu próprio destino – afinal, se não controlarem a própria vida, outros os farão. Eles não gostam de ficar à mercê dos eventos ou de se tornarem vítimas das circunstâncias; eles acreditam que têm uma escolha. Por razões óbvias, elas não apreciam a ideia de serem microgerenciadas, tampouco gostam de microgerenciar a si mesmas.

Mais uma vez, vale ressaltar que as estrelas apresentam várias contradições e paradoxos. Elas reconhecem que o controle é uma questão de equilíbrio e que, portanto, precisa ser cuidadosamente calibrado. Controle demais inibe o potencial criativo do ser humano; controle de menos poderá levar ao caos. As estrelas, entretanto, parecem saber se mover tranquilamente entre a liberdade e o controle.

Uma visão sistêmica – Como já sugerido anteriormente, as estrelas são, ao mesmo tempo, indivíduos que conseguem visualizar e realizar. Porém, embora tenham uma visão holística, elas também se preocupam com partes isoladas do processo. A despeito de perceberem a relevância dos detalhes, também conseguem vislumbrar as limitações presentes. Sendo assim, as estrelas não apenas se movem praticamente sem esforço entre a liberdade e o controle, mas também entre uma abordagem **holística** e outra **atomística** – elas veem o quadro completo e então o completam com os detalhes necessários. Seja o que for que queiram alcançar, essas pessoas conseguem alinhar seus resultados aos objetivos gerais do grande quadro.

Responsabilidade final – As estrelas se sentem plenamente responsáveis por suas decisões e pelos resultados de suas ações, sejam eles positivos ou negativos. Elas acreditam no velho conceito de que precisam prestar contas de seu próprio comportamento. Essas pessoas não culpam os outros nem oferecem desculpas pessoais, tampouco fingem impotência. Assumir responsabilidades faz parte de seu DNA.

Além disso, assumir a responsabilidade significa mais que simplesmente realizar um trabalho. Trata-se de assumir um compromisso no sentido de agir sempre da melhor maneira possível, buscando a excelência e procurando continuamente ampliar os objetivos da empresa, não apenas os próprios. Isso inclui uma forte crença nas responsabilidades sociais da organização. Ao mesmo tempo, esses indivíduos também reconhecem a responsabilidade dos outros. Eles sabem que as pessoas que psicologicamente "possuem" um problema ostentam maior probabilidade de resolverem-no de modo adequado que outros que meramente percebem sua existência.

Inteligência

A inteligência definitivamente conta. Ela ajuda as pessoas a resolverem problemas e a tomar decisões. Contudo, o QI (coeficiente de inteligência) é na verdade apenas um meio de medir uma habilidade cognitiva, e, a despeito de sua importância, ele não representa muita coisa – na verdade o QI indica apenas o potencial de um indivíduo. O que essa pessoa faz com tal potencial é outra questão. Certamente já deparamos com gênios estúpidos e também com idiotas bastante espertos. Se considerarmos seu próprio potencial intelectual, muitas pessoas com QI extraordinariamente elevado não alcançaram muito sucesso na vida. Em minhas observações sobre executivos altamente bem-sucedidos, aprendi que a motivação sempre supera o talento. O QI é útil até certo ponto, mas, além disso, outras habilidades se mostrarão fundamentais.

Infelizmente, os testes tradicionais de inteligência não são excelentes indicadores de desempenho. Em situações de vida real, a partir de certo nível o QI não parece estar relacionado a um desempenho superior. Muitos outros fatores, não menos situacionais, se mostram necessários para que alguém seja considerado uma estrela. A evidenciação da inteligência poderá depender da plateia. Dentro do contexto organizacional, os funcionários apreciam o fato de poderem contar com provas sólidas de que seus líderes transmitem suas ideias de maneira inteligente.

QI *versus* QE (coeficiente emocional) – O que precisamos é de formas adicionais de inteligência. Na verdade, existem várias que desempenham papéis importantes na equação de sucesso. Por exemplo, muitos indivíduos bem dotados intelectualmente **não possuem habilidades interpessoais.** Embora tenham um elevado QI, seu nível de **inteligência emocional** – em especial, de sua **inteligência interpessoal** – parece bastante limitado.

A inteligência interpessoal é bastante relevante para o trabalho realizado dentro das organizações, onde a avaliação das emoções, da motivação, dos desejos e das intenções dos funcionários é um desafio constante. Com seu talento para compreender emoções, as estrelas são bastante eficientes em sua interação com os colegas, pois conseguem se relacionar com eles, entendê-los e interpretar seu comportamento. As verdadeiras estrelas demonstram empatia, compaixão, assertividade e talento para expressar suas necessidades e desejos. Sua habilidade em se colocar no lugar dos outros as torna altamente eficientes em situações de conflito.

Contudo, embora as estrelas estejam sintonizadas com as emoções alheias, não se deixam envolver por elas. Veja outro exemplo de seu talento para administrar paradoxos – sua habilidade de combinar lógica e emoção. As estrelas são incrivelmente astutas no sentido de **"ler"** o que está na mente das outras pessoas e, subsequentemente, analisar os sentimentos, os pensamentos e até mesmo toda a experiência de modo crítico. Ao investir algum tempo para refletir sobre a informação obtida, as estrelas conseguem chegar a decisões mais bem ponderadas.

Networking **–** Habilidades de *networking* são um aspecto da inteligência emocional. A observação cuidadosa nos mostra que estrelas possuem **redes sociais mais amplas** que a maioria das pessoas, dentro e fora da organização em que trabalham. Por meio dessas redes elas criam **capital social, acesso à informação, apoio e conhecimento**, itens cruciais para sua efetividade em longo prazo.

As estrelas também são grandes defensoras do trabalho em equipe. A era dos líderes heroicos (de quem todos dependiam) já ficou no passado. Atualmente, conduzir organizações matriciais altamente completas e diversificadas exige a força do trabalho em grupo. As estrelas são eficientes líderes de equipe, assim como membros eficazes. Eles são capazes de reconhecer e recompensar as contribuições dos demais participantes e conseguem trabalhar de maneira colaborativa; eles constroem relações positivas, criam conexões, motivam indivíduos para que trabalhem em conjunto e mantêm as empresas sem fronteiras.

Essas pessoas também gostam de servir como mentores e coaches. Um de seus talentos é justamente desenvolver as habilidades e aptidões de seus colaboradores e, para fazê-lo, elas são bastante generosas com o próprio tempo. As estrelas conseguem sempre desafiar seus funcionários e colegas, e extrair deles o que há de melhor. Afinal, ninguém consegue atingir o sucesso apenas realizando o que lhe é cabido; é a quantidade e a qualidade do que é feito além do esperado que determina a grandeza desses indivíduos.

Reflexão

Uma mentalidade ponderada (ou refletiva) ajuda os profissionais de alto desempenho a reconhecer as concepções, as crenças e os valores que servem de base para seu processo de tomada de decisões, na medida em que enfrentam problemas, preveem resultados e justificam suas ações. A reflexão também os ajuda a se manterem abertos para eventuais mudanças de perspectiva e a usarem suas informações a cerca do cenário competitivo para criar propostas vitoriosas.

Reflexão e ação – As estrelas não precisam ter apenas a capacidade de refletir, mas também de **agir**, e sabem exatamente como controlar essas duas orientações conflitantes. Elas sabem que sempre haverá vários elementos desconhecidos ao se lidar com desafios, e que não existirão soluções perfeitas: a atenção aos detalhes somente os trará até esse ponto. A partir daí, eles perceberão o momento em que o conjunto de informações começará a produzir retornos cada vez menores, e saberão o momento exato de tomar a decisão e entrar em ação.

As estrelas estão cientes de que a ação é a base para o sucesso – mas também sabem que o sucesso não virá até elas; são elas que terão de alcançá-lo. Essas pessoas estão sempre prontas para aproveitar novas oportunidades, e assumem responsabilidade por fazer com que as coisas aconteçam. Elas são orientadas para os resultados.

Tenacidade

Todos nós já encontramos pessoas que, embora possuam apenas talentos modestos, atingem um sucesso extraordinário simplesmente por não saberem a hora de parar. A tenacidade, a persistência, a perseverança e a determinação quase sempre irão superar o talento bruto. O verdadeiro sucesso acontecerá para aqueles que perseverarem a despeito dos obstáculos que encontrarem pela frente. Muitas estrelas podem ser consideradas pessoas comuns com uma determinação extraordinária. Como diz o velho ditado: "Água mole em pedra dura, tanto bate até que fura".

É fácil ser bem-sucedido quando a situação está confortável. A medida do sucesso tornar-se significativa somente quando as coisas estão complicadas. Nem mesmo a ideia mais entusiástica do planeta se converterá em realidade se não houver determinação nesse sentido. Como disse Winston Churchill certa vez: **"Nunca desista! Nunca desista! Nunca, nunca, nunca, nunca – não importa se o objetivo é grande ou pequeno"**. As estrelas possuem esse grau de determinação, e somente podemos imaginar o tipo de sucesso que os profissionais de alto desempenho terão se conseguirem inspirar um grupo a segui-las.

Todos nós experimentamos a ansiedade de tempos em tempos. Trata-se de uma reação típica à nossa percepção de que temos de fazer alguma coisa, ou de que algo para o qual não estamos preparados irá acontecer. Todavia, as estrelas são corajosas, tenazes e determinadas: elas conseguem agir e seguir adiante mesmo quando estão com medo. Elas raramente aceitam um "não" como resposta. As palavras **"impossível"**, **"nunca"** ou **"difícil"** somente as inspiram a encontrar meios de superar dificuldades.

Além disso, as estrelas não são facilmente abaladas pelo comportamento das multidões. Elas sabem que sempre haverá alguém lhes dizendo que estão no caminho equivocado e/ou levantando dúvidas sobre suas opções. Porém, elas têm a coragem de seguir adiante e de não desistir. As verdadeiras estrelas perseguem seus objetivos quando acreditam que aquilo que estão fazendo é o mais correto – o que não as impede de escutar o que os outros têm as lhes dizer. Elas são teimosas, mas se mantêm racionais.

Otimismo

O escritor Robert Louis Stevenson aconselhou: **"Guarde seus temores para si mesmo, mas compartilhe sua coragem com os outros."** As estrelas são mestres em reenquadrar situações de maneira positiva, e em ver obstáculos como desafios e oportunidades empolgantes. Esses indivíduos possuem um talento todo especial para traduzir atitudes negativas de outras pessoas em algo positivo. O ato de reestruturar o modo como uma situação complexa é observada faz com que todos se sintam bem melhores e mais confiantes. E ao extrair o melhor de cada circunstância, as estrelas disseminam uma postura positiva entre os que estão ao seu redor.

Problemas, *feedback* negativo e novos obstáculos poderão até desencorajar, mas eles são uma parte inevitável de nossa vida e ser capaz de reenquadrar ou sair de situações difíceis é um bem valiosíssimo. As estrelas fazem exatamente isso, construindo a autoestima dos outros e oferecendo-lhes indicações positivas sobre sua habilidade de alcançar o sucesso. Mas apesar de sua atitude positiva, elas não dispõem de muita paciência para pensamentos negativos e fofocas. A natureza de nossos pensamentos impulsiona nossas percepções e afeta nossas ações. Muitas pessoas acabam presas em círculos viciosos que abrigam ideias preconcebidas, e deixam de aproveitar grandes oportunidades. Por meio de seus esforços no sentido de reenquadrar positivamente quaisquer situações complicadas, os profissionais de alto desempenho enfatizam as qualidades e habilidades de seus colaboradores, pois estas ajudarão todo o grupo a alcançar o sucesso. Todavia, esses indivíduos sempre mantêm uma visão realista dos desafios que encontram pela frente, abordando preocupações emergentes de maneira honesta. Lembre-se: o reenquadramento positivo é importante, mas jamais devemos abandonar a realidade. Mais uma vez, as estrelas demonstram como administram os paradoxos – valendo-se da positividade e da negatividade.

Assunção de riscos

Há muita negatividade associada à palavra "risco" – o vocábulo implica perigo, perda, danos e infortúnio. Por causa disso, muitos de nós tememos assumir riscos e enfrentar perdas. Contudo, tentar erradicar os riscos de nossa vida é um gesto inútil. Precisamos nos lembrar continuamente de que embora os riscos possam ser temidos, eles também ostentam aspectos positivos. Enfrentá-los significa ter acesso a novas experiências, encontrar pessoas que ainda desconhecemos, ir a lugares diferentes e aprender coisas novas – assumir riscos significa aventura. A maioria de nós precisa assumir riscos se quiser descobrir quem realmente é. Na verdade, é bem mais arriscado tentar evitá-los a todo custo.

As estrelas conseguem se sobressair em relação aos outros simplesmente assumindo riscos, desde que estes sejam calculados, é claro. Elas gostam de ponderar e pesar cuidadosamente os custos e benefícios envolvidos, somente se arriscando depois de avaliarem os resultados prováveis. Esses indivíduos agem de maneira inteligente e atentam para possíveis consequências. Ao escutar os conselhos dos colegas (mas, ao mesmo tempo, mantendo sua própria perspectiva), eles consideram se os prós superam os contras e preparam rotas de fuga para o caso de encontrarem problemas. Eles também estudam casos similares e verificam a razão pela qual os envolvidos alcançaram o sucesso, ou o fracasso.

Em geral, as estrelas estão mais dispostas a correr riscos, pois, caso as coisas não saiam bem, possuem a capacidade de retornar ao início e simplesmente recomeçar. Ao ouvir suas histórias, torna-se óbvio que, mesmo tendo fracassado, aqueles que perseguiram os próprios sonhos viveram vidas bem mais completas que os outros que, temendo o futuro, protegeram seus desejos a sete chaves.

QUESTÕES DE DESENVOLVIMENTO

Portanto, as estrelas que identifiquei – esses *kõans* personificados – são indivíduos que se sentem confortáveis com ambiguidades, seja essa uma característica inata ou que tenha se desenvolvido ao longo de sua vida.

Eles não se sentem intimidados por conflitos, contradições ou inconsistências. Seu talento para a empatia e o reenquadramento positivo lhes permite transformar situações complicadas em oportunidades criativas. O mundo em que essas pessoas vivem não é polarizado por facções ou ideias oposicionistas; elas apreciam fluidez em seu ambiente e respondem de maneira ativa à diversidade. De modo nada surpreendente, vários deles possuem históricos culturais diferenciados – talvez seus pais tenham diferentes nacionalidades ou eles próprios já tenham vivido em outros países ou trabalhado em setores distintos. "Esses indivíduos pertencem a múltiplus mundos, e, para onde quer que sigam, sempre carregam seus planetas; eles são definidos pela ambivalência e pela complexidade; eles lideram o mundo de diferentes e importantes maneiras." (Giridharadas, 2010) Kim Smith, CEO da entidade filantrópica norte-americana NewSchools Venture Fund, descreveu o tipo de líder híbrido que procura em sua organização: "Costumamos brincar que encontramos o candidato certo quando todos nós concluímos que o currículo do cidadão fora rejeitado por outras empresas pelo fato de o considerarem esquizofrênico." (Smith, 2003).

Oferecendo apoio às estrelas nascentes

Mas depois de identificar estrelas em potencial, como podemos obter o máximo desses indivíduos? Pela minha experiência, a melhor estratégia para desenvolver estrelas é engajar-se em autoavaliação, em um processo de aprendizado por ação (*action learning*) e acompanhamento (*shadowing*). Aliás, a melhor abordagem é utilizar-se de todos esses tipos de intervenção. Deixe-me explicar-lhes um pouco mais sobre cada um deles.

Criando autoconhecimento – Pela minha experiência, a jornada rumo ao estrelato começa internamente. O autoconhecimento é um dos mais importantes fatores na construção de autoestima e confiança. A autoconsciência nos ajuda a compreender o que nos estimula, o que nos faz sentir desencorajados, o que nos deixa felizes e aquilo pelo qual demonstramos grande paixão. Isso nos ajuda a definir exatamente o que precisamos para nos tornarmos melhores enquanto seres humanos.

Conforme essas estrelas em formação aprimoram sua autoconsciência, elas passam a compreender melhor o motivo pelo qual se sentem de uma determinada maneira e agem de um modo específico. Com o tempo elas acabarão adquirindo um senso mais realistas de suas capacidades e perceberão quando não estiverem utilizando todo o seu potencial. Elas se tornarão conscientes sobre o modo como são aprisionadas em suas próprias crenças e em seus próprios dramas internos, o que permitira processos mentais que irão determinar seus pensamentos e suas ações. A partir de uma maior autoconsciência, esses indivíduos conseguirão expandir sua própria **imaginação**, **criatividade**, **intuição**, assim como também sua força de vontade e seu propósito.

Infelizmente, a estrada para o autoconhecimento nem sempre é fácil. Como escreveu certa vez Leon Tolstoi: "Todos pensam em mudar o mundo, mas ninguém cogita a ideia de mudar a si mesmo." A estrada da ignorância pode parecer bem mais atraente. Com frequência, quando embarcamos em jornadas internas alguns processos defensivos assumem o controle. Mas como essas estrelas em formação poderão se conscientizar das áreas de desenvolvimento? Como poderemos fazer com que elas confrontem seus pontos cegos? Como já sugerido algumas vezes, um ótimo método é utilizar uma avaliação em 360 graus, ou seja, um *feedback* obtido em várias fontes. Este método consiste em coletar de maneira sistemática inúmeras percepções sobre o desempenho do executivo a partir de diferentes pontos de vista, incluindo os de amigos e familiares.

Particularmente, descobri que esse tipo de *feedback* multifacetado – especialmente em configurações de grupo – é imbatível como modo de colocar processos de desenvolvimento em plena ação. Intervenções realizadas pelos membros do grupo (apoiadas por coachings individualizados) poderão facilitar a exploração dos pontos fortes e fracos de cada participante e ajudar a criar planos de ação pessoais desenvolvidos pelos vários interessados. Para vislumbrar uma intervenção de grupo, visite novamente o Capítulo 10.

Aprendizado por ação *(action learning)* – Trata-se de um processo de reunir um grupo de indivíduos com diferentes níveis de habilidades e experiências para analisar um problema existente no trabalho e desenvolver um plano de ação, utilizando a função de cada um como base para o aprendizado. Esse procedimento é inverso ao modelo tradicional, que retira pessoas de seu trabalho para que participem de cursos e de sessões de instrução. O aprendizado por ação é justamente aquele em que se aprende fazendo, ou seja, dentro da própria função. Por meio desse processo, executivos aprendem mais não apenas sobre o modo como eles próprios costumam resolver seus problemas, mas também sobre os métodos utilizados por outras pessoas dentro da empresa, tudo isso acrescentando uma dimensão de grupo.

O aprendizado por ação é uma ótima maneira de os profissionais de alto desempenho praticarem seus dons solucionando importantes problemas da vida real dentro da empresa. O que torna esse processo tão impactante e relevante é o fato de ele não representar simplesmente um exercício acadêmico e oferecer riscos verdadeiros aos participantes. Em geral, a alta gerência identificará as preocupações reais, mais relevantes e críticas para a organização e reunirá uma equipe cuidadosamente selecionada para lidar com elas. Esta é uma oportunidade ideal para a alta administração observar quão bem os executivos selecionados atuarão e avaliar a qualidade de suas contribuições. Quanto às futuras estrelas, estas são retiradas de suas zonas de conforto e recebem a oportunidade de trabalhar e aprender de maneira colaborativa com outros colegas de grande potencial.

Muitas organizações solicitam a ajuda de um *coach* para sustentar o aprendizado por ação, acrescentando ao processo tempo suficiente para que os membros da equipe possam refletir sobre toda a experiência de aprendizado. O direcionamento de um *coach* também poderá ser acompanhado de sessões de aconselhamento entre colegas – muitas das reuniões entre os participantes ocorrerão na forma de apresentação de atualizações sobre o trabalho realizado por cada um, e então da colocação de perguntas pelos colegas. Desse modo, todos os integrantes da equipe atuam como consultores e mentores uns dos outros.

Acompanhamento/*shadowing* – A maioria de nós aprende pelo exemplo e aprende mais a partir de experiências profissionais anteriores. Os chefes que nos acompanharam nesse período profissional serão os mais efetivamente lembrados. Embora sem dúvida seja bem mais interessante aprender com bons chefes que com os ruins, muitas das futuras estrelas reconhecerão o fato de que aprenderam bastante com os últimos. Essas experiências um tanto desagradáveis ensinam justamente como não abordar a liderança – que ações devem ser evitadas. Algumas organizações se esforçam bastante para oferecer esse tipo de processo de aprendizado, dando aos profissionais de alto potencial insights profundos sobre como lidar com vários aspectos do empreendimento sob o direcionamento de altos executivos.

O processo de *shadowing* está intimamente relacionado ao processo de aprendizado, mas, neste caso, o indivíduo observa um executivo em ação. O objetivo é aprender algo sobre o modo como aquele papel específico é desempenhado. Nesse esquema o período de aprendizagem é mais curto que em um processo normal. O *shadowing* é, portanto, uma espécie de acompanhamento em que o aprendiz ficará ao lado de um executivo mais experiente com o propósito de desenvolver suas próprias habilidades. Esse sistema poderá oferecer à estrela em potencial uma excelente oportunidade de aprimorar seus conhecimento e compreender áreas específicas da empresa. Ao observar executivos experientes em suas ações do dia da dia, essas estrelas em formação poderão "observar e aprender," levantando questões e trazendo para a prática toda a teoria acumulada. O executivo que está sendo acompanhado também pode estimular o processo de aprendizado ao reservar algum tempo para explicar suas decisões.

O ZEN DA VIDA ORGANIZACIONAL

Muitas das características psicológicas e comportamentais que descrevi neste livro podem ser desenvolvidas e utilizadas por qualquer um que queira se tornar um profissional de alto desempenho e estiver interessado em maximizar seu potencial visando o sucesso de longo prazo. A maioria de nós perceberá que já possui pelo menos alguns desses padrões, mas talvez precise desenvolver outros. No topo da lista estará nossa capacidade de administrar incertezas, contradições e ambiguidades – estados comuns em um ambiente caracterizado por mudanças constantes. Será necessário, portanto, desenvolver uma forma de **zen organizacional**.

    Ao longo dos anos, já escutei as histórias de inúmeras estrelas e acabei aprendendo que o único verdadeiro fracasso está em jamais ter participado de uma jornada de desenvolvimento. O único modo de se descobrir os **limites do possível** é se aventurando um pouquinho dentro do impossível. A excelência não é um evento, mas deve ser uma atitude mental. Trata-se de fazer coisas comuns de um jeito incomum; de um desejo de fazer sempre melhor. Para se tornar bem-sucedido, é preciso sair de sua zona de conforto e aprender a ficar confortável em meio ao não familiar e o desconhecido – como fez a jovem executivo da história a seguir.

    Certo dia, a CEO de uma empresa estava oferecendo um coquetel na sala de reuniões da empresa, um espaço amplo e agradável com enormes janelas que davam para um belo jardim, um bosque fechado e, na sequência, um vale distante. O ambiente estava um pouco barulhento, pois a sala estava repleta de pessoas alegres. De repente a CEO reparou em uma de suas executivas mais jovens que estava de pé do lado de fora. Então a CEO foi até a janela e disse: "Ei, por que você não entra?". "Por quê?" replicou a executiva, "não me vejo do lado de fora, então por que precisaria entrar?".

CONCLUSÃO

CRIANDO ORGANIZAÇÕES AUTENTIZÓTICAS

"Nenhum homem que não esteja pronto para sacrificar seu bem-estar, seu corpo físico e sua vida por uma grande causa pode ser considerado digno."
– Theodore Roosevelt

"O bem-estar é alcançado aos poucos, mas não deve ser considerado menos importante."
– Zenão

"A felicidade nada mais é que boa saúde e um memória fraca."
– Albert Schweitzer

"A felicidade é um assunto sério."
– Richard Whately

Conforme nos embrenhamos no segundo milênio, muitos temas inquietantes no mundo profissional se revelam. Um deles é o **estresse no trabalho**. Estatísticas sobre doenças, subdesempenho e absenteísmo nos contam uma história dramática de disfuncionalidade. Em muitas organizações o equilíbrio entre a vida profissional e a pessoal simplesmente deixou de existir. Existem verdadeiras histórias de horror sobre o modo como lideranças ineptas, carga excessiva de trabalho, demandas conflitantes, comunicação ruim, falta de oportunidades para avanços dentro da carreira, desigualdades em avaliações de desempenho e remuneração, restrições comportamentais e um número excessivo de viagens provocam nos empregados reações depressivas, alcoolismo, uso de drogas e problemas para dormir.

Todavia, o trabalho não precisa ser estressante. Pelo contrário, ele pode funcionar como uma âncora de bem-estar psicológico e também como um meio de se estabelecer identidade e manter a autoestima. Sigmund Freud considerava que a saúde mental dependia de *lieben und arbeiten* (amor e trabalho). Costumamos outorgar uma quantidade considerável de significado psicológico às empresas em que trabalhamos. O fato de realizarmos algo tangível por meio do trabalho pode nos garantir uma dose de estabilidade em um mundo altamente instável. A palavra organização significa colocar as coisas em ordem, inclusive nossas preocupações, portanto, por extensão, as organizações são ambientes ideais para nos ajudar a lidar com o estresse e as pressões de nossa vida diária.

Ao longo deste livro procurei enfatizar a importância do bem-estar psicológico individual para o bom funcionamento organizacional. Uma questão importantíssima que deve permear a pauta de todos é a criação de ambientes saudáveis para se trabalhar – locais onde as pessoas se sintam bem consigo mesmas e que contribuam e reforcem o funcionamento adaptativo. Ao concluir este livro – assim como toda a série que compõe a obra – gostaria de levantar algumas questões sobre: 1º) indivíduos funcionais, 2º) sistemas de necessidades motivacionais que estimulam o ser humano e 3º) condições que tornam as organizações saudáveis.

AS MELHORES EMPRESAS PARA SE TRABALHAR

A cada ano, desde 1983, a revista *Fortune* publica uma lista intitulada **"as empresas norte-americanas mais admiradas"**. A partir de 1997 – para se manter dentro do espírito da época – também foi criada uma **lista global dessas empresas**. Para compilar esses dados, os editores da *Fortune* tiveram de contar os votos de 11 mil profissionais: altos executivos, diretores externos e analistas especializados em investimentos. Os critérios para que alguma empresa fosse considerada incluíam fatores como a qualidade da administração, dos produtos e serviços, a inovação, valor de investimento em longo prazo, o uso inteligente dos ativos da empresa, solidez financeira e responsabilidade em relação à comunidade e ao meio ambiente. Ocupar uma posição de destaque nessa lista de empresas "mais admiradas" é interessante, contudo, a verdadeira questão é saber se tais companhias são também os lugares mais sadios para se trabalhar.

A *Fortune* tentou responder a essa pergunta e, baseando-se em uma base de dados composta de mais de mil companhias, publicou outra lista contendo **"as melhores empresas para se trabalhar"**. Em um artigo intitulado *As 100 Melhores Empresas para se Trabalhar nos EUA* (Levering e Moskowitz, 1998) os autores observaram as práticas que tornavam tais organizações tão especiais – nomes como Southwest Airlines, W. L. Gore, Microsoft, Merck, Hewlett-Packard, Corning e Harley-Davidson. Aparentemente, características como liderança inspiradora, ótimas vantagens (benefícios) e senso de propósito são essenciais para que se possa alcançar uma posição proeminente nesse rol. De acordo com as informações fornecidas, os empregados nessas organizações demonstram grande confiança na administração, se orgulham do trabalho que fazem e da empresa como um todo, e ostentam um forte senso de companheirismo. As próprias companhias adotam práticas, como: sistemas de divisão de lucros, plano de opção de compra de ações, sistemas de compartilhamento de lucros, políticas especiais para demissão de funcionários, estruturas não hierarquizadas, sistemas de informação, horário flexível e códigos de vestimenta. Elas também realizam uma série de eventos para ajudar a criar um **senso de comunidade** (festas para celebrar o alcance de metas importantes, sexta-feira da cerveja, piqueniques, confraternizações etc.). O oferecimento de outros benefícios criativos – centros de ginástica de última geração, áreas de lazer, clínicas e creches dentro da empresa, lanchonetes e restaurante servindo comida de ótima qualidade e abrangentes planos de saúde – também ajuda a criar um quadro positivo para tais organizações. Em geral, essas companhias têm a família em alto conceito e fazem o máximo para criar culturas corporativas humanas que exerçam efeitos positivos sobre a saúde mental de seus colaboradores.

A questão mais interessante para os arquitetos de organizações potencialmente exemplares é como desconstruir a filosofia humana que transmite esses valores, esses comportamentos e essas práticas. Que passos devem ser dados pelas empresas no sentido de contribuir para o bem-estar de seus colaboradores? Quais são as dimensões psicológicas que tornam algumas empresas ótimos lugares para se trabalhar? Como podemos identificar o potencial humano presente em cada organização?

O PAPEL DE CONTENÇÃO DAS ORGANIZAÇÕES

No que diz respeito à criação de uma influência estabilizadora, as empresas sempre foram importantes "pontos de navegação" em um verdadeiro oceano de mudanças. As duas últimas décadas, porém, não se mostraram o melhor período para muitos empregados corporativos. As companhias que aparecem na "lista dos melhores lugares para se trabalhar" representam bem mais a exceção que a regra. A vida dentro das organizações nunca foi mais turbulenta que no presente.

No passado, estar associado com uma empresa era uma maneira efetiva de afirmar seu papel como indivíduo no mundo. Isso envolvia um compromisso que ajudava a integrar as experiências dos funcionários a partir de um ponto de vista fenomenológico. Fazer parte de uma empresa tornara-se uma maneira de lidar com reviravoltas econômicas e sociais; a organização era como um ponto fixo em tempos de turbulência. Porém, como vimos no Capítulo 6, nesta era de reengenharia dos negócios e de excessiva preocupação com a valorização da empresa para seus acionistas, o contrato psicológico entre empregados e organização se quebrou. Cada vez mais os funcionários se tornaram agentes independentes e se mostraram menos conectados às empresas. A identificação organizacional e a lealdade se transformaram em algo menos importante. Pouquíssimas pessoas atualmente se juntam a novas empresas e esperam passar o resto de suas vidas dentro delas.

Entretanto, existe outro efeito ainda mais profundo para a quebra do contrato psicológico. Fosse de um modo consciente ou não, ao manter os níveis de ansiedade controlados por meio de sua alta gerência, as empresas costumavam funcionar como **"ambientes de retenção"** para seus integrantes. Contudo, as organizações parecem atualmente menos preparadas para assumir tal função. A perda do contrato psicológico enfraqueceu o processo de identificação entre funcionário e empresa e tornou a situação no trabalho mais estressante. Por sua vez, tal ocorrência não parece oferecer um bom prognóstico para a saúde mental dos empregados. Na verdade, ela até contribuiu para o aumento de um senso de insignificância em relação ao tempo investido pelos empregados dentro de cada organização. Tais preocupações nos levam mais uma vez à pergunta sobre o que as lideranças organizacionais podem fazer para transformar suas empresas em lugares mais saudáveis.

O INDIVÍDUO "SAUDÁVEL"

Como diz um antigo provérbio árabe: **"Aquele que tem saúde possui esperança, e aquele que possui esperança tem tudo"**. Um modo de começar a responder à questão do que torna uma organização um ótimo lugar para se trabalhar é tentar compreender o que faz com que um indivíduo seja **"saudável"**. **Sob que condições o ser humano se sente mais "vivo"?** Encontrar essa resposta não é uma tarefa fácil. Aliás, a definição do que significa um indivíduo "saudável" pode variar de acordo com a opinião de cada pessoa (Kernberg, 1980; McCullough Vaillant, 1997).

É claro que os conceitos de saúde e doença devem ser observados como dimensões de uma sequência contínua. Em geral, quando **psicoterapeutas**, **psiquiatras**, **psicanalistas** e *coaches* respondem a essa pergunta, eles afirmam que o indivíduo "saudável" **é aquele que opera em sua capacidade máxima**. Eles acrescentam que, enquanto profissionais, seu papel é justamente ajudar as pessoas a fazê-lo. Para tanto, eles encorajam seus pacientes a se aprofundarem mais em seus objetivos e motivações, e a compreender melhor seus pontos fortes e fracos. Eles também tentam evitar que essas pessoas se engajem em atividades autodestrutivas. A ênfase é ampliar as áreas de escolha de cada indivíduo, oferecendo-lhes maior liberdade para que possam fazer suas opções de modo independente em relação a possíveis forças alheias à sua própria compreensão e controle.

Todavia, embora tal resposta abrigue considerável mérito ela ainda precisa ser elaborada. A partir de minha própria experiência no trabalho já realizado com um grande número de executivos, conclui que os mais saudáveis entre eles compartilham um conjunto específico de características.

Em primeiro lugar, dentro do contexto da constituição da personalidade, as pessoas mais saudáveis possuem um senso estável de identidade e maior capacidade para testar a realidade. Além disso, ao lidar com o mundo exterior, elas podem contar com mecanismos de defesa maduros. Esses indivíduos assumem responsabilidade por suas ações em vez de simplesmente culparem os outros por eventuais problemas. Eles são engenhosos, possuem um forte senso de autoeficiência e confiam em suas próprias habilidades para controlar os eventos que afetam a própria vida.

Em segundo lugar, indivíduos sadios possuem uma percepção precisa tanto de sua imagem como de seu funcionamento corporal. Eles não sofrem de distorções cognitivas que os levam a se envolver em atividades autodestrutivas. Essas pessoas experimentam uma ampla gama de emoções, vivem de maneira intensa e são passionais em relação a tudo o que fazem. Elas se sentem confortáveis com a própria sexualidade, sabem como lidar com a ansiedade, não perdem o controle com facilidade e não costumam tomar atitudes impulsivas.

Um terceiro aspecto diz respeito à intimidade e à reciprocidade. Indivíduos saudáveis estabelecem e cultivam relacionamentos, sabem como se valer da ajuda e dos conselhos que lhes são oferecidos e mantêm uma rede de apoio. Eles se sentem como parte de um grupo maior e obtêm grande satisfação em relação ao contexto social em que vivem. Essas pessoas se sentem conectadas.

Indivíduos saudáveis também sabem exatamente como lidar com questões de dependência e separação. Durante sua fase de crescimento, eles enfrentaram de maneira construtiva um processo de individualização, sem sofrer qualquer tipo de interrupção em seu desenvolvimento. Essas pessoas aceitam que a interdependência é um fato da vida – não exibem um comportamento de apego, tampouco se mantêm desligadas. Elas estabelecem relacionamentos maduros. Seu forte senso de identidade dá a elas a força necessária para lidar com os problemas e desapontamentos inerentes à trajetória do ser humano. Elas sabem como lidar com a depressão e têm a capacidade de superar perdas.

Em quarto lugar, indivíduos no extremo saudável do espectro se sentem confortáveis com a ambivalência; eles não interpretam pessoas e/ou quaisquer fenômenos em termos definitivos (bom ou mau; branco ou preto); eles possuem a habilidade de avaliar as pessoas e os eventos de maneira equilibrada. Usar pessoas como bodes expiatórios não é o seu forte. Esses indivíduos são criativos, divertidos e se sentem preparados para não se conformar a toda e qualquer situação. Acima de tudo, eles mantêm uma visão positiva em relação ao mundo. Sejam quais forem as circunstâncias, eles tentam reenquadrar suas experiências de modo positivo. Essas pessoas são capazes de construir uma visão positiva do futuro e mantêm um forte senso de esperança em relação ao que está por vir. Por fim, indivíduos saudáveis possuem a capacidade de auto-observação e autoanálise, e estão dispostas a investir tempo em um processo de autorreflexão.

NOSSA BUSCA PELO SIGNIFICADO

Por razões fundamentais, pessoas saudáveis necessitam de ambientes igualmente sadios. A influência de nossos vários sistemas de necessidades motivacionais determina nossa visão do mundo, criando uma realidade subjetiva que atua como um guia ao longo de toda a nossa vida. Para alcançar um equilíbrio entre nossas realidades interna e externa, nossas experiências significativas precisam estar relacionadas a atividades que ecoem nossas necessidades motivacionais mais básicas. Essa "compatibilidade" entre o mundo subjetivo e o social é o que cria nosso senso de autenticidade e constância. A necessidade de estabelecer e de manter tal congruência é algo que precisa estar claro em nossa mente ao projetarmos organizações.

Na busca por continuidade em um mundo de descontinuidade, encontrar significado por meio da congruência entre as realidades interna e externa é um modo de desafiar as pressões da vida cotidiana. Quando tal compatibilidade ocorre, experimentamos um sentimento de estarmos fazendo algo especial e significativo. Tal convergência reafirma nosso senso de autenticidade, nos dá um senso de realização e de competência pessoal, e nos motiva a transcender nossas atividades normais do dia a dia.

O trabalho ocupa um lugar extremamente importante em nossa busca por significado. Ele nos dá um senso de valor e de orientação. O trabalho significativo é um modo de transcendermos nossas preocupações pessoais; ele cria um sentido de continuidade. Deixar um legado por meio de nosso trabalho funciona como uma afirmação não apenas de nossa consciência do *self*, mas também de nosso senso de identidade – uma forma significativa de gratificação narcisista. Considerando-se essas necessidades motivacionais básicas do ser humano, a liderança organizacional – mais que nunca em tempos de descontinuidade – tem a responsabilidade de instituir sistemas coletivos de significado. Isso significa criar condições nas quais o trabalho seja feito de modo a fazer sentido para os membros das organizações, para que haja congruência entre os objetivos pessoais e coletivos. Quando tal conformidade é estabelecida no mundo do trabalho, isso contribui tanto para a saúde do indivíduo quanto da própria organização.

A BUSCA PELA CONGRUÊNCIA

Se observarmos cuidadosamente as organizações que figuram na lista de melhores empresas para se trabalhar da *Fortune*, poderemos perceber que um fator crucial para seu sucesso é o fato de terem atingido tal conformidade. Elas alcançam lucros com propósito. Se a única razão para a existência de uma companhia for a obtenção de lucros, em longo prazo ela não se mostrará muito lucrativa. Como objetivo final, a busca exclusiva por lucratividade não se mostra muito gratificante.

Estamos presos em um paradoxo: empresas que existirem **somente** para produzir lucros não durarão muito tempo, enquanto aquelas que não atentam para a lucratividade não conseguirão cumprir suas obrigações de longo prazo. Mas como então as companhias listadas pela *Fortune* resolvem essa questão? Como será que elas conseguiram integrar nossa busca por significado dentro da vida organizacional?

De modo surpreendente, tais empresas estão impregnadas de valores que se traduzem em formas específicas de **comportamento: confiança, alegria, delegação de poderes, respeito pelo indivíduo, responsabilidade social, trabalho em equipe, empreendedorismo/inovação, competitividade, orientação para resultados, orientação para o cliente, assunção de responsabilidade e prestação de contas, aprendizado contínuo** e **orientação para mudanças**. Mas embora tais valores e práticas ajudem muito a explicar o sucesso de muitas dessas organizações vibrantes, permanece a dúvida quanto ao fato de eles serem suficientes para justificar o desempenho excepcional dessas empresas. **Como será que a vida dentro dessas organizações ganha mais significado?**

Líderes que desejam extrair o melhor de seus colaboradores – que querem criar um ambiente no qual as pessoas se sintam inspiradas e ofereçam o seu melhor – precisam encontrar meios de satisfazer os sistemas de necessidades motivacionais dos indivíduos saudáveis aos quais me referi anteriormente neste capítulo. Eles precisam **criar uma visão** do propósito fundamental e da cultura da organização – seus **valores** e **crenças**. Uma descrição vívida do futuro da empresa – quando imbuída de suficiente significado – ostenta um valor conectivo e contribui para a identidade do grupo.

Porém, isso não é o suficiente. A liderança organizacional também precisa criar entre os empregados um sentido mais profundo de **autodeterminação**. A saúde organizacional depende de os funcionários sentirem que detêm o controle sobre a própria vida. Esses indivíduos precisam ter certeza de que não são apenas peças em um jogo de xadrez. Eles têm de ter uma voz dentro da empresa.

Outro importante critério é o **senso de impacto**. Os membros da organização precisam estar convencidos de que suas ações farão diferença para a empresa. Isso significa que eles se utilizarão de suas próprias habilidades. A outorga de poder é justamente o processo pelo qual se promove o desenvolvimento da capacidade de as pessoas realizarem suas próprias escolhas, transformando-as em ações e resultados desejados.

A liderança organizacional também precisa criar as condições adequadas para o surgimento de um **senso de competência**, de modo que os membros da empresa tenham uma sensação de crescimento pessoal e desenvolvimento. **Desenvolver um senso de competência** que esteja relacionado aos nossos talentos e nossas habilidades é um aspecto importante da formação de identidade. Para isso, o **aprendizado contínuo é essencial**. Quando o sistema de necessidade motivacional **exploratório** é **bloqueado**, a **frustração** será elevada e as **ações criativas se dissiparão**.

A ORGANIZAÇÃO AUTENTIZÓTICA

Essas quatro condições são necessárias para que se possa criar o tipo de empresa descrita como **"melhor lugar para se trabalhar"**, mas elas não são suficientes. As melhores companhias também possuem um conjunto de metavalores que ecoam nossos sistemas de necessidades motivacionais. Às vezes os identifico como **amor**, **alegria** e **significado**. Em outras palavras, essas empresas criam um **senso de pertencimento** (um sentimento de comunidade que advém do fato de ser parte da organização, resolvendo necessidades básicas de conexão e afiliação); um **senso de satisfação** e também um **senso de propósito**.

Uma vez que a conexão e a afiliação são motivos subjacentes poderosos em nossa busca por significado, o primeiro **metavalor** importante a contribuir para a criação de empresas saudáveis pode muito bem ser o amor, que indica um **senso de pertencimento** e um senso de comunidade dentro da organização. Este último pode ser aprimorado de várias maneiras, por meio da arquitetura organizacional ou de práticas específicas (Kets de Vries e Florent, 1999).

Assim como o preparo para ajudar os outros, um **senso de comunidade** ajuda a criar uma cultura coesiva e o direcionamento para objetivos. Ele também contribui para o surgimento de uma **"liderança**

distribuída", em que o poder não se mantém concentrado no topo, mas está espalhado por toda a empresa. Nesse tipo de organização, de maneira indireta, os altos executivos sentem grande prazer em treinar profissionais mais jovens, além de orgulho por suas realizações. Um senso de generatividade[A] contribui para um sentimento de continuidade: isso ocorre quando podemos perceber que nossos esforços se mantêm por meio de nossos sucessores.

Divertir-se é outro ingrediente importante. O divertimento reforça a saúde mental. Mas enquanto empresas exemplares levam seus colaboradores ao longo de uma excitante jornada, em um grande número de empresas este **senso de satisfação** é completamente **ignorado**. Nesses casos, a experiência organizacional se torna extremamente pesada, esmagando a imaginação e a motivação (Kets de Vries, 2000). Divertir-se satisfaz ainda outra necessidade motivacional essencial de exploração e asserção.

Se nossos sistemas básicos de necessidades motivacionais e de busca por significado estiverem contextualizados de modo que se mostrem menos associados às nossas necessidades pessoais e mais com a ideia de desenvolver a qualidade de vida, ajudar as pessoas ou contribuir com a sociedade, o impacto poderá ser extremamente poderoso. Gostamos de trabalhar em empresas que reconheçam a importância de prover um senso de propósito. Organizações em que as pessoas conseguem colocar sua imaginação e criatividade em uso estimulam um senso de "fluidez" – um sentimento de total envolvimento e de concentração em qualquer atividade que estejam realizando (Csikszentmihalyi, 1990).

Cunhei pessoalmente um termo para descrever essas organizações mais evoluídas. Refiro-me a elas como **"autentizóticas"**. Esse termo é derivado de duas palavras gregas: *authenteekos* e *zoteekos*. A primeira transmite a ideia de que a empresa é **autêntica**. Em seu sentido mais amplo, este vocábulo descreve algo que está em conformidade com os fatos e que, portanto, merece confiança e fé. Como um rótulo do ambiente de trabalho, autenticidade indica que a organização possui uma convincente qualidade conectiva para seus empregados, estabelecida em sua visão, missão, cultura e estrutura. Isso significa que a liderança da empresa conseguiu comunicar a seus colaboradores, de maneira clara e irretorquível, não apenas o **como**, mas também o **porquê**, revelando significado na tarefa de cada pessoa envolvida. São

---

[A] Interesse em educar gerações mais novas

nestas organizações que as pessoas encontram um senso de fluidez; é dentro delas que esses indivíduos se sentem completos e vivos.

Já o termo *zoteekos* significa **"vital para a vida"**. No contexto organizacional, a palavra descreve o modo como as pessoas são estimuladas pelo seu trabalho. Indivíduos uma em organização vital experimentam um senso de equilíbrio e completude. Tais empresas atendem às necessidades humanas de exploração e de curiosidade, o que está intimamente associado à cognição e ao aprendizado. O elemento *zoteekos* **da organização autentizótica** possibilita a própria inserção do indivíduo dentro do trabalho e produz um senso de eficácia e competência, além de autonomia, iniciativa, criatividade, empreendedorismo e dedicação. É esse tipo de empresa que desejamos.

Em minha opinião, o maior desafio da liderança organizacional nos dias de hoje é criar corporações que apresentem essas qualidades autentizóticas. O trabalho dentro dessas empresas oferece aos funcionários um antídoto para o estresse e uma existência mais saudável, além de contribuir para uma vida mais completa. Essas empresas ajudam seus empregados a manter um equilíbrio efetivo entre a vida profissional e pessoal. Acima de tudo, estas são organizações em que todos continuam a aprender – e onde se aprende pela experiência.

Há uma famosa história sufista sobre o lendário Nasrudin.[B] Certa vez um estudante bastante entusiástico foi visitá-lo, e então disse: "Oh, grande sábio, preciso lhe fazer uma importante pergunta, cuja resposta todos nós ansiamos. Qual é o segredo para se alcançar a felicidade?". Nasrudin pensou por um instante e então respondeu: "O segredo da felicidade está em tomar as decisões certas?"."Oh!", exclamou o aprendiz, acrescentando: "Mas como aprendemos a tomar decisões corretas?". "Com experiência", respondeu Nasrudin. "Sim, mas como afinal adquirimos tal experiência?", indagou o pupilo. "Tomando decisões erradas", replicou Nasrudin.

Um velho provérbio nos diz ainda que: "O homem **esperto** aprende com a própria experiência, enquanto o verdadeiro **sábio** aprende pelas experiências alheias." Vivemos a maior parte da vida sem pensar adequadamente em experiências emocionais significativas. Cercados por todos os lados por uma enorme quantidade de experiências não digeridas, ocupamo-nos com nossas atividades diárias sem raciocinar sobre o que elas realmente significam. É preciso que come-

---

[B] Trata-se de um filósofo sufista e sábio popular de origem turca que viveu no século XIII na Anatólia. (N.T.)

cemos a digerir e a transformar tais experiências. Temos de lidar com elas de um modo criativo.

Um modo de fazê-lo é criando teorias e abstrações como um meio de escrever e conversar com outras pessoas sobre o nosso trabalho. Ao tentar tornar organizações lugares melhores para se trabalhar, muitas de minhas experiências foram frustrantes e dolorosas, mas, ao mesmo tempo, bastante otimistas. Desejo que este livro, assim como os volumes anteriores dessa série, ajude você, leitor, a aprender com algumas de minhas experiências dolorosas. **Espero que esta obra contribua para uma maior compreensão de nós mesmos e dos outros, e que ajude a criar lugares melhores para as pessoas trabalharem.**

REFERÊNCIAS BIBLIOGRÁFICAS

Agrawal, A. e Kets de Vries, M. F. R. (2006) *The Moral Compass: Value Based Leadership at Infosys (A Bússola Moral: A Liderança Baseada em Valor na Infosys)*. Insead case study, 4/2007-5391.

Alexander, F. e French, T. M. (1946) *Psychoanalytic Therapy. (Terapia Psicanalítica)*. Nova York: Ronald Press.

American Psychiatric Association (2000) *Diagnostic and Statistical Manual of the Mental Disorders (Manual Diagnóstico e Estatístico de Transtornos Mentais) DSM-IV-TR (4ª ed)*. Washington, DC: American Psychiatric Association.

Applebaum, S.H., Simpson, R., e Shapiro, B.T. (1987) *The Tough Test of Downsizing (O Duro Teste do Downsizing)* Organizational Dynamics 16(2), pp. 68–79.

Asch, S. (1956) *Studies of Independence and Conformity: A Minority of one Against a Unanimous Majority (Estudos de Independência e Conformidade: Uma Minoria Formada por um Contra a Unânime Maioria)* Psychological Monographs, 70(9).

BAHUCHET, S. (1991) *Les Pygmées D'aujourd hui en Afrique Centrale (Os Pigmeus da Atualidade na África Central)* Journal dês Africanistes 61(1), pp. 5–35.

Baylei, R. C. (1989) *The efe: archers of the African rain forest (Os Homens Corajosos: Arqueiros da Floresta Tropical Africana)* National Geographic, November, pp. 664–6.

Balazs, K. e Kets de Vries, M. F. R. (1997) *Bang & Olufsen: A Company in Transition (Bang & Olufsen: Uma Empresa em Transição)* INSEAD Estudo de caso.

Balint, M. (1957) *The Doctor, his Patient and the Illness. (O Médico, seu Paciente e a Enfermidade)*. Nova York: International Universities Press.

Balint, M. (1965) *Primary Love and Psychoanalytic Technique. (Amor Primário e a Técnica Psicanalítica)* Londres: Liversight Publishing Corporation.

Balint, M., Ornstein, P. H., e Balint, E. (1972) *Focal Psychotherapy (Psicoterapia Focal)* Londres: Tavistock.

Bandura, A. (1997) *Self-Efficacy: The Exercise of Control* (*Autoeficiência: O Exercício do Controle*). Nova York: Freeman.

Barron, J.W., Eagle, M. N. e Wolitsky, D. (1992) *The Interface of Psychoanalysis and Psychology* (*A Interface da Psicanálise e da Psicologia*) Washington, DC: American Psychological Association.

Basch, M.F. (1988) *Understanding Psychotherapy* (*Compreendendo a Psicoterapia*). Nova York: Basic Books.

Basch, M.F. (1995) *Doing Brief Psychotherapy* (*Realizando Psicoterapia Breve*). Nova York: Basic Books.

Bennett, A. (1991) *Management: Downsizing does not Necessarily Bring an Upswing in Corporate Profitability* (*Gestão: O Downsizing não Necessariamente Promove uma Recuperação na Rentabilidade da Empresa*) The Wall Street Journal, 6 de junho, p. B-1.

Bion, W. R. (1959) *Experiences in Groups*. (*Experiências em Grupo*) Londres: Tavistock.

Bion, W. R. (1962) *Learning from Experience*. (*Aprendendo com a Experiência*) Londres: Heinemann.

Bonnard, A. (1954) *The Metapsychology of the Russian Trials Confessions* (*A Metapsicologia por Trás das Confissões em Tribunais Russos*) International Journal of Psychoanalysis, 35, pp. 208–213.

Bowlby, J. (1969) *Attachment* (*Apego*). Nova York: Basic Books.

Bowlby, J. (1973) *Separation* (*Separação*). Nova York: Basic Books.

Breuer, J. e Freud, S. (1893–5) *Studies on Hysteria* em *The Standard Edition of the Complete Psychological Works of Sigmund Freud* (*Estudos Sobre a Histeria em Edição Clássica das Obras Completas de Sigmund Freud*) vol. 2. Londres: The Hogarth Press and the Institute of Psychoanalysis.

Brockner, J. (1988) *The Effect of Work Layoffs on Survivors: Research, Theory and Practice* (*O Efeito das Demissões no Trabalho nos Sobreviventes: Pesquisa, Teoria e Prática*) em Staw, B. M. and Cummings, L. L. (eds), Research in

Organizational Behavior, vol. 10, Greenwich, CT: JAI Press.

Brockner, J. (1992) *Managing the Effects of Layoffs on Survivors* (*Administrando os Efeitos das Demissões nos Sobreviventes*) California Management Review, 34 (2), pp. 9– 28.

Brockner, J., Davy, J., e Carter, C. (1985) *Layoffs, Self-Esteem, and Survivor Guilt: Motivational, Affective, and Attitudinal Consequences* (*As Demissões, a Autoestima e a Culpa de Sobrevivente: Consequências Motivacionais, Afetivas e Atitudinais*) Organizational Behavior and Human Decision Processes, 36, pp. 229–44.

Brockner, J., Gorver, S., Reed, T., DeWitt, R., and. (1987) *Survivors Reactions to Layoffs: We get by With a Little Help from our Friends* (Reações dos Sobreviventes às Demissões: Sobrevivemos com a Ajuda dos Amigos) Administrative Science Quarterly, 32, pp. 526–41.

Cameron, K.S. (1994) *Strategies for Successful Organizational Downsizing* (Estratégias para o Downsizing Organizacional Bem-Sucedido) Human Resource Management, 33 (2), pp. 189–211.

Cameron, K. S., Freeman, S.J., e Mishra, A.K. (1991) *Best Practices in White-Collar Downsizing: Managing Contradictions* (Melhores Práticas de Downsizing Envolvendo Executivos: Administrando Contradições) Academy of Management Executive, 5(3), pp. 57–73.

Cameron, K.S., Freeman, S.J., e Mishra, A.K. (1993) *'Organizational Downsizing and Redesign'* (Downsizing e Redesenho Organizacional) em Huber, G. P. and Glick, W. H. (eds), *Organizational Change and Redesign* (Mudanças e Redesenho Organizacional). Oxford: Oxford University Press.

Cameron, K.S., Kim, M.U., e Whetten, D.A. (1987) *Organizational Effects of Decline and Turbulence* (Efeitos Organizacionais de Declínio e Turbulência) Administrative Science Quarterly, 32, pp. 22-40.

Cascio, W.F. (1993) *Downsizing: What do we Know? What have we Learned?* (Downsizing: O que já Sabemos? O que Temos Aprendido?) Academy of Management Executive, 7(1), pp. 95–104.

Christakis, N.A. e Fowler, J.H. (2009) *O Poder das Conexões*. Rio de Janeiro: Campus Elsevier, 2009.

Collins, J.C. (2001) *Good to Great* (Do Bom ao Ótimo). Nova York: Harper Collins.

Collins, J.C. e PORRAS, J.I. (1994) *Feitas para Durar: Práticas Bem-Sucedidas de Empresas Visionárias* (Rocco, 1995).

Coperrider, D.L., Whitney, D. e Stravos, J.M. (2008) *Appreciative Inquiry Handbook: For Leaders of Change.* (Manual de Investigação: Para os Líderes da Mudança) Brunswick, Ohio: Crown Custom Publishers.

Cordes, C. L. e Dougherty, T.W. (1993) *A Review and an Integration of Research on Job Burnout* (Revisão e Integração de Pesquisas Sobre Fadiga no Trabalho) Academy of Management Review, 18(4), pp. 621–56.

Cox, J. S. e Theoharis, A.G. (1988) *The Boss: J. Edgar Hoover and the Great American Inquisition* (O Chefe: J. Edgar Hoover e a Grande Inquisição Norte-Americana) Philadelphia: Temple University Press.

Crane, T.J. e Patrick, L.N. (2002) *The Heart of Coaching: Using Transformational Coaching to Create a High Performance Coaching Culture.*

(*O Coração do Coach: o uso de Coaching de Transformação para Criar uma Cultura de Coaching de Alta Qualidade*) San Diego: FTA Press.

Crits-Cristoph, P. e Barber, J.P. (1991) *Handbook of Short Term Dynamic Psychotherapy* (*Manual de Psicoterapia Dinâmica de Curto Prazo*). Nova York: Basic Books.

Csikszentmihalyi, M. (1990) *Flow: The Psychology of Optimal Experience* (*Fluxo: A Psicologia da Experiência Máxima*). Nova York: Harper and Row.

Custer, G. (1994) *Downsizing's Fallout may be Widespread* (*Os Efeitos Colaterais do Downsizing Podem Estar por Todo Lado*) (*APA Monitor*, Outubro, 49–50.

Czander, W.M. (1993) *The psychodynamics of work and organizations* (*A psicodinâmica do trabalho e das organizações*) Nova York: Guilford Press.

Davanloo, H. (1994) *Basic Principles and Techniques in Short-Term Dynamic Psychotherapy* (*Princípios Básicos e Técnicas na Psicoterapia Dinâmica de Curto Prazo*) Londres: Jason Aronson.

Davanloo, H. (2000) *Intensive Short-Term Dynamic Psychotherapy* (*Psicoterapia Dinâmica Intensiva de Curto Prazo*). Nova York: John Wiley & Sons, Inc.

DeBoard, R. (1978) *The Psychoanalysis of Organizations* (*A Psicanálise das Organizações*) Londres: Routledge.

Denison, D.R. (1990) *Corporate Culture and Organizational Effectiveness* (*Cultura Corporativa e Eficácia Organizacional*). Nova York: John Wiley & Sons, Inc.

Deutsch, H. (1938) *Folie à Deux* (*Loucura a Dois*) Psychoanalytic Quarterly, 7, pp. 307–318.

Dewhurst, K. e Todd, J. (1956) *The Psychosis of Association, Folie à Deux'* (*A Psicose de Associação, Folie à Deux*) Journal of Nervous and Mental Diseases, 123, p. 451.

Dietrich, D. R. e Shabad, P. (1993) *Problem of Loss and Mourning: Psychoanalytic Perspectives* (*Problemas de Perda e Luto: Perspectivas da Psicanálise*). Nova York: International Universities Press.

Duffy, K. (1984) *Children of the Forest* (*Filhos da Floresta*). Nova York: Dodd, Mead.

Dunlap, A. e Andelman, B. (1997) *Mean Business* (*Negócios Crueis*). Nova York: Fireside.

Emde, R.N. (1981) *Changing Models of Infancy and the Nature of Early Development: Remodelling the Foundation* (*Alterando Modelos de Infância e a Natureza do Desenvolvimento Precoce: Remodelando a Base*) Journal of the American Psychoanalytical Association, 29: 179–219.

Erikson, E. (1963) *Childhood and Society* (*Infância e Sociedade*) 2ª edição. Nova York: Norton.

Etchegoyen, R.H. (1991) *Os Fundamentos da Técnica Psicanalítica*. Artmed, 1989.

Fairbairn, W. R. D. (1952) *An Object-Relations Theory of Personality (Uma Teoria das Relações Objetais da Personalidade)*. Nova York: Basic Books.

Fenichel, O. (1945) *Teoria Psicanalítica das Neuroses*. São Paulo: Atheneu, 1981.

Festinger, L. (1954) *A Theory of Social Comparison Processes (Uma Teoria dos Processos de Comparação Social)* Human Relations, 7, p. 117.

Flaherty, J. (2005) *Coaching: Evoking Excellence in Others. (Coaching: Evocando a Excelência nos Outros)* Boston: Butterworth Heinemann.

Fliess, R. (1953) *'Countertransference and Counteridentification' (Contratransferência e Contraidentificação)* Journal of the American Psychoanalytic Association, 1, pp. 268–284.

Foulkes, S. H. (1975) *Group Analytic Psychotherapy: Methods and Principles (Psicoterapia Analítica de Grupo: Métodos e Princípios)* Londres: Gordon & Breach.

Frankl, V. E. (1962) *Man's Search for Meaning: An Introduction to Logotherapy (A Busca dos Homens pelo Sentido: Uma Introdução à Logoterapia)* Boston: Beacon Press.

Frankl, V. E. (1967) *Psychotherapy and Existentialism: Selected Papers on Logotherapy. (Psicoterapia e Existencialismo: Trabalhos Selecionados em Logoterapia)*. Nova York: Washington Square Press.

Freedman, A. M., Kaplan, H. I., e Sadock, B. J. (1975) *Comprehensive Textbook of Psychiatry,(Manual Abrangente de Psicoterapia)* Vols 1 e 2. Baltimore: Williams and Wilkins.

Freeman, S. J. e Cameron, K. S. (1993) *Organizational Downsizing: a Convergence and Reorientation Framework (Downsizing Organizacional: Uma Estrutura de Convergência e Reorientação)* Organization Science 4 (1), pp. 10 – 28.

Freud, A. (1946) *The Ego and the Mechanisms of Defense. (O Ego e os Mecanismos de Defesa)* Madison, CT: International Universities Press.

Freud, S. (1893– 95) *Katharina*. Edição padrão das obras completas de psicologia de Sigmund Freud, Vol. 2, pp. 125 –34. Rio de Janeiro: Imago.

Freud, S. (1905) *Fragmentos da Análise de um Caso de Histeria – O Caso Dora* Edição padrão das obras completas de psicologia de Sigmund Freud, vol. 7. Rio de Janeiro: Imago

Freud, S. (1921) *Group Psychology and the Analysis of the Ego (Grupo de Psicologia e Análise do Ego)* Edição padrão das obras completas de psicologia de Sigmund Freud, vol. 7. Rio de Janeiro: Imago.

Freud, S. (1933) *New Introductory Lectures* (*Novas Palestras Introdutórias*) The padrão edition of the complete psychological works of Sigmund Freud (*Edição padrão das obras completas de psicologia de Sigmund Freud*), vol. 22. Londres: Hogarth Press and the Institute of Psychoanalysis.

Fries, M. E. e Woolf, P. J. (1953) *Some Hypotheses on the Role of Congenital Activity Types in Personality Development* (*Algumas Hipóteses Sobre o Papel dos Tipos de Atividade Congênita no Desenvolvimento da Personalidade*) Psychoanalytic Study of the Child, 8, pp. 48–62.

Gabriel, Y. (1999) *Organizations in Depth* (*Organizações em Profundidade*) Londres: Sage.

Gardner, H. (1999) *A Inteligência Reformulada*. Rio de Janeiro: Objetiva.

Gibbon, A. e Hadekel, P. (1990) *Steinberg: The Break-up of a Family Empire* (*Steinberg: A Queda de um Império Familiar*). Toronto: Macmillan.

Giridharadas, A. (2010) *New Leaders Find Strength in Diversity* (*Novos Líderes Encontram Força na Diversidade*). International Herald Tribune, 7 de maio.

Gladwell, M. (2009) *Fora de Série – Outliers*. Rio de Janeiro: Sextante, 2008.

Goleman, D. (1995) *Inteligência Emocional*. Rio de Janeiro: Objetiva, 2011.

Goleman, D. (1998) *Trabalhando com a Inteligência Emocional*. Rio de Janeiro: Objetiva, 2011.

Gralnick, A. (1942) *Folie à deux - the psychosis of association: Review of 103 cases and entire english literature with case presentations – Part 1* (*Folie à Deux – A Psicose de Associação: Revisão de 103 Casos e Toda a Literatura em Inglês com Apresentação de Casos – Parte 1*), The Psychiatric Quarterly, 16, pp. 230–263.

Greenhalgh, L. e Jick, T. (1989) *Survivor Sense Making and Reactions to Organizational Decline: Effects of Individual Differences* (*Senso de Sobrevivência e as Reações ao Declínio Organizacional: Efeitos de Diferenças Individuais*) Management Communication Quarterly, 2 (3), pp. 305–28.

Greenhalgh, L. e Rosenblatt, Z. (1984) *Job Insecurity: Toward Conceptual Clarity* (*Insegurança no Trabalho: Rumo à Clareza Conceitual*) Academy of Management Review, 9 (3), pp. 438–48.

Greenleaf, R. K. e Spears, L. C. (1998) *Power of Servant Leadership*.(O Poder do Líder Servidor) São Francisco: Berrett-Koehler.

Greenson, R. R. (1967) *The Technique and Practice of Psychoanalysis*. (A Técnica e a Prática da Psicanálise). Nova York: International Universities Press.

Groves, J. E. (1996) *Essential Papers on Short-Term Dynamic Therapy* (*Papéis Essenciais na Terapia Dinâmica de Curto Prazo*). Nova York: New York University Press.

Guntrip, H. (1969) *Schizoid Phenomena, Object Relations and the Self* (*Fenômenos Esquizoides, Relações de Objetos e o Self*). Nova York: International Universities Press.

Gustavson, J. P. (1986) *The Complex Secret of Brief Psychotherapy* (*O Segredo Complexo da Terapia Breve*). Nova York: Norton.

Hallet, J.P. (1973) *Pygmy Kitabu* (*Kitabu Pigmeu*). Nova York: Random House.

Hamel, G. e Prahalad, C. K. (1989) *Strategic Intent* (*Intenção Estratégica*) Harvard Business Review, maio–junho, pp. 63–76.

Handy, C. (1993) *Understanding Organizations*, (*Entendendo as Organizações*) 4ª ed. Nova York: Oxford University Press.

Harrison, R. e Stokes, H. (1992) *Diagnosing Organizational Culture*. (*Diagnosticando a Cultura Organizacional*) São Francisco: Pfeiffer.

Hartman, H. e Stengel, E. (1931) *Studien zur Psychologies des Induzierten Irreseins* (*Estudo da Psicologia por meio da Indução à Loucura*) Jahrbuch für Psychiatrie und Neurolidie, 48, p.164.

Harwood, I. N. H. e Pines, M. (1998) *Self Experiences in Groups: Intersubjective and Self Psychological Pathways to Human Understanding* (*Experiências Pessoais em Grupos: Caminhos Intersubjetivos e Psicológicos para a Compreensão Humana*). Londres: Kingsley.

Heatherton, T. e Weinberger, J.L. (1994) *Can Personality Change?* (*A Personalidade Pode Ser Alterada?*). Washington, DC: American Psychological Association.

Heimann, P. (1950) *On Countertransference* (*Sobre Contratransferência*) International Journal of Psychoanalysis, 31, pp. 81–84.

Henkoff, R. (1994) *Cost Cutting: How to do it Right* (*Redução de Custos: Como Fazê-lo Corretamente*) Fortune, 121(8), pp. 40–49.

Hewlett, B. S. (1991) *Intimate Fathers: The Nature and Context of Aka Pygmy Paternal Infant Care* (*Pais Íntimos: A Natureza e o Contexto dos Cuidados com o Bebê por Parte dos Pigmeus Aka*). Ann Arbor: University of Michigan Press.

Hochschild, A. R. e Machung, A. (2003) *Second Shift* (*Segundo Turno*). Nova York: Penguin.

Hogan, R.T., Johnson, J.A., e Briggs, R. (1997) *Handbook of Personality Psychology* (*Manual da Personalidade Psicológica*). Nova York: Morgan Kaufman.

Horowitz, M. J., Marmar, C., Krupnick, J., Wilner, N., Kaltreider, N., e Wallerstein, R. (1984) *Personality Styles and Brief Psychotherapy* (*Estilos de Personalidade e Psicologia Breve*). Nova York: Basic Books.

Hudson, F. M. (1999) *The Handbook of Coaching: A Comprehensive Resource Guide for Managers, Executives, Consultants, and Human Resource Professionals* (*O Manual de Coaching: Um Guia Abrangente de Recursos para Gerentes, Executivos, Consultores e Profissionais de Recursos Humanos*) São Francisco: Jossey-Bass.

Hunt, J.M. e Weintraub, J.R. (2002) *The Coaching Manager* (*O Gerente que Oferece Coaching*) Londres: Sage Publications.

Jacobson, E. (1964) *The Self and the Object World* (*O Self e o Mundo Objeto*). Nova York: International Universities Press.

Jacobson, E. (1971) *Depression* (*Depressão*). Nova York: International Universities Press.

Janis, I. L. (1958) *Psychological Stress* (*Estresse Psicológico*). Nova York: John Wiley & Sons, Inc.

Janis, I. L. (1972) *Victims of Groupthink* (*Vítimas do Pensamento de Grupo*) Boston: Houghton-Mifflin.

Jaques, E. (1951) *The Changing Culture of a Factory* (*Mudando a Cultura de uma Fábrica*) Londres: Tavistock.

Jaques, E. (1970) *Work, Creativity and Social Justice* (*Trabalho, Criatividade e Cultura Social*). Nova York: International Universities Press.

Jaques, E. (1974) *Social Systems as Defense Against Persecutory and Depressive Anxiety* (*Sistemas Sociais como Defesa Contra Ansiedade Persecutória e Depressiva*) em Gibbard, G.S., Hartmann, J.J., e Mann, R.D. *Analysis of Groups* (*Análises de Grupos*) São Francisco: Jossey-Bass.

Jaques, E. (1989) *Requisite Organization* (*Organização Necessária*) Londres: Gower Publishing.

Jung, C.G. (1920) *Psychological Types or the Psychology of Individuation* (*Tipos Psicológicos ou a Psicologia da Individualização*). Nova York: Harcourt, Brace, Jovanovich.

Kaplan, H.I. e Sadock, B.J. (1993) *Comprehensive Group Psychotherapy* (*Abrangente Psicoterapia de Grupo*) Baltimore: Williams and Wilkins.

Keeley, M. (1980) *Organizational Analogy: A Comparison of Organismic and Social Contract Models* (*Analogia Organizacional: Uma Comparação Entre os Modelos Organísmico e de Contrato Social*) Administrative Science Quarterly, 25, pp. 337–62.

Kelman, H. (1961) *Processes of Opinion Change* (*Processos de Mudança de Opinião*) Public Opinion Quarterly, 16, p. 230.

Kernberg, O. (1975) *Borderline Conditions and Pathological Narcissism* (*Condições Limítrofes e Narcisismo Patológico*). Nova York: Aronson.

Kernberg, O. (1980) *Internal World and External Reality* (*Mundo Interno e Realidade Externa*). Nova York: Aronson.

Kets de Vries, M.F.R. (1978) *Folie à Deux: Agindo de Acordo com as Fantasias do seu Superior. Human Relations*, 31 (10), pp. 905–24.

Kets de Vries, M.F.R. (1979) *Managers Can Drive their Subordinates Mad (Os Gerentes Podem Levar seus Subordinados à Loucura) Harvard Business Review*, julho–augosto, pp. 125–34.

Kets de Vries, M.F.R. (1980) *Organizational Paradoxes: Clinical Approaches to Management (Paradoxos Organizacionais: Abordagens Clínicas para a Administração)* Londres: Routledge.

Kets de Vries, M.F.R. (1984) *The Irrational Executive: Psychoanalytic Explorations in Management (O Executivo Irracional: Explorações Psicanalíticas na Administração)*. Nova York: International Universities Press.

Kets de Vries, M.F.R. (1991) *Organizations on the Couch (Organizações no Divã)* São Francisco: Jossey - Bass.

Kets de Vries, M.F.R. (1993) *Doing a Maxwell: Or Why not to Identify with the Aggressor (Doing a Maxwell: Ou por que não se Identificar com o Agressor?. European Management Journal*, 11 (2), pp. 169–74.

Kets de Vries, M.F.R. (1994) *The Leadership Mystique (A Mística da Liderança) Academy of Management Executive*, 8 (3), pp. 73–92.

Kets de Vries, M.F.R. (2000a) *The Clinical Paradigm: Manfred Kets de Vries. Reflections on Organizational Theory: Interview by Erik van de Loo (O Paradigm Clinic: As Reflexões de Manfred Kets de Vries Sobre a Teoria Organizacional: Entrevista de Erik van de Loo) Academy of Management Executive* 18 (1), pp. 2–21.

Kets de Vries, M.F.R. (2000b) *Struggling with the Demon: Essays in Individual and Organizational Irrationality (Lutando Contra o Demônio: Ensaios Individuais Sobre Irracionalidade Organizacional)* Madison, Connecticut: Psychosocial Press.

Kets de Vries, M.F.R. (2001) *The Leadership Mystique (A Liderança Mística)* Londres: Financial Times/Prentice Hall.

Kets de Vries, M.F.R. (2002) *Can CEOs Change? Yes, but Only if they Want to (CEOs Podem Mudar? Sim, Mas Somente se Eles Assim o Quiserem) INSEAD Working Papers Series*, Fontainebleau, France.

Kets de Vries, M.F.R. (2002) *The Happiness Equation (A Equação da Felicidade)* Londres: Random House.

Kets de Vries, M.F.R. (2003) *Lessons on Leadership by Terror: Finding Shaka Zulu in the Attic (Lições de Liderança por Meio do Terror: Encontrando o Shaka Zulu no Sótão)* INSEAD Working Paper Series, Fontainebleau, France.

Kets de Vries, M.F.R. (2004) *The Global Executive Leadership Inventory: Facilitator's Guide* (*O Inventário de Liderança Executiva Global: Guia do Facilitador*) São Francisco: Pfeiffer.

Kets de Vries, M.F.R. (2005a) *Leadership Group Coaching in Action: The Zen of Creating High Performance Teams* (*Coaching de Liderança de Grupo em Ação: O Zen da Criação de Equipes de Alto Desempenho*) Academy of Management Executive, 19 (1), pp. 61–76.

Kets de Vries, M.F.R. (2005b) *The Personality Audit: Facilitator's Guide* (*A Auditoria da Personalidade: Guia do Facilitador*) Fontainebleau: INSEAD.

Kets de Vries, M.F.R. (2005c) *The Personality Audit: Participant's Guide* (*A Auditoria da Personalidade: Guia do Participante*) Fontainebleau: INSEAD.

Kets de Vries, M.F.R. (2006a) *The Leader on the Couch* (*O Líder no Divã*) Chichester: John Wiley & Sons Ltd.

Kets de Vries, M.F.R. (2006b) *The Eight Roles Executives Play* (*Os Oito Papéis Desempenhados pelos Executivos*) Organizational Dynamics, 36 (1), pp. 28–44.

Kets de Vries, M.F.R. (2006c) *Leadership Archetype Questionnaire Facilitator's Guide* (*Questionário do Arquétipo de Liderança – Guia do Facilitador*), Fontainebleau: INSEAD.

Kets de Vries, M.F.R. (2006d) *Leadership Archetype Questionnaire Participant's Guide* (*Questionário do Arquétipo de Liderança – Guia do Participante*). Fontainebleau: INSEAD.

Kets de Vries, M.F.R. (2009a) *Sexo, Dinheiro, Felicidade e Morte: A Busca por Autenticidade*, Porto Alegre: Bookman, 2012.

Kets de Vries, M.F.R. (2009b) *Reflexões Sobre Caráter e Liderança*, Porto Alegre: E-books (2010, Porto Alegre: Bookman) 2010: Artmed.

Kets de Vries, M.F.R. (2009c) *Reflections on Leadership and Career Development* (*Reflexões sobre Liderança e Desenvolvimento Profissional*), Chichester: Wiley.

Kets de Vries, M.F.R. (2010a) *Organizational Culture Audit: Facilitator's Guide* (*Auditoria da Cultura Organizacional: Guia do Facilitador*), Fontainebleau: INSEAD.

Kets de Vries, M.F.R. (2010b) *Organizational Culture Audit: Participant's Guide* (*Auditoria da Cultura Organizacional: Guia do Participante*), Fontainebleau: INSEAD.

Kets de Vries, M.F.R. (2010c) *Internal Theatre Inventory Facilitator's Guide* (*Inventário do Teatro Interno – Guia do Facilitador*), Fontainebleau: INSEAD.

Kets de Vries, M.F.R., e Balazs, K. (1997) *The Downside of Downsizing* (*Os Aspectos Negativos do Downsizing*), Human Relations, 50 (1), 11–50.

Kets de Vries, M.F.R. e Balazs, K. (1998) *Beyond the Quick Fix: The Psychodynamics of Organisational Transformation and Change* (*Indo Além de Soluções Temporárias: A Psicodinâmica da Transformação Organizacional e da Mudança*), European Management Journal, 16 (8), pp. 6 –22.

Kets de Vries, M.F.R. e Balazs, K. (1999a) *Creating the 'Authentizotic' Organization: Corporate Transformation and its Vicissitudes – A Rejoinder* (*Criando Organizações 'Autentizóticas': Transformação Corporativa e suas Vicissitudes – A "Réplica"*) Administration Society,31 (2), pp. 275–94.

Kets de Vries, M.F.R. e Balazs, K. (1999b) *Transforming the Mind-Set of the Organization: A Clinical Perspective* (*Transformando a Mentalidade da Organização: Uma Perspectiva Clínica*) Administration & Society, 30 (6), 640 – 75.

Kets de Vries, M.F.R. e Carlocka, R. com Florent-Treacy, E. (2007a) *A Empresa Familiar no Divã: Uma Perspectiva Psicológica*, Porto Alegre: Bookman, 2009, Porto Alegre: E-books

Kets de Vries, M.F.R. e Florent-Treacy, E. (1999) *The New Global Leaders, Percy Barnevik, Richard Branson, David Simon and the Making of the International Corporation* (*Os Novos Líderes Globais, Percy Barnevik, Richard Branson, David Simon e a Criação da Corporação Internacional*) São Francisco: Jossey-Bass.

Kets de Vries, M.F.R., Florent-Treacy, E. e Korotov, K. (eds) (2007) *Coach and Couch: The Psychology of Making Better Leaders* (*Coaching e Coaching: A Psicologia de se Criar Melhores Líderes*) Houndsmills: Palgrave/Macmillan.

Kets de Vries, M.F.R., GUILLEN, L., Korotov, K. e Florent-Treacy, E. (eds)(2010) *The Coaching Kaleidoscope: Insights from the Inside* (*As Várias Cores do Processo de Coaching: Percepções Internas*) Houndsmills:Palgrave/Macmillan.

Kets de Vries, M.F.R. e Korotov, K. (2007) *Creating Transformational Executive Education Programs* (*Criando Programas Educacionais para Transformação Executiva*) Academy of Management Learning and Education, 6 (3), pp. 375–87.

Kets de Vries, M.F.R. e Miller, D. (1984 a) *The Neurotic Organization: Diagnosing and Changing Counterproductive Styles of Management.* (*A Organização Neurótica: Diagnosticando e Mudando Estilos de Gestão Contraproducentes*) SãoFrancisco: Jossey-Bass.

Kets de Vries, M.F.R. e Miller, D. (1984 b) *Neurotic Style and Organizational Pathology* (*Estilo Neurótico e Patologia Organizacional*), Strategic Management Journal 5, pp. 35–55.

Kets de Vries, M.F.R. e Miller, D. (1984c) *Unstable at the Top* (*Instável no Topo*) Psychology Today, October 1984.

Kets de Vries, M.F.R. e Miller, D. (1986) *Personality, Culture and Organization* (*Personalidade, Cultura e Organização*) Academy of Management Review II (2), pp. 266–79.

Kets de Vries, M.F.R. e Miller, D. (1987) *Interpreting Organizational Texts* (*Interpretando Textos Organizacionais*), Journal of Management Studies, 24 (3), pp. 233–347.

Kets de Vries, M.F.R. e Miller, D. (1988) *Unstable at the Top* (*Instável no Topo*). Nova York: New American Library.

Kets de Vries, M.F.R., Vrignaud, P. e Florent-Treacy, E. (2004) *The Global Leadership Life Inventory: Development and Psychometric Properties of a 360 - Degree Feedback Instrument* (*Inventário de Liderança Global: Propriedades Psicométricas e de Desenvolvimento de um Instrumento de Feedback em 360 Graus*), Journal of Management Studies, 15 (3), pp. 475–92.

Kets de Vries, M.F.R., Vrignaud, P., Engellau, E. e Florent-Treacy, E. (2006) *The Development of the Personality Audit: A Psychodynamic Multiple Feedback Assessment Instrument* (*O Desenvolvimento da Auditoria de Personalidade: Instrumento Psicodinâmico de Avaliação de Multiplo Feedback*), International Journal of Human Resource Management, 17 (5), pp. 898–917.

Kilberg, R. R. (2000) *Executive Coaching* (*Coaching Executivo*). Washington, DC: American Psychological Association.

Klein, M. (1948) *Contributions to Psychoanalysis* (*Contribuições à Psicanálise*) Londres: Hogarth Press (192-4).

Kohut, H. (1971) *A Análise do Self*. Rio de Janeiro: Imago, 1988.

Kohut, H. (1977) *A Restauração do Self*. Rio de Janeiro: Imago, 1988.

Kohut, H. e Wolf, E. S. (1978) *The Disorders of the Self and Their Treatment: An Outline* (*Os Distúrbios do Self e eu Tratamento: Um Esboço*). International Journal of Psychoanalysis, 59, pp. 413–26.

Kotter, J. P. e Heskett, J. L. (1992) *Cultura Corporativa e Desempenho Empresarial*. Makron Books, 1994.

Kouzes, J. M. e Posner, B. Z. (1995) *O Desafio da Liderança*. Rio de Janeiro: Elsevier

Lacey, R. (1986) *Ford: The Men and the Machine* (*Ford: O Homem e a Máquina*). Nova York: Little Brown.

Lalli, F. (1992) *Learn From my Mistakes* (*Aprendendo com Meus Erros*). Money, fevereiro, p. 5.

Lang, H. B. (1936) *Simultaneous Psychoses Occurring in Business Partners* (*Psicoses Simultâneas Ocorrendo em Parceiros nos Negócios*) The Psychiatric

Quarterly, 10, p. 611. Laplanche, J. P. e Pontalis, J. B. (1973) *The Language of Psychoanalysis*. (*A Linguagem da Psicanálise*) Londres: Hogarth Press.

Lasswell, H. (1960) *Psychopathology And Politics* (*Psicopatologia e Política*). Nova York: Viking Press.

Leana, C. e Feldman, D. (1988) *Individual Responses to Job Loss: Perceptions, Reactions and Coping Behaviors* (*Respostas Individuais à Perda de Emprego: Percepções, Reações e Comportamento de Enfrentamentos da Situação*). *Journal of Management*, 14 (3), pp. 375–90.

Leana, C. e Feldman, D. C. (1990) *Individual Responses to Job Loss: Empirical Findings From Two Field Studies* (*Respostas Individuais à Perda de Emprego: Conclusões Empíricas Obtidas em dois Estudos de Campo*) *Human Relations*, 43 (11), pp. 1155–81.

Ledoux, J. (1998) *O Cérebro Emocional*. E-book, Rio de Janeiro: Objetiva, 2011.

Lefcourt, H. M. (1976) *Locus of Control* (*Locus de Controle*). Nova York: John Wiley & Sons, Inc.

Levering, R. e Moskowitz, M. (1998) *The 100 Best Companies to Work for in America* (*As 100 Melhores Empresas para se Trabalhar na América*). *Fortune*, janeiro 12, pp. 26–35.

Levinson, H. (1962) *Men, Management And Mental Health*. (*Homens, Gestão e Saúde Mental*) Cambridge, MA: Harvard University Press.

Levinson, H. (1972) *Organizational Diagnosis* (*Diagnóstico Organizacional*). Cambridge: Harvard University Press.

Levinson, H. (1978) *The Abrasive Personality* (*A Personalidade Abrasiva*). *Harvard Business Review*, maio–junho, pp. 86–94.

Levinson, H. (2002) *Organizational Assessment* (*Avaliação Organizacional*). Washington, DC: American Psychological Association.

Lewin, K. (1947) *Frontiers In Group Dynamics: Concept, Method and Reality in Social Science* (*Fronteiras na Dinâmica de Grupo: Concepção, Método e Realidade em Ciências Sociais*). *Human Relations*, 1, p. 5.

Lichtenberg, J.D., Lackmann, F.M. e Forshage, J.L. (1992) *Self and Motivational Systems: Toward a Theory of Psychoanalytic Technique* (*Sistema Motivacional e do Self: Rumo a uma Teoria da Técnica Psicanalítica*). Nova York: Analytic Press.

Lindner, R. (1956) *The Fifty Minute Hour* (*A Hora de Cinquenta Minutes*). Nova York: Bantam Books.

Luborsky, L. e Crits-Christoph, P. (1998) *Understanding Transference: The Core Conflictual Relationship Theme Method* (*Compreendendo a Transferência: O Tema da Relação Interna de Conflito*). Washington DC: American Psychological Organization.

Luborsky, L., Crits-Christoph, P., Mintz, J., e Auerback, A. (1988) *Who Will Benefit from Psychotherapy?* (*Quem Irá se Beneficiar da Psicoterapia*). Nova York: Basic Books.

Maccoby, M. (1976) *The Gamesman* (*O Homem do Jogo*). Nova York: Simon and Schuster.

Malan, D. e Osimo, F. (1992) *Psychodynamics, Training and Outcome in Brief Psychotherapy* (*Psicodinâmica, Treinamento, Resultados na Psicoterapia Breve*). Oxford: Butterworth Heinemann.

Malan, D.H. (1963) *A Study of Brief Psychotherapy* (*Um Estudo da Psicoterapia Breve*). Nova York: Plenum.

Malan, D.H. (1976) *The Frontier of Brief Psychotherapy* (*A fronteira da Psicoterapia Breve*). Nova York: Plenum.

Mann, J. (1973) *Time-Limited Psychotherapy* (*Psicoterapia de Tempo Limitado*). Cambridge: Harvard University Press.

Mann, J. e Goldman, R. (1982) *A Casebook in Time-Limited Psychotherapy*. (*O Diário de Casos de Psicoterapia de Tempo Limitado*). Nova York: McGraw-Hill.

Mann, T. (1936) *The Blood of the Walsungs* (*O Sangue dos Walsungs*) em *Stories of Three Decades* (*Histórias de Três Décadas*). Nova York: Knopf.

Marris, P. (1974) *Loss and Change* (*Perda e Mudanças*). Londres: Routledge & Kegan Paul.

Matthews, G., Zeidner, M., e Roberts, R.D. (2002) *Emotional Intelligence: Science and Myth* (*Inteligência Emocional: Ciência e Mito*). Boston: MIT Press.

McCall, M.W.J. e Lombardo, M.M. (1978) *Leadership: Where Else Can We Go?* (*Liderança: Para Onde Mais Podemos Ir?*). Durham, NC: Duke University Press.

McClelland, D. (1961) *The Achieving Society* (*A Sociedade das Realizações*). Nova York: Irvington.

McClelland, D. (1975) *Power: The Inner Experience* (*Poder: A Experiência Interior*). Nova York: Halstead.

McCrae, R.R. e Costa, P.T. (1990) *Personality in Adulthood* (*Personalidade na Vida Adulta*). Nova York: Guilford Press.

McCullough Vailant, L. (1997) *Changing Character* (*Mudança de Caráter*). Nova York: Basic Books.

McNeil, J. N., Verwoerdt, A., e Peak, D. (1972) *Folie À Deux in the Aged: Review and Case Report of Role Reversal* (*Folie À Deux em Idosos: Revisão e Relato de Casos de Inversão De Papéis*). Journal of the American Geriatrics Society, 20( ), pp. 316–23.

Menniger, C. (1958) *Theory of Psychoanalytic Technique* (*Teoria da Técnica Psicanalítica*). Nova York: Harper.

Menzies, I. E. (1960) *A Case Study of the Functioning of Social Systems as a Defense Against Anxiety: A Report on a Study of the Nursing System in a General Hospital* (Um Estudo de Caso do Funcionamento dos Sistemas Sociais Como uma Defesa Contra a Ansiedade: Relatório sobre um Estudo do Sistema de Enfermagem em um Hospital Geral). Human Relations, 13, pp. 95–121.

Merton, R. K. (1968) *Bureaucratic Structure and Personality* (Estrutura Burocrática e de Personalidade) em Merton, R. K.(ed.) *Social Theory and Social Structure* (Teoria e Estrutura Social). Nova York: Free Press, pp. 249–59.

Michaels, E., Handfield, Jones, H., E Axelrod, B. (2001) *The War for Talent* (A Guerra por Talentos). Boston: McKinsey & Co.

Milgram, S. (1963) *Behavioral Study of Obedience* (Estudo Comportamental de Obediência). Journal of Abnormal and Social Psychology, 67, pp. 371–78.

Milgram, S. (1965) *Some Conditions of Obedience and Disobedience to Authority* (Algumas Condições de Obediência e Desobediência à Autoridade). Human Relations, 18, pp. 57–76.

Miller, D. (1976) *Strategy Making in Context: Ten Empirical Archetypes* (A Criação de Estratégia: Arquétipos Empíricos). Dissertação para obtenção de doutorado, McGill University, Montreal.

Miller, D. E Friesen, P. H. (1978) *Archetypes Of Strategy Formulation* (Arquétipos da Formulação de Estratégias). Management Science, 24, pp. 921–33.

Miller, D. E Friesen, P. H. (1984) *Organizations: A Quantum View* (Organizações: Uma Visão Quântica). Englewood Cliffs, NJ: Prentice-Hall.

Miller, W. R. E Rollnick, S. (2002) *Motivational Interviewing* (Entrevista Motivacional). Nova York: Guilford Press.

Millon, T. (1981) *Disorders of Personality: Dsm Iii, Axis Ii* (Transtornos de Personalidade: Dsm Iii – Eixo Ii). Nova York: John Wiley & Sons, Inc.

Molnos, A. (1995) *A Question of Time: Essentials of Brief Psychotherapy* (Uma Questão de Tempo: Fundamentos de Psicoterapia Breve). Londres: Karnac Books.

Mone, M. A. (1994) *Relationships Between Self-Concepts, Aspirations, Emotional Responses and Intent to Leave a Downsizing Organization* (Relações entre o Conceito do Eu, as Aspirações, as Respostas Emocionais e a Intenção de Abandonar Uma Organização em Processo De Downsizing). Human Resource Management, 33 (2), pp. 281–8. Artigo acadêmico

Morgan, G. (1986) *Imagens da Organização*. São Paulo: Atlas, 1999.

Murray, H. A. (1938) *Explorations in Personality* (Explorações na Personalidade). Nova York: Oxford University Press.

Murthy, N. (2009a). *A Better India, a Better World* (*Uma Índia Melhor, um Mundo Melhor*). Nova Delhi: Penguin Books.

Murthy, N. (2009b) *Mensagem Enviada por Narayana Murthy a Todos os Funcionários* Da Infosys, www.maharashtraspider.com/businessresources/2321, em 22 de novembro.

Navran, F. (1994) *Surviving a Downsizing* (*Sobrevivendo a um Downsizing*). Executive Excellence 11 (7), pp. 12–13.

Nicholi, A. M. (1978) *The Harvard Guide to Modern Psychiatry* (*O Guia de Harvard para a Psicoterapia Moderna*). Cambridge: Belknap.

Nietzsche, F. (1989) *Nietzsche - Além Do Bem e Do Mal*, 31ª ed. São Paulo: Editora Escala

Noer, D. M. (1993) *Healing the Wounds: Overcoming The Trauma of Layoffs and Revitalizing Downsized Organizations* (*Curando as Feridas: A Superação do Trauma de Demissões e a Revitalização das Organizações que Enfrentaram um Processo de Downsizing*) São Francisco: Jossey-Bass.

O'Neill, E. (1972) *Where the Cross is Made* (*Onde Está Marcada a Cruz*), em *Seven Plays of the Sea*. Nova York: Vintage Books.

Ogden, T. H. (1982) *Projective Identification and Psychotherapeutic Technique* (*Identificação Projetiva e Técnica Psicoterapeutica*). Nova York: Aronson.

Orem, S., Binkert, J., E Clancy, A. L. (2007) *Appreciative Coaching: A Positive Process for Change* (*Coaching Apreciativo: Um Processo Positivo para a Mudança*). São Francisco: Jossey-Bass.

Palmer, S. E Whybrow, A. (2007) *Handbook of Coaching Psychology, A Guide for Practitioners* (*Manual de Psicologia em Coaching, Um Guia para os Profissionais.*) Londres: Routledge.

Parkes, C. M. (1972) *Bereavement: Studies of Grief in Adult Life* (*Luto: Estudos de Dor na Vida Adulta*). Nova York: International Universities Press.

Pascale, R. T. E Athos, A. G. (1981) *The Art of Japanese Management: Applications for American Executives* (*A Arte da Administração Japonesa: As Aplicações para Executivos Norte-Americanos*). Nova York: Simon & Schuster.

Payne, R. E Pugh, D. S. (1976) *Organization Structure And Climate* (*Estrutura e Clima Organizacional*), em Dunnette, M. D. (ed.) *Handbook Of Industrial and Organizational Psychology* (*Manual de Psicologia Industrial e Organizacional*). Chicago: Rand McNally.

Pearlstein, S. (1994) *Corporate Cutbacks yet to Pay Off* (*Cortes Corporativos ainda Precisam se Justificar*). The Washington Post, janeiro 4, p. B-6.

Pfeffer, J. (1995) *Producing Sustainable Competitive Advantage Through the Effective Management of People* (*Produzindo Vantagem Competitiva Sustentável por meio da Gestão Eficaz de Pessoas*). Academy of Management Executive, 9 (1): 55–72.

Pfeffer, J. (1998) *The Human Equation: Building Profits by Putting People First* (*A Equação Humana: Construindo Lucros ao Colocar as Pessoas em Primeiro Lugar*). Boston: Harvard Business School Press.

Phares, J. E. (1976) *Locus of Control in Personality* (*Locus de Controle na Personalidade*). Morristown: General Learning Press.

Pine, E. (1985) *Developmental Theory and Clinical Process* (*Teoria do Desenvolvimento e Processo Clínico*). New Haven, Connecticut: Yale University Pres.

Polatin, P. (1975) *Psychotic Disorders: Paranoid State* (*Transtornos Psicóticos: Estados Paranoicos*) em Freedman, A. M.

Kaplan, H. I., e B. J. Sadock (eds). *Tratado de Psiquiatria Compreensiva.* Porto Alegre: Artmed, 1997.

Popper, K. (2002) *A Lógica da Pesquisa Científica*. São Paulo: Pensamento, 1996.

Press, H. B. S. (2005) *Managing Change to Reduce Resistance* (*Administrando a Mudança para Reduzir a Resistência*). Boston: Harvard Business School Press.

Pulver, S. E. E Brunt, M. Y. (1961) *Deflection of Hostility in Folie À Deux* (*Deflexão da Hostilidade na Folie à Deux*). Archives of General Psychiatry, 5 (3), pp 257–65.

Racker, H. (1968) *Transference and Countertransference* (*Transferência e Contratransferência*). Nova York: International Universities Press.

Rawson, P. (2002) *Short-Term Psychodynamic Psychotherapy: An Analysis Of The Key*

Principles (*Psicoterapia Psicodinâmica Breve: Uma Análise dos Princípios Fundamentais*). Londres: Karnac.

Rioux, B. (1963) *A Review of Folie à Deux, The Psychosis of Association* (*Uma Revisão de Folie à Deux – A Psicose da Associação*). The Psychiatric Quarterly, 37, Pp. 405–428.

Rodgers, W. (1969) *Think: A Biography of the Watsons And IBM* (*Pense: A Biografia dos Watsons e da IBM*). Nova York: Stein and Day.

Rogers, C. R. (1951) *Terapia Centrada no Cliente*. São Paulo: Martins Fontes.

Rogers, C. R. (1961) *Tornar-se Pessoa*. São Paulo: Martins Fontes, 2009.

Rokeach, M. (1960) *The Open and Closed Mind* (*A Mente Aberta e Fechada*). Nova York: Basic Books.

Rosenbaum, M. (1983) *Handbook of Short-Term Therapy Groups* (*Manual de Terapia de Grupos de Curto Prazo*). Nova York: Mcgraw-Hill.

Salovey, P. E Mayer, J. (1990) *Emotional Intelligence Imagination, Cognition, and Personality* (*Imaginação da Inteligência Emocional, Cognição e Personalidade*) 9p, pp. 185–211.

Scheidlinger, S. (1982) *Focus on Group Psychotherapy: Clinical Essays (Foco na Psicoterapia de Grupo: Ensaios Clínicos)*. Nova York: International Universities Press

Schein, E.H. (1961) *Coercive Persuasion (Persuasão Coercitiva)*. Nova York: Norton.

Schein, E.H. (1985) *Cultura Organizacional e Liderança*. São Paulo: Atlas, 2009.

Schon, D. A. (1983) *The Reflective Practitioner: How Professionals Think in Action (O Profissional Reflexivo: Como os Profissionais Pensam em Ação)*. Nova York: Basic Books.

Schot, J.L. (1975) *No Left Turns: The FBI in Peace and War (Sem Curvas à Esquerda: O FBI, Na Guerra e na Paz)*. Nova York: Praeger.

Scott Rutan, J. E Stone, W. N. (2001) *Psychodynamic Group Psychotherapy (Psicoterapia Psicodinâmica de Grupo)*. Nova York: The Guilford Press.

Seltzer, L. F. (1986) *Paradoxical Strategies in Psychotherapy: A Comprehensive Overview and Guidebook (Estratégia Paradoxal em Psicoterapia: Um Guia e uma Visão Abrangente)*. Nova York: John Wiley & Sons, Inc.

Shapiro, D. (1965) *Neurotic Styles (Estilos Neuróticos)*. Nova York: Basic Books.

Sheehy, G. (1995) *Novas Passagens, Um Roteiro para a Vida Inteira*. Rio de Janeiro: Rocco, 1997.

Sheehy, G. (1998) *As Novas Passagens Masculinas: Descobrindo o Mapa da Vida*. Rio de Janeiro: Rocco.

Sifneos, P. E. (1979) *Psicoterapia Dinâmica Breve*. Porto Alegre: Artmed, 1989. University Press.

Siy, A. (1993) *The Efe: Archers of the African Rain Forest (Os Homens Corajosos: Arqueiros da Floresta Tropical Africana)*. Nova York: Dillon Press, p. 16.

Smith, K. (2003) *Video Lecture, Stanford University* (Palestra em vídeo da Universidade de Stanford). 19 de novembro.

Smith, L. (1994) *Burned-Out Bosses (Chefes Fatigados)*, Fortune, 130 (2), pp. 100–105.

Solomon, A. (2001) *O Demônio do Meio-Dia: Uma Anatomia da Depressão*. Rio de Janeiro: Objetiva, 2009.

Speer, A. (1971) *Inside the Third Reich (Dentro do Terceiro Reich)*. Nova York: Avon Books.

Stassen Berger, K. (1998) *The Developing Person Through the Life Span (A Pessoa em Desenvolvimento ao Longo da Vida)*. Nova York: Worth Publishers.

Strupp, H. H. E Binder, J. L. (1984) *Psychotherapy in a New Key: A Guide to Time-Limited Dynamic Psychotherapy (Psicoterapia em um Novo*

Ajuste: Um Guia para Psicoterapia Dinâmica de Tempo Limitado). Nova York: Basic Books.

Sullivan, H. S. (1953) *The Interpersonal Theory of Psychiatry (A Teoria Interpessoal da Psiquiatria).* Nova York: Norton.

Thornburgh, L. (1992) *Practical Ways to Cope with Suicide (Maneiras Práticas para se Lidar com o Suicídio).* Hr Magazine, 37 (5), pp. 62–6.

Tosi, H. (1970) *A Reexamination of Personality as a Determinant of The Effects of Participation (Um Reexame da Personalidade como um Determinante dos Efeitos de Participação).* Personnel Psychology, 23, Pp. 111–7.

Turnbull, C. M. (1961) *The Forest People: A Study of The Pygmies of The Congo (Os Povos da Floresta: Um Estudo sobre os Pigmeus do Congo).* Nova York: Simon & Schuster.

Turnbull, C. M. (1965) *Wayward Servants: The Two Worlds of the African Pygmies (Servos Voluntariosos: Os Dois Mundos dos Pigmeus Africanos).* Londres: Eyre & Spottiswoode.

Vaillant, G. E. (1977) *Adaptation to Life (Adaptação à Vida).* Boston: Little Brown.

Volcan, V. (1988) *The Need to Have Enemies and Allies (A Necessidade de se Possuir Inimigos e Aliados).* Nova York: Aronson.

Vroon, V. H. (1960) *Some Personality Determinants of the Effects of Participation (Alguns Determinantes da Personalidade para os Efeitos da Participação).* Englewood Cliffs: Prentice-Hall.

Wachtel, P. (1982) *Resistance: Psychodynamic and Behavioral Approaches (Resistência: Abordagens Psicodinâmicas e Comportamentais).* Nova York: Plenum Press.

Watson, T. J. (1990) *Pai, Filho & Cia.* São Paulo: Best Seller, 1991.

Watzlawick, P., Weakland, J. e Fisch, R. (1974) *Change: Principles of Problem Formation and Problem Resolution (Mudanças: Princípios da Formação e da Resolução de Problemas).* Nova York: Norton.

Weeks, G. R. e L'abate, L. (1982) *Paradoxical Psychotherapy: Theory and Practice With Individuals, Couples, and Families (Psicoterapia Paradoxal: A Teoria e a Prática com Indivíduos, Casais e Famílias).* Nova York: Brunner/Mazel.

Westen, D. (1998) *The Scientific Legacy of Sigmund Freud: Toward a Psychodynamically Informed Psychological Science (O Legado Científico de Sigmund Freud: Rumo a Uma Ciência Psicológica Psicodinâmica).* Psychological Bulletin,
124 (3), pp. 333–71.

White, R.W. (1972) *The Enterprise of Living (A Empresa da Vida)*. Nova York: Holt, Rinehart, and Winston.

Winnicott, D.W. (1951) *Transitional Objects and Transitional Phenomena in Collected Papers:Through Pediatrics to Psycho-Analysis (Objetos e Fenômenos Transicionais em Artigos Reunidos: Da Pediatria à Psicanálise)*. Londres: Tavistock.

Winnicott, D.W. (1971) *Playing and Reality (Brincadeira e Realidade)*. Nova York: Basic Books.

Winnicott, D.W. (1972) *Basis for Self in Body (Base para o Self Corporal)*. International Journal of Child Psychotherapy, 1, pp. 7–16.

Winnicott, D.W. (1975) *Through Pediatrics to Psycho-Analysis (Da Pediatria à Psicanálise)*. Nova York: Basic Book.

YALOM, I.D. (1985) *Psicoterapia de Grupo: A Teoria e a Prática*. Porto Alegre: E-book, 2007.

Zaleznick, A. (1966) *Human Dilemmas of Leadership (Dilemas Humanos na Liderança)*. Nova York: Harper Collins.

ÍNDICE REMISSIVO

A

Abramovich, Roman 307, 314–315
Ação *(action learning)* 357
    entre colegas 243, 256, 357
    estrelas e o 351
    iniciativas 243
    tipos 241
Ações simbólicas 184
Acompanhamento *(shadowing)* 357
Aconselhamento *(mentoring)* 351
Acúmulo de poder 186
Administração/gerenciamento de talentos 232–233, 249
Afiliação 269, 367
Agentes de mudança 184
Alvos/metas 67–68
Ambivalência 364
Amizades 316
Apoio
    emocional 198
    instrumental 197–198
    social 197 198
Aprendizado 357
Aprendizado por ação 356–357
Aquisições
    Compatibilidade cultural 91
    Mudança cultural 98
Assumindo riscos 354–355
Atitudes políticas 17–18
Auditoria de cultura organizacional (ACO) 99, 100–103
Auditoria de personalidade 275
Autenticidade 368

Autocensura 60–61
Autoconhecimento 266, 355–356
Autocontrole 325
Autodeterminação 366
Autogerenciamento 348–349
Autopercepção 364
    reestruturando a 294–295
Autorreflexo 364
Avanços na carreira e *folie à deux* 20–21
    como medida de sucesso 311

B

Bang & Olufsen 193–196
Benchmarking 185
Bergman, Ingmar: *Hour of the Wolf (A Hora do Lobo)* 15
Bernhardt, Sarah 321
Branson, Richard 325
Burocracia 207

C

Coaching
    coaching interno *versus* externo 242
    de apoio ao aprendizado por ação
    Coaching clínico de liderança 243–253
    coaching de grupo 249–251, 259
    coaching individual 247–249
    coaching organizacional 253–254, 254
    paradigma 244–246

Coaching de desempenho 241
Coaching de grupo 249–251, 259
Coaching de liderança 224
    avaliação do 260–261
    clínica 243–253
    coaching individual 247–249
    coaching organizacional 252–253, 254
    definição 233
    efeitos 231–232, 234–235
    efetividade/eficácia 257–258
    equipes 249–251
    modelos conceituais 256–257
    natureza socrática 237–238
    objetivo 240–241
    resistência à mudança e 236–237
    resultados 257–258
    retorno sobre investimento (ROI) 260
    selecionando coaches 261
    usando a cultura 239
Coaching e consultoria *(consulting)* visando mudanças (seminário) 258, 306
Coaching entre colegas 243, 255, 357
Coaching individual 247–249
Coaching organizacional 252–253
    equipe executiva e o 254–255
    questões dos negócios e 254
Coaching para a vida 241
Coaching para transição de carreira 241
Cognição 269–270, 270
Colaboração 70–71, 73–74
Compatibilidade cultural 89–92
    compatibilidade de indivíduos 89–91
    fusões e aquisições 91
    questões estratégicas 93–94
Compatibilidade estratégica 93–94
Competência, senso de 366
Competição 315
Comportamento 269–270
    de conformidade 19
    defensivo 247, 289
    inconsciente 244

Compreensão em ação 261
Compromisso 288
Comunicação
    durante o processo de *downsizing* 171–172
    durante o processo de mudança 186–187
    o trabalho em equipe e a 65–66
Comunidades de aprendizado 270–271, 273–274, 277
Conceitualizações psicodinâmicas 256
Conexão 270, 367
Confiança
    importância da 55–56
    trabalho em equipe e a 62, 63
Conflito interpessoal 286
Conflitos de liderança 74
    o trabalho em equipe e a 57, 63–64
    triângulo 289–290, 294
Conformidade 19
Confrontação 297, 298
Conselhos de família 220–221
Contrato psicológico 145, 185, 230, 361–362
Contribuição *versus* compensação 214–215
    administrando 220–221
    conflitos entre irmãos 209–210
    conhecimento do trabalho 208
    cultura corporativa 206–207
    desvantagens 207–213
    estatísticas 201, 204
    feudos 203
    folie à deux 26–27
    nepotismo 208
    perspectivas de longo prazo 205–206
    relações parentais 212–213
    síndrome da criança mimada 209–210
    sucessão 216–221
Controle 349
Crenças religiosas 18–19

Cultura de *Coaching* 230, 253
    criando uma 256
    efeitos 224–225, 239, 256–257
    espaço transicional 259
    papel da equipe executiva 253–254
Cultura organizacional 239, 253–254
    administração/gerenciamento 87–88
    auditoria 98–100. *ver* alterando a auditoria de cultura organizacional
    avaliação 91, 92–97
    compatibilidade cultural 89–92
    cultura de *coaching* 87, 88. *ver* criação de uma cultura de *coaching*
    definição 83–84, 85–86
    definindo o perfil cultural 94–95, 97
    efeito do *downsizing* 154
    empresas familiares 206–207
    folie à deux e a 27–28
    importância 88–89
    níveis 86, 93–94
    organizações neuróticas 41–42, 97–98
    trabalho em equipe e 68–70
Cultura pigmeia 51–71

D

Defesas sociais 40–41
Definindo o perfil cultural 94–95, 96
Dependência, *folie à deux* 11–12, 14
    como reação a mudanças 192
    grupos 37
    pessoas saudáveis 363
Depressão 347
    executivos deprimidos 164–165
    vítimas deprimidas 152
Desafios 314–315
Desequilíbrio de desenvolvimento 286–287
Deslocamento 291
Determinação 352

Diálogo estratégico 188–190
Diferenças de *Status* e 60
    alvos/metas 66–67
Dinheiro 309
Dissonância cognitiva 18
Divertimento 367
Downsizing, quebrando o contrato psicológico 145
    a velocidade da implementação 170
    comunicação 171–172
    consequências 142–143
    estratégias para lidar com o 147, 149–161
    fadiga e o 166–167
    gerenciamento/administração 172
    luto 165–166
    mudança estratégica e o 143–144, 170
    o papel do executivo sênior 147–148
    os benefícios percebidos 140, 143
    raciocínio coerente para o 170–171
    reações de estresse 146–147
    redesign do trabalho 170
    redução de pessoal 141–142, 170
    táticas 168–172
    tendência de aumento 139–140

E

Eficácia organizacional 144
Emoção negativa 178–179, 181, 282–283
Emoções
    administrando 279
    mudança comportamental e as 268–269, 270, 280
    negativas 178–179, 181, 283–284
Empatia 290
Empregabilidade 145–146
Empregados

o *downsizing* e os 19–20, 146–147, 148
reações às mudanças 182–183, 186, 191–192
retenção 230
Empresas familiares
   burocracia 207
   estudo de caso 202–203
   governança autocrática 213–214
   vantagens 204–206, 215
Encorajamento 296
Energia 348
Ensaio 296
Entrevista motivacional 257–258
Equilíbrio na vida 287
Equipes virtuais 249
Esclarecimento 289–290, 297
Escutando (prestando atenção) 262
Espaços transicionais 258, 292–296
   como tela projetiva *(projective screen)* 298–299
   processo terapêutico dentro dos 299–300
   Técnicas de intervenção 296–297
Espaço transicional 274
Esperança 184–186
Estilo compulsivo 114–115
Estilo de personalidade histriônico 114–115
Estilo paranoide 112, 114–115
Estilos de personalidade
   alterando 271–273
   folie à deux e os 27
   impacto sobre as organizações 108–111, 113, 136
   indivíduos saudáveis 362
   origens 111–112
   "personalidade resistente" 198
   reações às mudanças 199–200
Estilos organizacionais
   esquizoide 117, 133–136, 137

estilo compulsivo 116, 122–125, 137
estilo depressivo 117, 127–128, 127–130, 137
estilo histriônico 117, 126–129, 137
impacto da personalidade 108–111, 112
mudando 136–137
paranoide 117, 117–120, 137
Estrela
   otimismo 353–354
Estrelas
   acompanhamento *(shadowing)* 357
   aprendizado 356
   aprendizado por ação 356–357
   assunção de riscos 354–355
   autoconhecimento 355–356
   autogerenciamento 348–349
   características 226, 337, 340–342
   coaching 351
   desenvolvimento 354–356
   extroversão 348
   habilidades em *networking* 351–352
   identificando 335
   inteligência 350
   narcisismo 267, 342–347
   pseudoestrelas 345
   reflexão *versus* ação 352
   tenacidade 352
estudando 85–86
eventos focais
   mudança organizacional 188–191
   mudança pessoal 180, 182, 283
Excelência 325, 358
Executantes *(downsizing)*
   executivos abrasivos 158–159
   executivos ajustados 156
   executivos anedônicos 164
   executivos anexitímicos 162–163
   executivos compulsivos/ritualísticos 156–157
   executivos deprimidos 164–165

executivos dissociáveis 161–162
fadiga 167
reações ao *downsizing* 149, 155–162
Executivos
    abrasivos 158–159
    ajustados 156
    alexitímicos 162–163
    anedonistas 162
    dissociáveis 161–162
    compulsivos/ritualísticos 156–157
Executivos de nível sênior
    alterando o comportamento 271–273
    depressivos 131
    disfuncionais 108–109, 264, 265
    esquizoide 134
    estilos de personalidade 109–112, 113, 137
    feedback 241
    fracasso 267–268
    o *downsizing* e os 147–148
    papel na cultura de *coaching* 254–255
Expectativa 296
Extroversão 348

F

Fadiga 167–168
Fadiga dos sobreviventes (*downsizing*) 167
    luto 165
    reações 153–155, 165, 173
Fadiga por estresse 165–166
    desencadeador de mudança 178, 181, 183
    local de trabalho 359
    reações ao *downsizing* 145–146, 153–154
Fama 311–312
Família, como medida de sucesso 309
Família Steinberg 203, 210

Fantasias 111–112
Feedback de avaliação em 360 graus 243, 271, 276, 356
Feedback de baixo para cima 256
Feedback dos veteranos e 241
    para cima 256
Fobias 286
Foco 323
Foco externo 75–76
    acúmulo de poder e 59
    autocensura e 60–61
    estrelas e o 351
    sociedade pigmeia como metáfora 56–57
folie à beaucoup 17
folie à deux 7–8
    administração/gerenciamento 27–30
    Aspectos psicodinâmicos 11–13
    características principais 16–17
    como fenômeno de massa 17–18
    dependência 11–12, 14
    desenvolvimento 13–14
    em organizações 20–25
    empresas familiares e a 26–27
    etiologia 12–13
    exemplos literários 15–16
    identificação 12
    iniciativas empresariais 26
    outros processos comparados 16–18
    permanência 19–20
Ford, Edsel 213
Ford, Henry 213
Fortune (revista) 360
Fracasso, sucesso e 325
Fusões e aquisições
    compatibilidade cultural 92
    mudança cultural 98

G

Gauguin, fazendo um *(doing a Gauguin)* 151–152
Global Executive Leadership Inventory (Inventário de Liderança Executiva Global) 243, 276
Governança autocrática 213–214
Grupos
    defesas sociais 40–41
    desenvolvimento 40
    Pressuposto de dependência 37
    Pressuposto de luta-fuga 38, 120–121
    Pressuposto de pareamento 39–40
    psicologia 37–41

H

Habilidades de *networking* 351–352
Herman Miller Inc. 206–207
Hipersensibilidade 147
Hitler, Adolf 10–11
Hoover, J. Edgar 9–10

I

Identificação 19
    com o agressor 12
    folie à deux 11, 24, 25
    projetiva 44
Identificação projetiva 45
Impacto, senso de 366
Impostores neuróticos 346–348
Indivíduos saudáveis 362–363
Infância
    a confiança e a 12, 55
    folie à deux e a 12
    o sucesso e a 322–323
Iniciativas empresariais 26

Inovação 74
Insegurança no emprego
    downsizing e a 154–155
    por causa da mudança 182
Inteligência 350
    emocional 268, 276, 350
    interpessoal 350
Intenção, declaração pública de 293–294
    Mudança organizacional 188–189
    Mudança pessoal 181, 183
Internalização 19
    folie à deux 24, 25
    mudança pessoal 181, 183, 301–302
Interpretação 297–298
Intervenção durante a mudança pessoal 296–297
    organizacional 42–47
Intervenção organizacional 42
    áreas focais 42–43
    clinicamente informado 42–47
    exemplo 46–48
Intervenção paradoxal 257, 258
Intervenções comportamentais/cognitivas 257, 258
Introspecção 280
Investigação apreciativa 257, 259
Investigação psicanalítica do comportamento organizacional 34–35
    ações simbólicas 185
    administrando a resistência dos empregados 183
    apoio social 197
    avaliação de potencial 190
    durante a comunicação 186–187
    engendrando esperança 184–186
    estudando 31–35
    estudo de caso 193–196
    eventos focais 188–191
    insatisfação 183–184
    mudança individual e 176–177, 182

planejada 99–100
pressões que levam 184–185
processo de transformação 187–188
resistência a 101, 182–183

K

Knutsen, Anders 194–195
Kõans 333–335
Krupp (casa) 213

L

Lavagem cerebral 16
Lealdade 230
   downsizing e a 154
Lei da retaliação *(lex talionis)* 155
Liderança 264–265
   autoritárias 73–74
   disfuncional 97–98
   distribuída 71–72, 368
   durante a mudança organizacional 184–186, 191, 193
   modelos 240
   o papel da 366
   organizações autentizóticas 368
   significado de e 364
   vácuo 131, 132
Lista das melhores empresas para se trabalhar 360–361
Locus de controle externo 198
   interno 198–199

M

Maathai, prof. Wangari Muta 307
Mal do sobrevivente *(survivor sickness)* 153

Mann, Thomas: *O Sangue dos Walsungs* 15
Molimo (canções do) 57, 70
Motivação 280, 281–282
Mudança pessoal
   apoio social 197–198
   avaliando situações 298
   busca ativa pela 298–300
   consolidação 300–301
   declaração pública de intenção 181, 182, 293–294
   emoção negativa 178–179, 282–283
   "espaços transicionais" 292–297
   eventos focais 180, 182, 283
   fatores facilitadores 196–198
   identificando o problema focal 284–289
   internalização 181
   jornada interna/interior 180, 182
   mudança organizacional e 177–178, 182
   personalidade e 198–199
   precondições 280, 282
   processo 177–180, 181
   reestruturando o teatro interno 294–296
   resistência à 177
   técnicas de intervenção 296–297
Mudanças
   efeitos 224, 231
   obstáculos 176, 177
   resistência a 236–237
   triângulo da vida mental 269–272
Murthy, Narayana 338–340

N

Não conformistas 22–24
   empresas paranoides 120–121

Narcisismo 267, 342–347
    como força motriz/impulsionador 342–343
    construtivo 342
    reativo 342–344
Negação *(denial)* 147–148
Negação/indiferença 147
Nepotismo 208
Neuroses
    emergência 111–112
    estilo compulsivo 114–115
    estilo depressivo 114–115
    estilo esquizoide 114–115
    estilo histriônico 114–115
    estilo neurótico 112–115
    estilo paranoide 112, 114–115
    polaridades 112, 113
    pontos fortes e fracos 136

O

Objetivos 365–366
Objetivos comuns 67–68
O Desafio da Liderança (seminário) 274–277, 306
O'Neill, Eugene: *Onde Está Marcada a Cruz* 15–16
Organizações
    coaching de liderança e 235
    congruência de objetivos 365–366
    Lista das melhores empresas para se trabalhar 360–361
    papel de contenção 361–362
    subgrupos 21–22
Organizações autentizóticas 49, 368–369
Organizações compulsivas 117, 122–125, 136
    estudo de caso 122–123
    pontos fortes e fracos 137
    relacionamentos 123
Organizações deprimidas 117, 127–128, 127–130
    estudo de caso 127–128
    pontos fortes e fracos 137
    relacionamentos 131
Organizações disfuncionais, impacto da personalidade 108–112. *ver também* estilos organizacionais
Organizações esquizoides 117, 133–136
    estudo de caso 134
    pontos fortes e fracos 137
Organizações histriônicas 117, 127–130, 137
    estudo de caso 127–128
    pontos fortes e fracos 137
    relacionamentos 127–128
Organizações neuróticas 41–42, 97–98, 238
Organizações paranoides 117, 117–120, 137
    estudo de caso 119–120
    pontos fortes e fracos 137
    relacionamentos em 119
Organizações saudáveis 226, 360
    criando 48–49
Otimismo 353–354

P

Pareamento 39–40
Passado, conexão com o presente 245–247, 292
Pensamento convergente 337–338
Pensamento de grupo 62
Pensamento divergente 337–338
Perda 285
Perfeccionismo 346
Persistência 325
Personalidade resistente *(hardy personality)* 198

Planejamento sucessório 216–221
    barreiras ao 216–218
    forças facilitadoras 217–218
    opções 219–220
Planejando para o sucesso 319
Poder 312–313
    acúmulo de 59
Polaridades 113
Pontos cegos 246
Pontos fortes e fracos 137
Praticantes refletivos 261–262
Prazer (satisfação), senso de 366, 368
Preconceito 17–18
Presente, conexão com o passado 245–247, 292
Pseudoestrelas 345
Pseudoextrovertidos 347
Psicose imposta *(folie impose)* 11
Psicoterapia dinâmica de curto prazo 256, 273
Psicoterapia estratégica 259
Punição 16–17

Q

Questionário do Arquétipo de Liderança *(The Leadership Archetype Questionnaire)* 276

R

Racionalidade 244
Racionalização 31
Reações de contratransferência 245, 246, 299–300
Reações de transferência 43–44, 245, 291–292

Reconhecimento como medida de sucesso 311–312
    pseudoestrelas 345
Recrutamento
    compatibilidade cultural 89–90
    personalidade e
Reenquadramento 296, 352
    positivo 256, 257
Reestruturação da defesa 294–295
Reestruturação emocional 294
Reestruturando
    autopercepção 294–295
    defesas 294–295
    emocional 294
Reflexão, ação e 352
Relacionamento 363
    parental 211–212
    interpessoal 286
    triângulo de 291–292, 293
Relacionamento superior-subordinado
    durante a mudança 184–185
    durante o *downsizing* 147–148
    identificadores 24, 25
    imagens refletidas 20–21
    internalizadores 24, 25
    obedientes 24
    organizações compulsivas 124
    organizações histriônicas 127–128
Repressão 290
Respeito mútuo 62–63
Responsabilidade 349
Retorno sobre investimento (ROI) 261
Riqueza 309

S

Schwarzenegger, Arnold 318–319
Senso de pertencimento 366, 367

Significado, busca pelo 287–288, 316–317
   importância 364–365
   trabalho e 364
Significado, senso de 366, 367
Síndrome da "criança mimada" 209–210
Síndrome de Fausto 329–330
Síndrome do "sapo fervido" (cozido) 105
Sintomas de conversão 290
Sorte 335–336
Status 60
Subculturas 96–97
Sucesso
   a fama e o 311–312
   a família e o 309
   alcançando o 335–336, 358
   amizades e o 316
   autocontrole 325
   como alvo em movimento 330
   definição 224, 305–306, 307–308, 322
   foco no 324
   marcadores de 309–316
   persistência 324
   planejando o 319
   poder e 312–313
   preço do 326–329
   reconhecimento do 311–312
   riqueza e 309
   roteiro interno *(inner script)* 317, 323
   significado do 316–317
   Síndrome de Fausto 329–330
   superando desafios 314–315
   trabalho 311
   validação 319–320
   validação externa 320–322
   validação interna 319–321
   vitória e 314–315

Super-realizadores inseguros *(overachievers)* 346–348
Suposição de luta-fuga 38
   como resposta à mudança 120–121
   em empresas paranoicas 191–192

T

Tédio 286
Tenacidade 352
Tendência psicológica 280
Trabalho
   como medida de sucesso 311
   significado e 364
Trabalho em equipe
   conflitos e o 57, 63–64
   eficaz/eficiente 62–71
   fatores que afetam o 57–60
   liderança e o 72–75
   pensamento de grupo e o 62
Transformação corporativa 173
Triângulo
   da vida mental 269–270, 294
   de relacionamentos 291–292, 294
   do conflito 289–290, 294

V

Vencendo 313–314
Visão
   criando uma 366
   importância 266
Vítimas *(downsizing)*
   administrando as 173
   aqueles 'fazendo um Gauguin' 151–152
   estratégias para lidar com as 150–153
   fadiga 167
   luto 165–166

vítimas adaptáveis 150–151
vítimas antagonísticas 153
vítimas deprimidas 152

W

Watson, Thomas Jr. 212–213
Wilde, Oscar 321

Z

Zoteekos 368

DVS EDITORA

www.dvseditora.com.br